böhlau

Internationales Institut für Liberale Politik Wien

Schriftenreihe zur internationalen Politik

Band 2

Dieses Buch ist ein Ergebnis des Projektes Konfliktmanagement
im Auftrag des österreichischen
Bundesministeriums für Landesverteidigung

Erich Reiter (Hg.)

Der Krieg um Bergkarabach

Krisen- und Konfliktmanagement in der Kaukasus-Region

Böhlau Verlag Wien · Köln · Weimar

Redaktionelle Beratung: Mag. phil. Walter Matyas
Korrektorat: Melitta Strouhal

Bibliografische Information Der Deutschen Bibliothek:
Die Deutsche Bibliothek verzeichnet diese Publikation in der Deutschen Nationalbibliografie ;
detaillierte bibliografische Daten sind im Internet über http://dnb.ddb.de abrufbar.

ISBN 978-3-205-78404-3

Gedruckt auf umweltfreundlichem, chlor- und säurefrei gebleichtem Papier.

Druck: Impress, 1295 Ivančna Gorica

Inhaltsverzeichnis

Vorwort des Herausgebers
7

Herausgeber und Autoren
9

1. Zur Situation des Bergkarabach-Konfliktes

Uwe Halbach
Der Konflikt um Bergkarabach – Besonderheiten und Akteure
15

Aschot Manutscharjan
Der Bergkarabach-Konflikt aus armenischer Sicht
35

Aser Babajew
Der Bergkarabach-Konflikt aus aserbaidschanischer Sicht
77

Andrei Zagorski
Der Bergkarabach-Konflikt aus russischer Sicht
105

2. Hintergründe zum Bergkarabach-Konflikt

Oktay F. Tanrisever
Turkey and the Ethno-Territorial Conflicts in the South Caucasus
131

Peter W. Schulze
Die Rolle des Energiefaktors im Bergkarabach-Konflikt
151

Eugene Kogan
Russian-Turkish Relations (with an emphasis on the Caucasus)
173

3. Regionale Rahmenbedingungen und geostrategische Aspekte des Bergkarabach-Konfliktes

Aschot Manutscharjan
Irans Politik im Südkaukasus und im kaspischen Raum
181

Helge Lerider
Die Türkei und der Kaukasus
203

Eugene Kogan
Die Rolle Russlands im Nahen und Mittleren Osten
211

Meliha Benli Altunisik
Turkey's New Activism in the Middle East
235

Erich Reiter
Konfliktkonstellation und strategische Situation im Südkaukasus
249

4. Optionen für eine EU-Politik zum Bergkarabach-Konflikt

Egbert Jahn
Optionen für die Politik der EU gegenüber Aserbaidschan,
Armenien und dem De-facto-Staat Bergkarabach
257

Vorwort des Herausgebers

Mit dem Übergang Armeniens und Aserbaidschans in die Selbstständigkeit ab 1991 entbrannte ein dreijähriger Krieg um das zu Aserbaidschan gehörige autonome Gebiet Bergkarabach, dessen Bevölkerung damals zu 75 Prozent armenisch war und ganz offenbar nicht zu Aserbaidschan gehören wollte. Dieser Krieg mit Massenvertreibung von Aserbaidschanern aus Bergkarabach (und im Gegenzug der Vertreibung von Armeniern aus Aserbaidschan) brachte ein de facto unabhängiges Gebiet Bergkarabach sowie die armenisch-karabachische Besetzung weiterer Landesteile Aserbaidschans. Die Nichtanerkennung Bergkarabachs durch die Staatenwelt und die Zielsetzung Aserbaidschans zur Rückeroberung dieser Territorien belegen, dass es sich um einen nach wie vor offenen Konflikt handelt.

Man hat den Bergkarabach-Konflikt gerne isoliert, d. h. ohne Bezug zu den Sezessionskonflikten um Georgien gesehen und beurteilt. Freilich hat er seine eigenen Ursachen, und seine Entstehungsgeschichte ist originell. Aber heute besteht ein Zusammenhang in politisch-strategischer Hinsicht, den der kurze Krieg in Georgien im Sommer 2008 und dessen Folgewirkungen deutlich gemacht haben.

Namhafte Experten befassen sich in diesem Sammelband mit den Ursachen des Konflikts, mit dem Konflikt selbst, mit den Interessen der großen Mächte im Kaukasus und mit den Perspektiven einer Konfliktlösung.

Herausgeber und Autoren

Meliha Benli Altunisik, Prof. Dr., geb. 1961, ist Ordentliche Universitätsprofessorin und Leiterin des Department of International Relations an der Middle East Technical University in Ankara/Türkei. 1984 bis 1988 Assistentin, 1995 bis 2000 Assistenzprofessorin und 2000 bis 2005 Außerordentliche Universitätsprofessorin ebendort; 1989 Forschungsassistentin bei Prof. Peter Katzenstein an der Cornell University/USA.

Aser Babajew, M.A., geb. 1980, ist Doktorand am Mannheimer Zentrum für Europäische Sozialforschung (MZES) der Universität Mannheim. Als Kenner der aserbaidschanischen Lage und Politik ist Babajew auch Autor einschlägiger Publikationen.

Uwe Halbach, Dr., geb. 1949, ist seit 2001 Wissenschaftlicher Mitarbeiter der Stiftung Wissenschaft und Politik in Berlin – Forschungsgruppe Russland/GUS mit den Forschungsschwerpunkten Staatsbildung in Zentralasien und Kaukasien, Islam und ungelöste Sezessionskonflikte im GUS-Raum. 1986 bis 2000 Wissenschaftlicher Mitarbeiter am Bundesinstitut für Ostwissenschaftliche und Internationale Studien mit den Forschungsschwerpunkten sowjetische Nationalitätenpolitik, Staats- und Nationsbildungsprozesse in der nachsowjetischen Entwicklung sowie Kaukasus und Zentralasien.

Egbert Jahn, Prof. Dr., geb. 1941, ist Leiter des Forschungsschwerpunkts „Neue Demokratien und Konfliktregulierungen" am Mannheimer Zentrum für Europäische Sozialforschung (MZES). 1969/70 Wissenschaftlicher Assistent am Institut für Wissenschaftliche Politik in Marburg/Lahn; 1971 bis 1990 Wissenschaftlicher Mitarbeiter und ab 1974 Forschungsgruppenleiter der Arbeitsgruppe „Sozialistische Länder" an der Hessischen Stiftung Friedens- und Konfliktforschung (HSFK); 1975 bis 1993 Professor für Politikwissenschaft und Politische Soziologie an der Universität Frankfurt am Main; 1986/87 Gastprofessur an der Universität Kopenhagen; 1988 Gastprofessur an der Universität von Kalifornien, Irvine; 1993 bis 2005 Lehrstuhl für Politische Wissenschaft und Zeitgeschichte an der Universität Mannheim.

Eugene Kogan, Dr., geb. 1957, ist Gastwissenschaftler am Internationalen Institut für Liberale Politik in Wien (IILP). Als Experte für Fragen der Rüstungsindustrien war er unter anderem Gastforscher an renommierten Forschungsinstituten wie zum Beispiel der Deutschen Gesellschaft für Auswärtige Politik (DGAP), der Stiftung Wissenschaft und Politik in Berlin (SWP), der Schwedischen Forschungsagentur für Verteidigung (FOI) oder der Schwedischen Nationalen Verteidigungsakademie (FHS).

Helge Lerider, Brigadier i.R. Mag., geb. 1941, war nach der Ausbildung zum Infanterieoffizier und verschiedenen Truppenverwendungen und Generalstabsausbildung G4 der Fliegerdivision, Bataillonskommandant, Chef des Stabes des Militärkommandos Oberösterreich, Abteilungsleiter im Bundesministerium für Landesverteidigung (Adjutantur). Ab 1986 Verteidigungsattaché für Großbritannien, Dänemark und Irland, ab 1995 für die Türkei und Israel. Seit Oktober 2003 im Ruhestand. Brigadier Lerider ist Mitglied des Vorstandes des IILP.

Aschot L. Manutscharjan, Dr., geb. 1956, ist als freier Publizist und wissenschaftlicher Autor in Berlin tätig. 1999/2000 Senior Fellow am Zentrum für Europäische Integrationsforschung der Universität Bonn; 1995/96 OSZE-Wahlbeobachter bei den Parlaments- und Präsidentschaftswahlen in Georgien, Kasachstan und Armenien; 1993 bis 2000 Lehrauftrag am Seminar für Politische Wissenschaft der Universität Bonn; 1979 bis 1990 Wissenschaftlicher Mitarbeiter am Institut für Orientalistik der Akademie der Wissenschaften der Armenischen SSR in Jerewan. Manutscharjan ist Autor zahlreicher Beiträge in Büchern, Zeitungen und Zeitschriften. Zu seinen Forschungs- und Rechercheschwerpunkten gehören die internationale Sicherheitspolitik, die Außenpolitik Russlands und der GUS-Länder, regionale Konflikte im Kaukasus und in Zentralasien.

Erich Reiter, Sektionschef i.R. Hon.-Prof. DDr., geb. 1944, ist Präsident des Internationalen Instituts für liberale Politik Wien (IILP) und Honorarprofessor für Internationale Wirtschafts- und Sozialbeziehungen an der Universität Graz. Berufstätigkeiten als Richter- und Rechtsanwaltsanwärter, Finanzdienst, Bundesministerium für Wissenschaft und Forschung, Außenministerium und Bundeskanzleramt. 1983 bis 2006 Bundesministerium für Landesverteidigung, u.a. Leiter der Präsidial- und Rechtssektion und Leiter der Direktion für Sicherheitspolitik; 1978 bis 1988 Leiter des Ludwig-Boltzmann Instituts für Wissenschaftsforschung und für politische Soziologie; seit 1984 Universitätslektor an den Universitäten Klagenfurt und Graz. Reiter ist Autor zahlreicher Aufsätze und Bücher sowie Herausgeber mehrerer wissenschaftlicher Zeitschriften- und Buchreihen, u. a. des von 1999 bis 2004 erschienenen Jahrbuchs für internationale Sicherheitspolitik.

Peter W. Schulze, Prof. Dr., geb. 1942, ist Dozent für Vergleichende Lehre und Internationale Politik am Seminar für Politikwissenschaft der Georg-August-Universität Göttingen. Langjährige Tätigkeit als Leiter von Außenbüros des Forschungsinstitutes der Friedrich-Ebert-Stiftung in Berkeley, London und Moskau; 1970 bis 1987 Lehrtätigkeiten an der FU Berlin, an amerikanischen Colleges in Berlin und der UC Berkeley. Zahlreiche Publikationen zur Außen- und Innenpolitik der Sowjetunion, zum Kalten Krieg, zur Transformation von Gesellschaften und zur Entwicklung des postsowjetischen neuen Russlands. Prof. Schulze ist ständiger Konsulent des IILP.

Oktay F. Tanrisever, Prof. Dr., geb. 1968, ist Außerordentlicher Universitätsprofessor am Department of International Relations an der Middle East Technical University in Ankara/Türkei. Als Spezialist für Russland, die Schwarzmeerregion und den Kaukasus ist Tanrisever auch Autor zahlreicher einschlägiger Publikationen.

Andrei Zagorski, Dr., geb. 1959, ist Leitender Wissenschaftler und Professor am Moskauer Staatsinstitut für Internationale Beziehungen (MGIMO-Universität). 2004/05 Stellvertretender Leiter der Außenstelle Moskau der Konrad-Adenauer-Stiftung; 2002/03 Stellvertretender Direktor des Instituts für angewandte internationale Studien in Moskau; 2002 Lehrauftrag am Genfer Zentrum für Sicherheitspolitik; 2000 bis 2001 Senior Vice-President und Project Director am EastWest Institute, Prager Büro; 1992 bis 1999 Vizerektor der MGIMO-Universität, zuständig für Forschung und externe Beziehungen, 1987 bis 1991 Experte sowjetischer Delegationen bei einer Reihe von KSZE-Treffen; 1981 bis 1992 Wissenschaftlicher Mitarbeiter des Zentrums für Internationale Studien, MGIMO. Zagorski ist Mitglied hochrangiger wissenschaftlicher und politischer Gesellschaften und Autor zahlreicher Publikationen über die Außenpolitik Russlands, europäische Sicherheit, postsowjetische Entwicklungen und Rüstungskontrolle. Dr. Zagorski ist ständiger Konsulent des IILP.

1. ZUR SITUATION DES BERGKARABACH-KONFLIKTES

Uwe Halbach

Der Konflikt um Bergkarabach –
Besonderheiten und Akteure

1. Besonderheiten des Konflikts um Bergkarabach

Der Bergkarabach-Konflikt (BKK) hebt sich durch eine Reihe von Besonderheiten von den drei anderen ungelösten Regionalkonflikten (frozen conflicts)
im Südkaukasus und in Moldova und in einzelnen Punkten auch von ungelösten Sezessionskonflikten in anderen Teilen der Welt ab. Diese Besonderheiten zu berücksichtigen, ist für die Konfliktbearbeitung wichtig, denn sie
wirken sich auf die Möglichkeiten und Hindernisse für eine Konfliktlösung,
für die Konflikttransformation (Veränderung der Wahrnehmungs- und Hand-
lungsmuster der Konfliktparteien durch vertrauensbildende Maßnahmen)
und für die Einflussnahme externer Akteure aus.

1.1 Frühester Regionalkonflikt im sowjetischen Auflösungsprozess

Die Akteure im BKK, vor allem armenische Intellektuelle, machten am frühesten Gebrauch von den durch Perestroika und Glasnost veränderten Arti-
kulationsmöglichkeiten für „nationale" Beschwerden und Anliegen. Mit der
erneuten Aktualisierung der Karabachfrage 1987, spätestens mit dem Antrag
des Gebietssowjets von Bergkarabach auf Übertragung des Autonomen Gebiets von Aserbaidschan auf Armenien im Februar 1988 trat das Problem un-
gelöster Nationalitätenprobleme und umstrittener Territorialfragen innerhalb
der Sowjetunion im Zusammenhang mit den Reformprozessen unter Gorbatschow in Erscheinung. Der BKK warf einen Zukunftsschatten auf diverse
ethnoterritoriale Konflikte auf dem ehemals sowjetischen Territorium und
auf dem Balkan. Armenische und aserbaidschanische Analytiker behaupten
gerne, dass die sowjetische Zentrale die Konflikte im Südkaukasus (nach dem
Grundsatz „Teile und Herrsche") bewusst entfacht habe.

Dagegen machte ein eher hilfloses Hantieren der sowjetischen Zentral-
gewalt in diesem Konflikt ihren Verlust an Steuerungsfähigkeit gegenüber
Entwicklungen in der nicht-russischen Peripherie deutlich. Das Politbüro der
KPdSU reagierte auf die Konflikteskalation mit einem ökonomischen Entwick-

lungsprogramm für Bergkarabach, setzt eine Sonderverwaltung (Volskij-Kommission) für das Gebiet ein, um sie neun Monate später wieder aufzulösen.

1.2 Dauer und Ausmaß von Gewalt

Mit seiner relativ langen Kriegsphase (1991–94) und dem vorangegangenen interkommunalen Gewaltaustausch hebt sich der BKK unter den gewaltförmigen Regionalkonflikten im GUS-Raum hervor. Zusammen mit den beiden Tschetschenienkriegen und dem Bürgerkrieg in Tadschikistan (1992–96) gehört seine kriegerische Konfliktphase zu den größten Gewaltereignissen nachsowjetischer Geschichte. Sie erfüllt das Vollbild des „ethnic war" mit ethnischen Säuberungen und Fluchtbewegungen. Nach 1994 werden 900 000 Flüchtlinge und Vertriebene auf aserbaidschanischer Seite (200 000 aus Armenien, 45 000 aus Bergkarabach, 750 000 aus den von armenischen Truppen besetzten Gebieten um die Enklave) und 380 000 auf armenischer Seite verzeichnet. Die um Bergkarabach liegenden aserbaidschanischen Territorien wurden nahezu entvölkert.[1]

1.3 Ausprägung von Feindseligkeit

Die Art der Konfliktaustragung bis zum Waffenstillstand 1994 bewirkte auf beiden Seiten traumatische Gewalterfahrungen, warf bis heute ungelöste Flüchtlingsprobleme auf und hält von den Konfliktparteien kultivierte „hate narratives" und „fear narratives" über den Konfliktgegner am Leben. Sie macht damit Vergeltungs- und Sicherheitsbedürfnisse zu Faktoren, die Kompromissbereitschaft deutlich einschränken und friedliche Konfliktlösung behindern. Die Gewaltstereotypen werden in letzter Zeit noch verstärkt bedient: durch die militärische Rhetorik und Aufrüstung auf aserbaidschanischer Seite und den reziproken armenischen Hinweis auf die Notwendigkeit, die Sicherheit Bergkarabachs durch die Besetzung seiner Umgebung durch armenische Truppen zu gewährleisten. In diesem Milieu gegenseitiger Feindschaft gestalten sich Kontakte zwischen den Konfliktseiten auf internationaler Bühne äußerst schwierig. Die Georgienkrise im Jahr 2008 setzte hier neue Impulse.

---

1 So verloren die Bezirke Schahumjan (Kelbadjar) und Qashatagh westlich des ehemaligen Autonomen Gebiets Bergkarabach über 90 % ihrer (aserbaidschanischen) Bevölkerung von 1989. Siehe Richard H. Rowland: Population Trends in a Contested Pseudo-State. The Case of Karabagh. In: Eurasian Geography and Economics, 2008, 49, no. 1, S. 99–111, hier S. 107.

Diplomatische Initiativen Russlands und der Türkei nach dem russisch-georgischen Krieg im August führten die Konfliktseiten im BKK zusammen – so bei einem Treffen der Präsidenten Russlands, Armeniens und Aserbaidschans in Moskau am 2. November 2008. Ob dieser erneute Anlauf zu friedlicher Konfliktlösung die Feindseligkeiten überwinden kann und ob das abschreckende Beispiel des „Fünftage-Kriegs" in Südossetien und Georgien nachhaltig auf die Streitparteien im BKK wirken wird, ist noch nicht sicher.

1.4 Trennung der Konfliktseiten voneinander

Der BKK hat aserbaidschanische und armenische Bevölkerungsteile noch stärker voneinander getrennt als etwa die Sezessionskonflikte Georgiens die abchasischen und ossetischen Bevölkerungsgruppen von der georgischen Bevölkerung. Während die Waffenstillstandslinie im Abchasienkonflikt noch eine gewisse Durchlässigkeit für Wirtschaftskontakte zwischen den Konfliktseiten aufweist, ist jene im BKK undurchlässig. In Bergkarabach ist in den letzten 20 Jahren eine Generation herangewachsen, die in keinerlei Kontakt zu Aserbaidschanern und zu Aserbaidschan steht.

1.5 Tiefere historische Hintergründe

Obwohl weit entfernt von durchgängiger Konfliktbeziehung zwischen zwei Volksgruppen und von „ancient hatred", hat der BKK einen tieferen historischen Hintergrund als der Transnistrienkonflikt oder der Konflikt zwischen Georgien und Südossetien. Zumindest bildet das gesamte 20. Jahrhundert diesen historischen Hintergrund: Der Karabachkrieg 1991–94 gilt als der dritte armenisch-aserbaidschanische Waffengang nach den Kriegsphasen 1905/06 und 1918–20. Die Konfliktseiten selbst greifen mit ihren Geschichtsmythen über das umstrittene Gebiet Bergkarabach oder (armenisch) „Arzach" weit über das 20. Jahrhundert bis ins Altertum zurück – Karabach als „ur-armenisch" in der armenischen Darstellung, als Teil des alten Kaukasus-Albanien, des historischen Vorläufers des modernen Aserbaidschan, in der aserbaidschanischen Historiographie.

1.6 Schlüsselkonflikt und Hauptbarriere im Südkaukasus

Der BKK wird in der Literatur gerne als der Schlüsselkonflikt in der Region bezeichnet. Grenzblockaden Aserbaidschans und der Türkei gegenüber Armenien schränken die viel zitierte Funktion des Südkaukasus als Verkehrskorridor zwischen Europa und Zentralasien, zwischen dem kaspischen und dem Schwarzmeerraum ein. Der ungelöste Konflikt bildet ein Haupthindernis für intraregionale Kooperation im Südkaukasus, die alle drei Staaten involviert. Ökonomische Anreize haben bislang nicht zur Konfliktüberwindung geführt. Der „energy honeymoon" Aserbaidschans mit BIP-Wachstumsraten von 25 % und mehr bestärkt eher eine kompromisslose Haltung der politischen Führung in Baku; relativ günstige Wirtschaftswachstumsraten in Armenien lassen die Überwindung der geopolitischen Isolation des Landes durch Kompromisse im BKK nicht als dringlich genug erscheinen. In dieser Hinsicht könnte der Krieg zwischen Russland und Georgien im August 2008 eine Zäsur bilden. Er unterbrach und beschädigte Transitwege im Südkaukasus. Er verursachte in Armenien, das 70 % seiner Handelsbeziehungen über georgisches Territorium abwickelt, einen Schaden, der auf 680 Mio. US-Dollar beziffert wurde, und unterbrach vorübergehend Öltransporte aus Aserbaidschan zur georgischen Schwarzmeerküste. Dabei kam ein Dialog über die Öffnung der 1993 im Umfeld des BKK geschlossenen Grenze zwischen Armenien und der Türkei auf; der BKK wurde insgesamt als eine Barriere für intraregionalen Verkehr wahrgenommen, die es zu überwinden gilt.

1.7 Stärkste Ausprägung zwischenstaatlicher Konfliktkonstellation

In den meisten „frozen conflicts" mischen sich inner- und zwischenstaatliche Konfliktkonfigurationen. Am stärksten ausgeprägt ist die zwischenstaatliche Dimension im BKK. Das zeigt sich auch im bestehenden Mediationsformat unter Leitung der Minsker OSZE-Gruppe, in der Armenien und Aserbaidschan die Konfliktparteien sind und aus dem Bergkarabach seit 1997 ausgeschlossen ist. Baku weigert sich, Bergkarabach als Konfliktpartei anzuerkennen, obwohl es während des Krieges zehn Abkommen mit dieser Partei geschlossen hat.[2] Der Konflikt macht das Verhältnis zwischen Armenien und Aserbaidschan zur prekärsten zwischenstaatlichen Beziehung im GUS-Raum neben dem angespannten Verhältnis zwischen Georgien und Russland. In Hinsicht auf die Konfliktkonstellation divergieren die Wahrnehmungen der armenischen und aserbaidschanischen Konfliktseiten. In der armenischen Interpretation ist der BKK ein innerstaatlicher Konflikt zwischen

---

2   Vladimir Kazimirov: Is There a Way Out of the Karabakh Deadlock. Russia in Global Affairs, vol. 6, no. 1, January–March 2008, S. 188.

Aserbaidschan und einem abtrünnigen Landesteil, der seine nationale Selbstbestimmung einfordert. Aserbaidschan sieht sich im BKK dagegen in einem zwischenstaatlichen Konflikt mit der Republik Armenien.

1.8 Besonders starke Einwirkung auf die Innenpolitik der Konfliktseiten

Gleichzeitig zeitigt der Konflikt starken Einfluss auf die Innenpolitik in Armenien und Aserbaidschan. Ein Beispiel dafür ist die Stellung der Karabach-Lobby im innenpolitischen Machtgefüge Armeniens, die „Karabachisierung" der Republik seit der Machtübernahme durch Robert Kotscharian 1998. Dass Kompromissbereitschaft im BKK für den sie vertretenden Politiker verheerende innenpolitische Rückwirkung haben kann, zeigte der Fall seines Vorgängers im Präsidentenamt, Levon Ter-Petrosjan. Es ist bezeichnend, dass ein „window of opportunity" für Kompromisse stets nur dann gesehen wird, wenn in den involvierten politischen Gemeinwesen keine Wahlen anstehen. So wurde mit dem Hinweis auf Wahlabsenz in Armenien und Aserbaidschan das Jahr 2006 zum Datum für den großen Durchbruch in der Konfliktbearbeitung deklariert. Das nächste „window of opportunity" öffnet sich nach dieser Logik erst wieder 2009. Allerdings sorgt auch hier die Georgienkrise von 2008 für neue Impulse: Obwohl Wahljahr in Aserbaidschan und Armenien, wurde 2008 nach dem „Fünftage-Krieg" zu einem Jahr vermehrter Kontakte zwischen den Konfliktseiten und neuer diplomatischer Initiativen im BKK.

1.9 Grad der Internationalisierung, Ausmaß der Mediationsdiplomatie

Der BKK wurde am frühesten, nämlich 1991 mit der Auflösung der Sowjetunion, internationalisiert. Hauptmediator unter den internationalen Organisationen ist die seit 1992 tätige Minsker Gruppe der OSZE, die in mehreren Phasen und mit wechselnden Formaten (seit 1997 mit den Ko-Präsidenten Russland, Frankreich, USA) zwischen den Konfliktparteien vermittelt. (Bis 1997 gehörte Bergkarabach zu den Parteien.) Verhandelt wurden u. a. kontroverse „Paketlösungen" und „Etappenlösungen". Die derzeitige Phase ist der Prager Prozess seit 2004, d. h. regelmäßige bilaterale Gespräche zwischen Armenien und Aserbaidschan auf Außenministerebene. Seit 2006 schälen sich angeblich verhandelbare, von den Ko-Vorsitzenden erarbeitete „basic principles" heraus:

- armenischer Truppenrückzug aus fünf der besetzten Distrikte in der Umgebung Bergkarabachs (vorläufige Ausnahme: Lachin und Kelbajar, die einen Korridor zwischen Bergkarabach und Armenien bilden),
- Normalisierung der Beziehungen zwischen Armenien und Aserbaidschan,
- Garantie friedlicher Rückkehr der Vertriebenen an ihre Heimatorte durch internationale Friedenstruppen,
- internationale Hilfe für den Wiederaufbau und
- ein zukünftiges Referendum über den Status Bergkarabachs.

Diese verhandelbaren Punkte wurden auf einem Treffen der Konfliktparteien in Madrid am 29. November 2007 fixiert. Besonders die Frage des Referendums bleibt jedoch umstritten und trifft in Aserbaidschan auf Widerstand. In Aserbaidschan steigerte sich die Frustration über die festgefahrene Konfliktbearbeitung im Rahmen der Minsker Gruppe zur offenen Infragestellung dieses Formats. Im Gegenzug drohte Armenien mit der offiziellen Anerkennung der Unabhängigkeit Bergkarabachs, sollte Aserbaidschan sich weiteren Verhandlungen in dem bestehenden Mediationsformat verweigern. Von der Georgienkrise 2008 gingen neue Impulse für eine Bekräftigung der „basic principles" aus. Bei den Moskauer Karabachgesprächen auf dem Präsidentengipfel zwischen Medwedjew, Alijew und Sarkisjan am 2. November 2008 gingen die Konfliktseiten von der in Madrid ein Jahr zuvor fixierten Verhandlungsagenda aus.

1.10 Geringere Ausprägung von Interessensgegensätzen bei externen Akteuren

Der Konflikt wird zwar stets in den Kontext einer geopolitischen und geoökonomischen Umgebung gesetzt, in der es um die Energieressourcen der kaspischen Region (Aserbaidschan als bedeutender Energieproduzent) und um neue Pipelines wie die BTC geht. Dennoch treten geopolitische Spannungen weniger hervor als im Falle der Sezessionskonflikte Georgiens. Externe Akteure wie Russland und die USA stehen im Vergleich zu anderen Konfliktfällen wie Georgien oder das Kosovo hier weniger im Interessensgegensatz.

1.11 Geringere Verbindung zum „Präzedenzfall" Kosovo

Die aserbaidschanische Regierung hat auf die Unabhängigkeitserklärung des Kosovo und deren Anerkennung durch eine Reihe von Staaten besorgt reagiert und ihr kleines Truppenkontingent aus der Konfliktzone zurückgezogen. Im Unterschied zu den Sezessionskonflikten Georgiens und zu den De-facto-Staaten Abchasien und Südossetien haben russische Kommentatoren Bergkarabach nicht in einen Kontext mit dem „Präzedenzfall" Kosovo gestellt. Georgien war 2008 von der Entwicklung um das Kosovo jedenfalls weit stärker tangiert als die beiden in den BKK involvierten Staaten.

1.12 Übergewicht der Track-1-Ebene in der Konfliktbearbeitung

Konfliktbearbeitung im BKK unterliegt weitgehend einer diskreten, gegenüber breiterer Öffentlichkeit abgeschlossenen internationalen Diplomatie im Rahmen der Minsker Gruppe. Hinter dieser Track-1-Ebene treten Aktivitäten von Nichtregierungsorganisationen und „Grassroot"-Akteuren weit zurück. Im Vergleich etwa zum Abchasienkonflikt sind diese nachgeordneten (Track-2-, Track-3-)Ebenen im Karabach-Fall deutlich untergewichtet.

1.13 Besonderheit der Waffenstillstandslinie

Im Unterschied zur Sicherheitszone zwischen Abchasien und Georgien wird die 200 km lange „line of contact" zwischen Bergkarabach und Aserbaidschan von keiner Friedenstruppe bewacht und nur durch ein winziges OSZE-Team unregelmäßig beobachtet. An ihr ist es immer wieder zum gegenseitigen Beschuss durch Heckenschützen gekommen. Dabei kamen allein zwischen Januar 2006 und September 2007 25 aserbaidschanische Soldaten ums Leben. Die armenische Seite veröffentlichte keine Verlustzahlen für diesen Zeitraum. Seit 1994 hat Aserbaidschan hier angeblich 3000 Todesopfer (Soldaten und Zivilisten) zu beklagen. Armenien und Bergkarabach verloren zwischen 1995 und 2005 875 Soldaten.[3] Die seit zehn Jahren schwersten Zwischenfälle ereigneten sich durch stundenlangen Schusswechsel am 4./5. März 2008 mit 20 Todesopfern. Geopolitisch gewinnt diese ungesicherte Frontlinie dadurch an Bedeutung, dass sie an einer Stelle nur 20 km von der BTC-Pipeline entfernt liegt.

1.14 Rasante Militarisierung

Im Umfeld aller „frozen conflicts" im Südkaukasus vollzog sich seit 2004 ein rasanter militärischer Aufrüstungsprozess. Am stärksten wird auf diese Ent-

---

3   Zu den Angaben siehe International Crisis Group: Nagorno-Karabakh: Risking War, Policy Report, 14. November 2007, S. 1, Anm. 6.

wicklung am Beispiel Aserbaidschans hingewiesen, das seine wachsenden
Einnahmen aus Ölexporten zu einem erheblichen Teil in militärische Aufrüstung umgesetzt hat. Mit mittlerweile 1,3 Mrd. Dollar übertrifft der aserbaidschanische Militärhaushalt das gesamte Staatsbudget Armeniens, er ist mit
weitem Abstand der größte in der Region. 2008 will Aserbaidschan laut Ankündigung Präsident Alijews vom 14. April gar ein Niveau von 2 Mrd. Dollar
für seinen Militärhaushalt erreichen. Erhöhte Militärausgaben und verstärkte
Militärreformen werden wie in Georgien mit der Anpassung der nationalen
Streitkräfte an westliche (NATO-)Standards begründet, dienen aber unüber-
sehbar auch dem Aufbau einer Drohkulisse gegenüber dem Konfliktgegner.
Das erste Nationale Sicherheitskonzept Aserbaidschans, von Präsident Alijew im Mai 2007 unterzeichnet, fordert die Verbesserung der nationalen
Verteidigungskapazitäten mit dem Argument, besser auf Separatismus und
regionale Konflikte reagieren zu können.[4] In einer Rede Alijews vor der Poli-
zeiakademie in Baku am 2. Juli 2007 hieß es: „Wir sind nahe an der Befreiung
Karabachs. Wir sind nun machtvoll genug, um unsere Länder zu befreien.
Aserbaidschan ist das mächtigste Land in der Region".[5] Verteidigungsminister Abijew bezeichnete Ende November 2007 einen erneuten Krieg mit
Armenien als höchst wahrscheinlich.[6] Sicher sind solche Äußerungen kon-
textabhängig und dienen oft innenpolitischen Verwendungszwecken. Die
militärische Rhetorik nimmt auf allen Seiten des Karabachkonflikts zu. Ende
Dezember 2007 unterzeichnete Präsident Kotscharian eine neue armenische
Militärdoktrin. Sie definiert die permanenten Drohungen seitens Aserbaidschans, den Karabachkonflikt mit militärischen Mitteln zu lösen und das
umstrittene Gebiet wieder unter seine Kontrolle zu bringen, als Hauptbe-
drohungen der nationalen Sicherheit.

Auf der Seite Bergkarabachs versucht man, betont gelassen auf die Mi-
litarisierung Aserbaidschans zu reagieren. Dabei weist man auf die „Asym-
metrie der Kampfmotivation" hin. Für Bergkarabach gehe es um Leben oder
Tod, was seine Kampfmotivation ungleich stärker mache als die des Geg-

---

4   Siehe ebd.
5   Rovshan Ismayilov: Experts: Azerbaijan Military Build-Up For Diplomatic Domestic Advan-
    tage. Eurasia Insight, 3. 7. 2007.
6   „Solange die Besetzung des Territoriums Aserbaidschans durch Armenien fortbesteht, ist die
    Wahrscheinlichkeit eines Kriegs fast hunderprozentig", sagte Abijew auf einer Pressekonferenz
    nach einem Gipfel der GUS-Verteidigungsminister in der Hauptstadt Kasachstans. Zit. in Zlo-
    sosedskie otnošenija, <http://www.grani.ru/War/p.130520.html>, 27. 11. 2007.

ners. Außerdem habe sich seine militärisch-strategische Situation grundlegend verändert. Es sei längst nicht mehr so verletzlich wie im Krieg 1991–94 und eigne sich gewiss nicht als Angriffsziel in einem „Blitzkrieg". Tatsächlich gelten die „Selbstverteidigungskräfte der Republik Arzach" Militärexperten als die effizientesten Streitkräfte in der Region. Bergkarabach hat ein stehendes Heer von bis zu 20 000 Mann, das sich im Mobilisierungsfall auf 40 000 aufstocken lässt – bei einer Bevölkerung von etwa 137 000. Dem steht eine aserbaidschanische Mannschaftsstärke von rund 70 000 Soldaten gegenüber. Trotz signifikanter Ungleichheit der Militärbudgets schätzen Experten die gegenwärtigen militärischen Erfolgsaussichten Aserbaidschans und damit die Wahrscheinlichkeit eines neuen Krieges für die nächsten Jahre als gering ein. Die Aufrüstung und Verschärfung der Militärrhetorik in Aserbaidschan hat eher einen kontraproduktiven Effekt: Sie rechtfertigt die armenische Argumentation, die Sicherheit Bergkarabachs durch die militärische Besetzung der umliegenden Territorien zu gewährleisten.

Die persönliche Bindung an den Karabachkrieg ist unter den Machteliten in beiden Staaten ungleich verteilt: In Armenien regiert der „Karabachklan", der dreierlei repräsentiert: Abstammung aus Bergkarabach, Beteiligung am Karabachkrieg in hoher Führungsposition (Sersch Sarkisjan u.a.) und enge Verbindung zum Militär der Republik Armenien und Bergkarabachs. Die heutige aserbaidschanische Machtelite um die Präsidentenfamilie Alijew ist weniger mit dem Krieg von 1991–94 verbunden.

Vor dem Hintergrund dieses Militarisierungsprozesses sind die angeblichen „Gewaltverzichtserklärungen" bemerkenswert, die laut russischen Medienberichten nach dem „Georgienkrieg" von den armenischen und aserbaidschanischen Präsidenten bei ihrem Treffen in Moskau am 2. November 2008 gegeben wurden. In Aserbaidschan wurde allerdings dementiert, dass Präsident Alijew einen verbindlichen Gewaltverzicht im BKK ausgesprochen habe.

1.15 Ausprägung psychologischer Barrieren gegen vertrauensbildende Konflikttransformation

Der BKK ist sehr stark von Erinnerungskultur und Geschichtspolitik geprägt, die von ethnopolitischen Akteuren in solchen Konflikten als Instrument eingesetzt werden. Auf allen Konfliktseiten spielt hier die Produktion von „hate narratives" und „fear narratives", die sich gegen den Konfliktgegner richten, eine bedeutende Rolle. Es werden erhebliche Summen ausgegeben, um die internationale Gemeinschaft über die Untaten des Konfliktgegners zu informieren. Beispiel: Aserbaidschan und die Türkei propagieren das Gedenken an das größte einzelne Kriegsverbrechen im Karabachkrieg, das Massaker an Zivilisten in der Stadt Chodschali durch armenische Truppen im Februar 1992. Dabei wird der Terminus „Genozid" inflationär benutzt – z.B. für die Zerstörung von Kulturdenkmälern. Aserbaidschan führte 1998 den „Tag des Genozids an den Aseri" durch Präsidentenerlass ein. Der Erlass stellt die Aseri als Opfer eines seit 1828 andauernden „Genozids" durch die Armenier dar. Die Armenier begehen dafür den „Tag von Sumgait", der an Pogrome gegen die armenische Bevölkerung in Aserbaidschan im Februar 1988 erinnern soll, und rücken insgesamt die Gewalterfahrungen mit der aserbaidschanischen Konfliktseite in einen Kontext mit dem „großen Unheil", das dem armenischen Volk durch die Türken (Genozid von 1915) widerfahren ist. Experten warnen davor, dass die Kultivierung der Opfer- und Feindbilder in beiden Gesellschaften Kompromisse zwischen den politisch Verantwortlichen erheblich erschweren. Sie macht Sicherheit zum Brennpunkt aller Bedürfnisse, mit denen die Konfliktparteien ihre Erwartungen an Konfliktregelung herantragen.

1.16 Geringe Bedeutung religiöser Differenz

Im BKK stehen einander christliche und muslimische Konfliktparteien gegenüber. Der Konflikt ist nicht frei von konfessioneller Parteinahme.[7] In Aserbaidschan wird der Verdacht geäußert, dass die westliche Welt aus kultureller Solidarität eher auf der armenischen Seite steht. Umgekehrt wird Aserbaidschan von der OIC (Organization of Islamic Conference) diplomatisch unterstützt. Im Karabachkrieg unterstützten einzelne Kämpfer aus der islamischen Welt die aserbaidschanischen Truppen. Religiöse Differenz spielt hier dennoch eine untergeordnete Rolle, sie tritt deutlich hinter die Ethnizität (Armenier versus „Türken") zurück. In anderen Sezessions- und Souveränitätskonflikten mit einer muslimischen Streitpartei kam es zur Islamisierung oder Jihadisierung des Konflikts, man denke etwa an Bosnien, Palästina, Kaschmir, Südthailand oder die Südphilippinen. Im kaukasischen Umfeld fällt der Unterschied zum Tschetschenienkonflikt auf, in dem sich islamistische Kräfte stark artikulierten. Insgesamt durchbrechen im Südkau-

---

7 Roman Silant'ev: Religioznyj faktor vo vnešnepolitičeskich konfliktach na Kavkaze, in: A. Malašenko, S. Filatova: Religija i Konflikt. Moskovskij Centr Karnegi 2008, S. 132–137.

kasus politische Konflikt- und Allianzbeziehungen kulturell-konfessionelle Beziehungsmuster und stellen das Huntington-Paradigma des „clash of civilizations" infrage – siehe armenisch-iranische oder georgisch-aserbaidschanische Nachbarschaftsbeziehungen.

1.17 Unterschiede hinsichtlich der Lösungsmöglichkeiten

Anders als in anderen „frozen conflicts" im GUS-Raum scheiden bestimmte Lösungsmodelle weitgehend aus: So ist ein „Common state" zwischen Bergkarabach und Aserbaidschan schwerer vorstellbar als im Falle Transnistrien/Moldau. Anders als in den übrigen Fällen wurde hier Gebietstausch als Lösungsmöglichkeit erörtert (Bergkarabach gegen einen zu Armenien gehörenden Landstreifen, der die aserbaidschanische Exklave Nachitschewan von Aserbaidschan trennt). Diese Lösungsmöglichkeit trifft auf beiden Seiten allerdings auf starke Vorbehalte.

1.18 Politischer Zustand des De-facto-Staates

Unter den vier Mikro„staaten" von Transnistrien bis Bergkarabach hebt sich letzterer durch relative innere Stabilität und einen etwas höheren Grad von „good governance" und Demokratisierung hervor. Bergkarabach gilt als relativ erfolgreich beim Übergang zu postsowjetischer Institutionen- und Staatsbildung. Hier ist z. B. der Unterschied zu Transnistrien auffällig. Die letzten Präsidentenwahlen mit dem Wechsel von Arkadi Gukasian zu Bako Sahakian im Juli 2007 wurden international als frei und fair bewertet. Freilich ist der De-facto-Staat in wirtschaftlicher Hinsicht von Armenien und der armenischen Diaspora hochgradig abhängig.

2. Akteure im Konflikt um Bergkarabach

2.1 Interne Akteure in der Mobilisierungsphase 1987–91

In der Karabachfrage entwickelte sich seit 1987 vor allem auf armenischer Seite in kurzer Zeit eine erhebliche Mobilisierung. Gelegenheit dazu gab die Ankündigung von Glasnost auf dem 27. Parteitag der KPdSU 1986. Armenische Petitionen zu Bergkarabach gab es schon vorher. Unter den nun grundlegend veränderten Artikulationsbedingungen für nationale Beschwerden geht dieses Anliegen aber jetzt in die nationale Breite. Dabei geht die

Mobilisierung (noch) nicht von den Machthabern aus. In dieser Hinsicht ist im BKK kein „Milošević"-Effekt festzustellen, bei dem sich ein kommunistischer Machthaber zum nationalistischen Führer aufschwingt. Die nationale Bewegung geht, vom Karabachproblem machtvoll katalysiert, von einem losen Netz von Aktivisten und Intellektuellen aus. In Armenien gewinnt das Karabachthema seit Oktober 1987 rasant an Bedeutung. Gerüchte über erste Todesopfer lassen die Protestwelle anschwellen. Es kommt zu täglichen Demonstrationen in Stepanakert. Bis zu einer Million Demonstranten sollen in Jerevan zusammengekommen sein – unter der Parole „Karabach ist der Test für die Perestrojka". Vom „Türkenjoch" bis zum Ararat wurden dabei alle armenischen Symbole und Mythen präsentiert.

Die Gewaltspirale setzte im Oktober 1987 ein – durch erste Todesopfer bei einem Zwischenfall in Agdam. Entscheidend werden hier Pogrome gegen Armenier in Sumgait unweit Baku am 27. Februar 1988. Jetzt erst handelt die Zentralgewalt. Das Politbüro der KPdSU glaubt, die Krise durch ein ökonomisches Entwicklungsprogramm für Bergkarabach lösen zu können.

In Aserbaidschan setzt die Massenmobilisierung etwas später ein. Sie eskaliert im Mai 1988 in Reaktion auf Gerichtsverfahren gegen Aserbaidschaner wegen Beteiligung am Pogrom in Sumgait. Aserbaidschanische Intellektuelle vernetzen sich. Ein aserbaidschanischer Nationalismus, bislang auf Kultureliten in Baku beschränkt, geht nun in die Breite. Als ein Todesurteil gegen einen der Beteiligten an dem Pogrom verkündet wird, explodiert die Stimmung. Nun kommt es zur Gewalteskalation. In einem Monat fliehen 180 000 Armenier aus Aserbaidschan, 160 000 Aseris verlassen Armenien. Im Juni 1989 gründet sich die Aserbaidschanische Volksfront. Sie besetzt im Januar 1990 Regierungsgebäude in Lenkoran und verkündet die Auflösung der Regierungs- und Parteistrukturen. Darauf folgt die militärische Intervention durch sowjetische Sicherheitskräfte in Baku. Sie rettet vorerst die kommunistische Machtstruktur in der Republik. In Armenien kommt es dagegen zum politischen Machtwechsel: Bei Parlamentswahlen erringt 1990 die Armenische Nationalbewegung Ter-Petrosjans die Mehrheit. Im März 1991 entscheidet sich Armenien zum Boykott des Referendums über den Erhalt der Sowjetunion. Staatliche Machtstrukturen und die Nationalbewegung gehen nun ineinander über. In Aserbaidschan geschieht dieser Übergang erst im Juni 1992 mit dem Wechsel von der KP-Führung zur Regierung der Volksfront unter Elcibey.

2.2 Interne Akteure in der Kriegsphase

Der fehlgeschlagene Augustputsch in Moskau und die Auflösung der Sowjetunion begleiten den Übergang zum Krieg im Karabachkonflikt. Die aserbaidschanische Regierung beginnt mit der Schaffung einer nationalen Armee ab September 1991. Im Dezember verkündet sie die volle militärische Mobilisierung. Sowjetische Militärdispositive im Südkaukasus werden nationalisiert. In Aserbaidschan betrifft dies die 4. Sowjetische Armee, in Bergkarabach das 366. Motorschützenregiment (80 Panzer). Die Volksfront rekrutiert ihrerseits Kämpfer. Armenische Kämpfer in Bergkarabach formieren sich zu einer Karabacharmee. Beim Jahreswechsel 1991/92 kommt es zu ersten konventionellen Schlachten im Konflikt. Russland interveniert mal auf der einen, mal auf der anderen Seite. Überwiegend agieren in diesem Krieg noch keine regulären nationalen Streitkräfte, sondern Milizen unter der Führung von „Warlords". In Aserbaidschan gewann erst nach dem Wechsel von der KP-Führung zur Regierung der Volksfront (Juni 1992) der Aufbau nationaler Streitkräfte an Entschlossenheit. Doch erst mit dem erneuten Machtwechsel zu Haidar Alijew ein Jahr später begann eine Neuordnung der Gewalt- und Militärstrukturen. Alijew löste Dutzende Freiwilligenbataillone auf, die von der Volksfront und anderen Parteien kontrolliert wurden. Das schwächte allerdings die Karabachfront, da sich unter den liquidierten Truppenteilen vorderste Einheiten im Kampf mit armenischen Truppen befanden. Erst in der Spätphase des Karabachkriegs verfügen beide Seiten über reguläre Armeen – Aserbaidschan rund 100 000 Mann, Armenien ca. 35 000 Mann. Auf der armenischen Seite verwischte sich dabei die Unterscheidung zwischen Streitkräften der Republik Armenien und einer Karabacharmee.

2.3 Interne Akteure in der Phase des „frozen conflict" in Armenien

Die armenische Gesellschaft ist nicht so homogen, wie es die ethnodemographische Besonderheit der Republik Armenien suggeriert. Nach außen erscheint Armenien mit seiner armenischen Bevölkerungsmehrheit von mehr als 95 % als der ethnisch homogenste sowjetische Nachfolgestaat und krasse Ausnahmeerscheinung im polyethnischen Kaukasus. Beim näheren Hinblick zeigen sich aber Unterschiede zwischen Republikarmeniern, Karabacharmeniern und Diasporaarmeniern. Aus der Bevökerungsgruppe der Karabacharmenier, schätzungsweise 250 000 in der Republik Armenien, kommt die seit 1998 amtierende Machtelite unter Robert Kotscharjan und seinem Amtsnachfolger Sersch Sarkisjan. Sie nimmt in der Karabachfrage eine prinzipielle Position ein und wird darin von nationalistischen Parteien wie der – besonders von der Diaspora getragenen – Revolutionären Föderation (Dashnaktsutiun) unterstützt. Allerdings wächst in der Bevölkerung Armeniens die Distanz zum „Karabachklan". Da entsteht eine Diskrepanz zwischen der Wahrnehmung Bergkarabachs und seiner Stellung in der „armenischen Frage" (das armenische Jerusalem) einerseits und der ihm entstammenden Bevölkerungsgruppe innerhalb der Republik Armenien andererseits. Bei der „Karabachisierung" der armenischen Machtelite spielen der Karabachkrieg und die militärische Leistung der armenischen Truppen in ihm eine wichtige Rolle. Er vermittelt eine enge politische Bindung an die Streit- und Sicherheitskräfte. Präsident Kotscharian stellte im Wahlkampf 2007 hinsichtlich des BKK die Frage an die Wähler: „Wer ist wohl geeigneter, mit diesem Problem umzugehen: jene Politiker, die durch den Krieg hindurch gegangen sind, oder Leute, die ein Bataillon nicht von einer Kompanie unterscheiden können?"

Das Interesse an und die Aufmerksamkeit für Bergkarabach lassen in der breiteren Bevölkerung der Republik nach. Im Präsidentschaftswahlkampf 2008 figurierte das Thema BKK nicht an vorderster Stelle, obwohl dieses Thema zwischen der herrschenden Machtelite und ihrem Herausforderer Ter-Petrosjan besonders umstritten ist. Mit anhaltendem Wirtschaftswachstum und der Wahrnehmung, dass es sich auch mit dem „frozen conflict" leben lässt, richtet sich die öffentliche Aufmerksamkeit in den letzten Jahren auf andere Fragen: Arbeitsmarkt, Korruption, Preisentwicklung u. a. Auch das Verhältnis zwischen der Republik Armenien und Bergkarabach ist nicht frei von Widersprüchen: Die Behörden in Stepanakert drängen auf Beteiligung Bergkarabachs an den Verhandlungen im Rahmen der Minsker OSZE-Gruppe. Die armenische Regierung akzeptiert das bestehende Verhandlungsformat, aus dem Bergkarabach ausgeschlossen ist. In der armenischen Öffentlichkeit wird dagegen die Einbeziehung dieser Konfliktpartei gefordert.

Aus einer Meinungsumfrage von 2005 gehen folgende Einstellungen der Bevölkerung gegenüber dem Karabachkonflikt und seiner Regelung hervor:

- 72% der Befragten meinen, Armenien, Bergkarabach und Aserbaidschan sollten an den Verhandlungen teilnehmen, nur knapp 7% schließen Bergkarabach aus;
- 35% der Befragten (aber 68% der befragten Experten) erklären sich mit den offiziellen Informationen über den Konflikt unzufrieden, nur 11,6% zufrieden;

- nur 16 % glauben, dass Armenien eine klare Strategie für eine wünschenswerte Konfliktregelung hat, 60 % glauben dies nicht;
- mehr als 60 % sind mit dem Verhandlungsprozess unzufrieden, 51 % machen dafür die armenischen Politiker verantwortlich, 24 % die vermittelnden Organisationen;
- 35,6 % meinen, der Konflikt sei als Komponente einer breiteren „armenischen Frage" zu präsentieren, 22,7 % sehen ihn als Territorialkonflikt zwischen Armenien und Aserbaidschan, 33,2 % als Frage der Selbstbestimmung der Bevölkerung Karabachs;
- 46,3 % möchten Bergkarabach als unabhängigen Staat sehen, 38 % als Teil Armeniens, 0,7 % als Bestandteil Aserbaidschans.

2.4 Interne Akteure in der Phase des „frozen conflict" in Aserbaidschan

Was den Konfliktdiskurs und die anschwellende Kriegsrhetorik in Aserbaidschan betrifft, ist innerhalb der Regierung eine gewisse Arbeitsteilung zwischen Außenministerium und Verteidigungsministerium zu erkennen. Während das Außenministerium noch die diplomatische Konfliktregelung hochhält, unterstützt das Verteidigungsministerium die militärische Option für die „Befreiung der besetzten Gebiete" und die Reintegration Bergkarabachs. Präsident Ilham Alijew selbst hat mehrmals die militärische Option angesprochen. Die Kriegsrhetorik hat sich unter seiner Präsidentschaft verstärkt. Sie wird offiziell damit gerechtfertigt, dass Aserbaidschan das Opfer in dem Konflikt sei und das Recht habe, ihn mit jeglichen Mitteln zu lösen. Von armenischer Seite kommt der Hinweis, dass die derzeit herrschende Machtelite in Baku – im Unterschied zu dem in Armenien regierenden „Karabachklan" – nicht persönlich durch die Kriegsphase von 1991–94 hindurch gegangen sei und sich deshalb einen sorglosen Umgang mit solcher Kriegsrhetorik leiste.[8] Diese staatliche Propaganda schränkt den Raum für Kompromissfindung ein. Die Medien verbreiten sie und gewähren kaum Raum für offene Diskussion über das Thema. Der einflussreiche Fernsehsender ANS beginnt seine Nachrichten regelmäßig mit dem Hinweis auf die fortgesetzte Aggression Armeniens gegen Aserbaidschan und verweist häufig auf den „ersten Karabachkrieg", was einen weiteren Krieg impliziert.

Bei Meinungsumfragen vom Sommer 2006 mit 971 Respondenten (86 % Aseris) zeigen sich folgende Einstellungen zu dem Konflikt:

---

8   Interview mit Ruben Zargarjan, 3.4.2008, <http://www.politcom.ru/article.php?id=5952>.

- 58,3% halten ihn für das dringlichste Problem des Landes, 18,3% die Arbeitslosigkeit, 7,5% nennen hier Probleme im Demokratisierungsprozess;
- 59,6% bevorzugen eine militärische Konfliktlösung, 18,6% die Fortsetzung der Verhandlungen, 8,8% die weitere Eingefrorenheit des Konflikts;
- ebenfalls 59,6% halten die Wiedereingliederung Bergkarabachs in den aserbaidschanischen Staat ohne jegliche Autonomie für die beste Lösung, 24,8% die Wiedereingliederung mit hohem Autonomiestatus, 1,7% sind für eine Konföderation zwischen Aserbaidschan und Bergkarabach, 0% für eine Angliederung Bergkarabachs an Armenien und 1,6% für einen Gebietstausch.[9]

2.5 Einteilung der Akteure nach ihrer Einstellung zum Konflikt
2.5.1 Advocates of peace

Die International Crisis Group (ICG) kommt in ihrer Studie zum Karabachkonflikt von 2007 zum Schluss: „There is no credible political movement with wide support that advocates a compromise in either society". [10] Obwohl die sogenannte „Volksdiplomatie" gewisse Erfolge in bestimmten Handlungsfeldern (wie Austausch von Kriegsgefangenen) aufzuweisen hat, ist die Friedens- und Kompromissadvokatur auf allen Konfliktseiten deutlich schwächer als ihre Gegner. Sie wird oftmals als „innerer Feind" dargestellt. In dieser Wahrnehmung betreibt die „Volksdiplomatie" nicht die Annäherung der Konfliktseiten aneinander, sondern die Aufgabe nationaler Positionen. In Aserbaidschan unterliegt sie zusätzlich dem Druck, den die Regierung hier auf zivilgesellschaftliche Aktivitäten und unabhängigen Journalismus ausübt. In Aserbaidschan treten einige wenige zivilgesellschaftliche Advokaten für diplomatische und vertrauensbildende Mittel in der Konfliktbearbeitung ein – so die Helsinki Citizens Assembly, das Centre for Humanitarian Research und das Institute of Peace and Democracy in Baku. Dazu kommen einige lokale NGOs, die mit den Vertriebenen (IDPs) zusammenarbeiten. Insgesamt verhalten sich die Behörden gegenüber NGOs ablehnend, insbesondere gegenüber vom Ausland unterstützten und solchen, die sich friedenspolitisch engagieren und Kontakt zum Konfliktgegner suchen.

---

9 Zitiert von Arif Yunusov: Azerbaijan in the Early of XXI. Century: Conflicts and Potential Threats, Baki 2007, S. 221.
10 Siehe besonders Nagorno-Karabakh: Risking War, ICG Europe Report No. 187, 14. 11. 2007, S. 15.

In Armenien ist der Freiraum für zivilgesellschaftliche Organisationen größer. Wie in Georgien ist die Zahl der registrierten NGOs recht hoch (4434 registrierte Assoziationen). Davon gelten aber nur 10 bis 15 % als halbwegs wirksam. NGOs, die friedliche Konfliktlösung promovieren, stehen in enger Verbindung zu den Aktivitäten internationaler Organisationen in der Region. Längst nicht alle NGOs und Vertreter der „Zivilgesellschaft" engagieren sich friedenspolitisch. Im Frühjahr 2007 meldeten nahezu 50 zivilgesellschaftliche Gruppen in einem offenen Brief Widerstand gegen jegliches Friedensabkommen im BKK an, das die Reintegration irgendeines unter armenischer Kontrolle stehenden Territoriums in die Staatlichkeit Aserbaidschans vorsieht.[11] In Bergkarabach selbst ist der Freiraum für NGOs eng. Sein internationaler Status als de jure Bestandteil Aserbaidschans, aber de facto eigenständiges Gebilde hält internationale Organisationen davon ab, hier zu operieren. Permanente Präsenz zeigen hier nur das Rote Kreuz, Medecins sans Frontieres und einige armenische Diaspora-Organisationen. Mit Ausnahme von Entminungsaktivitäten durch Halo Trust gibt es keine von ausländischen Gebern unterstützten Projekte in den besetzten Gebieten um Bergkarabach. Einige lokale NGOs wie der Stepanakert Press Club, das Center of Civilian Initiatives oder das Institute of People Diplomacy engagieren sich für Vertrauensbildung zwischen den Konfliktseiten. Sie leiden aber unter Ressourcenmangel, dem überragenden Einfluss von Diasporagruppen in Bergkarabach, die nicht friedenspolitisch orientiert sind, und der Indifferenz der Bevölkerung gegenüber zivilgesellschaftlichen Aktivitäten.

2.5.2 Advocates of war

Die „advocates of war" sind in einer stärkeren Position, besonders in Aserbaidschan, wo eine feindselige Haltung gegenüber dialogbereiten Kräften zu beobachten ist. Sie wird durch das Gefühl verstärkt, von der internationalen Gemeinschaft angesichts der Okkupation großer Teile des eigenen Staatsterritoriums durch armenische Truppen, angesichts eines eklatanten Völkerrechtsbruchs, im Stich gelassen zu werden. Mit Unterstützung von Parlamentariern und Regierungskräften agieren verschiedene „Nichtregierungsorganisationen" (GONGOs) gegen Friedensaktivisten und Journalisten, die für Kontakte mit dem Konfliktgegner eintreten. Zu den organisierten

---

11 Armenia: Karabakh Talks' Failure Leads to Tougher Civil Society Stance. In: Eurasia Insight, 9. 7. 2007.

Kräften der Dialogverweigerung gehört an erster Stelle die Organisation für die Befreiung Karabachs. Sie hat ihre Filialen in Baku und in den wichtigsten Provinzen des Landes. Ihren Kern bilden Veteranen des Karabachkriegs, Familien von Kriegsopfern und Vertriebene aus Karabach und den umliegenden Gebieten.

In Armenien steht vor allem die „Karabachlobby" für die kompromisslose Linie. Sie besetzt Schlüsselpositionen in der amtierenden Machtelite – Präsident, Premierminister, Armee-Chef u. a. – und wird von zwei nationalistischen Parteien unterstützt: den Republikanern (mit 66 von 131 Parlamentssitzen) und der Armenischen Revolutionären Föderation (Daschnaktsutsiun mit 16 Parlamentssitzen). Mit dem Machtwechsel von Ter-Petrosjan zu dem vormaligen „Präsidenten" Bergkarabachs, Robert Kotscharjan, verschob sich 1998 auch die Interpretation der Karabachfrage von der „Selbstbestimmung der Karabacharmenier" hin zur „armenischen Frage", zur Wahrnehmung des umstrittenen Territoriums als Kernpunkt armenischer Identität. Der ehemalige Präsident Ter-Petrosjan steht für Kompromissbereitschaft im Karabachkonflikt mit Aserbaidschan und die Befreiung Armeniens aus seiner geopolitischen Isolation. Er steht aber auch für die Misere der frühen Unabhängigkeitsperiode, für ein wirtschaftliches Elend, dem die heutigen Machthaber relativ hohe wirtschaftliche Wachstumsraten trotz geopolitischer Isolation entgegen halten.

2.6 Internationale Organisationen

Der Hauptakteur ist hier seit 1992 die Minsker-Gruppe der OSZE, seit 1997 mit den Ko-Vorsitzenden aus Russland, den USA und Frankreich. Verhandelt wurden u. a. kontroverse „Paketlösungen" und „Etappenlösungen". Seit 2006 schälen sich angeblich jene verhandelbare, von den Ko-Vorsitzenden erarbeiteten „basic principles" heraus, die in 1.9 vorgestellt wurden: armenischer Truppenrückzug, Normalisierung der Beziehungen, Rückkehr der Vertriebenen, Wiederaufbauhilfe und ein Referendum über den Status Bergkarabachs. Besonders die Frage des Referendums bleibt jedoch umstritten und trifft in Aserbaidschan auf Widerstand.

Auch die Generalversammlung der UNO hat sich mit dem Konflikt beschäftigt: 1993 hat sie vier Resolutionen gegen die Besatzung aserbaidschanischen Territoriums durch armenische Truppen verabschiedet. Allerdings war dies eher ein symbolischer Akt, denn es wurden keine Fristen für den Truppenrückzug gesetzt, und seine Unterlassung wurde nicht mit Sanktionen bedroht. Am 14. März beantragte Aserbaidschan bei der Generalversammlung eine neue „Resolution über die Situation in den besetzten Gebieten" und die erneute Bekräftigung seiner territorialen Integrität. Neun Staaten stimmten dafür, sieben dagegen (darunter die Ko-Vorsitzenden der Minsker Gruppe) bei hundert Enthaltungen. Die Ko-Vorsitzenden verwiesen dabei auf die gegenwärtig diskutierten neuen Basisprinzipien für die Regelung des Konflikts. Der von Aserbaidschan eingebrachte Resolutionsentwurf berücksichtige nur einige dieser Prinzipien auf Kosten anderer. Neben OSZE und UNO sind weitere internationale und Regionalorganisationen mit dem Konflikt befasst: die Parlamentarische Versammlung des Europarats, die EU (verstärkt durch ihre ENP), GUS, GUAM und OIC.

Was die EU betrifft, ist sie im Vergleich zu den übrigen ungelösten Regionalkonflikten im GUS-Raum, vor allem zu jenem in Transnistrien, im BKK am wenigsten engagiert und in der Konfliktmediation offiziell nicht vertreten. Ihre Einbeziehung in die Konfliktbearbeitung könnte dadurch erfolgen, dass sie den von Frankreich vertretenen Ko-Vorsitz in der Minsker Gruppe übernimmt, was allerdings nicht ernsthaft diskutiert wird. Bislang beschränkt sich ihre Konfliktpolitik im BKK auf die Verpflichtung Armeniens und Aserbaidschans zu friedlicher Konfliktlösung in den mit beiden Ländern vereinbarten Aktionsplänen im Rahmen der ENP.

2.7 Regionale Akteure

Unter den regionalen Akteuren ragen Russland mit seiner sicherheitspolitischen Bindung an Armenien und die Türkei als ein Verbündeter Aserbaidschans hervor. Anfang 2007 schloss Aserbaidschan ein Abkommen mit der Türkei, das die Ernennung eines türkischen Armeegenerals zum Vizeverteidigungsminister in Baku vorsieht. Unter seiner Ägide sollen türkische Instruktoren und Militärberater die Armeereform Aserbaidschans vorantreiben.[12] In der Vergangenheit musste Ankara mit der militärischen Unterstützung Aserbaidschans vorsichtig umgehen – es stieß dabei nicht nur auf russische, sondern auch auf amerikanische Widerstände. Der türkische Hauptbeitrag zugunsten Aserbaidschans bestand 1993 in der Grenzblockade gegen Armenien. Mit dem „Fünftage-Krieg" und der Georgienkrise im Sommer 2008 wurde die friedenspolitische Rolle der Türkei im Südkaukasus und speziell

---

12 RFE/RL (Radio Free Europe, Radio Liberty): Azerbaijan signals new determination for defense reform, 1. 2. 2007, <http://www.rferl.org/reports/Print.aspx?report=567&id=2007/02/56>.

im BKK aktiviert. Ankara schlug eine „Plattform für Zusammenarbeit und Sicherheit im Kaukasus" als regionales Dialogformat unter Einschluss Russlands, der Türkei und der drei regionalen Staaten vor. Die Türkei und Armenien intensivierten ihre diplomatischen Kontakte und sprachen über eine Öffnung der 1993 geschlossenen Grenze. Ankara betonte die wechselseitige Dynamik zwischen einer Entspannungspolitik gegenüber Armenien und neuen Verhandlungsimpulsen im BKK. Tatsächlich fällt der Türkei gegenüber ungeregelten Regionalkonflikten im Kaukasus- und Schwarzmeerraum und Nationalitätenproblemen aus der Erbmasse der zerfallenen Sowjetunion insofern eine wichtige Rolle zu, als die hiervon betroffenen Ethnien entweder der turksprachigen Völkergruppe (Aseris, Krimtataren, Gagausen u. a.) angehören oder politisch aktive Diasporagruppen (Abchasen, Tschetschenen u. a.) in der Türkei haben.

Auch der Iran gilt als relevanter regionaler Akteur im Südkaukasus. Zu Beginn der Internationalisierung des BKK hat sich Teheran um Konfliktschlichtung bemüht. In der Folgezeit wurde der Iran zur einzigen Landverbindung Armeniens zur Außenwelt und zu einem Hauptlieferanten von Gütern nach Armenien und Bergkarabach. 2002 erklärte der armenische Außenminister den Iran zu einem „Garanten für Stabilität in Karabach". Gleichwohl ist die iranische Position im BKK nicht einseitig proarmenisch. Der Iran heißt die armenische Besetzung aserbaidschanischen Territoriums nicht gut und warnt vor erneuter militärischer Konflikteskalation.

3. Resümee

Es mangelt nicht an Internationalisierung und Institutionalisierung der Konfliktbearbeitung im Falle Bergkarabachs. Es mangelt eher am politischen Willen, eine Konfliktlösung notfalls auch durch Druck auf die Konfliktparteien voranzutreiben. Besonders in Aserbaidschan beschwert man sich über die „notorische Neutralität" der Konfliktmediatoren und zeigt deutliche Frustration gegenüber dem Minsker Prozess. Allerdings ist durch die Georgienkrise im Jahr 2008 die politische Aufmerksamkeit für „frozen conflicts" in Europa und in der Welt deutlich gewachsen.

Aschot Manutscharjan

Der Bergkarabach-Konflikt aus armenischer Sicht

Die Armenier in Bergkarabach fordern ihr Recht auf Selbstbestimmung
(ab 1988)

In den ersten drei Jahren, also von 1985 bis 1987, war die Armenische SSR von der Perestrojka-Politik des KPdSU-Generalsekretärs Michail Gorbatschows nicht betroffen. Danach vollzog sich die weitere Entwicklung der Kaukasusrepublik nicht in dem von Moskau vorgesehenen Rahmen: Am 20. Februar 1988 tagte der Rat der Volksdeputierten des Autonomen Gebietes von Bergkarabach (NKAO, Nagorno-Karabachskaja Avtonomnaja Oblast'). Er beschloss, aus der Aserbaidschanischen SSR auszutreten. Gleichzeitig wurden zwei Gesuche an die Obersten Sowjets von Aserbaidschan und Armenien gerichtet: Aserbaidschan sollte dem Austritt des Autonomen Gebietes zustimmen und Armenien wurde gebeten, sich mit dem Beitritt Bergkarabachs einverstanden zu erklären.[1]

Das zu 93 Prozent von Armeniern besiedelte Bergkarabach (armenisch: Arzach[2]) wurde am 5. Juli 1921 auf Beschluss des unter Josef Stalin tagenden Kaukasischen Büros des Zentralkomitees der Russischen Kommunistischen Partei (Bolschewiki) – gegen den Willen der Bevölkerung – der Verwaltung der Aserbaidschanischen Sowjetrepublik unterstellt.[3] Die Armenier befanden sich daraufhin in ständiger Gefahr, vertrieben zu werden.[4] In der Autonomen Sozialistischen Sowjetrepublik Nachitschewan[5], die wie Bergkarabach

1 Sovetskij Karabach, Stepanakert, 21. 2. 1988. Mehr dazu: Aschot Manutscharjan: Nagornyj Karabach im Kampf um das Selbstbestimmung. In: Osteuropa, 42. Jahrgang, Nr. 11, 1992, S. 951–965.

2 Alexan Akopjan: Albania-Aluank v greko-latinskich i drevnearmjanskich istočnikach. Akademie der Wissenschaften, Jerewan 1987.

3 Central'nyj Gosudarstvennyj Archiv Oktjabr'skoj Revoljucii, Moskau, Fond 130, op. 4, d. 496, 1.142. Nagornyj Karabach. Istoričeskaja spravka. Jerewan 1988, S. 24.

4 Nagornyj Karabach v 1918–1923 gg. Sbornik dokumentov. Jerewan 1992.

5 Nach dem türkisch-sowjetischen Vertrag von Moskau (16. 3. 1921) war das armenische Gebiet Nachitschewan ebenfalls aserbaidschanischer Verwaltung unterstellt worden. Siehe hierzu: Dokumenty vnešnej politiki SSSR. Bd. III. Moskau 1969, S. 598f.

der Aserbaidschanischen SSR zugeschlagen worden war, hatte eine Dearmenisierung bereits stattgefunden.

Während der gesamten Sowjetzeit kämpften die Armenier in Bergkarabach um die Löslosung des autonomen Gebietes aus der Aserbaidschanischen SSR. In den 1920er bis 1930er Jahren war der „Fall Karabach" wiederholt Gegenstand von Erörterungen im ZK der KP Aserbaidschans und im Kreml. Unter der Herrschaft Stalins schickten die Armenier Hunderte Protestbriefe sowie kollektiv unterschriebene Appelle mit der Bitte um Wiedervereinigung des Gebietes mit Armenien ans Moskauer ZK. Wegen „Nationalismus" wurden deshalb Tausende verfolgt, besonders große Verluste erlitt die Intelligenzschicht, darunter vor allem die Lehrer.

Anfang der 1960er Jahre setzten die Armenier in Bergkarabach Hoffnungen in Nikita Chruschtschows „Tauwetterpolitik", die sich aber ebenfalls nicht erfüllen sollten. Heimlich richteten 45000 Karabacharmenier eine Petition an das Zentralkomitee der KPdSU, den Obersten Sowjet und den Ministerrat der UdSSR mit der Bitte um Anschluss an Armenien. Erfolglos. Das aserbaidschanische ZK antwortete auf diesen Separationsversuch mit Repressionen.

Vor der Verabschiedung der Unionsverfassung im Jahr 1977 gab es erneut ein inoffizielles Referendum in Bergkarabach über das Ausscheiden aus Aserbaidschan, indem die Armenier Tausende Briefe an die sowjetische Verfassungskommission schickten. Die Moskauer Verfassungskommission wandte sich an den Obersten Sowjet der UdSSR mit der Empfehlung, einer Vereinigung von Bergkarabach und Armenien zuzustimmen: „Als Folge einer Reihe historischer Umstände ist vor einigen Jahrzehnten Nagornyj Karabach künstlich an Aserbaidschan angeschlossen worden, ohne die Geschichte des Gebietes, die nationale Zusammensetzung seiner Bevölkerung, den Wunsch des Volkes, die ökonomischen Interessen zu berücksichtigen … Nagornyj Karabach muss an Armenien angeschlossen werden. Dann wird alles seine rechtmäßige Ordnung finden".[6] Die Unionsregierung ließ sich darauf nicht ein, obwohl Grenzverschiebungen zwischen benachbarten Unionsrepubliken durchaus üblich waren. Dabei war es um wesentlich größere Gebiete gegangen. Erinnert sei nur an die Abtretung der Halbinsel Krim von Russland an die Ukraine.

---

6   Protokoly zasedanija Prezidiuma Verchovnowo Soveta SSSR ot 23. 11. 1977, Nr. 61, 11-4133. Zit. nach Karapetjan L.M.: Pravda istorii i nacional'naja politika. Erevanskij Universitet 1991, S. 59.

Die nationale Erhebung der Armenier in Bergkarabach 1988 steht in unmittelbarem Zusammenhang mit den von Michail Gorbatschow geweckten Hoffnungen, dass „alle Fehler des Stalinismus" korrigiert werden müssten, auch in der Nationalitätenpolitik. Von daher wird verständlich, dass sich die Karabacharmenier vehement für die Perestrojka einsetzten, um so die lange gewünschte Wiedervereinigung mit der Armenischen SSR erreichen zu können.

Am 21. Februar 1988 demonstrierten in der armenischen Hauptstadt Jerewan Intellektuelle und Studenten, die den Beitrittsbeschluss des Obersten Sowjets von Bergkarabach unterstützten. Die offiziellen Reaktionen in Moskau und Jerewan verurteilten diese Demonstrationen sogleich als „extremistisch und nationalistisch", da sie gegen die „internationale Bruderschaft" der sowjetischen Völker, insbesondere gegen die des armenischen und aserbaidschanischen Volkes, gerichtet seien. Mit diesen Stellungnahmen versuchte die kommunistische Führung die Ursachen des Nationalitätenkonflikts in Bergkarabach zu verdecken. Gleichzeitig hatte sie ihre negative Haltung zu dem von der armenischen Bevölkerung vorgetragenen Wiedervereinigungswunsch dokumentiert.

Innerhalb von wenigen Tagen wurde aus den Kundgebungen einiger hundert Intellektueller eine Massenbewegung, indem sich alle Schichten der Bevölkerung diese Forderungen zu Eigen machten.[7] Im Laufe der Zeit kamen zu den ursprünglich rein nationalen Ideen demokratische Forderungen hinzu. Nicht „unschuldig" an dieser Entwicklung war die sowjetische Führung, die die Bewegung als „antisowjetisch" charakterisierte; denn Perestrojka implizierte keine Veränderung der innerstaatlichen Grenzen. Von daher gefährde diese nationale Bewegung den Erfolg der Perestroika und bedeute einen „Schlag in ihren Rücken".[8]

Neben den nationalen Zielen thematisierte das von den Demonstranten per Akklamation ernannte Organisationskomitee (in der Folgezeit umbenannt in „Karabachkomitee") die soziale Ungerechtigkeit, die Korruption in den Reihen der armenischen kommunistischen Regierung und die fehlende Bereitschaft des Obersten Sowjets der Armenischen SSR, das „leninistische Prinzip" des Selbstbestimmungsrechts der Völker anzuerkennen. Das bedeu-

---

7 Gerhard Simon: Die Unruhen in Armenien und Aserbaidschan. In: Beiträge zur Konfliktforschung XVIII (1988), S. 37–46.

8 So Michail Gorbatschow bei einer Zusammenkunft am 26. 2. 1988 mit den Schriftstellern Silvia Kaputikjan und Zorij Balajan.

tet aber auch, dass die Nationalbewegung ihre Anliegen zunächst im Rahmen der Perestrojka[9] entwickelte, d. h. sie verzichtete grundsätzlich auf antikommunistische, separatistische oder antisowjetische Ziele.

Die Kundgebungen in Jerewan führten dazu, dass zum ersten Mal in der sowjetischen Geschichte ein Generalstreik ausgerufen wurde, der eine ganze Unionsrepublik mit Ausnahme des kommunistischen Parteiapparates erfasste. Der Massencharakter der nationalen Bewegung ermöglichte es den Teilnehmern, die bislang zur schweigenden Mehrheit gehört hatten, Ängste um ihre persönliche Sicherheit zurückzustellen zugunsten eines gemeinsamen nationalen Zieles: die Wiedervereinigung von Bergkarabach mit Armenien.

Aufgrund dieses neuen Selbstbewusstseins wurden die Regierenden vor vollendete Tatsachen gestellt: Der von Gorbatschow gesteckte Rahmen wurde nicht mehr beachtet. Vielmehr entwickelte die Perestrojka in Armenien eine Eigendynamik, die von breiten Bevölkerungskreisen getragen wurde und nicht mehr gesteuert werden konnte. Der Katholikos Aller Armenier, Vazgen I., und der Präsident der Akademie der Wissenschaften der Armenischen SSR, der bekannte Astronom Viktor Hambarcumjan, traten gemeinsam im Hotel „Moskau" neben dem Kreml in einen Hungerstreik.

Als Reaktion auf die friedlichen Demonstrationen und Forderungen der nationalen Bewegung in Armenien und Bergkarabach organisierte die aserbaidschanische Führung Pogrome gegen die in Sumgait lebenden Armenier (26. bis 29. Februar 1988).[10] Dieses Verbrechen führte zu einer Eskalation der armenisch-aserbaidschanischen Auseinandersetzung um Bergkarabach. Da die sowjetische Führung es ablehnte, die Pogrome mit 28 getöteten Armeniern offiziell zu verurteilen, und darüber hinaus bestritt, dass sich ein solcher Nationalitätenkonflikt im Sozialismus überhaupt ereignen könnte, wuchs in Armenien das Gefühl, ungerecht behandelt zu werden. Die Armenier erinnerten sich wieder an den Völkermord im Osmanischen Reich (1915 bis 1918), an die türkisch-aserbaidschanischen Pogrome in Baku (1918) und daran, dass die Türkei den Genozid fortgesetzt leugnet.[11]

9　Zu dieser Zeit schloss die Perestrojka nationale Zielsetzungen noch ein. Siehe hierzu Ljudmila Harutunjan: Konfliktnaja situacija v mežnacionalnych otnošenijach. In: Nacionalnyj vopros i novoe myšlenie. Jerewan 1989, S. 80.

10　Viktoria Čalikowa: Menschen ohne Haut. In: Kontinent (1991), H. 2, S. 14–22. Sumgaitskaja tragedia v svidetel'-stvach očevidcev. Jerewan 1989. Sumgait … Genozid … Glasnost? Jerewan 1989.

11　Wolfgang Gust (Hrsg.): Der Völkermord an den Armeniern 1915/16. Dokumente aus dem Politischen Archiv des deutschen Auswärtigen Amts. Verlag zu Klampen. Springer 2005. Über die Pogrome in Baku (1918). Politisches Archiv des Auswärtigen Amtes, Bonn, Rußland

Ein weiterer „Akteur" in diesem Konflikt waren die sowjetischen Massenmedien, die die Feindschaft zwischen den Konfliktparteien schürten, ohne die Ursachen des Konfliktes aufzuzeigen.[12] Sie berichteten lediglich, dass Anti-Perestrojka-Kräfte und korrupte Elemente (Mafia) die Auseinandersetzungen in beiden Republiken angezettelt hätten. Mit der von den Massenmedien betriebenen Desinformationspolitik versuchte die imperiale Sowjetmacht, die Karabachbewegung zu unterdrücken und zu isolieren. Denn entsprechend der offiziellen Doktrin existierte innerhalb der Sowjetunion keine Nationalitätenproblematik. Zudem waren die politischen Strukturen der UdSSR auf einen solchen Konflikt nicht vorbereitet, sodass die Reaktion besonders heftig und destruktiv ausfiel.

Der in Armenien herrschende Partei- und Staatsapparat folgte den Anweisungen der Moskauer Zentralmacht und weigerte sich, der Bitte des Obersten Sowjets der NKAO nach einer Vereinigung mit der Armenischen SSR zu entsprechen. Die Lage in Armenien wurde dadurch verschärft, dass eine Sperrstunde angeordnet wurde, Kundgebungen verboten und Panzer sowie Sondereinheiten des sowjetischen Innenministeriums und des KGB in Jerewan stationiert wurden. Diese Maßnahmen vertieften das Misstrauen der armenischen Sicherheitskräfte, die es ablehnten, mit diesen Truppen zu kooperieren und sich gegen ihre demonstrierenden Landsleute zu wenden.

Die Stationierung der sowjetischen Panzer auf den Straßen der Hauptstadt Jerewan rief in der Bevölkerung Empörung hervor. Angesichts dieser als bedrohlich empfundenen Lage schickte die nationaldemokratische Bewegung friedliche Signale an die Regierenden in Armenien. Ein erster Erfolg zeichnete sich ab, als sich der armenische Oberste Sowjet am 15. Juni 1988 gezwungen sah, der Vereinigung Bergkarabachs mit dem Mutterland zuzustimmen.[13]

97a, Rußisch-Asien, Kaukasus. Bände 26–27. Arman Kirakosjan: Aknarkner hajkakn harci ev Egherni mičazgain čanačman patmutjan. Erevan 2006.

12 Levon Bagdasarjan: Informacionnaja blokada. In: Glazami nezavisimych nabljudatelej. Nagornyj Karabach i vokrug nego. Jerewan 1990, S. 171–181. Die Textanalyse der zentralen sowjetischen Zeitungen vom 1. März bis 21. Mai 1988 hat ergeben, dass über die nationalen Ursachen des armenisch-aserbaidschanischen Konfliktes in nur 0,3 Prozent der Texte berichtet wurde; über die sozioökonomischen Ursachen wurde in 1 Prozent der Artikel informiert und in 0,4 Prozent über die Pogrome in Sumgait. Dagegen wurde in 4 Prozent der Texte über die Freundschaft der Völker der Sowjetunion geschrieben und in 8 Prozent über die Theorie des Internationalismus.

13 Sovetakan Hajastan, 16. 6. 1988. Kommunist, Jerewan, 16. 6. 1988.

Gleichzeitig nahm der Einfluss des Karabachkomitees auf die Gestaltung des öffentlichen Lebens zu, sodass es zu einem „Duumvirat" kam. Diese indirekte Machtübernahme durch das Karabachkomitee war nicht zuletzt deshalb möglich, weil die Mehrheit der Bevölkerung zu der Einsicht gekommen war, dass die Zentralregierung in Moskau der Wiedervereinigungsforderung nicht nachgeben würde. Infolgedessen verloren Michail Gorbatschow und mit ihm die Perestrojka an Prestige. Denn die Armenier hatten verstanden, dass auch im Rahmen des „Sozialismus mit menschlichem Gesicht" auf absehbare Zeit keine Lösung der Nationalitätenfrage und des Bergkarabach-Konfliktes möglich sein würde.

Erst sieben Monate nach den Pogromen an den Armeniern in Sumgait und deren Deportationen aus den Städten und Dörfern Aserbaidschans begann im November 1988 die organisierte Ausreise der aserbaidschanischen Bevölkerung aus Armenien. Das bis dahin friedliche Zusammenleben zwischen den Nachbarvölkern wurde durch aserbaidschanische Emissäre, die ihre in Armenien lebenden Landsleute zur Ausreise bewegten, und durch nationalistische Armenier zerstört. Darüber hinaus kam es in einigen Dörfern in den Bezirken Gugark und Krasnoselsk zu militanten Ausschreitungen zwischen aus Aserbaidschan vertriebenen Armeniern und Aseris.[14]

Obwohl Armenien von der Zentralmacht mit einer Informationsblockade belegt wurde, gelangten die Nachrichten über die Vorgänge in Bergkarabach und in Armenien ins Ausland: Eine Nation versuchte, aufgrund des in der sowjetischen Verfassung verankerten Selbstbestimmungsrechtes ihre nationale Einheit innerhalb des sowjetischen Staatsverbandes wiederherzustellen. Von Anfang an unterstützte Friedensnobelpreisträger Andrej Sacharow die Forderungen der Bewohner Bergkarabachs. Aus Sicht eines starken Zentralstaates konnte diesem Anliegen jedoch nicht nachgegeben werden, denn damit wäre im Vielvölkerstaat Sowjetunion ein Präzedenzfall geschaffen worden. Letztlich hätte also die freie Willensäußerung der verschiedenen Nationen die Existenz des Imperiums aufs Spiel gesetzt.[15] Eine Entwicklung, die seit 1989 mit der Aktivierung der Nationalbewegungen im Baltikum, in der Ukraine und in Georgien längst konkrete Züge angenommen hatte.

---

14 Sergej Čobanjan: Gosudarstvennaja i nacional'naja politika Azerbaidžana. Jerewan 1993, S. 165f.

15 Gerhard Simon: Nationalismus und Nationalitätenpolitik in der Sowjetunion. Baden-Baden 1986.

Weitere Unterdrückungsmaßnahmen der Zentrale in Armenien und vor allem in Bergkarabach bewirkten, dass zusätzlich zu den nationaldemokratischen Forderungen auch die Verwirklichung der armenischen Unabhängigkeit von der UdSSR verlangt wurde. Ebenso fanden antirussische und antikommunistische Tendenzen eine größere Verbreitung in der Bevölkerung. Denn die Duldung – wenn nicht gar die im Geheimen betriebene Unterstützung – der aserbaidschanischen Verkehrs- und Transportblockade Armeniens durch Moskau, von der insbesondere der Wiederaufbau in der Erdbebenzone betroffen war, schuf erst die breite Basis für den armenischen Separatismus. Dass insbesondere die Blockade, die schwerste Einbußen für die Wirtschaft zur Folge hatte, eine politische Erpressung bedeutete und die Zurückziehung der armenischen Hilfe für Bergkarabach bewirken sollte, war den Armeniern nur zu bewusst. Hinzu kam die Einsicht in die Tatsache, dass die sowjetische Regierung nicht willens war, für die Sicherheit der einzelnen Republiken zu sorgen bzw. für einen gerechten Interessenausgleich einzutreten. Von daher stellte sich die Frage nach dem Verbleib in der Union für viele Armenier nicht mehr.[16]

Zu Beginn der ersten Sitzungsperiode im August 1990 wählten die Abgeordneten Levon Ter-Petrosjan, eine der Führungspersönlichkeiten der Armenischen Allnationalen Bewegung, zum Vorsitzenden des Obersten Sowjets. Die Abstimmung gewann er mit 80 Prozent vor dem Ersten Sekretär der KP Armeniens, Wladimir Mowsisjan, der 17 Prozent der Stimmen erhielt.

Die erste vom Parlament beschlossene Deklaration (vom 23. August 1990) betraf den einzuleitenden Unabhängigkeitsprozess der Republik Armenien. Präsident Gorbatschow, der sich mit einem beschleunigten Zerfall des sowjetischen Imperiums konfrontiert sah, war bestrebt, diesen Prozess mit Hilfe des „Referendums" über das Fortbestehen der Union vom 17. März 1991 aufzuhalten. Das armenische Parlament lehnte jedoch die Teilnahme der Republik Armenien an diesem Referendum einstimmig ab. Denn nach dem Wortlaut der armenischen Verfassung konnte die Befragung erst sechs Monate nach seiner Ankündigung, also am 21. September 1991, erfolgen.

Diese unnachgiebige Haltung Armeniens gegenüber der Moskauer Zentrale provozierte in der Gegenreaktion eine ebenso harte Einstellung in Bezug auf Bergkarabach, dessen Bevölkerung an dem Referendum vom 17. März 1991 – im Gegensatz zur Aserbaidschanischen SSR – nicht teilgenommen

---

16 Aračhin u verčhin khajle azatutjan tčanaparin. In: Hajkh (1990), Nr. 7. Vazgen Manukjan: Gnackic therčelu žamanake. In: Hajkh (1990), Nr. 15/16 und 18/19.

hatte. Von Ende März bis Anfang Mai 1991 griffen reguläre Truppen der in Aserbaidschan stationierten sowjetischen Armee, dem sowjetischen Innenministerium unterstellte Sondertruppen sowie aserbaidschanische Sondereinheiten (OMON-Einheiten) Bergkarabach mit dem Ziel an, die dort lebenden Armenier zu deportieren. Die armenischen Einwohner von 24 Dörfern fielen den Deportationen zum Opfer. Gleichzeitig wurden Angriffe gegen die Republik Armenien durchgeführt.

Die Aggressionen riefen jedoch, entgegen den Absichten Moskaus, keine innenpolitische Krise in Armenien hervor. Die Voraussetzungen zur Schaffung einer „Interfront" waren wegen der homogenen armenischen Bevölkerung nicht gegeben. Damit waren die militärischen und politischen Versuche gescheitert, dem neu gewählten Parlament die Unterstützung der Karabacharmenier zu entziehen. Armenien führte am 21. September 1991 – wie geplant – ein Referendum über die Zugehörigkeit zur Sowjetunion durch: 94,4 Prozent der Wahlberechtigten votierten für die armenische Unabhängigkeit, 0,46 Prozent stimmten dagegen.[17]

Daraufhin entschieden sich die Bergkarabacher, die von nun an ihrem eigenen Schicksal überlassen waren, am 2. September 1991 für die Ausrufung der „Republik Bergkarabach" und votierten am 10. Dezember 1991 in einem Referendum für ihre Unabhängigkeit. Von den Wahlberechtigten stimmten 108 500 Armenier (82 Prozent) für und nur 26 Stimmberechtigte gegen die Unabhängigkeit. Die übrigen Wahlberechtigten – allesamt Aserbaidschaner – boykottierten die Volksbefragung. Fünf Tage später fand ein Referendum über die Unabhängigkeit Aserbaidschans statt.

Obwohl in der Zwischenzeit (1991 bis 1992) bewaffnete Selbstverteidigungsgruppen der Karabacharmenier einige der von den Aseris besetzten Dörfer zurückerobert hatten, bezog die Regierung in Jerewan in der Karabachfrage eine von Grund auf andere Position als bislang: Wegen der katastrophalen Lage in Armenien infolge der aserbaidschanischen Blockade erklärte das Parlament in Jerewan alle Gesetze und Entschließungen für ungültig, die eine Wiedervereinigung der NKAO mit Armenien zum Gegenstand hatten. Außerdem lehnten Parlamentspräsident Lewon Ter-Petrosjan und die regierende Armenische Allnationale Bewegung (AAB) den Vorschlag der Opposition ab, die Republik Bergkarabach offiziell anzuerkennen.[18]

---

17 Hajastani Hanrapetutjun, 24. 9. 1991.
18 „Ba eskhanic heto …". In: Golos Armenii, 6. 10. 2007.

Da die aserbaidschanische Regierung Armenien das Recht abgesprochen hatte, Bergkarabach in das eigene Hoheitsgebiet zu integrieren, und das armenische Parlament diesem Ansinnen nachgegeben hatte, war Jerewan von nun an in diesen Konflikt nicht mehr involviert. Deshalb war die armenische Regierung lediglich bereit, sich als Garant für die Sicherheit der Karabacharmenier einzusetzen. Ihre Kompromissbereitschaft ging so weit, dass sie die von den Armeniern in Bergkarabach ausgerufene unabhängige Republik nicht anerkannte. Gleichzeitig war die armenische Regierung bestrebt, sich in keinem Fall in einen militärischen Konflikt mit der Republik Aserbaidschan verwickeln zu lassen, obwohl armenische Grenzdörfer ständigen Übergriffen ausgesetzt waren.

Im Winter 1991/92 waren sich die beiden Republiken in Bezug auf den Konflikt um Bergkarabach weitgehend selbst überlassen. Die auf Initiative der Präsidenten von Russland und Kasachstan, Boris Jelzin und Nursultan Nasarbajew, eingeleiteten Vermittlungsbemühungen mussten im September 1991 ohne Erfolg abgebrochen werden, da Bergkarabach wegen der aserbaidschanischen Verweigerungshaltung nicht als Konfliktpartei gehört werden konnte.

Am 21. Dezember 1991 erkannten die ehemaligen Sowjetrepubliken in der Deklaration von Alma-Ata ihre Unabhängigkeit gegenseitig an und erwirkten daraufhin ihre weltweite diplomatische Anerkennung. Da die Republiken jedoch wirtschaftlich und militärisch noch sehr eng miteinander verflochten waren, wurde die Gemeinschaft Unabhängiger Staaten (GUS) gegründet, die außer Georgien und den drei baltischen Republiken alle Ex-Sowjetrepubliken umfasste. Da sich die Regierung in Baku zudem weigerte, auf eigene nationale Streitkräfte zu verzichten, kam es nicht zu einem GUS-Oberbefehl über die Streitkräfte. Außerdem setzte das aserbaidschanische Parlament die Nationalisierung der auf seinem Territorium gelagerten Waffen und Munition durch. Folglich sah sich auch das Parlament in Jerewan mit der Notwendigkeit konfrontiert, eine eigene Armee aufzustellen, zumal der russische Vizepräsident Ruzkoj den Abzug der in Armenien stationierten GUS-Streitkräfte gefordert hatte.[19]

Nach dem Auseinanderbrechen der Sowjetunion wurde der armenisch-aserbaidschanische Konflikt um Bergkarabach zu einem zwischenstaatlichen Konflikt.[20] Die Republik Armenien war mit allen Vorschlägen einverstanden,

19 Hajastani Hanrapetutjun, 13. 3. 1992. Nezavisimaja gazeta, 14. 3. 1992.
20 Aschot Manutscharjan: Armeniens Selbstbehauptung zwischen Türkei, Rußland und Iran.

die geeignet waren, einen Beitrag zur friedlichen Lösung der kriegerischen Auseinandersetzungen zu leisten. Allerdings bestand sie auf einer Beteiligung der Vertreter Bergkarabachs. Die Betroffenen sollten selbst über ihre künftigen Beziehungen zu Aserbaidschan entscheiden können.

Unter der Voraussetzung, dass ein auszuhandelnder Friedensvertrag der in Bergkarabach lebenden armenischen Bevölkerungsmehrheit ein Überleben in Sicherheit garantiert, waren die Regierenden in Stepanakert bereit, die Vermittlungsbemühungen des Iran zu akzeptieren. Obwohl sich Aserbaidschan anfänglich damit einverstanden erklärt hatte, dass armenische Vertreter Bergkarabachs an den Verhandlungen beteiligt waren, zog Baku wenig später diese Zusage zurück und stellte sich auf den Standpunkt, die Bewohner Bergkarabachs könnten nur im Rahmen der aserbaidschanischen Delegation an den Gesprächen teilnehmen.

Zusammenfassend lässt sich also festhalten, dass die nationalen Bewegungen entscheidend zum Auseinanderbrechen der UdSSR beitrugen.[21] Sie waren nicht zuletzt ein Ergebnis der Massenproteste der Armenier Bergkarabachs gegen die vom kommunistischen Imperium erlassenen Gesetze und der nationaldemokratischen Bewegung in Armenien selbst. Der so eingeleitete Zerfall der Sowjetunion befreite die Völker und bot ihnen die Chance, sich langfristig in demokratischen Bahnen zu entwickeln. Armenien hingegen, der Auslöser dieser Entwicklung, befindet sich in einer geostrategisch isolierten Umgebung, die eine friedliche und demokratische Entwicklung zumindest fraglich erscheinen lässt.

Des Weiteren ist es eine Tatsache, dass Bergkarabach niemals Teil der unabhängigen Republik Aserbaidschan war. Aus armenischer Sicht entstanden als Folge des Zerfalls der UdSSR auf dem Territorium der ehemaligen Aserbaidschanischen SSR zwei unabhängige Staaten: die Republik Bergkarabach und die Republik Aserbaidschan. Damit scheinen die völkerrechtlichen Grundlagen für die Existenz dieser Staaten gleich zu sein, denn die Republik Bergkarabach verletzt die territoriale Integrität Aserbaidschans nicht.

Stiftung Wissenschaft und Politik. Forschungsinstitut für internationale Politik und Sicherheit. Ebenhausen 1994, S. 19-24. Ders.: Der Kaukasus in den internationalen Beziehungen (1991–1994). In: Die Außenpolitik der neuen Republiken im östlichen Europa. Hrsg. von Karl Kaiser und Hans-Peter Schwarz. Bonn 1995 (= Bonner Schriften zur Integration Europas, 1), S. 157–213.

21 Gerhard Simon: Nationalismus und die Grenzen der Sowjetunion als Weltmacht. In: Aus Politik und Zeitgeschichte (1988), B35, S. 16–28. Ders.: Die Nationalbewegungen und das Ende des Sowjetsystems. In: Osteuropa (1991), H. 8, S. 774–791.

Nach dem Zerfall der UdSSR erkannte die internationale Staatengemeinschaft nur die ehemaligen Sowjetrepubliken in ihrer staatlichen Existenz an, wobei die Nationalitätenkonflikte des ehemaligen Imperiums nicht berücksichtigt wurden.

Georg Brunner, Direktor des Instituts für Ostrecht der Kölner Universität, war der Meinung, dass im Fall von Bergkarabach die Gründe überwiegen, „die für die Priorität des vom armenischen Volk im Sinne der Sezession und Vereinigung ausgeübten Selbstbestimmungsrechts gegenüber dem aserbaidschanischen Souveränitätsanspruch sprechen: ausgeprägte Identität und Staatsfähigkeit der christlich-indoeuropäischen Armenier und große ethnisch-kulturelle Distanz zu den islamisch-türkischen Aserbaidschanern, grobe Menschenrechtsverletzungen seitens der Aserbaidschaner aus Gründen ethnischer Diskriminierung, keine Aussichten auf einen effektiven Minderheitenschutz und eine politisch diffuse Übergangsperiode nach dem Zerfall der Sowjetunion. Berg-Karabach ist zwar durch einen schmalen, größtenteils von Kurden besiedelten Gebietsstreifen von Armenien getrennt, aber die Anbindung an Armenien durch einen Korridor, wie er im Ergebnis der Kampfhandlungen bereits hergestellt ist, ist ohne größere technische Probleme zu bewerkstelligen."[22]

Armenien bewertet den Krieg von 1992 bis 1994 als Aggression der aserbaidschanischen Truppen, die mittels „ethnischer Säuberungen" versucht hätten, die Karabacharmenier auszurotten oder zu deportieren. Damit liege ein „klassisches Beispiel für das Recht auf Selbstbestimmung" vor, aber auch dafür, wie „das Recht auf territoriale Integrität als Vorwand für ethnische Säuberungen benutzt wird", meinte der aus Bergkarabach stammende armenische Präsident Robert Kotscharjan. „Das Volk von Berg-Karabach hat sein Recht auf ein freies Leben in einer demokratischen Gesellschaft verteidigt. Die tatsächliche Unabhängigkeit Berg-Karabachs besteht schon seit zwanzig Jahren. Inzwischen ist dort eine Generation herangewachsen, die sich einen anderen Status des Landes nicht mehr vorstellen kann."[23] Zudem hätten die Karabacharmenier lediglich die von Diktator Josef Stalin willkürlich verfügte Eingliederung ihrer Heimat in die aserbaidschanische Sowjetrepublik rückgängig gemacht.

---

22 Georg Brunner: Nationalitätenprobleme und Minderheitenkonflikte in Osteuropa. Strategien für Europa. Gütersloh 1996, S. 163–164.

23 Rede des Präsidenten der Republik Armenien, Robert Kotscharjan, vor der Parlamentarischen Versammlung des Europarates, gehalten am 23. 6. 2003 in Straßburg, <www.president.am>.

Die Suche nach einem Ausweg aus dem Karabachkonflikt wurde im Frühjahr 1992 internationalisiert, als die OSZE daranging, eine Gruppe von 12 Staaten – darunter die USA, Russland, die Türkei, Frankreich, Deutschland, Armenien und Aserbaidschan – einzuladen, um gemeinsam eine Lösung zu finden. Bergkarabach wurde als Konfliktpartei zu den Verhandlungen in dieser „Minsker Gruppe" nicht zugelassen. UNO und OSZE vermochten lange Zeit nicht zu entscheiden, welchem völkerrechtlichen Grundsatz – dem Prinzip der territorialen Integrität oder dem Selbstbestimmungsrecht der Völker – Vorrang in der Karabachfrage einzuräumen sei. Schließlich waren die christlichen Armenier seit ihrer erzwungenen Angliederung an Aserbaidschan als Minderheit religiös, ethnisch und kulturell von der moslemischen Mehrheit diskriminiert worden und hatten grobe Menschenrechtsverletzungen hinnehmen müssen. Hinzu kommt, dass es im autoritär geführten Aserbaidschan bis heute keinen Minderheitenschutz gibt und auch keine Aussichten auf einen effektiven Minderheitenschutz bestehen. [24]

Aufgrund der militärischen Erfolge der Armeen von Armenien und Bergkarabach und der russischen Vermittlung konnte im Mai 1994 ein Waffenstillstand vereinbart werden, der bis heute hält. Die Karabacher hatten den sogenannten Latschin-Korridor nach Armenien erobert und sechs aserbaidschanische Bezirke besetzt. Während der militärischen Phase des Konfliktes wurde Armenien – ungeachtet seiner Unterstützung des Selbstbestimmungsrechts der Karabacharmenier – auch wegen seiner Erfolge bei der Demokratisierung des Landes nicht kritisiert.

Dass Armenien die Republik Bergkarabach offiziell nicht anerkannte, stand einer engen und freundschaftlichen Kooperation zwischen Jerewan und Stepanakert nicht im Wege. Denn unter dem Einfluss der Oppositionsparteien hatte das armenische Parlament im Juli 1992 seiner Regierung untersagt, auf internationalen Konferenzen auch im Namen Bergkarabachs zu handeln und Verträge über den Status des umkämpften Territoriums abzuschließen. Zudem vertrat die Regierung in Jerewan den Standpunkt, dass dieser Krieg ein interner Konflikt zwischen Aserbaidschan und Bergkarabach sei und dass aus diesem Grund auch nur die beiden Konfliktparteien in der Lage seien, einen Kompromiss zur Beendigung der kriegerischen Auseinandersetzungen zu finden.

---

24 Otto Luchterhandt: Das Recht Berg-Karabachs auf staatliche Unabhängigkeit aus völkerrechtlicher Sicht. Archiv des Völkerrechts 1993 (Bd. 31), S. 30–81.

Alle Versuche der Karabacharmenier, sich als autonome Konfliktpartei zu präsentieren, scheiterten am Einspruch Aserbaidschans. Bergkarabach hingegen akzeptierte keine internationalen Initiativen zur Beilegung des Konflikts, weil sie ohne Hinzuziehung der Vertreter Stepanakerts beschlossen worden waren.[25] Neben der Anerkennung als Konfliktpartei verlangte die Regierung in Stepanakert von den internationalen Organisationen zusätzliche Sicherheitsgarantien für die armenische Bevölkerung in Karabach – eine Forderung, die bislang kein internationales Gremium zu erfüllen bereit ist. Im Gegenteil, die zwischenstaatlichen Organisationen (UNO, OSZE), die sich mit dem Konflikt befassen, betrachten Bergkarabach im Hinblick auf das Prinzip der Unantastbarkeit der Grenzen als Teil Aserbaidschans. Diese Perspektive gestattete es nicht, der Bitte Bergkarabachs nachzukommen und UNO-Blauhelmtruppen in die Konfliktzone zu verlegen, zumal die Regierung Aserbaidschans diese Stationierung ablehnt. Denn in Baku befürchtete man, dass der Autonomiestatus Bergkarabachs auf diese Weise schrittweise hätte realisiert werden können.

Um dies zu verhindern, war Aserbaidschan bis zum Waffenstillstand vom Mai 1994 bestrebt, das Problem Bergkarabach mit militärischen Mitteln zu entscheiden. Man glaubte, nur so eine Internationalisierung des Konflikts vermeiden zu können. Diese harte Position Bakus wurde von den internationalen Akteuren und insbesondere von Ankara weitgehend geteilt. Vor allem der unter Präsident Abulfas Elçibey (Juni 1992 bis Juni 1993) erfolgte Annäherungskurs an die Türkei erschwerte die Beilegung des Karabachkonflikts. Denn Ankara war es gelungen, die Regierung Elçibey von einem kompromisslos militärischen Kurs gegen die Karabacharmenier zu überzeugen.

Gleichzeitig ging Aserbaidschan auf internationaler Ebene gegen Jerewan vor: UNO und KSZE sollten Armenien als „Aggressorstaat" stigmatisieren und Sanktionen gegen das Land verhängen. Auf diese Forderung reagierte der UN-Sicherheitsrat, indem er in seinen Resolutionen zum Karabachkonflikt (Resolutionen Nr. 822, 853, 874 und 884) den Krieg als eine militärische Aggression der „in Karabach lebenden armenischen Bevölkerung" wertete sowie auf der sofortigen Beendigung der Kampfhandlungen und der Rückgabe der eroberten Gebiete bestand.[26] Den Armeniern

---

25 Tigran Balajan: Karabagjan himnaharce ev mičazgain divanagitutjne (1991–1994). Jerevan 2004.

26 Der Sicherheitsrat zeigte sich *„höchst beunruhigt* angesichts der Eskalation der bewaffneten Feindseligkeiten und insbesondere der jüngsten Invasion des Bezirks Kelbadschar der Aser-

wurde nahegelegt, die Waffenlieferungen an die Truppen in Bergkarabach einzustellen.[27]

Gleichwohl musste die Karabacher Führung während der internationalen Verhandlungen wiederholt erfahren, dass dem Prinzip der territorialen Integrität Vorrang eingeräumt wird vor dem Selbstbestimmungsrecht der Völker. Vor diesem Hintergrund signalisierte Stepanakert eine gewisse Kompromissbereitschaft: Eine Zusammenarbeit mit Baku auf einer „horizontalen Ebene" wurde nicht länger ausgeschlossen, d. h. die Karabacharmenier zeigten sich mit der Gründung einer Konföderation einverstanden, die es ihnen ermöglichen würde, eine eigene Verteidigungsarmee zu unterhalten. Außerdem sollte die Sicherheit Bergkarabachs von einer internationalen Schutzmacht unter dem Kommando der UNO oder der OSZE – ohne türkische Beteiligung – garantiert werden. Der damalige Präsident der „Republik Bergkarabach", Robert Kotscharjan, sprach sich für direkte Verhandlungen zwischen Stepanakert und Baku aus. Schließlich würde Präsident Jelzin auch mit dem tschetschenischen Präsidenten Maschadow oder Präsident Schewardnadse mit dem Abchasen-Führer Ardsinba verhandeln.

Ende der 1990er Jahre diskutierte die politische Führung in Stepanakert über mögliche „Sonderbeziehungen" zu Aserbaidschan, wie sie etwa Monaco mit Frankreich oder Liechtenstein mit der Schweiz unterhält. In diesem Zusammenhang schlug der seit September 1997 amtierende Präsident der „Republik Bergkarabach", Arkadij Gukasjan vor, dass sich Aserbaidschaner und Armenier in einem gemeinsamen Parlament versammeln sollten, dass aber „jedes Volk nach seinen eigenen Gesetzen lebt": So würden die Karabacharmenier auch in Zukunft an den aserbaidschanischen Präsidentschaftswahlen nicht teilnehmen und Baku würde sich nicht in die innenpolitischen

---

baidschanischen Republik durch örtliche armenische Streitkräfte". Resolution 822 (1993), verabschiedet auf der 3205. Sitzung des Sicherheitsrats am 30.4.1993 in New York, UNO S/ RES/822 (1993), S. 1.

27 „Der Sicherheitsrat … *in Bekräftigung* der Souveränität und territorialen Unversehrtheit der Aserbaidschanischen Republik und aller Staaten in der Region, … *bittet* die Regierung der Republik Armenien *nachdrücklich*, weiterhin ihren Einfluss geltend zu machen, um zu erreichen, dass die Armenier der Region Berg-Karabach der Aserbaidschanischen Republik seiner Resolution 822 (1993) und der vorliegenden Resolution Folge leisten und die Vorschläge der Minsker Gruppe der KSZE annehmen; *bittet* die Staaten *nachdrücklich*, die Lieferung jeglicher Waffen und Kampfmittel zu unterlassen, die zu einer Verschärfung des Konflikts oder zu der weiter andauernden Besetzung des Gebiets führen könnte". Resolution 853 (1993), verabschiedet auf 3259. Sitzung des Sicherheitsrats am 29. 7. 1993 in New York, UNO S/RES/853 (1993), S. 1.

Angelegenheiten von Bergkarabach einmischen. Weiter forderte Gukasjan die Anerkennung der „Republik Bergkarabach" als Völkerrechtssubjekt, sodass Karabach in einigen internationalen Organisationen, aber auch in den Gremien der regionalen Kooperation vertreten wäre. Auf die UNO-Mitgliedschaft werde man hingegen verzichten. Zusammengefasst: Die Karabacharmenier wären bereit, de iure zu Aserbaidschan zu gehören unter der Voraussetzung, dass sie de facto unabhängig blieben. Die Erfüllung dieser Bedingungen sei für die Sicherheit der Armenier unerlässlich, ansonsten werde sich die Weltgemeinschaft im Falle eines aserbaidschanischen Angriffs nicht in die „inneren Angelegenheiten Aserbaidschans einmischen". Die Folge wären neue Pogrome und letztendlich die Deportation der armenischen Bevölkerung aus ihrer Heimat, wie es bereits öfters in der Geschichte und der Gegenwart (1988 in Sumgait und 1990 in Baku, damals noch Aserbaidschanische SSR) geschehen sei.

Mit Blick auf diese Vorschläge zeigte Baku keinerlei Kompromissbereitschaft. Angesichts der internationalen Unterstützung war das wohl auch nicht erforderlich. Nicht zuletzt die reichen Ölvorkommen genügen vollauf, so die einhellige Meinung in Aserbaidschan, um Armenien und Bergkarabach zum Nachgeben zu zwingen.

Die Bergkarabach-Politik von Präsident Lewon Ter-Petrosjan
(1991 bis 1998)

Der am 3. Februar 1998 erzwungene Rücktritt des Präsidenten der Republik Armenien, Lewon Ter-Petrosjan, erwies erneut die Bedeutung Bergkarabachs für die innenpolitische Diskussion in Armenien.[28] Diese Beobachtung trifft auch auf die Nachbarrepublik Aserbaidschan zu. Der Karabachfaktor erlangte dort eine besondere innenpolitische Relevanz durch den auf diesen Konflikt ursächlich zurückzuführenden Sturz von zwei Präsidenten: Innerhalb von drei Jahren wurden Ajas Mutalibow und Abulfas Elçibey gewaltsam aus dem Amt entfernt (1991 bis 1994).[29] Erst mit der Präsidentschaft Hejdar

---

28 Aschot Manutscharjan: Die politische Krise in Armenien. Der erzwungene Rücktritt von Präsident Lewon Ter-Petrosjan. In: BioSt: Aktuelle Analysen. Hrsg. vom Bundesinstitut für ostwissenschaftliche und internationale Studien. Köln 1998, Nr. 10.

29 Rasim Agajev, Zardušt Ali-zade: Azerbaidžan: Konec Vtoroj Respubliki (1988–1993) (= Das Ende der Zweiten Republik). Moskau 2006, S. 575f.

Alijews (1994 bis 2004) beruhigte sich die innenpolitische Lage. Der Wechsel im Präsidentenamt wurde vornehmlich mit den militärischen Rückschlägen in Karabach begründet.

Mit Widerständen gegen seine Politik hatte sich auch der armenische Präsident Ter-Petrosjan auseinanderzusetzen: Bereits zu Beginn seiner Amtszeit wurde er wegen seiner diplomatischen Haltung gegenüber der Türkei und seiner Zurückhaltung in Bezug auf die Thematisierung des Genozids an den Armeniern im Osmanischen Reich kritisiert. Als er jedoch begann, in der Karabachfrage Kompromissbereitschaft zu signalisieren, führte diese Politik Armenien an den Rand eines Putsches. Bemerkenswert ist, dass der Aufstand gegen Ter-Petrosjan nicht aus den Reihen der Opposition kam, sondern aus dem Regierungslager. An führender Stelle arbeiteten Ministerpräsident Robert Kotscharjan sowie der Innen- und Sicherheitsminister Sersch Sarkisjan gegen den ersten demokratisch gewählten Präsidenten Armeniens. Rückendeckung erhielten die beiden Karabacharmenier von Verteidigungsminister Wasgen Sarkisjan. Sie warfen dem Mitinitiator der Karabachbewegung vor, das wichtigste Glied der armenischen nationalen Idee – die Wiedervereinigung mit Bergkarabach – verraten zu haben.

Der pragmatische, an den realen Möglichkeiten ausgerichtete außenpolitische Kurs von Präsident Ter-Petrosjan gegenüber der Türkei war in Armenien von Anfang an auf heftigen Widerstand gestoßen.[30] Die Opposition unter Führung der Armenischen Revolutionären Föderation Daschnakzutjun (ARFD) warf ihm vor, die nationale Idee Haj Dat (Armenisches Gericht) verraten zu haben, also vor allem die Forderung nach internationaler Anerkennung des Genozids (1915 bis 1923).

Obwohl für Ankara die Aufnahme diplomatischer Beziehungen zu Armenien nicht in Frage kam, bemühte sich Ter-Petrosjan weiter, normale zwischenstaatliche Kontakte zur Türkei aufzubauen, indem er die diplomatische Anerkennung von der Lösung der Karabachfrage abzukoppeln suchte. Er begründete diesen Kurswechsel mit dem Hinweis, die vermeintlich „christlichen" Großmächte, an erster Stelle Russland, hätten nichts unternommen, um die nationalen Interessen Armeniens zu unterstützen. Als es die Türkei jedoch weiterhin kategorisch ablehnte, mit Armenien normale zwischenstaatliche Beziehungen zu unterhalten, musste Präsident Ter-Petrosjan wie-

---

30 Vardkez Davtjan: Lewon Ter-Petrosjan. Araspeli ev irakani sahmanagzin. Erevan 1996. Aschot Manutscharjan: Lewon Ter-Petrosjan, Präsident der Republik Armenien (1991–1998). Politisches Porträt. In: Orient 39 (1998), H. 3, S. 377–384.

der auf den „traditionellen Verbündeten" Russland, aber auch auf den Iran, zurückgreifen. „Armenien brauchte einen Verbündeten, der den Schutz des Landes garantieren konnte", erklärte Ter-Petrosjan rückblickend.[31]

Dass der Präsident die Bevölkerung nicht über den Stand der Beratungen in der Minsker Gruppe auf dem Laufenden hielt – er wollte die vertraulich geführten Verhandlungen nicht gefährden –, erwies sich im Nachhinein als schwerer politischer Fehler. Vor diesem Hintergrund überrascht es nicht, dass er mit seinen Ausführungen während einer Pressekonferenz am 26. September 1997 eine Bombe zündete.[32]

Ter-Petrosjan erklärte, Armenien werde einer schrittweisen Lösung des Karabachkonfliktes zustimmen: Zuerst sollten die armenischen Karabach-Truppen die sechs besetzten aserbaidschanischen Gebiete räumen, sodass die Flüchtlinge zurückkehren könnten. Erst danach werde über den Status der „Republik Bergkarabach" verhandelt. Gleichzeitig würde Aserbaidschan die Kommunikationsverbindungen nach Armenien öffnen. Im Anschluss an diese Erklärung wurde der Präsident von der Opposition als „Erfüllungspolitiker" und „Verräter" gebrandmarkt. Die Regierung von Bergkarabach verhielt sich in dieser Phase der politischen Auseinandersetzungen im Großen und Ganzen ruhig.

Der Beobachter konnte den Eindruck gewinnen, dass der Präsident eine neue Taktik entwickelt hatte, um seine politischen Ziele durchzusetzen. Dies bestätigten auch die Verlautbarungen des damaligen Ministerpräsidenten, Robert Kotscharjan, und von Sersch Sargsjan, dem Innen- und Sicherheitsminister. Ter-Petrosjan hatte Kotscharjan, vormals Präsident der „Republik Bergkarabach", zusammen mit dessen Verteidigungsminister Sersch Sarkisjan nach Jerewan geholt, um die Glaubwürdigkeit seiner Politik zu untermauern. Beide bestätigten wiederholt, dass sie lediglich graduelle Meinungsunterschiede vom Präsidenten trennen würden.

Entscheidend für das politische Scheitern des Präsidenten war vielmehr, dass es Ter-Petrosjan nicht gelang, die Menschen von seinen politischen Zie-

---

31 „Die Türkei unterhält Sonderbeziehungen zu Aserbaidschan und hat die armenisch-aserbaidschanische Auseinandersetzung zu einem Faktor der türkischen Innenpolitik hochstilisiert. Deshalb macht die Türkei die Aufnahme diplomatischer Beziehungen von der Lösung des Karabach-Konflikts abhängig. Durch Druck glaubt man, den Streit schnell lösen zu können. Aber am schnellsten kann man den Konflikt beilegen, indem man mit uns normale Beziehungen aufnimmt", erklärte Lewon Ter-Petrosjan in einem Interview mit dem Autor: Focus, München, Nr. 7 vom 8. 2. 1997, S. 206f.

32 Respublika Armenija, Jerewan, 30. 9. 1997.

len zu überzeugen. Denn Ter-Petrosjan hatte es versäumt, die Ursachen der Wirtschaftsmisere in Armenien eindeutig zu benennen: So basierte die Krise weniger auf der Korruption als auf den für Armenien horrenden Kosten, die für die Unterstützung Bergkarabachs und die Finanzierung einer schlagkräftigen Armee aufgebracht werden mussten. Im November 1997 bestätigte der Präsident noch einmal, dass er keinen anderen Ausweg aus der Krise sehe, als sich zusammen mit Aserbaidschan über Bergkarabach zu verständigen.[33] Armenien habe in der Karabachfrage keine Verbündeten, und es sei sinnlos, allein gegen die „internationale Gemeinschaft" anzukämpfen.

Zudem verglich er die Lage in Armenien mit der Entwicklung im ehemaligen Jugoslawien: Der Staatschef empfahl, lieber jetzt, mit militärischen Erfolgen im Rücken, einen Kompromiss zu schließen, als später eine aufgezwungene Lösung hinnehmen zu müssen. Allerdings wies seine Argumentation einen erheblichen Mangel auf: Ter-Petrosjan konnte keine Sicherheitsgarantien für die Karabacharmenier anbieten.

Dieses Mal stießen seine Äußerungen auf heftige Kritik aus Stepanakert: Bergkarabach werde von nun an seine Probleme allein mit Baku lösen. Die Republik Armenien möge künftig darauf verzichten, sich zu dieser Frage zu äußern. Allein die Karabacharmenier seien von den Aserbaidschanern jahrzehntelang in ihrer ethnischen, religiösen und kulturellen Identität unterdrückt worden, sie hätten die Befreiungsbewegung begonnen und im Krieg gelitten. Ohne echte Sicherheitsgarantien würden sie sich nicht von Ter-Petrosjan an Baku ausliefern lassen.

Die Krise innerhalb der politischen Elite Armeniens erreichte nach dieser Erklärung einen ersten Höhepunkt. Gegen den Präsidenten solidarisierten sich der Ministerpräsident sowie der Innen- und der Verteidigungsminister: Sie empfahlen Lewon Ter-Petrosjan, über seinen Rücktritt nachzudenken. Schließlich wendeten sie sich direkt an die Bevölkerung, indem sie der regierenden Armenischen Allnationalen Bewegung (AAB) öffentlich vorwarfen, eine Anti-Karabach-Stimmung zu erzeugen. Dagegen beschuldigte Ter-Petrosjan seine Kritiker, das armenische Volk zu entzweien.

Dessen ungeachtet schlossen sich die vom Verein Erkrapa vertretenen Reservisten, zumeist mit Fronterfahrung, Wasgen Sarkisjan an und forderten, an der Wiedervereinigung mit Bergkarabach festzuhalten. Vierzig AAB-Parlamentarier und neun Mitglieder der „Reform-Fraktion" traten der Gruppe Erkrapa bei, die von diesem Zeitpunkt mit 69 Abgeordneten die größte Frak-

---

33 Lewon Ter-Petrosjan: Krieg oder Frieden. In: Hajastani Hanrapetutjun. Jerewan, 1. 11. 1997.

tion in der armenischen Nationalversammlung stellte. Nachdem Ministerpräsident Kotscharjan seinen Rücktritt kategorisch abgelehnt hatte, wendete
sich Präsident Ter-Petrosjan am 3. Februar 1998 mit einer kurzen Fernsehansprache an die Bevölkerung: „Die ihnen bekannten Machtorgane haben
mich aufgefordert, zurückzutreten. Wenn ich in dieser Situation meine ver-
fassungsmäßigen Rechte ausüben würde, müsste ich in Kauf nehmen, das
Land zu destabilisieren. Deshalb erkläre ich hiermit meinen Rücktritt." Er
fügte hinzu, die Partei des Friedens hätte eine bittere Niederlage erlitten.
Gemäß der Verfassung fanden 40 Tage nach dem Rücktritt des Präsidenten,
also am 16. März 1998, Neuwahlen statt.

Bereits im November 1997 hatte Präsident Ter-Petrosjan in einem Artikel
mit dem Titel „Krieg oder Frieden" dargelegt, dass die armenische Bevölkerung bis zur Lösung der Karabachfrage auf einen bescheidenen Wohlstand
verzichten müsse. Ihm gehe es vor allem darum, dass die seit 3000 Jahren
existierende armenische Kultur in Bergkarabach fortbestehe, notfalls auch
unabhängig von der Zugehörigkeit zur Republik Armenien.[34]

Die Bevölkerung konnte der Präsident jedoch nicht von der Notwendigkeit seiner einseitig kompromissbereiten Haltung überzeugen, denn Aserbaidschan weigerte sich nach wie vor, Sicherheitsgarantien für die Karabacharmenier zu geben. Vor zehn Jahren hatte sich der damalige Volksheld
Ter-Petrosjan noch für einen kompromisslosen „Kampf bis zum Ende", d. h.
bis zur Wiedervereinigung Armeniens mit Bergkarabach ausgesprochen. In
der Folgezeit wurden 6 000 armenische Soldaten getötet und 20 000 verwun-
det, weil sie ihren Traum von einem Leben in Freiheit und nationaler Selbstbestimmung nicht aufgeben wollten.

Armeniens Haltung im Bergkarabach-Konflikt (1998 bis 2008)

Nach dem Rücktritt von Präsident Lewon Ter-Petrosjan folgte ein kurzer
Wahlkampf. Obwohl das Staatsoberhaupt wegen seiner vermeintlich zu
kompromissbereiten Haltung in der Karabachfrage von seinem Amt hatte
zurücktreten müssen, spielte dieses Thema während des Wahlkampfs nur
eine untergeordnete Rolle. Selbst der aussichtsreichste Bewerber um das
Präsidentenamt, Robert Kotscharjan, widmete Bergkarabach in seinem
Wahlprogramm lediglich zehn Zeilen: Darin trat er für die internationale

---

34 Hajastani Hanrapetutjun, 1. 11. 1997.

Anerkennung des Selbstbestimmungsrechts von Arzach ein sowie für ein sicheres Leben der Arzacher Armenier in gesicherten Grenzen und einer unverrückbaren Verbindung zum armenischen Mutterland.[35]

Nachdem Kotscharjan am 30. März 1998 die Präsidentschaftswahl für sich hatte entscheiden können, erläuterte er seine politischen Ziele in Bezug auf Bergkarabach ausführlicher. Zunächst betonte der Präsident, er werde nicht hinnehmen, dass sich die aserbaidschanische Hoheitsgewalt auf Karabach erstrecken würde. Außerdem werde er Stepanakert darin bestärken, nur dann einer langfristigen Konfliktlösung zuzustimmen, wenn alle erforderlichen Sicherheitsgarantien berücksichtigt würden. Der Präsident merkte weiter an, der Krieg sei ursprünglich zwischen Aserbaidschan und Bergkarabach ausgebrochen, Armenien sei erst später in die militärische Auseinandersetzung hineingezogen worden. Die kompromissbereite Haltung der Republik Armenien unter seinem Amtsvorgänger hätte die internationalen Vermittler irrtümlich zu der Annahme verleitet, es sei effektiver, direkt mit Jerewan zu verhandeln. Infolgedessen seien die direkt Betroffenen von der Lösungssuche ausgeschlossen worden. Die Karabacher würden jedoch auf ihre De-facto-Unabhängigkeit nicht mehr verzichten. Deshalb seien alle Vorschläge Aserbaidschans, die auf eine Wiederherstellung des früheren Autonomiestatus – Baku hatte diesen mit dem Ende der Sowjetunion einseitig aufgehoben – hinausliefen, von vornherein zum Scheitern verurteilt. Gleichwohl sei Stepanakert bereit, einen Beitrag zu leisten, der Aserbaidschan helfe, „sein Gesicht zu wahren". Denkbar sei etwa die Gründung einer Konföderation oder die assoziierte Mitgliedschaft Arzachs im aserbaidschanischen Staatsverband. Entscheidend sei, dass sich die bilateralen Beziehungen gleichberechtigt und auf einer horizontalen Ebene entwickelten.

Die neu eingesetzte armenische Regierung erläuterte wiederholt ihre geänderten außenpolitischen Ziele und forderte Aserbaidschan auf, sich keinen vorschnellen Illusionen über die Zukunft Bergkarabachs hinzugeben. Bei einem Treffen der GUS-Präsidenten Ende April 1998 in Moskau ließ Robert Kotscharjan seinen Amtskollegen Hejdar Alijew denn auch unmissverständlich wissen, Baku müsse den Weg direkter Verhandlungen mit Stepanakert einschlagen. Darüber hinaus legte er Alijew den Verzicht auf die Autonomieregelung nahe und empfahl, eine umfassendere Lösung in seine Überlegungen mit einzubeziehen. Beide Präsidenten waren sich darin einig, dass der Konflikt nur mit friedlichen Mitteln beigelegt werden sollte. Allerdings

---

35 Wahlkampfbroschüre von Robert Kotscharjan. Jerewan 1998. Hajoz aschchar, 29. 3. 1998.

ließ Armenien keinen Zweifel daran, dass eine Regelung der Karabachfrage wegen der Einschaltung der Minsker OSZE-Gruppe nicht von Aserbaidschan alleine getroffen werden könne. Vielmehr solle ein völkerrechtliches Dokument eine Lösung festschreiben, die zudem internationale Garantien beinhalten müsse. Armenien sei bereit, die Verhandlungen über Bergkarabach in der Form „drei plus drei" wieder aufzunehmen, d. h. Verhandlungen zwischen den Konfliktparteien Armenien, Aserbaidschan und Bergkarabach sowie den drei Co-Vorsitzenden der Minsker Gruppe.

Das armenische Außenministerium wies Behauptungen über eine Verhärtung der Position Jerewans nach dem Amtsantritt des neuen Präsidenten zurück. Schließlich sei Armenien zu ernsthaften Zugeständnissen in der Karabachfrage bereit. Eine Kompromisslösung könne etwa darin bestehen, dass das Ziel der Unabhängigkeit Bergkarabachs oder gar eine Wiedervereinigung mit der Republik Armenien nicht länger verfolgt werde. Dessen ungeachtet sei die armenische Regierung zutiefst vom Recht der Karabacher auf Unabhängigkeit überzeugt. Vor diesem Hintergrund forderte der armenische Außenminister Wardan Oskanjan die aserbaidschanische Regierung auf, ebenfalls einen kompromissbereiten Kurs einzuschlagen und endlich auf den inakzeptablen Autonomiestatus-Vorschlag zu verzichten.[36] Dieses Angebot war bereits vor zehn Jahren von den Armeniern als unzumutbar zurückgewiesen worden.

Der Präsident von Bergkarabach, Arkadij Gukasjan, zeigte sich 1998 mit der Aufnahme von Verhandlungen mit Aserbaidschan einverstanden, sofern keine Vorbedingungen gestellt würden. Er legte Wert auf die Feststellung, weder er noch seine Regierung seien zu einseitigen Vorleistungen bereit. Bislang hatte Baku bilaterale Gespräche verhindert, da die Aserbaidschaner es ablehnten, mit „Separatisten" zu verhandeln, und sich weigerten, Stepanakert als Konfliktpartei überhaupt anzuerkennen. Das aserbaidschanische Angebot, man werde Bergkarabach als Verhandlungspartner akzeptieren, vorausgesetzt, Stepanakert verpflichte sich, einem Autonomiestatus in den Grenzen Aserbaidschans zuzustimmen, lehnten die Karabacher als Vorbedingung ab.[37] Die Republik Armenien schloss sich dieser Haltung an. Gu-

---

36 Itar-Tass, Moskau, 17. 6. 1998.

37 „Die Forderung nach einem direkten Dialog zwischen dem Souverän und einem seiner Subjekte ist nichts anderes als der Versuch, auf diese Weise die De-facto-Unabhängigkeit zu erreichen", meinte Wafa Gulusade, außenpolitischer Berater des aserbaidschanischen Präsidenten. In: Snark Presseagentur, Baku, 11. 6. 1998.

kasjan führte weiter aus: „Arzach ist bereit, auf einige Hoheitsrechte eines unabhängigen Staates zu verzichten und als gleichberechtigter Partner mit Baku zusammenzuarbeiten.“[38]

Eine Analyse der Erklärungen aus Jerewan und Stepanakert nach dem Machtwechsel ergab, dass die armenische Seite an einer Schadensbegrenzung interessiert war, die aus der einseitig kompromissbereiten Verhandlungsposition Lewon Ter-Petrosjans resultierte. Außerdem wollte man eine günstigere Ausgangslage für die Karabacharmenier erreichen. Hierzu zählt die Verankerung dauerhafter Sicherheitsgarantien in einem Friedensvertrag ebenso wie in einem Staatsvertrag, der den Status Bergkarabachs fixiert. Internationale Gremien sollten hinzukommen, um diese Sicherheitsgarantien zu kontrollieren und notfalls auch durchzusetzen. Darüber hinaus sollte der Zusammenhalt zwischen Armenien und Bergkarabach festgeschrieben werden.

Zur Stärkung der Verbindung zwischen Jerewan und Stepanakert reiste eine Delegation der armenischen Nationalversammlung vom 14. bis 16. Mai 1998 nach Bergkarabach. Dabei unterzeichneten beide Seiten Vereinbarungen über die weitere Zusammenarbeit und eine Vertiefung der bilateralen Beziehungen. Diese Abkommen wurden von Aserbaidschan – von Regierung und Opposition gleichermaßen – heftig kritisiert. Der Vorsitzende der Partei „Nationale Unabhängigkeit Aserbaidschans“, Etibar Mamedow, war davon überzeugt, dass die von den Parlamentsdelegationen unterzeichneten Vereinbarungen nur dem Zweck dienten, Aserbaidschan zu kriegerischen Handlungen zu provozieren.[39]

Auf internationaler Ebene versuchte sich die völkerrechtlich nicht anerkannte „Republik Bergkarabach“ als „Völkerrechts-Subjekt“ und nicht als Spielball der Politik zu präsentieren. Stepanakert wiederholte selbstbewusst, es sei „ein großer Fehler“, die Verantwortung und den Einfluss Armeniens auf die Lösungsfindung zu überschätzen.[40] Bergkarabach sehe sich als „stabilisierendes Potenzial“, als „ausgleichender Faktor in der Region“, der sich „als Brücke zwischen Armenien und Aserbaidschan“ geradezu anbiete. Das Außenministerium der Republik Bergkarabach forderte die Minsker Gruppe der OSZE auf, endlich auf ihre einseitige Politik zu verzichten und sich bei Baku genauso aktiv für einen direkten Dialog zwischen Bergkarabach und

---

38 Respublika Armenija, 19. 5. 1998.
39 Itar-Tass, 19. 5. 1998.
40 Interview des Autors mit dem Präsidenten der Republik Bergkarabach Arkadij Gukasjan, Stepanakert, Juli 1999.

Aserbaidschan einzusetzen, wie dies die „Jugoslawien Kontaktgruppe" von Belgrad in Bezug auf den Kosovokonflikt verlange.[41]

Nachdem Robert Kotscharjan das armenische Präsidentenamt übernommen hatte, erklärte sich die aserbaidschanische Regierung bereit, die bisherige Zusammenarbeit fortzusetzen, um den Konflikt um Bergkarabach friedlich beizulegen. Gleichzeitig äußerte Baku die Hoffnung, dass die Minsker Gruppe der OSZE das bisherige schrittweise Regulierungsmodell beibehalten werde: Zunächst sollten die sechs von Armeniern besetzten Gebiete geräumt werden, anschließend die aserbaidschanischen Flüchtlinge zurückkehren und dann die Kommunikationsverbindungen geöffnet werden. Anschließend sollten die Karabacharmenier Schuschi und Latschin verlassen. Gleichzeitig würde über den Status Bergkarabachs entschieden werden. Dieser Lösungsweg könne allerdings nur unter der Voraussetzung beschritten werden, dass sich Armenien mit einer Zugehörigkeit Bergkarabachs zu Aserbaidschan zweifelsfrei einverstanden erklärte.

Daneben verhandelten die Präsidenten Armeniens und Aserbaidschans auch bilateral über eine Lösung des Bergkarabach-Konfliktes. Bislang ergebnislos. Dass diese Treffen stattfinden, betrachtete Armeniens Präsident im Jahr 2006 als „ein sehr positives Zeichen". Über die Einzelheiten konnte er „wegen der vereinbarten Vertraulichkeit der Verhandlungen" zwar nichts sagen. Immerhin ließ er durchblicken, dass Jerewan an einer Fortsetzung dieses Prozesses interessiert sei. Der Standpunkt Armeniens habe sich jedoch nicht verändert: Die Karabacharmenier hätten während des Zerfallsprozesses der UdSSR ein Referendum abgehalten und anschließend ihr Recht auf Selbstbestimmung realisiert. Die Rechtsfundamente der Existenz der Republik Bergkarabach seien einwandfrei. „Heute ist die Republik Berg-Karabach ein Staat mit effektiv funktionierenden staatlichen Institutionen und einer sich dynamisch entwickelnden Zivilgesellschaft", so Kotscharjan. Armeniens Staatsoberhaupt zeigte sich davon überzeugt, dass man „über die Bedingungen für die volle Integration der Republik Berg-Karabach in die internationale Staatengemeinschaft nachdenken" müsse.[42]

Unter den Co-Vorsitzenden Russland, USA und Frankreich beteiligte sich Armenien weiter im Rahmen der Minsker Gruppe der OSZE an Ge-

---

41 Arminfo, 1. 4. 1998. Interfax, 1. 4. 1998.
42 Interview des Autors mit dem Präsidenten Armeniens, Robert Kotscharjan. In: Rheinische Post, 24. 3. 2006.

sprächen, um eine Lösung des Bergkarabach-Konfliktes herbeizuführen.[43] Konkret fordert Armenien die Anerkennung des Selbstbestimmungsrechts der Karabacher und damit die Anerkennung des Existenzrechts der völkerrechtlich nicht anerkannten Republik Bergkarabach. Dabei gilt für Jerewan die Wiedervereinigung Bergkarabachs mit Armenien als beste Lösung. Die armenische Regierung sieht sich unterdessen gezwungen, die Ursachen des Konfliktes auf internationaler Ebene immer wieder zu erläutern, weil sich die neue Politikergeneration kaum noch an die Endphase der Sowjetunion und die Nationalitätenkonflikte erinnert.

Armeniens Präsident Kotscharjan forderte 2003 vor der Parlamentarischen Versammlung des Europarates, die Republik Bergkarabach als einen unabhängigen Staat zur Mitgliedschaft im Europarat einzuladen, da er die dazu erforderlichen Kriterien alle erfülle. Gleichzeitig sprach er sich dafür aus, neben Armenien auch Bergkarabach direkt an den Verhandlungen mit Aserbaidschan zu beteiligen. Die Suche nach Lösungen solle sich an den Inhalten des Konfliktes orientieren und nicht an der wachsenden Bedeutung Aserbaidschans als Öl-Förderstaat. Armenien erklärte sich bereit, das Regime des Waffenstillstands beizubehalten und auszubauen.[44] Daneben bemüht sich die armenische Kirche darum, dass der Konflikt zwischen den christlichen Armeniern und den moslemischen Aserbaidschanern keinen religiösen Aspekt erhält.

Bergkarabach: „Keinen zweiten Völkermord zulassen"

Der Völkermord an den Armeniern im Osmanischen Reich und der Türkei (1915 bis 1923) sowie die Politik Ankaras spielen zwar eine untergeordnete, aber nicht zu unterschätzende Rolle in Bezug auf den Behauptungswillen der Karabacharmenier.[45] Als Ende Februar 1988 die Öffentlichkeit von den antiarmenischen Pogromen in der aserbaidschanischen Stadt Sumgait erfuhr,

---

43 Ali Abasov, Arutjun Chactrjan: Karabachskij konflikt. Varianty resenija: idei i real'nost'. Moskau 2004.
44 Die Rede des Präsidenten der Republik Armenien, Robert Kotscharjan, vor der Parlamentarischen Versammlung des Europarates, gehalten am 23. 6. 2003 in Straßburg, <www.president. am>.
45 1918 haben „die Türken beide Völker von Berg-Karabach in einen Bruderkrieg gehetzt", schrieb der Vorsitzende des Armenischen Nationalrates von Bergkarabach. In: Nagornyj Karabach v 1918–1923, gg., S. 225.

lebte unmittelbar die Erinnerung an die Tragödie von 1915 wieder auf: Die Armenier in Bergkarabach wollten sich dieses Mal nicht deportieren oder abschlachten lassen.[46] Vom aserbaidschanischen Staat erwarteten sie keinerlei Unterstützung, wie das mit zwei Tagen Verspätung erfolgte Eingreifen der Truppen des Innenministeriums in Sumgait gezeigt hatte. Zuvor hatte KPdSU-Generalsekretär Gorbatschow den Armeniern mit Repressionen gedroht, sollten sie weiterhin auf einer Wiedervereinigung des Autonomen Bezirks Bergkarabach mit der Armenischen SSR bestehen.

Dessen ungeachtet gelang es der nationalen Befreiungsbewegung in Bergkarabach, die aserbaidschanische und die sowjetische Militäroffensive zurückzuschlagen und im September 1991 die Republik Bergkarabach auszurufen. Die armenische Mehrheit in Bergkarabach hatte sich erfolgreich verteidigt und war damit dem Schicksal der Armenier aus der Autonomen Republik Nachitschewan entgangen. Die aserbaidschanische Führung hatte die Armenier aus dieser uralten armenischen Provinz vertrieben. Wer die Atmosphäre in Bergkarabach und Armenien nachvollziehen will, sollte sich an die Stimmung in Israel vor dem „Sechs-Tage-Krieg" im Juni 1967 erinnern: Auch die Israelis wollten sich nie wieder abschlachten lassen, sich niemals mehr in der Opferrolle wiederfinden.[47]

Ein zusätzlicher negativer Faktor war aus armenischer Sicht die Einmischung der Türkei in den armenisch-aserbaidschanischen Konflikt um Bergkarabach.[48] „Ankara versucht die Blockade Armeniens mit der Regelung des Problems um die Enklave Berg-Karabach in Aserbaidschan zu verbinden", sagte Präsident Robert Kotscharjan im November 2004. „Wir meinen, das Verhältnis unseres Landes zur Türkei sollte in keiner Weise durch die Beziehungen zu einem Drittland diktiert werden".[49] Schließlich mache Armenien sein Verhältnis zur Türkei auch nicht von der Lösung des Zypernproblems abhängig.

Zuvor hatte Kotscharjan wie sein Amtsvorgänger mehrmals öffentlich seine Bereitschaft signalisiert, mit der türkischen Regierung über die Aufnahme normaler diplomatischer Beziehungen zu verhandeln. „Bis heute ha-

---

46 Über eine ähnliche „historische Verbindung" bei Tom Segev: Die ersten Israelis. Die Anfänge des jüdischen Staates. München 2008, S. 337.

47 Tom Segev: 1967. Israels zweite Geburt. München 2007, S. 341f.

48 Ruben Safrastyan: Armenian-turkish Relations: From interstate dispute to neighborlines, <www.pdc.cen.hn/archive>.

49 Die Welt, 19. 11. 2004.

ben wir keine Antwort aus Ankara erhalten", betonte Präsident Kotscharjan 2004 und ergänzte: „Für uns ist die Anerkennung des Völkermordes an den Armeniern schon sehr wichtig, aber er wird niemals Bedingung für die Entwicklung bilateraler Beziehungen sein." Ein Schuldeingeständnis der Türkei würde die Atmosphäre natürlich wesentlich verändern, fügte er hinzu.[50]

Auch der Vorsitzende der Republikanischen Partei Armeniens, Ministerpräsident Andranik Margarjan, war bereit, mit der Türkei diplomatische Beziehungen aufzunehmen, aber nur ohne Vorbedingungen. „Wir dürfen Berg-Karabach nicht länger unterstützen, und wir dürfen das Thema Völkermord und die 1,5 Millionen ermordeten Armenier nicht mehr erwähnen".[51]

Die gemeinsame ethnische Herkunft von Türken und Aseris verbindet zwei Themen unglücklich miteinander: den Genozid an den Armeniern in der Türkei von 1915 und den Überlebens- und Freiheitskampf der Armenier heute in Bergkarabach. Anstatt auf eine Entspannung hinzuwirken, heizte Ankara den Konflikt weiter an, indem die Türkei Partei für Aserbaidschan ergriff und mit einseitigen Forderungen und militärischen Drohungen die Lage zuspitzte.[52]

„Aus der Furcht heraus, erneut Opfer eines Völkermords zu werden, kämpfte das armenische Volk in Berg-Karabach um seine schiere Existenz, als es von Aseris angegriffen wurde", erklärte Armeniens Außenminister Oskanjan. „Da die Türkei ihrerseits nichts unternommen hat, um bei uns die Furcht vor einem Eingreifen zu zerstreuen, wurden diese beiden Themen eng miteinander verknüpft". Die Türkei verlangt, dass die Republik Armenien auf die Unterstützung der Karabacharmenier verzichtet. „Außerdem sollen wir den Völkermord vergessen", betonte Oskanjan.[53] Seinen Forderungen verlieh die Türkei Nachdruck, indem sie bis heute die türkisch-armenische Landgrenze einseitig blockiert.

Es kann nicht genug betont werden, dass der Karabachkonflikt zwischen den christlichen Armeniern und den moslemischen Aserbaidschanern in Armenien nicht als Religionskrieg bewertet wird. „Wir Armenier haben keinen

---

50 Präsident Robert Kotscharjan, Fernsehansprache vom 24. 4. 2005. In: Lraber TV, Jerewan, 24. 4. 2005. Siehe auch: Rheinische Post, 24. 3. 2006.
51 Interview des Autors mit Ministerpräsidenten Andranik Margarjan. In: Rheinische Post, 23. 11. 2004
52 Hajk Demojan: Turcija i Karabachskij konflikt. Jerewan 2006, S. 107f.
53 Interview des Autors mit dem Außenminister Armeniens Wardan Oskanjan. In: Die Welt, 20. 4. 2005.

Konflikt mit dem Islam oder der islamischen Welt. Als sich das armenische Volk 1988 in Bergkarabach erhob, forderte es die Wiedervereinigung mit seinem historischen Mutterland, mit Armenien", erklärte der Arzacher Erzbischof Parkew Martirosjan. „Diese Frage haben die Karabach-Armenier mit einem Referendum entschieden. Leider haben die Herrschenden im sowjetischen Aserbaidschan mit Pogromen reagiert und einen Krieg angefangen, um diese Entscheidung zu verhindern. Das Volk in Berg-Karabach hat diesen Krieg überstanden und ist als Sieger aus ihm hervor gegangen. Es gibt also keine religiöse Grundlage für den Konflikt. Es geht hier allein um die Grundrechte der Menschen, die frei in ihrer Heimat leben, frei ihre Sprache sprechen und ihren Glauben ausüben wollen".[54]

Die aserbaidschanische Kriegspropaganda nahm der populäre armenische Ministerpräsident Andranik Margarjan im Jahr 2004 nicht sonderlich ernst und appellierte an die Eliten in Baku, das Säbelrasseln einzustellen: Er war sich sicher, dass Aserbaidschan keinen Krieg beginnen würde. „Die Aseris halten uns nicht für militärisch schwach, ansonsten hätten sie längst angegriffen", erklärte Margarjan. Tatsächlich ist die armenische Armee nach Meinung internationaler Militärexperten in einem sehr guten Zustand und in ständiger Bereitschaft. „Auf jeden Angriff gegen die Sicherheit Berg-Karabachs oder Armeniens werden wir mit einem Gegenschlag reagieren. Niemand weiß, wie ein neuer Krieg enden würde. Sicher ist nur, dass unsere Armee einen Einmarsch aserbaidschanischer Truppen nach Berg-Karabach und die Bedrohung Armeniens nicht zulassen wird", sagte der Ministerpräsident weiter.[55] Damit es zu einem Friedensvertrag kommen kann, forderte die armenische Seite erneut die „endgültige Unabhängigkeit der Republik Berg-Karabach von Aserbaidschan". Außerdem müsse die Exklave eine gemeinsame Grenze mit Armenien erhalten. Im Zuge der Klärung des Status der Republik Bergkarabach könne die Rückgabe der aserbaidschanischen Territorien erfolgen, die die Karabacharmenier heute noch besetzt hielten. Des Weiteren müsse die Frage der Sicherheitsgarantien geklärt werden. Margarjan: „Die Republik Berg-Karabach darf nicht Teil Aserbaidschans werden und muss über ihre Zukunft frei und unabhängig entscheiden können. Zudem soll Berg-Karabach eine gemeinsame Grenze mit Armenien erhalten. Dies garantiert die

---

54 Interview des Autors mit Erzbischof Parkew Martirosjan im März 2005. In: Rheinische Post, 23. 4. 2005.

55 „Kein Krieg um Berg-Karabach". Interview des Autors mit dem armenischen Ministerpräsidenten Andranik Margarjan im Juli 2004. Siehe auch Rheinische Post, 23. 11. 2004.

Sicherheit der Völker und Staaten Berg-Karabachs und Armeniens. Kurz:
Berg-Karabach muss sicher wissen, was es dafür bekommt, wenn es die besetzten Gebiete räumt".

Umgekehrt forderte Aserbaidschan Bergkarabach auf, einen Teil der besetzten Gebiete sofort zu räumen. Armenien kam dem Wunsch jedoch nicht
nach, da sich Aserbaidschan nicht verpflichten wollte, in den Grenzgebieten
zu Bergkarabach keine Truppen zu stationieren. Zwar wollten die Aseris im
Gegenzug die blockierte Eisenbahnverbindung nach Armenien wieder öffnen. „Sie könnten sie aber auch – wann immer sie wollen – wieder schließen.
Weder Armenien noch Berg-Karabach hätten einen Hebel dagegen. Warum
also sollte die Regierung in Stepanakert ohne Not wichtige Argumente ohne
Gegenleistung aus der Hand geben, die ihr bei den Gesprächen über den
Status von Berg-Karabach nützen können?", gab der Ministerpräsident zu
bedenken.[56]

Armenien legt besonderen Wert auf die zeitlich befristete Stationierung
internationaler Truppen „entlang der Demarkationslinie". Außerdem müsse
die aserbaidschanische Regierung Bergkarabach als Völkerrechtssubjekt offiziell anerkennen. Nach armenischer Lesart ist Arzach/Bergkarabach seit
1988 ein de facto von Aserbaidschan unabhängiges Land. In der politischen
Klasse Armeniens zweifelte bis zum Jahr 2008 kaum jemand an diesen Bedingungen.

Das Thema Bergkarabach bei den Parlaments- (Mai 2007) und Präsidentschaftswahlen (Februar 2008)

Vor dem Wahlkampf im Frühling 2007 hatte Präsident Kotscharjan den politischen Parteien empfohlen, das Thema Bergkarabach nicht zu instrumentalisieren. Ein Rat, der wohl eher für die Ohren der ausländischen Wahlbeobachter bestimmt war. Denn seit dem erzwungenen Rücktritt des ersten
armenischen Präsidenten, Lewon Ter-Petrosjan, im Februar 1998 nutzte
keine politische Partei mehr diese offene Frage für Wahlkampfzwecke. Es
kommt hinzu, dass bei den großen wie bei den kleinen armenischen Parteien
Einigkeit darüber besteht, dass eine Lösung des Karabachkonflikts in eine
Wiedervereinigung mit Armenien münden muss. Alles andere wäre politischer Selbstmord. In den letzten Jahren verhandeln Armenien und Aserbaid-

---

56 Ebd.

schan sowohl auf bilateraler Ebene als auch im Rahmen der OSZE über eine Lösung. Obwohl diese Verhandlungen bislang erfolglos verlaufen, festigte sich in der Zwischenzeit – zumindest aus armenischer Sicht – der Status von Bergkarabach.

Auch wenn außen- und sicherheitspolitische Themen die Parlamentswahl im Mai 2007 nicht beherrschten, spielten sie in der öffentlichen Diskussion dennoch eine Rolle.[57] Insbesondere die beiden Parteien „Land des Gesetzes" und „Das Erbe" versuchten, mit der Hinwendung zur Europäischen Union und kritischen Tönen gegenüber Russland bei den Wählern zu punkten. Ob diese Themen jedoch letztlich entscheidend waren für den Einzug der beiden Parteien in die Nationalversammlung, konnte der Wahlanalyse nicht entnommen werden. Die großen Parteien jedenfalls thematisierten im Wahlkampf die gegenwärtige Außen- und Sicherheitspolitik Armeniens allenfalls am Rande, zumal in diesem Politikbereich Konsens zwischen ihnen herrschte. Schließlich waren sie entweder als Parlamentarier oder als Regierungsmitglieder an der Konzeption und Realisierung der außenpolitischen Ziele beteiligt.

Nach wie vor nimmt Armenien im Rahmen der Minsker Gruppe der OSZE an der Suche nach einer Lösung für den Karabachkonflikt teil. Die Frage nach dem politischen Status Bergkarabachs wartet jedoch bis heute auf eine Antwort. Die OSZE vertagte die Entscheidung darüber immer wieder, um den Fortgang der Verhandlungen auf Grund der Kompromisslosigkeit der verfeindeten Parteien nicht zu gefährden. Deshalb werden auch die Vertreter Bergkarabachs zu den offiziellen Gesprächen nicht eingeladen. Allerdings scheinen inzwischen selbst die OSZE-Diplomaten davon überzeugt zu sein, dass es eine langfristige Lösung des Konflikts ohne direkte Beteiligung der Karabacharmenier als gleichberechtigte Verhandlungspartner nicht geben wird. Von daher reisen sie immer öfter nach Bergkarabach. Erschwerend kommt hinzu, dass die Informationspolitik der OSZE kaum den demokratischen Spielregeln entspricht. So bleiben die armenische und aserbaidschanische Bevölkerung im Unklaren über den Stand der Verhandlungen. Zwar ist es ein positives Zeichen, dass die Konfliktparteien überhaupt miteinander reden. Gleichwohl dämpfen Jerewan und Baku immer wieder Berichte aus dem Umkreis der OSZE über einen möglichen Durchbruch.

---

57 Aschot Manutscharjan: Keine „Aprikosen-Revolution" in Armenien. Die Parlamentswahlen in Armenien und ihre Auswirkungen auf die Sicherheitslage im Kaukasus. In: Auslandsinformationen. Hrsg. von der Konrad-Adenauer-Stiftung, H. 8 (2007), S. 31–59.

So dementierte Armenien sogleich Erklärungen aus Aserbaidschan, wonach Jerewan angeblich damit einverstanden sei, auf die besetzten Gebiete um Bergkarabach ohne Sicherheitsgarantien zu verzichten. Auch auf die Rückkehr der aserbaidschanischen Flüchtlinge und die Durchführung eines Referendums habe man sich nicht verständigt. In einer Stellungnahme vom 4. Juni 2007 stellte das armenische Außenministerium unmissverständlich klar: „Ohne vorherige Entscheidung über den politischen Status von Berg-Karabach, sein Recht auf Selbstbestimmung und eine sichere Landverbindung zwischen der Republik Armenien und Berg-Karabach wird Armenien nicht bereit sein, über andere Fragen zu verhandeln".

Die armenische Regierung stellte weiter fest, dass die großen Industrienationen des Westens eine doppelgleisige Strategie verfolgten: Einerseits betonten sie, dass die Unabhängigkeit des Kosovo kein Präzedenzfall für die Lösung anderer Konflikte sei, schließlich sei jeder Fall für sich genommen einmalig … Andererseits sollten alle anderen „eingefrorenen Konflikte" in einer UN-Resolution zusammen thematisiert werden. Von daher stellte der armenische Außenminister am 3. Oktober 2007 die Frage, welcher Logik folgend die Kosovoalbaner die Unabhängigkeit erhielten, während einem anderen Volk die Selbstbestimmung verweigert werde. „Niemand hat das Recht, unserem Volk den Rahmen unserer Freiheit und Sicherheit vorzuschreiben".[58]

Da 2008 sowohl in Armenien als auch in Aserbaidschan Präsidentschaftswahlen stattfinden, liegt der Bergkarabach-Konflikt einmal mehr auf Eis. Immerhin startete Aserbaidschan als Antwort auf die Unabhängigkeitserklärung des Kosovo am 17. Februar 2008 vor den Vereinten Nationen eine diplomatische Offensive. Mit Blick auf die Unterstützung für die Unabhängigkeit des Kosovo von Seiten der Europäischen Union hoffte Baku vor diesem Gremium auf mehr Verständnis. Dass Aserbaidschan die Karabachfrage vor die UNO brachte, sollte zugleich seine Unzufriedenheit mit der Tätigkeit der Minsker Gruppe der OSZE signalisieren. Die aserbaidschanische UN-Vertretung brachte am 20. Februar 2008 eine Resolution in der Generalversammlung ein, in der der „unverzügliche, vollständige und bedingungslose Abzug aller armenischen Truppen aus allen besetzten Territorien der Repu-

---

58 Rede von Außenminister Wardan Oskanjan. In: Hajastani Artakhan Gordseri Nachararutjun vom 3. 10. 2007. Statement at the 62nd Session of the UN General Assembly, <http://www. armeniaforeignministry.com/main/index.html>.

blik Aserbaidschan" gefordert wurde.[59] Pikant ist dabei, dass ausgerechnet die drei Co-Vorsitzenden der Minsker Gruppe der OSZE – USA, Russland und Frankreich – gegen diese UN-Resolution stimmten und sich 100 weitere Staaten der Stimme enthielten.

Zwei Wochen später, am 15. März 2008, erklärten die drei Co-Vorsitzenden nach einem Treffen mit den Außenministern von Armenien und Aserbaidschan, dass sie die „territoriale Integrität Aserbaidschans anerkennen", also die „Unabhängigkeit von Berg-Karabach nicht".[60] Diese öffentliche Stellungnahme der führenden Mitglieder der OSZE, darunter Russlands, zum Bergkarabach-Konflikt zeigte, dass die geheimen Verhandlungen in der Minsker Gruppe einen Wendepunkt erreicht haben: Moskau ließ über seinen Vertreter zum ersten Mal wissen, dass Bergkarabach weder unabhängig sei noch zu Armenien gehöre.

Auch wenn Russlands Proteste gegen die Unabhängigkeitserklärung des Kosovo für diese Haltung mitverantwortlich sein mochten, in jedem Fall verurteilte sie die armenische Regierung zum Schweigen. Da Bergkarabach zudem seit über acht Jahren nicht mehr mit den anderen international nicht anerkannten „Republiken" der ehemaligen Sowjetunion (Abchasien, Südossetien und Transnistrien-Pridnestrovje) kooperiert, konnte es am 12. März 2008 mit ihnen zusammen bei der russländischen Staatsduma auch keinen Antrag auf Eröffnung einer diplomatischen Vertretung Russlands stellen. Die „nicht anerkannten" Republiken hofften so, Russlands Reaktion auf die Unabhängigkeitserklärung des Kosovo für ihre Zwecke nutzen und die Staatsduma zu einer aktiveren Politik in Bezug auf die „eingefrorenen Konfliktzonen" bewegen zu können.[61]

Allerdings schwieg die armenische Regierung nicht nur aus Rücksicht auf die Haltung ihres Hauptverbündeten Russland. Vielmehr hatte eine tiefgreifende innenpolitische Auseinandersetzung die Kaukasusrepublik unmittelbar nach der Präsidentschaftswahl vom 19. Februar 2008 in eine Krise gestürzt. Unerwartet spielte das Thema Bergkarabach bei dieser Wahl eine außerordentlich große Rolle.

---

59 United Nations, General Assembly, A/SES/62/242/. Für die Resolution stimmten 39 Staaten, dagegen 7, 100 Staaten enthielten sich.
60 RIA Novosti, 15. 3. 2008.
61 Gosduma rešaet sud'bu nepriznannych respublik (= Die Staatsduma entscheidet über das Schicksal der nicht anerkannten Republiken). In: Interfax, 13. 3. 2008.

Im September 2007 hatte der erste Präsident der Republik Armenien, Lewon Ter-Petrosjan (1991 bis 1998), seine Kandidatur bei der Präsidentschaftswahl angekündigt. Bei seinen Kundgebungen kritisierte er die Karabachpolitik von Präsident Kotscharjan und Ministerpräsident Sersch Sargsjan, der ebenfalls für das höchste Staatsamt kandidierte. Den beiden aus Bergkarabach stammenden Politikern warf Ter-Petrosjan nicht nur die Plünderung Armeniens vor, sondern Verrat der nationalen Interessen des Landes. Außerdem bescheinigte er dem Tandem, durch ihre Politik die wirtschaftliche und soziale Lage in Bergkarabach zu verschlechtern und die dort lebenden Armenier zur Flucht zu zwingen. Mit anderen Worten, Ter-Petrosjan unterstellte dem regierenden „Karabachklan", Armenien in Besitz genommen zu haben, so wie sich früher die Mongolen ganze Reiche unterjocht hätten.[62]

Zwanzig Jahre nach dem Beginn der „Karabachbewegung" wurde in Armenien erstmals hinterfragt, wer die Mitglieder des „Karabachkomitees" gewesen waren, wer für die „dunklen Jahre" (1992 bis 1995), die das Land nach der Unabhängigkeit durchmachen musste, und die Wirtschaftskrise verantwortlich gewesen war. Präsident Kotscharjan und seine Regierung hatten diese Misere stets Ter-Petrosjan und seiner „korrupten AAB" (Armenische Allnationale Bewegung) in die Schuhe geschoben. Der Präsident und die regierungsnahen Medien führten eine harte Medienkampagne gegen Ter-Petrosjan und warfen ihm vor, er habe Bergkarabach 1998 den Aserbaidschanern bedingungslos „ausliefern" wollen.

Um diese Behauptungen zu untermauern, veröffentlichten die armenischen Zeitungen die im Juli 1997 von der OSZE ausgearbeitete „Vereinbarung zur Lösung des Berg-Karabach-Konfliktes", der Ter-Petrosjan angeblich hatte zustimmen wollen. Danach war Armenien bereit, die territoriale Integrität Aserbaidschans anzuerkennen. Bergkarabach würde als ein territoriales und staatliches Subjekt in Aserbaidschan verbleiben und die Ausgestaltung seines Selbstbestimmungsrechtes erst später mit der Regierung in Baku aushandeln. Die Ergebnisse dieser Verhandlungen sollten in den Verfassungen von Aserbaidschan und Bergkarabach verankert werden.[63]

Demgegenüber wies Ter-Petrosjan darauf hin, dass Armenien unter seiner Präsidentschaft den Krieg gegen Aserbaidschan im Mai 1994 gewonnen habe. Die Wirtschafts- und Energiekrise habe das Land deshalb erlebt, weil

---

62 Lewon Ter-Petrosjan: Reden vom 26. 10. 2007 und vom 8. 12. 2007. In: Patmutjun, garapharchosutjun, tipabanutjun. Jerewan 2007, S. 29f.
63 Golos Armenii, 1. 11. 2007.

alle zur Verfügung stehenden Mittel für den Überlebenskampf Bergkarabachs und für die Front hätten bereitgestellt werden müssen. Als Beweis für seine Aussagen veröffentlichte er seinen Schriftverkehr mit dem damaligen Präsidenten von Bergkarabach, Kotscharjan.[64]

Tatsächlich spielte die armenische Exklave in Ter-Petrosjans Wahlprogramm nur eine untergeordnete Rolle: Zwar forderte er das Selbstbestimmungsrecht für die Karabacharmenier, kündigte ansonsten aber nur nebulös die „Suche nach einer Kompromisslösung für das Problem" an.[65] Immerhin schloss er in seinem Programm aus, „dass Berg-Karabach zu Aserbaidschan gehören wird".[66] Den Regierenden unterstellte der Ex-Präsident, dass sie die OSZE-Verhandlungen gezielt torpediert hätten. Gleichzeitig würden sie den Menschen weismachen, dass die Bewahrung des Status quo im Interesse Armeniens und Bergkarabachs liege.

Damit warf Ter-Petrosjan der armenischen Regierung vor, sie werde Bergkarabach früher oder später selbst an Aserbaidschan übergeben. An der Suche nach einer dauerhaften Lösung des Problems beteilige sie sich deshalb gar nicht erst.[67] Umgehend dementierte Präsidentschaftskandidat Sersch Sargsjan diese Behauptungen. In seinem Wahlprogramm konnten die Wähler die drei Prinzipien seiner Karabachpolitik nachlesen: Neben der internationalen Anerkennung des Selbstbestimmungsrechts der Karabacharmenier forderte er Sicherheitsgarantien für die Bevölkerung der Republik Bergkarabach und eine gemeinsame Grenze zwischen der Republik Armenien und der Republik Bergkarabach.[68]

Die Präsidentschaftswahl vom 19. Februar 2008 konnte Ministerpräsident Sargsjan mit 52,82 Prozent der abgegebenen Stimmen für sich entscheiden. Obwohl sein Mitbewerber Ter-Petrosjan nur 21,5 Prozent der Stimmen erhielt, warf er der Regierung Wahlfälschung vor und erklärte sich selbst kurzerhand zum Gewinner.[69] Dessen ungeachtet bezeichneten die internationalen Wahlbeobachter der OSZE und des Europarates den Urnengang im Allgemeinen als frei und fair.

---

64 Lewon Ter-Petrosjan, Rede vom 16. 11. 2007. In: Enkerakan zrujts. Jerewan 2007. S. 7f. Hajastani Hanrapetutjun, 19. 9. 1996.

65 Entrakan tsragir (= Wahlprogramm) von Lewon Ter-Petrosjan. Jerewan 2008. Lewon Ter-Petrosjan: Nespešnye razdumja. In: My pobedim, Nr. 1, Februar 2008.

66 Kommersant, Moskau, Nr. 34, 3. 3. 2008.

67 Press-Konferenz von Lewon Ter-Petrosjan vom 11. 1. 2008, Hachthanake mern e, Februar 2008, <www.levonpresident.am>.

68 Serž Sargsjan: Nachentrakan tsragir (= Wahlprogramm). Jerewan 2008, S. 9.

69 Hajkh, Jerewan, Nr. 32, 20. 2. 2008.

Das hielt den Wahlverlierer Ter-Petrosjan jedoch nicht davon ab, die Stimmung weiter anzuheizen und den Regierenden einen „Kampf bis zum Ende" anzukündigen: Wie vor zwanzig Jahren versuchte er, die unzufriedene Bevölkerung auf seine Seite zu ziehen. Das gelang ihm aber nicht, da sich zu viele Bürger noch lebhaft an seine Regierungszeit erinnern konnten.

Dennoch vermochte es der Ex-Präsident, zehn Tage lang im Zentrum der Hauptstadt Jerewan auf dem Opernplatz – wie im Februar 1988 – eine ständige Kundgebung abzuhalten. Dazu gehörte auch ein Zeltlager mit einigen Tausend Demonstranten. Da die Aktion nicht genehmigt war, musste Ter-Petrosjan mit dem Eingreifen der Sicherheitskräfte rechnen. Am 1. März 2008 war es so weit: Sondereinheiten von Innenministerium und Armee stürmten den Opernplatz. Dabei wurden acht Menschen getötet und Dutzende verletzt. Wer für die Erschießung unbewaffneter Demonstranten verantwortlich ist, wird nicht lange geheim bleiben. Der noch amtierende Präsident Kotscharjan verhängte für 20 Tage – bis zum 21. März – den Ausnahmezustand.[70] Darin wurde er von den anwesenden 81 Abgeordneten – insgesamt zählt das Parlament 131 Volksvertreter – einstimmig unterstützt.[71]

Die Feiern zum 20. Jahrestag der Bergkarabach-Bewegung hinterließen eine gespaltene Bevölkerung und endeten in einem Ausnahmezustand, der die demokratische Entwicklung in Armenien zu gefährden drohte: Demonstrationen wurden verboten, Zeitungen geschlossen, der Zugang zum Internet gesperrt und rund 200 Bürger kurzzeitig inhaftiert. An der offiziellen Haltung der Republik Armenien zu Bergkarabach änderte sich nichts.

Bereits am 21. Februar 2008 hatte Präsident Kotscharjan erklärt, dass Armenien Bergkarabach nicht aufgeben werde. In seiner Botschaft bezeichnete er den Kampf für das Selbstbestimmungsrecht der Arzacher als neue nationale Wiedergeburt. „Die Unabhängigkeit der Republik Berg-Karabach ist die einzige Garantie für die friedliche Entwicklung unseres eigenen Landes. Bereits eine ganze Generation Armenier kennt keinen anderen Zustand mehr als die Unabhängigkeit Berg-Karabachs".[72]

---

70 Aschot Manutscharjan: Ausnahmezustand in Armenien. Die politische Krise nach der Präsidentschaftswahl vom Februar 2008. In: Auslandsinformationen. Hrsg. von der Konrad-Adenauer-Stiftung, H. 6 (2008), S. 41–74.

71 Erlass des Präsidenten Robert Kotscharjan vom 1. 3. 2008, <www.president.am/news>.

72 Azg, Jerewan, 21. 2. 2008. Botschaft von Präsident Robert Kotscharjan vom 20. 2. 2008. In: <www.president.am>.

Arzach habe seine Unabhängigkeit auf Grundlage der existierenden Gesetze und des Völkerrechtes proklamiert und anschließend diese Unabhängigkeit mit vielen Opfern verteidigt, versicherte auch der neu gewählte Präsident Sargsjan. „Womit unterscheiden wir uns vom Kosovo?" Und weiter: „Warum dürfen die Kosovo-Albaner ihre Unabhängigkeit erklären und wir nicht? Oder möchte die internationale Staatengemeinschaft, dass in Berg-Karabach keine Armenier mehr leben und das Gebiet Aserbaidschan übergeben wird?" Als Staatsoberhaupt habe er kein Recht, die Karabacharmenier im Stich zu lassen, auch wenn der Konflikt die wirtschaftliche Entwicklung der Republik Armenien bremse. Er werde nicht „einen Teil des Landes aufgeben, nur damit der andere Teil besser leben kann". Die Armenier hätten während ihrer ganzen Geschichte immer nur die Territorien verloren.[73]

Der Bergkarabach-Konflikt nach Russlands Intervention in Georgien im August 2008

Aus dem Krieg um Südossetien zog der armenische Präsident Serge Sargsjan die Lehre, dass zwischenstaatliche Konflikte nicht mit militärischen Mitteln gelöst werden sollten. Zugleich wies er auf die Gefahren hin, die aus der massiven militärischen Aufrüstung Aserbaidschans und der Kriegsrhetorik der dortigen politischen Führung erwachsen könnten. Armenien appellierte deshalb sogar an die UNO: Die Vereinten Nationen sollten Aserbaidschan empfehlen, das verbale Säbelrasseln einzustellen.[74]

Sargsjans Aussage, Armenien sei immer bereit, „politischen Willen zum Kompromiss" zu zeigen, bestimmt seine Politik in der Karabachfrage. Dabei geht er allerdings davon aus, dass die armenische Enklave auch in Zukunft nicht mehr zum aserbaidschanischen Staat gehören wird. Denn „jedes Referendum wird bestätigen, dass die Karabach-Armenier nicht in Aserbaidschan leben wollen". Die Geschichte habe zudem bewiesen, dass das Existenzrecht der Armenier in Bergkarabach bedroht sei ebenso wie deren Zukunft in Aserbaidschan.[75] Ziel der Verhandlungen mit Baku könne es von daher nur sein, dass Aserbaidschan die seit 20 Jahren unabhängige Republik Bergkarabach endlich anerkennt.

---

73 Interview mit dem armenischen Präsidenten Serž Sargsjan. In: Kommersant, 3. 3. 2008.
74 Rede von Präsident Serge Sarkisjan vor der UN-Generalversammlung, <www.presindet.am>.
75 So Sarkisjan in einem Interview in Literaturnaja gazeta, Nr. 37, September 2008.

Deutlich wird hier, dass Jerewan von seiner Forderung nach Anerkennung des Selbstbestimmungsrechts der „Bewohner von Bergkarabach" nicht abrücken wird. Gleichwohl ist man willens, nach der Rückkehr der aserbaidschanischen Flüchtlinge nach Bergkarabach ein Referendum über den künftigen politischen Status der Enklave durchzuführen. Allerdings soll die Volksbefragung nur innerhalb der Grenzen von Bergkarabach stattfinden und nicht, wie Aserbaidschan verlangt, in ganz Aserbaidschan.

Auch die de facto amtierende armenische Regierung in Bergkarabach versichert, dass sich die Haltung der „Republik Bergkarabach" (RBK) nach dem Südossetien-Krieg nicht verändert habe. „Niemand kann uns daran hindern, den eingeschlagenen Weg zur Schaffung eines unabhängigen Staates weiterzugehen", unterstreicht der Präsident der RBK, Bako Saakjan. Bergkarabach fordert von Armenien und der OSZE, direkt an den Verhandlungen über die Zukunft der Enklave beteiligt zu werden. Gleichzeitig begrüßt Stepanakert die Teilnahme Armeniens an den Gesprächen, da dies die einzige Garantie für den Erhalt des Friedens sei.[76] Die RBK macht kein Geheimnis daraus, dass sie im Falle einer direkten militärischen Bedrohung die aserbaidschanische Armee auch präventiv angreifen werde.[77]

Natürlich begrüßte die politische Führung in Bergkarabach die Anerkennung Südossetiens und Abchasiens als unabhängige Staaten durch Russland. Auch wenn die RBK deren Unabhängigkeit selbst nicht anerkannte, schickte Präsident Saakjan ein Glückwunschtelegramm an seine neuen „Amtskollegen". Unterdessen forderten im Jerewaner Parlament die Parteien ARFD Daschnaktutjun und „Erbe" ihre Regierung zum wiederholten Male auf, die Republik Bergkarabach diplomatisch anzuerkennen.[78] Immer lauter wurden die Stimmen, die wissen wollten, warum das ursprüngliche Ziel der Bewegung der Karabacharmenier „Miazum" – die Vereinigung mit Armenien – verändert wurde. Stattdessen wird nur noch die Schaffung eines unabhängigen Staates verlangt. Aus Sicht der nicht anerkannten RBK verheißt ein Blick nach Russland Trost: Immerhin erklärte der erste stellvertretende Vorsitzende des GUS-Ausschusses in der russländischen Staatsduma, Konstantin Satulin: „Früher oder später wird die Republik Berg-Karabach als unabhängiger Staat anerkannt."[79]

---

76 Hajastani Hanrapetutjun, 30. 9. 2008.
77 Arminfo, 27. 10. 2008.
78 Erkir-Media, 20. 10. 2008.
79 Golos Armenii, 20. 11. 2008.

Während der russisch-georgische Krieg um Südossetien in vollem Gange war, meldete sich am 11. August 2008 plötzlich die Türkei als Vermittlerin im Südkaukasus zurück. Mit dem Vorschlag, eine regionale „Kaukasus-Allianz" zu gründen, wollte Ankara die Chance nutzen, sich international, vor allem aber in den Augen der Europäischen Union, als friedensstiftende Macht in der Region zu präsentieren. Ministerpräsident Recep Tayyip Erdogan sprach von der „Herstellung eines stabilen Friedens", der ohne die Schaffung einer „Atmosphäre des Vertrauens und der Stabilität" nicht zu erreichen sei. Dafür wollte Ankara eine „Plattform der Stabilität und Sicherheit im Kaukasus" ins Leben rufen. Um Russland „nicht zu verärgern", sprach der türkische Außenminister Ali Babacan mit seinem russischen Amtskollegen Sergej Lawrow über die Modalitäten eines Dialogs zwischen der Türkei und Armenien.[80]

Abgesehen von allgemeinen Erklärungen blieb die türkische Initiative inhaltlich zu unklar, sodass ihr in Armenien mit Skepsis begegnet wurde. Allerdings wertete die armenische Regierung den Vorschlag Ankaras als ersten Schritt zur Normalisierung der armenisch-türkischen Beziehungen. Vor diesem Hintergrund begrüßte Jerewan die Initiative: Man versprach sich davon eine Entwicklung hin zur Öffnung der Grenze zur Türkei und die Herstellung normaler bilateraler diplomatischer Kontakte. Als Zeichen seines guten Willens lud Präsident Sargsjan seinen Amtskollegen Abdullah Gül zum Fußballspiel der beiden Nationalmannschaften am 6. September 2008 in Jerewan ein.

Dieser Besuch wurde zwar zu Recht als „historisch" bewertet, immerhin handelte es sich um den ersten Besuch eines türkischen Präsidenten in Armenien überhaupt, und zwar ohne dass es zuvor zu einer Annäherung der Standpunkte in den historisch belasteten Beziehungen gegeben hätte. Die armenische Regierung war sich darüber im Klaren, dass die Türkei die „Annäherung" zur Stärkung des eigenen internationalen Renommees benutzen würde. Umso deutlicher dementierte Jerewan die türkischen Erklärungen, wonach Armenien bereit sei, auf die internationale Anerkennung des Völkermordes an den Armeniern zu verzichten.[81] Zudem war Jerewan nicht bereit, sich an der Einsetzung einer „Historiker-Kommission" zur Klärung der historischen Tatsache des Völkermordes zu beteiligen. Denn zu Recht betrachtet

---

80 RIA Novosti, 20. 8. 2008.

81 „Armenische Politiker haben nie und werden sich auch nie gegen die internationale Anerkennung des Völkermordes wenden", sagte Außenminister Edward Nalbandjan. In: Armenpress, 12. 11. 2008.

Jerewan diesen Vorschlag als den erneuten Versuch einer Leugnung und Relativierung dieses Menschheitsverbrechens.[82]

Obwohl Armenien immer wieder betonte, dass die Türkei keine Chancen habe, eine Vermittlerrolle im armenisch-aserbaidschanischen Konflikt zu übernehmen, betrachtet sich die türkische Regierung als von den Kriegsparteien „erwünschter" Vermittler. In Jerewan ist man sich einig, dass die Öffnung der Grenze nicht auf Kosten der nationalen Interessen geschehen sollte, auch wenn sie eine bessere Integration des Landes in die Weltwirtschaft bedeuten würde. Der Leiter der Abteilung für politische Fragen und Angelegenheiten des Haj Dat des Büros der ARF-Daschnakzutjun, Karo Manukjan, meint, dass sowohl Armenien als auch die Türkei ein Interesse an einer Verbesserung der armenisch-türkischen Beziehungen hat. „Die Türkei will in der Region ein einflussreicher Akteur werden. Das kann sie ohne die Aufnahme diplomatischer Beziehungen zu Armenien und die Öffnung der Grenze nicht erreichen", so Manukjan. Seiner Meinung nach ist das auch der Grund, warum Abdullah Gül nach den August-Ereignissen in Georgien die Einladung des Präsidenten der Republik Armenien annahm. In der Türkei habe man die Chance gesehen, die bis heute in der Türkei bestehende Feindseligkeit gegenüber Armenien abzuschwächen. Allerdings hält es Manukjan für abwertend, die Annäherung als Fußballdiplomatie zu bezeichnen. Schließlich habe Armenien das Fußballspiel nur als Vorwand benutzt. Der (Annäherungs-)Prozess werde dadurch behindert, dass die Türkei an ihrer Vorbedingung festhalte: Armenien muss seine Haltung zum Völkermord ändern. Der Vertreter der ARF betont, für die Türkei seien die Beziehungen zu Armenien genauso wichtig wie für Armenien. Von daher solle Armenien allein wegen der Aussicht auf eine Verbesserung der Beziehungen nicht auf die Wahrung seiner Interessen verzichten. Denn die Türkei habe noch nicht entschieden, welchen Kurs sie gegenüber Armenien einschlagen wird. „Aus Aserbaidschan kommt Kritik und auch innerhalb der türkischen Elite gibt es Widerspruch. Auch Erdogan sei dagegen, meinen einige Kommentatoren. Vor der Parlamentswahl will er keine Schwäche zeigen". [83]

---

82 Armeniens Präsident Sargsjan korrigierte seine frühere Äußerung über die Möglichkeit der Bildung einer solchen Kommission. „So etwas kann ein Versuch sein, die Aufmerksamkeit der internationalen Gemeinschaft von der Sache abzulenken, vor allem wenn es Jahre dauert". In : FAZ, 10. 11. 2008.
83 Erkir, 12. 12. 2008.

Die Türkei sei „kein befreundeter Staat" und werde versuchen, ihre eigenen Interessen über eine wirtschaftliche Intervention durchzusetzen, meint der bekannteste Turkologe Armeniens, Ruben Safrastjan.[84] Schließlich hält nicht Armenien die Grenze zur Türkei geschlossen. Der armenische Außenminister Nalbandjan forderte Ankara denn auch im Gespräch mit dem Autor auf, die Grenze zu öffnen. An die Aufnahme normaler diplomatischer Beziehungen knüpfe Ankara zu viele Vorbedingungen. „Wenn man keine offiziellen Beziehungen aufnehmen will, findet man immer einen Grund dafür."[85]

Unterdessen wuchs in Baku die Unruhe mit Blick auf die möglichen Konsequenzen einer armenisch-türkischen Annäherung für Aserbaidschan. Deshalb sah sich die politische Führung in Ankara gezwungen, ihre Ziele dem Verbündeten zu erläutern. Den Aserbaidschanern wird seitdem regelmäßig öffentlich versichert, und zwar von Präsident Gül, Ministerpräsident Erdogan und anderen hochrangigen Politikern, dass die Blockade Armeniens nur unter einer Bedingung aufgegeben werde: Armenien muss seine Unterstützung für Bergkarabach einstellen. „Die Öffnung der türkisch-armenischen Grenze wird nur dann erfolgen, wenn Armenien auf die Leugnung der Geschichte verzichtet und die territoriale Integrität Aserbaidschans wiederherstellt."[86]

Nachdem die ersten diplomatischen Auseinandersetzungen zwischen Russland und der internationalen Staatengemeinschaft nach der Intervention in Georgien an Schärfe abgenommen hatten, wendete sich Moskau Aserbaidschan und Armenien zu, um die Südkaukasus-Region noch enger an sich zu binden. Allerdings hatte der Krieg zwischenzeitlich schon die EU und die NATO auf den Plan gerufen. In Teilen strebten sie danach, Russland in der Region zu isolieren.

Moskau reagierte, indem es die EU-Initiative einer „östlichen Partnerschaft" aufgriff: Präsident Dimitrij Medwedjew traf sich am 2. November 2008 mit seinem armenischen und aserbaidschanischen Amtskollegen, um gemeinsam eine „Deklaration" zu unterzeichnen. In einer „konstruktiven Atmosphäre" erklärten die Präsidenten ihre Bereitschaft, den Bergkarabach-Konflikt auf „politischem Wege" und auf der Grundlage der „Normen und Prinzipien des Völkerrechts und im Rahmen der unterschriebenen Doku-

---

84 Golos Armenii, 22. 11. 2008.

85 Aschot Manutscharjan: „Der Völkermord an den Armeniern darf nicht in Vergessenheit geraten". In: Die Welt, 21. 7. 2008.

86 Erklärung des türkischen Staatsministers Küršat Tüšen. In: Hürriyet, 5. 12. 2008.

mente" zu lösen. Zugleich wurde die „wichtige Rolle" der Minsker Gruppe der OSZE betont, ein Wunsch Russlands, damit es als Co-Vorsitzender seinen Einfluss auf die Verhandlungen behalten konnte.[87] Die Begegnung wurde als „historisch" bewertet, immerhin handelte es sich um das erste Dokument über Bergkarabach seit 1994, unter dem die Unterschrift sowohl des armenischen als auch diejenige des aserbaidschanischen Staatschefs stehen. Das war aber auch schon der einzige „friedensstiftende Erfolg" des Kremls, da jede Konfliktpartei die Deklaration in ihrem Sinne interpretierte.

Einige aserbaidschanische Experten bezeichneten die Erklärung als ein „sinnloses Dokument", während die politische Führung in Bergkarabach daraus eine indirekte Anerkennung herauslas.[88] In Armenien hatte man sich bereits im Vorfeld für eine Teilnahme Bergkarabachs an dem Treffen eingesetzt und auch die Unterschrift ihrer Vertreter unter der Deklaration verlangt.[89] Dass die Erklärung kein Wort über den Abzug der armenischen Truppen aus den fünf besetzten aserbaidschanischen Gebieten enthält, wurde in Jerewan der konsequenten Haltung von Präsident Sargsjan zugeschrieben. Zugleich begegnete er damit der Kritik der außerparlamentarischen Opposition unter Führung von Lewon Ter-Petrosjan, die behauptet hatte, die Regierung habe Bergkarabach längst aufgegeben.[90]

Jerewan hob die Bedeutung des Dokuments hervor, da in ihm eine militärische Lösung ausgeschlossen werde. Jedoch überschätzte der Präsident die Bedeutung der Deklaration nicht: „Es handelt sich nur um eine Erklärung, wir hätten gerne einen Vertrag". Immerhin habe „Aserbaidschan ein Papier unterschrieben, in dem alle Grundsätze des Völkerrechts zur Lösung des Konflikts anerkannt werden und nicht nur der der territorialen Integrität".

Aserbaidschans Präsident Ilham Aliew betonte demgegenüber, niemand könne „in der Deklaration eine Verpflichtung Aserbaidschans finden, wonach es auf eine militärische Lösung des Konfliktes verzichtet". Aserbaidschan hoffe auf eine politische Lösung, aber „wir müssen zu allen Maßnahmen bereit sein und hier ist der militärische Weg keine Ausnahme". Die Klärung des Status von Bergkarabach sei nur im Rahmen der territorialen Integrität

---

87 Deklaracija Aserbaidzanskoj Respubliki, Respubliki Armenija I Rossijskoj Federacii. In: President Rossii, <www.kremlin.ru/text/docs/2008/11/208670.shtml>.

88 Kommersant, 5. 11. 2008.

89 Golos Armenii, 18. 11. 2008.

90 Rede vom 17. 10. 2008, <www.levonforpresident.am>.

Aserbaidschans möglich.[91] Mit Blick auf das dürftige Ergebnis des Treffens wird deutlich, dass es nur den Machtanspruch des Kremls in der Region untermauern sollte. Daneben war es eine unverhüllte Botschaft an die USA, die NATO und die EU: Nur Moskau habe in seinem Hinterhof das Sagen, und ohne Russlands Interessen zu akzeptieren werde niemand dort wildern können.

Vor dem Präsidententreffen war es wegen zweier Erklärungen von Außenminister Lawrow zu Spannungen zwischen Russland und Armenien gekommen. Lawrow hatte erwähnt, dass Armenien „enorme Schwierigkeiten" habe, mit der Außenwelt zu kommunizieren, und der Regierung empfohlen, sich von der Last der Blockade wegen des Bergkarabach-Konflikts zu befreien. Es liege im Interesse des armenischen Volkes, diese Situation zu ändern. Lawrow legte also Armenien nahe, auf das Selbstbestimmungsrecht der Bergkarabach-Armenier zu Gunsten der Türkei und Aserbaidschans zu verzichten.[92]

Solange die internationale Staatengemeinschaft am russischen Eingreifen gegen Georgien Kritik übte,[93] präsentierte sich Moskau als Friedensstifter im armenisch-aserbaidschanischen Konflikt. Nachdem Präsident Medwedjew mit Aserbaidschan einen strategischen Partnerschaftsvertrag unterschrieben und Aserbaidschan sich während des Krieges in Georgien Zurückhaltung auferlegt hatte, hoffte Moskau darauf, neben Jerewan auch Baku eng an sich binden zu können. Deshalb wurden eine Drohkulisse und eine Atmosphäre der Perspektivlosigkeit für die Regierung in Jerewan in Bezug auf Bergkarabach aufgebaut. Armenien sollte seine nationalen Interessen für Russland opfern, schließlich habe Moskau das armenische Volk vom osmanischen Joch befreit und vor der Vernichtung bewahrt. Deshalb müsse Jerewan der russischen Politik bedingungslos folgen, so die verbreitete Meinung in Moskauer Regierungskreisen. Obwohl Medwedjew und Sargsjan die „ewige Freundschaft und Partnerschaft zwischen Russland und Armenien" betonten, zweifelten die armenischen Experten an der proarmenischen Ausrichtung der russischen Politik in der Region. Vor allem wurde kritisch hinterfragt, ob

---

91 Zitiert nach Regnum Press, 3. 11. 2008, und Golos Armenii, 4. 12. 2008.

92 Rossijskaja gazeta, 7. 10. 2008.

93 Otto Luchterhand: Völkerrechtliche Aspekte des Georgien-Krieges. In: Krieg in Südossetien. Hrsg. von der Friedrich-Ebert-Stiftung. Berlin, Oktober 2008. Aschot Manutscharjan: Abchasien und Südossetien, Russlands Intervention in Georgien (August 2008). In: Auslandsinformationen, KAS-AI. Hrsg. von der Konrad-Adenauer-Stiftung, Nr. 10, Oktober 2008.

Russlands Politik der Haltung eines engen militärischen und „strategischen Partners" entspreche.

Abschließend soll festgehalten werden, dass weder die türkische Kaukasusinitiative noch die Aktivitäten Russlands direkt nach dem Krieg in Georgien zu irgendeiner neuen Entwicklung im Bergkarabach-Konflikt führten. Der Präsidentschaftswahlkampf in den USA erleichterte es Russland, seine Vorreiterrolle im Südkaukasus militärisch und diplomatisch zu demonstrieren. Obwohl Russland die beiden abtrünnigen georgischen Provinzen Abchasien und Südossetien als unabhängige Staaten völkerrechtlich anerkannte, blieb dies auf die Lage der de facto unabhängigen Republik Bergkarabach nahezu ohne Einfluss. Die (Nicht-)Anerkennung bleibt also ein Instrument der russischen Politik, um die Politik Armeniens und Aserbaidschans zu beeinflussen und zu kontrollieren.

Aser Babajew

Der Bergkarabach-Konflikt aus aserbaidschanischer Sicht

In einem deutschen Schulbuch (Heimat und Welt, Klasse 8) ist die Hintergrundinformation über den Bergkarabach-Streit mit „Kampf um den ‚richtigen Glauben'" tituliert worden, und zwar vor dem Hintergrund, dass die Armenier und Aserbaidschaner als Konfliktparteien unterschiedlichen Religionen angehören:

> Die Aseris sind vorwiegend *islamischen* Glaubens und wollten deshalb die Armenier „entarmenisieren". Sie verboten den *christlichen* Armeniern den Unterricht in der Muttersprache sowie in armenischer Geschichte und Erdkunde. Darüber hinaus behinderten sie die Ausübung des christlichen Glaubens.[1]

Diese oberflächliche und einseitige Darstellung ist wohl ein Anzeichen für einen geringen Kenntnisstand über den Bergkarabach-Konflikt im deutschsprachigen Raum bzw. in Westeuropa, der auch mit religiösen Denkklischees behaftet ist.

Der seit etwa 15 Jahren „eingefrorene" Bergkarabach-Konflikt zwischen Armenien und Aserbaidschan ist einer der kompliziertesten ethnoterritorialen Konflikte auf dem Boden der ehemaligen Sowjetunion, der nach wie vor ein ernst zu nehmender Instabilitätsfaktor im Südkaukasus ist. Seit dem nach drei Jahren militärischer Auseinandersetzungen vereinbarten Waffenstillstand vom Mai 1994 sind die Friedensverhandlungen unter der Ägide der Minsker OSZE-Gruppe noch nicht vorangekommen. Da Armenien weiterhin etwa 20 % des aserbaidschanischen Staatsgebietes (neben Bergkarabach sieben weitere umliegende Bezirke) militärisch besetzt hält, leidet insbesondere die aserbaidschanische Bevölkerung noch heute unter den Kriegsfolgen. So sieht auch die EU den Konflikt als „ein sehr ernstes Hindernis für die Entwicklung [...] der Region".[2]

---

1 Thomas Michael, Dietrich Strohbach, Ralf Wendt: Heimat und Welt, Klasse 8 für Berlin, Braunschweig 2000, S. 11. Hervorhebungen vom Verfasser.
2 Europäische Nachbarschaftspolitik. Empfehlungen für Armenien, Aserbaidschan und Geor-

Im Vergleich etwa zu dem neu unabhängigen Sezessionsgebilde Kosovo sind das umstrittene Gebiet Bergkarabach und die Zahl seiner Bewohner erheblich kleiner. Bergkarabach hatte mit 4400 km² im Jahre 1991 einmal über 190 000 Einwohner; jedoch schrumpfte die Bevölkerung infolge des Krieges um mehr als 25 %. So lebt im umstrittenen Bergkarabach heute nur ein sehr kleiner Teil (weniger als 2 %) der Gesamtbevölkerung Aserbaidschans (8,5 Mio.). Derselbe Vergleich gilt auch für andere umstrittene Sezessionsgebiete im Südkaukasus (Abchasien und Südossetien).[3] Ein erheblicher Unterschied zu den Konflikten in Georgien besteht jedoch darin, dass es sich bei diesen Konflikten lediglich um Status-Konflikte handelt, während es beim Bergkarabach-Konflikt auch um eine Verschiebung der bisherigen Grenzen geht, weil die armenische Seite auch die Gebiete zwischen Armenien und Bergkarabach für sich beansprucht.[4]

Zur aserbaidschanischen Innenpolitik

Aserbaidschan ist nach Bevölkerung und Fläche, aber auch nach der Wirtschaftskraft der größte der drei südkaukasischen Staaten.[5] Im politischen Sprachgebrauch gilt Aserbaidschan als Transformationsland, das auf einem langen Wege zur Demokratie zu sein scheint. Dem islamisch geprägten Land sind europäische Werte aber nicht unbekannt. So durchlief das Land vor allem unter sowjetischer Herrschaft eine sogenannte Zwangsmodernisierung, deren Spuren vor allem an einem hohen Säkularisierungsgrad und einer geringen Analphabetenrate abzulesen sind.

In westlicher Literatur und Presse wird Aserbaidschan in erster Linie als ölreiches muslimisches Land dargestellt, in dem die Korruption blüht, die

---

gien sowie für Ägypten und Libanon. Mitteilung der Kommission an den Rat: KOM (2005), 72 endgültig, Brüssel, 2. 3. 2005, S. 4; <http://ec.europa.eu/world/enp/pdf/enp_communica tion_72_2005_de.pdf>.

3 Demgegenüber machen die Kosovo-Albaner einen sehr hohen Anteil der Bevölkerung der Republik Serbien (9,5 Millionen) aus, sodass der „eingefrorene Konflikt" im Kosovo für die Staatenwelt einen ganz anderen Stellenwert hat als die Konflikte im Südkaukasus. Egbert Jahn: Politische Streitfragen, Wiesbaden 2008, S. 202.

4 Vgl. ebd., S. 204.

5 Aserbaidschan: Landesfläche 86,6 km², Bevölkerung 8,5 Mio., BIP 20,1 Mrd. $; Georgien: Landesfläche 69,7 km², Bevölkerung 4,4 Mio., BIP 7,6 Mrd. $; Armenien: Landesfläche 29,8 km², Bevölkerung 3 Mio., BIP 6,4 Mrd. $ (Weltbank 2006).

Demokratie dagegen dahinsiecht. Besonders Aserbaidschans Energiereichtum scheint heutzutage seine Visitenkarte im Westen zu sein. Das Land verfügt über große Öl- und Gasressourcen, deren Ausbeutung in den letzten Jahren für einen wirtschaftlichen Aufschwung mit zweistelligem Zuwachs des Bruttoinlandsprodukts sorgte.[6]

Laut Verfassung von 1995 ist Aserbaidschan „eine demokratische, recht-(sstaat-)liche, weltliche, einheitliche Republik" (Art. 7, Abs. I). Auffällig ist jedoch, dass sich der für fünf Jahre gewählte Präsident einer großen politischen Machtfülle erfreut, während das Parlament (Milli Mäclis) über deutlich weniger Kompetenzen verfügt. So räumt die Verfassung dem Präsidenten 32 Vollmachten ein, dem Parlament hingegen nur 19 (Art. 109 und Art. 95). Die Verfassung etabliert damit formal-staatsrechtlich ein superpräsidial geprägtes Regierungssystem. In diesem Zusammenhang ist vorwegzunehmen, dass sich die aserbaidschanische Regierung grundsätzlich schwer tut, etwa eine Konföderation mit Bergkarabach einzugehen, weil Aserbaidschan ein Einheitsstaat mit präsidial-zentralistischem Regierungssystem ist[7].

Seit Aserbaidschans Beitritt zum Europarat 2001 ziehen immer stärker auch die innenpolitischen Entwicklungen im Lande die Aufmerksamkeit des Westens auf sich. Am 15. Oktober 2003 gab es die ersten Präsidentschaftswahlen, seit das Land Mitglied des Europarats ist. Auf der Basis eines umstrittenen Wahlausganges trat Ilham Alijew die Nachfolge seines Vaters Haidar Alijew an und konnte im Oktober 2008 wiedergewählt werden.

Die Parlamentswahlen im November 2005 waren ein anderes politisches Highlight im Lande, das von externen Beobachtern mit großem Interesse verfolgt wurde. Doch fielen alle Beteiligten auch diesmal durch den Demokratie-Test: das Volk, das nicht imstande war, seine Stimme zu verteidigen, die politische Elite, die zum einen als Opposition nicht die Massen gegen Wahlfälschungen mobilisieren konnte, und die zum anderen als Regierung sich keine demokratischen Wahlen leisten konnte, und auch der Westen, der der Stabilität Vorrang vor der Demokratie gegeben hat.[8]

---

6 Laut Weltbank nahm 2006 das Bruttoinlandsprodukt (BIP) in Aserbaidschan um 34,5% zu. Und nach Angaben der aserbaidschanischen Regierung stieg das BIP 2007 um 25%.

7 So scheiterte etwa der Common-state-Plan der Minsker OSZE-Gruppe, der einen gemeinsamen Staat zwischen Aserbaidschan und Bergkarabach vorgesehen und damit praktisch die De-facto-Unabhängigkeit von Bergkarabach beinhaltet hatte, 1998 an Baku.

8 Siehe näher dazu: Azär Babayev: Demokratie-Test nicht bestanden. Parlamentswahlen in Azerbajdžan 2005. In: Osteuropa, 3/2005, S. 33–43.

Seit die EU der Diversifizierung ihrer Energieträgerimporte große Bedeutung beimisst, sieht sie in Aserbaidschan einen wichtigen Energielieferanten. Mit der Inbetriebnahme der Baku–Tiflis–Ceyhan-Ölpipeline (BTC) 2006 katapultierte sich Aserbaidschan in eine Schlüsselposition in der Gesamtregion.[9] Aufgrund der heutigen Lage auf dem Ölmarkt wird diese Ölpipeline wahrscheinlich die Interdependenz gerade zwischen Europa und dem Südkaukasus noch erhöhen.

Aserbaidschan scheint insgesamt der Hauptgewinner dieses gelungenen geoökonomischen und geopolitischen Projekts zu sein. Das Land bekommt die einmalige Möglichkeit geboten, seine politische und ökonomische Abhängigkeit von Russland weitgehend zu vermindern und sich erfolgreich in den westlichen wirtschaftlichen Raum zu integrieren, wobei sein „Erzfeind" Armenien damit in eine starke politische und wirtschaftliche Isolation gerät, was in der Folge die armenische Verhandlungsposition im Bergkarabach-Konflikt schwächen dürfte.

Interessen und Außenpolitik Aserbaidschans

Aserbaidschan verortet sich in jenem geografischen Raum, wo sich die Welten des Westens und des Ostens begegnen. Eine gängige Meinung vor allem unter aserbaidschanischen Intellektuellen ist, dass Aserbaidschan sowohl ein europäisches, als auch ein asiatisches Land sei. Die Worte eines aserbaidschanischen Politikers in einem Interview scheinen insofern sehr plausibel zu sein:

> Wir sind ein europäisches Volk, befinden uns jedoch im Orient. So sind wir von
> dem kulturellen, intellektuellen, kreativen Potenzial her ein europäisches Volk,
> aber von der Mentalität her ein asiatisches.[10]

Aserbaidschan bekenne sich zwar zu den fortschrittlichen Werten Europas, und es sehe sich als „untrennbare Klammer" der euroatlantischen Sicher-

---

9 Die unter Umgehung der wichtigsten Regionalmächte Russland und Iran verlaufende Pipeline der Superlative, nämlich mit ca. 1770 km die längste und mit über 3 Mrd. US-Dollar Baukosten die teuerste Ölpipeline der Welt, ist ein ehrgeiziges Projekt, das nicht nur eine ökonomische Zukunftsinvestition des Westens darstellt, sondern auch eine (geo)politische.

10 Eigenes Interview mit Araz Alizade, dem Vorsitzenden der Sozialdemokratischen Partei Aserbaidschans (ASDP) am 6. 5. 2007.

heitsarchitektur. Aber das Land trage als Teil der islamischen Welt auch das Erbe dieser Kultur.[11] In der Tat ein sehr schwieriger Spagat zwischen Ost und West!

Aserbaidschan definiert in dem 2007 verabschiedeten Sicherheitskonzept seine nationalen Interessen als „Gesamtheit von fundamentalen Zielen und Werten des aserbaidschanischen Volkes sowie von politischen, ökonomischen, sozialen und anderen Bedürfnissen, deren Befriedigung die Entwicklung und den Fortschritt der Bürger, der Gesellschaft und des Staates gewährleistet."[12] Demzufolge sind die wichtigsten Nationalinteressen Aserbaidschans mit außenpolitischen Implikationen:

* staatliche Unabhängigkeit, Souveränität und territoriale Integrität,
* Bewahrung der Einheit des aserbaidschanischen Volkes,
* Gewährleistung der politisch-öffentlichen Stabilität,
* Solidarität aller Aserbaidschaner in der Welt,
* Integration nach Europa und in die Weltgemeinschaft sowie
* Förderung des internationalen Ansehens von Aserbaidschan.

Baku betreibt ferner eine sogenannte ausbalancierte Außenpolitik, die insbesondere auf seine Beziehungen mit Russland und dem Westen zutrifft, wobei die Energiepolitik fast seit der Unabhängigkeit des Landes 1991 neben dem Schwerpunkt Bergkarabach als Kernelement aserbaidschanischer Außenpolitik gilt. Hierbei sieht die aserbaidschanische Regierung vor allem einen engen Zusammenhang zwischen seiner Sicherheits- und Energiepolitik. Hervorzuheben sind folgende erklärte Ziele seiner Außenpolitik:

* Wiederherstellung seiner territorialen Integrität. In seinem neu verabschiedeten Konzept der nationalen Sicherheit sieht Baku die Aggression Armeniens gegen Aserbaidschan, die zu territorialen Verlusten geführt hat, als „die ernsteste Bedrohung" für die nationalen Interessen und dementsprechend die Wiederherstellung ihrer territorialen Integrität mithilfe aller (völkerrechtlich zugelassenen) Mittel als „die wichtigste Aufgabe" der nationalen Sicherheitspolitik.
* Integration in die europäischen und euroatlantischen Strukturen. Aser-

---

11 Konzept der Nationalen Sicherheit der Republik Aserbaidschan, 23. 5. 2007, S. 2; <http://www.mns.gov.az/download/Milli_Tehlukesizlik_Konsepsiyasi.pdf>.

12 Ebd., S. 3.

baidschan hat sich zum strategischen Ziel gesetzt, sich in die politischen, sicherheitspolitischen, ökonomischen und anderen Strukturen des europäischen und euroatlantischen Raums zu integrieren.[13]

Die aserbaidschanische Regierung strebt jedoch eine EU-Mitgliedschaft für absehbare Zeit nicht an, nicht einmal eine NATO-Mitgliedschaft, etwa im Unterschied zu Georgien. Aserbaidschan misst aber dem Individual Partnership Action Plan (IPAP) als wichtigem Mittel besondere Bedeutung bei, kurz- bis mittelfristig die Kooperation mit der NATO weiter aufzubauen. Durch den IPAP-Mechanismus will Aserbaidschan in erster Linie seinen Sicherheitssektor an die NATO-Standards heranführen und den politischen Dialog fortführen. Aus der „Notwendigkeit einer engeren Integration im europäischen Raum" leitet Aserbaidschan die Pflege der „vielschichtigen Wechselbeziehungen mit der EU" ab. Durch die engere Kooperation mit der EU verspricht sich Aserbaidschan, dass die EU zur Stabilität und Verbreitung europäischer Werte im Kaukasus beiträgt.[14]

Im November 2006 hat Baku zwei wichtige Schritte in Richtung Europa gemacht. Baku und Brüssel unterzeichneten ein Memorandum über eine Energiepartnerschaft sowie als Teil der Europäischen Nachbarschaftspolitik einen Aktionsplan. Aber an eine mögliche EU-Mitgliedschaft glauben in Aserbaidschan nur sehr wenige. Dies hat unter anderem damit zu tun, dass die Ansicht verbreitet ist, die EU mache der Türkei als islamischem Land den Weg in die Union so schwierig, und Aserbaidschan würde es nicht besser ergehen.[15]

Insgesamt legt Baku im Umgang mit der EU nicht wie Georgien eine proaktive Haltung an den Tag. Während Georgien hierbei auf die Lösung seiner außen- und sicherheitspolitischen Probleme – in erster Linie mit Russland – hofft, sieht Aserbaidschan die EU nicht einmal bei der Lösung seines Hauptproblems – des Bergkarabach-Konfliktes – als relevanten Akteur. Im Unterschied zu Georgien will Aserbaidschan die Rolle der EU in der Region auch nicht direkt gegen Russland gerichtet sehen.

Die Zurückhaltung Bakus erklärt sich wohl zum einen daraus, dass die Alijew-Regierung keine neuen Verpflichtungen auf Demokratie, Rechtsstaat und Marktwirtschaft eingehen will. Ohne solche Reformversprechen wird

---

13 Siehe näher dazu ebd., S. 5ff.
14 Vgl. ebd., S. 7.
15 Siehe näher dazu Azer Babayev: Strategie und Demokratie. Azerbajdžan und die EU-Nachbarschaftspolitik. In: Osteuropa, 2–3/2007, S. 201–208.

aber eine Annäherung an die EU nicht möglich sein. Zum anderen lässt der Ölreichtum das außenpolitische Selbstbewusstsein wachsen. Die Regierung glaubt, dass eine Modernisierung des Landes auch ohne Unterstützung von außen möglich sei.[16]

So erklärte Präsident Alijew, dass Aserbaidschan als Ölexporteur vor allem an ökonomischen Beziehungen mit Europa interessiert sei. Mit den Öleinnahmen wolle Aserbaidschan zunächst ein nationales Entwicklungsprogramm finanzieren, das Aserbaidschan „nahe an das Niveau der EU" bringen soll. Erst wenn dies erreicht sei, könne man an einen Beitritt denken, der allerdings beiden Seiten nützen müsse.[17]

Das regionale Beziehungsdreieck Aserbaidschan–Georgien–Türkei wird von Baku als „strategische Partnerschaft" und als „Faktor der regionalen Stabilität" betrachtet.[18] Aus dieser Partnerschaft sind bisher drei erfolgreiche Transport-Projekte (die Baku–Tiflis–Supsa-Ölpipeline, die Baku–Tiflis–Ceyhan-Ölpipeline und die Baku–Tiflis–Erzurum-Gaspipeline) hervorgegangen, die den Schwarzmeer- und Kaspisee-Regionen eine neue Bedeutung geben und zur Energiesicherheit Europas ihren nicht unwichtigen Beitrag leisten.[19]

Baku hält eine strategische Partnerschaft mit der Türkei auf allen Gebieten für äußerst wichtig, und zwar vor dem Hintergrund der ethnisch, kulturell und sprachlich engen Bindungen zwischen beiden Ländern. Die Positionen beider Staaten in Bezug auf regionale und globale Fragen sind heute sehr nah bis identisch. Sie führen daher intensive Beratungen durch und unterstützen einander im Rahmen globaler wie regionaler Organsiationen sehr stark. Insbesondere weiß Baku es zu schätzen, dass Ankara im Bergkarabach-Konflikt von vornherein eine stark proaserbaidschanische Haltung eingenommen hat. Einer der Hauptgründe, warum die Türkei mit Armenien gar keine diplomatischen Beziehungen aufgenommen hat, ist der, dass sie die Lage um den Bergkarabach-Konflikt als armenische Aggression gegen Aserbaidschan einstuft.[20]

---

16 Vgl. die Äußerungen von Präsident Alijew: Azerbaycan prezidenti Ilham Aliyevin yekun nitqi. In: Xalq qazeti, 23. 1. 2007.
17 Die Europäische Union hat keine Schwarzmeer-Politik; <www.bertelsmann-stiftung.de/cps/rde/xchg/SID-0A000F0A-4D5336F7/bst/hs.xsl/artikel_33730.htm>.
18 Konzept der Nationalen Sicherheit [Fn. 11], S. 10.
19 Das vierte regionale Transportprojekt ist die in Bau befindliche Eisenbahnlinie Baku–Tiflis–Kars.
20 Turkey's Political Relations with Azerbaijan; <http://www.mfa.gov.tr/MFA/ForeignPolicy/Regions/Caucasus/Azerbaijan/Azerbaijan_Political.htm>.

Aserbaidschan unterhält auch zu Georgien eine strategische Partnerschaft, und zwar aufgrund gemeinsamer existenzieller Interessen, insbesondere im Rahmen regionaler Energietransport- und Verkehrsprojekte. Aserbaidschan betrachtet jedoch die Okkupationspolitik des anderen Nachbarstaates Armenien als das wichtigste Hindernis auf dem Wege zu einer umfassenden regionalen Kooperation im Südkaukasus. Aserbaidschan hält jede Kooperation mit Armenien für unmöglich, ehe es auf diese Politik nicht verzichtet.

Der außenpolitische Balanceakt Bakus kommt in seinem Verhältnis zu Russland mit aller Deutlichkeit zum Ausdruck. So definiert es seine Beziehungen zu ihm auch als strategische Partnerschaft und Kooperation. Die Beziehungen zwischen beiden Staaten seien, so die offizielle Haltung beider Seiten, ein wichtiger Faktor für die Stabilität und Entwicklung der Region.[21]

Aserbaidschan misst den „gegenseitig vorteilhaften" Beziehungen mit einem anderen großen Nachbarstaat – dem Iran – große Bedeutung bei und zeigt sich an deren Ausbau interessiert. Aserbaidschan zählt seine Iranpolitik zu den wichtigen Bereichen seiner Außenpolitik, ohne aber dabei die bilateralen Beziehungen strategisch zu definieren. Und dies, obwohl beide Länder – ähnlich wie mit der Türkei – ein reiches historisches und kulturelles Erbe teilen. In den Beziehungen mit dem Iran bleibt zum einen bisher vor allem die seit Jahren umstrittene Frage nach dem rechtlichen Status des Kaspischen Meers das Schlüsselproblem. Dabei geht es nicht nur um rein ökonomische, sondern auch um geopolitische Interessen. Zum anderen sieht Teheran das politisch unabhängige, ökonomisch erstarkende und gerade außenpolitisch nicht im Sinne des iranischen Regimes handelnde Aserbaidschan – es sei vor allem auf dessen Kooperation mit dem Westen und insbesondere mit den USA sowie Israel hingewiesen – als sicherheitspolitische Bedrohung von außen.[22]

---

21 In seinem seit Amtsantritt dritten Aserbaidschan-Besuch (21./22. 2. 2006) bezeichnete der russische Präsident Putin die Zusammenarbeit zwischen Russland und Aserbaidschan als „wichtigen Faktor der geopolitischen Stabilität in der Region" (Kooperation zwischen Moskau und Baku – ein Faktor der geopolitischen Stabilität; <http://de.rian.ru/world/20060221/43687352. html>), während sein aserbaidschanischer Kollege Alijew von einer „strategischen Partnerschaft" (Aserbaidschan an weiterem aktivem Dialog mit Russland interessiert; <http://de.rian. ru/world/20060221/43687786.html>) beider Länder sprach.

22 Hinzu kommt, dass die Zweiteilung Aserbaidschans durch den Türkmencaj-Vertrag zwischen dem Russischen Reich und Persien 1828 beiderseitig bislang nicht (und schon gar nicht poli-

Unter außerregionalen Akteuren pflegt Aserbaidschan in erster Linie zu den USA eine enge Partnerschaft. Die bilateralen Beziehungen sind insbesondere in den Bereichen Energiesicherheit und (regionale militärische) Sicherheitspolitik stark ausgeprägt, und demzufolge werden diese strategisch betrachtet. Aserbaidschan ist mittlerweile zu einem wichtigen regionalen Partner der USA im Kampf gegen den internationalen Terror geworden und hat (neben Albanien) als einziges muslimisches Land im Rahmen der „Koalition der Willigen" Soldaten in den Irak geschickt.

Angefacht durch das beispiellose Wirtschaftswachstum der letzten Jahre zeigt sich die aserbaidschanische Regierung – nach innen wie nach außen – selbstsicherer denn je, was man mit dem Stichwort Ölnationalismus umschreiben kann. Auffällig ist, dass der Ölboom die Alijew-Regierung insbesondere in der Bergkarabach-Frage selbstbewusster gemacht hat. Sie glaubt nämlich, das Land aus eigener Kraft weiterentwickeln zu können und deshalb auch nicht dringend bei den westlichen Integrationsstrukturen wie der NATO oder der EU anklopfen zu brauchen. Baku sieht sich nicht nur als Konsument der europäischen Sicherheit, sondern auch als einen dazu beitragenden Partner – und zwar im Bereich Energiesicherheit.

Haltung und Politik Aserbaidschans zum Bergkarabach-Konflikt

Aserbaidschan sieht sich in erster Linie der Aggression des Nachbarstaates Armenien und seiner ethnischen Säuberungspolitik infolge des Bergkarabach-Konfliktes ausgesetzt. Somit versteht Aserbaidschan den Konflikt nicht innenstaatlich-ethnisch, sondern zwischenstaatlich-territorial. Demzufolge weigert sich Baku, Bergkarabach als eigenständige Konfliktpartei zu akzeptieren (Siehe Karte 1, S. 84).

Aserbaidschan bestreitet ferner eine armenische Siedlungskontinuität in Bergkarabach und verweist darauf, dass Bergkarabach als Teil des 1805 von Russland annektierten Khanats Karabach nie an Armenien angegliedert gewesen sei. Das Land habe im Wesentlichen erst nach der Annexion des Kau-

---

tisch) aufgearbeitet worden ist. Sehen viele im politischen Establishment des Iran Aserbaidschan immer noch als Teil des Iran, den die Russen seinerzeit gewaltsam annektiert hatten, so sind manche patriotischen Kreise in Aserbaidschan der Ansicht, dass dem aserbaidschanischen Volk mit der Teilung durch die beiden Imperien eine historische Ungerechtigkeit widerfahren ist, die wieder gutzumachen sei.

Karte 1: „Ergebnisse der armenischen Aggression"

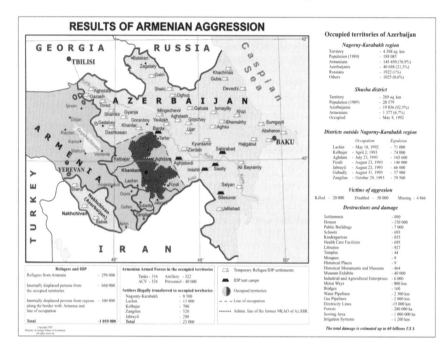

Quelle: Homepage des aserbaidschanischen Außenministeriums, <http://www.mfa.gov.az/img_az/map_aze.gif>.

kasus durch das zaristische Russland Anfang des 19. Jahrhunderts infolge der Übersiedlungswellen aus dem Persischen und Osmanischen Reich eine armenische Bevölkerungsmehrheit erhalten.[23]

Darüber hinaus sieht Aserbaidschan in der Separation der Bergkarabach-Armenier eine Abspaltungsbestrebung möglichst aller (teilweise historisch) armenisch besiedelten Gebiete aus seinem Bestand. Die Mitwirkung der Volksdeputierten des Rayonsowjets von Schaumian an der Entscheidung des Gebietssowjets von Bergkarabach über die Ausrufung der „Republik Bergkarabach" am 2. September 1991 betrachtet Baku etwa als Beweis dafür, dass es sich dabei nicht nur um eine staatsrechtliche Statuserhöhung – im konkreten Fall um die staatliche Souveränität – eines autonomen Gebiets handelte,

---

23 Egbert Jahn [Fn. 3], S. 210.

Karte 2: Grenzen der 1991 ausgerufenen „Republik Bergkarabach"

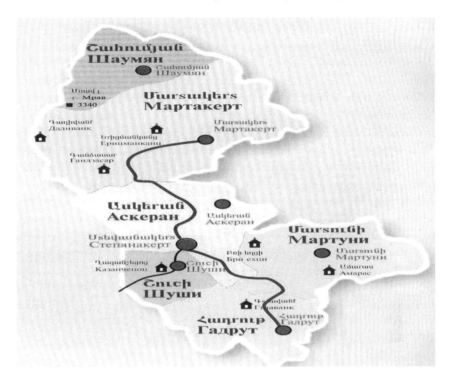

Quelle: Homepage der nicht anerkannten „Republik Bergkarabach",
<http://www.nkr.am/eng/gov/map.jpeg>.

sondern dass es auch um die Erweiterung der Verwaltungsgrenzen dieses autonomen Gebietes geht. Denn die neu proklamierte „Republik Bergkarabach" wollte sich hierbei den mehrheitlich armenisch bewohnten Bezirk Schaumian einverleiben. Und dies, obwohl dieser verwaltungsrechtlich nicht Teil von Bergkarabach war (siehe Karte 2).

Basierend insbesondere auf dem einseitigen Beschluss des armenischen Obersten Sowjets in Eriwan über den Anschluss Bergkarabachs an Armenien am 15. Juni 1988 wird von aserbaidschanischer Seite ein ähnliches Argument vorgebracht, nämlich dass es beim Bergkarabach-Konflikt um einen von Eriwan betriebenen armenischen Irredentismus gehe, der auf die Zusammenführung möglichst aller in den benachbarten Staatsgebieten siedelnden armenischen Volksgruppen bzw. historisch von Armeniern besiedelten Gebiete in einem einheitlichen armenischen Groß-Staat (Mythos Groß-Armenien) hinzielt, und zwar notfalls auch durch Annexion benachbarter Staatsgebiete. (Dazu zählen noch vorsichtig angedeutete „historische Rechtsansprüche" auf die aserbaidschanische Autonomierepublik Nachitschewan, das georgische Hoheitsgebiet Tschavachetien oder auf mehrere türkische Ostprovinzen).

Baku ist nicht zuletzt der Ansicht, dass das armenische Volk sein Selbstbestimmungsrecht mit der Gründung der Republik Armenien schon geltend gemacht hat. Die Bergkarabach-Armenier seien also kein eigenständiges Volk, sondern ein Teil-Volk, das auf einem „fremden" Staatsgebiet siedelt. Demzufolge zeigt sich Baku fest entschlossen, auf dem aserbaidschanischen Staatsgebiet (noch) einen weiteren armenischen Staat nicht zu dulden.

Seit dem 1994 erreichten Waffenstillstand verspricht die aserbaidschanische Regierung auf der internationalen Bühne, Bergkarabach in den Verwaltungsgrenzen der Sowjetzeit größtmögliche Autonomie innerhalb Aserbaidschans zu gewähren. Eine gerechte Lösung des Konfliktes soll demzufolge aus Sicht von Baku diesen Schritten folgen:

• Räumung aller besetzten Gebiete Aserbaidschans durch armenische Truppen,
• Wiederherstellung der souveränen Rechte Aserbaidschans über diese Gebiete,
• Rückkehr aserbaidschanischer Flüchtlinge in ihre Heimat,
• Ausarbeitung eines rechtlichen Status in einem demokratischen und legalen Prozess, der das friedliche Zusammenleben aserbaidschanischer und armenischer Bevölkerung gewährleistet und Bergkarabach eine hohe Autonomie im Rahmen der territorialen Integrität Aserbaidschans sichert, und
• Schaffung von geeigneten Bedingungen für die Wiederherstellung der Kommunikation und für einen sozial-ökonomischen Aufschwung Bergkarabachs im Rahmen der allgemeinen Entwicklung des Landes und der regionalen Integration.[24]

Die Alijew-Regierung erfreut sich derzeit eines großen Ölbooms und hofft zugleich, dass die Zeit im Friedensprozess strategisch gesehen für sie arbeitet. Präsident Alijew beteuert zwar immer wieder, die Lösung des Konfliktes auf

---

24 Konzept der Nationalen Sicherheit [Fn. 11], S. 6.

friedlichem Wege anzustreben. Jedoch wird hierbei die militärische Option nicht ausgeschlossen. Seit Jahren betont die Alijew-Regierung immer wieder, die besetzten Gebiete einschließlich Bergkarabach notfalls mit militärischen Mitteln zu befreien, wenn durch Friedensverhandlungen kein Ergebnis erzielt werden kann. Die kategorische Ablehnung eines unabhängigen Staates Bergkarabach erhebt Präsident Alijew zum Grundprinzip seiner Politik. So dürfe die territoriale Integrität des Landes keinesfalls als Verhandlungsthema akzeptiert werden.

In diesem Zusammenhang setzt Baku seit einigen Jahren auch die Aufrüstungspolitik verstärkt fort, die vor allem an der mehrfachen Aufstockung des Militärbudgets in den letzten Jahren abzulesen ist. In den Jahren 2004 und 2005 wurden die Militärausgaben Aserbaidschans – zum ersten Mal auf einer Rekordhöhe – um 51 % erhöht, 2006 um 82 %.[25] Darüber hinaus wurde auf Erlass von Alijew im Dezember 2005 ein „Ministerium für Militärindustrie" errichtet, das eine einheimische Ausrüstung des aserbaidschanischen Militärs vorantreiben soll. Und 2007 soll sich das Militärbudget auf 1,1 Mrd. Dollar belaufen haben.[26]

Zum einen bringt Baku die Aufstockung des Militärbudgets auch mit der massiven Erhöhung des staatlichen Gesamtbudgets in Verbindung.[27] Zum anderen wird die intensive Aufrüstungspolitik damit gerechtfertigt, dass die aserbaidschanischen Territorien unter armenischer Okkupation sind und dass sich das Land im Kriegszustand mit Armenien befindet. Das erklärte Ziel der Regierung ist ferner, dass das aserbaidschanische Militärbudget innerhalb weniger Jahre das Gesamtbudget Armeniens überholen soll. Präsident Alijew erneuert immer wieder seine Entschlossenheit, die territoriale Integrität des Landes über kurz oder lang wiederherzustellen, und er erklärt dazu, dass sich der aserbaidschanische Staat, den er als führende politische und ökonomische Macht der Region sieht, niemals mit dem Verlust seiner Staatsgebiete abfinden würde.

In diesem Zusammenhang ist wahrscheinlich, dass die aserbaidschanische Regierung die permanente Zunahme der Militärausgaben fortsetzen will,

---

25 International Crisis Group: Nagorno-Karabakh: risking war, Europe Report Nr. 187 – 14. November 2007, S. 12.

26 Das Militärbudget Armeniens erreichte 2007 auch die Rekordsumme von 280 Mio. $, die aber mit der in Aserbaidschan bei weitem nicht zu vergleichen ist. (Siehe näher dazu ebd., S. 13.)

27 Seit 2003 (1,3 Mrd. $) wurde das staatliche Gesamtbudget Aserbaidschans etwa zehnfach erhöht (2008 soll es sich auf 12 Mrd. $ belaufen).

solange weite Teile des Landes unter der armenischen Okkupation bleiben, wobei auch vermutet wird, dass es sich dabei eher nicht um eine direkte Kriegsvorbereitung handelt, sondern vielmehr um eine „psychologische Druckausübung" auf Armenien.[28]

Baku soll schon eine deutliche quantitative Überlegenheit gegenüber Armenien (mit Bergkarabach gerechnet) erreicht haben. Jedoch zählen internationale Militärexperten solche Art Überlegenheit nicht unbedingt zur „besseren" Kampffähigkeit der aserbaidschanischen Streitkräfte. Dazu gehören andere wichtige Faktoren wie Ausbildung und Motivation der Streitkräfte sowie die geografische Lage der bestehenden Frontlinie, die sich offensichtlich als die „wichtigste strategische Überlegenheit" der armenischen Streitkräfte darstellt, zumal nahezu alle Höhen der Frontlandschaft von den armenischen Truppen kontrolliert werden.[29]

Die jüngsten Entwicklungen der internationalen Politik um das Kosovo ließen aus verständlichen Gründen auch die Alijew-Regierung nicht kalt. Sie sieht in der Erklärung der Unabhängigkeit des Kosovo und in dessen internationaler Anerkennung einen gefährlichen Präzedenzfall. Nicht zufällig, dass das aserbaidschanische Außenministerium bereits einen Tag nach der am 17. Februar 2008 ausgerufenen Unabhängigkeit erklärte, dass die einseitige Unabhängigkeitserklärung durch Pristina im Widerspruch zum Völkerrecht stehe und demzufolge „illegal" sei.[30] Praktische Konsequenzen daraus hat Baku auch gezogen. Es beschloss, aserbaidschanische Soldaten aus dem Kosovo abzuziehen.[31]

Die Alijew-Regierung wurde anschließend auch auf dem internationalen Parkett diplomatisch aktiv. So brachte sie am 14. März 2008 in der UN-Generalversammlung einen Resolutionsentwurf zur Lage in den besetzten Gebieten von Aserbaidschan ein, der den sofortigen Abzug der armenischen Streitkräfte aus den besetzten aserbaidschanischen Territorien fordert und den Anspruch Aserbaidschans auf Bergkarabach und die anliegenden Gebiete bestätigt. Der Entwurf wurde mit 39 Stimmen und sieben Gegenstim-

---

28 International Crisis Group [Fn. 25], S. 12.
29 Siehe näher dazu ebd., S. 13ff.
30 MID Azerbaidjana: Odnostoronnee otdelenie Kosovo protivorecit mejdunarodnym normam prava i yavlyaetsya nezakonnym, 18.2.2008; <http://www.day.az/news/politics/108445. html>.
31 Die 34 aserbaidschanischen Soldaten der NATO-geführten KFOR-Truppe waren seit September 1999 innerhalb des türkischen Bataillons im Kosovo stationiert.

men angenommen. Auch die Kovorsitzenden der Minsker OSZE-Gruppe – USA, Russland und Frankreich – stimmten dagegen. Daraufhin hat die aserbaidschanische Regierung angekündigt, sie werde nun darauf pochen, dass sich die Friedensverhandlungen fortan aufgrund dieser UN-Resolution fortsetzen sollen.[32]

Eine nicht ungefährliche Entwicklung kann man für absehbare Zeit voraussehen. Da sich Baku angesichts wachsender Öleinnahmen selbstbewusster und stärker fühlt und über hinreichende Mittel zur Modernisierung und Verstärkung seiner Streitkräfte innerhalb weniger Jahre verfügt, könnte es sich in nicht allzu ferner Zukunft zu einer militärischen Option hinreißen lassen, während die armenische Seite ihrerseits darauf hofft, dass die De-facto-Unabhängigkeit Bergkarabachs, die immer schwerer zu ignorieren sei, mit der Zeit zur Realität werde.[33] Im Frühjahr 2008 äußerte Präsident Alijew seine Besorgnis, dass die diplomatischen Bemühungen alleine zur Lösung des Konfliktes nicht reichen:

> Für eine gerechte Lösung des Karabach-Konfliktes benötigt man Stärke und wir müssen [deshalb] stark sein ... Wir müssen bereit sein, unsere [besetzten] Gebiete auf dem militärischen Wege zu befreien. Und wir sind bereit.[34]

Auch internationale Beobachter schließen nicht aus, dass Baku in den nächsten Jahren in „Versuchung" kommen könnte, eine schnelle Lösung des Konfliktes auf dem Kriegswege herbeiführen zu wollen. Die Internationale Krisengruppe ICG sieht ein gefährliches Zeitfenster um 2012, in dem die ökonomische und militärische Überlegenheit Aserbaidschans gegenüber Armenien ihren Höhepunkt erreicht haben würde. Ab diesem Jahr sollen jedoch die Öleinkünfte Aserbaidschans nach internationalen Schätzungen zurückgehen. Somit könnte die Regierung in Baku unter einen „Zeitdruck" geraten, zumal ein „militärisches Abenteuer" zur Ablenkung der Bevölkerung von ökonomischen Problemen dienen könnte, die durch zurückge-

---

32 Bakı Minsk Qrupu həmsədrlərinin çağırışlarını qəbul etmir, 20. 3. 2008; <http://www.azadliq. org/Article/2008/03/20/20080320162119277.html>.

33 International Crisis Group [Fn. 25], S. I.

34 Ilcham Aliev: My doljny byt' qotovymi ko voennomu puti osvobojdeniya nashich zemel', i my gotovy, 4. 3. 2008; <http://www.day.az/news/politics/110184.html>. Alijew ist mit folgenden Worten fortgefahren: Das Militärbudget Aserbaidschans beträgt in diesem Jahr 1,3 Mrd. $. In Zukunft wird es noch erhöht werden. Aus diesen Mitteln wird Aserbaidschan militärische Technik und Waffen ankaufen. Ziel all dieses ist die Befreiung besetzter Gebiete.

hende Staatseinnahmen entstehen.[35] Andererseits machte der Fünftagekrieg um Südossetien im August 2008 solch ein Kriegsszenario um Bergkarabach für absehbare Zeit unwahrscheinlicher.

Der Bergkarabach-Konflikt als innenpolitischer Faktor in Aserbaidschan

Aus der sowjetischen Bildungselite Aserbaidschans entwuchs Ende der 80er Jahre die nationale Opposition, die Volksfront-Bewegung, die die Agenda der nationalpolitischen Transformation in die staatliche Wiederverselbstständigung hinein mitbestimmte.[36] Der neu entbrannte Konflikt um Bergkarabach spielte ab Ende der 80er Jahre für den aserbaidschanischen Nationalismus zumindest die Rolle eines Katalysators. Gerade der Konflikt mit Armenien trug enorm zur rapiden Wiederbelebung des Nationalismus in Aserbaidschan bei.

Der Eigenstaatlichkeit 1991 folgten 1992 die durch Niederlagen bedingte Ablösung der ersten postkommunistischen Mutalibov-Regierung und die Wahl des Führers der nationalistisch-antikommunistischen Oppositionsbewegung Volksfront, Ebülfez Eltschibej, zum Präsidenten – als vermeintlicher Vorbote einer radikalreformerischen Demokratisierung sowie Entsowjetisierung und Nationalisierung im Lande. In der Tat begannen auch einige wichtige demokratische Institutionen wie ein Mehrparteiensystem und Medienpluralismus Fuß zu fassen. Also wurde sich die aserbaidschanische Bevölkerung ihrer „neuen" türkischen Identität bewusst, vor allem durch den Konflikt mit Armenien, und sie gab sich leidenschaftlich nationalistischer Romantik hin.

Das Hinziehen des aufgezwungenen Bergkarabach-Krieges mit Armenien, der mit zur Entstehung paramilitärischer Verbände und anderer separatistischer Bestrebungen führte, sowie ein schwaches Kaderpotenzial[37] brachten diese „nicht institutionalisierte Demokratie"[38] unter der Eltschibej-Regierung

---

35 International Crisis Group [Fn. 25], S. I.
36 Hendrik Fenz: Transformation in Aserbaidschan. Nationalismus als Brücke zur Demokratie. Hamburg 2003, S. 119.
37 Im Sinne von Diamond ließe sich argumentieren, dass es in Aserbaidschan damals an professionellen Politikern mit „courage and vision" mangelte. Larry Diamond: Three Paradoxes of Democracy. In: Journal of Democracy, Vol. 1, March 1990, S. 48–60, hier S. 59.
38 Rachman Badalow: Die Demokratie in Aserbaidschan zu Beginn des 21. Jahrhunderts. In: Walter Kaufmann, Heinrich-Böll-Stiftung (Hg.): Diaspora, Öl und Rosen. Berlin 2004, S. 179–204, hier S. 184.

bald zu Fall. Es wurde damit klar, dass ohne nationalstaatliche Transformation und politisch-wirtschaftliche Stabilität von einer kontinuierlichen Demokratisierung des politischen Systems keine Rede sein kann. Das politische Comeback des langjährigen KP-Chefs der Aserbaidschanischen Sowjetrepublik, Haidar Alijew, im Jahr 1993 erklärt sich auch und gerade aus der Tatsache, dass die Sicherheit und die politische Stabilität des Landes die öffentlichen Güter waren, die das in Not geratene Volk am meisten schätzte. So könnte man auch die Demokratie im Lande – soweit nötig – für diese Güter opfern.

Schlägt die heutige Machtelite in Eriwan aus dem Sieg im Krieg mit Aserbaidschan immer noch innenpolitisch Kapital,[39] so nutzt die Alijew-Regierung ihrerseits nach wie vor die Tatsache der Kriegsniederlage aus, um die Vorgängerregierungen zu diskreditieren, die sich jetzt in Opposition befinden. Andererseits hält Baku den internationalen Regimekritikern entgegen, dass sie sich besser mit verletzten Rechten von einer Million Flüchtlingen befassen sollten, die von der armenischen Aggression betroffen sind, und dass sie die anhaltende Okkupationspolitik Armeniens verurteilen sollten. So werden in der Regel die regimekritischen inter- und transnationalen Organisationen als „unobjektiv" und „proarmenisch" gebrandmarkt.[40]

Darüber hinaus scheint die Politik der Regierung auch gegen die einheimischen NGOs gerichtet zu sein, die die sogenannte Volksdiplomatie zu betreiben suchen. Die NGOs, die sich selbstständig mit der Konfliktregulierung beschäftigen, werden in der Regel als „antinational" angeprangert. Die Regierung ist hier wohl der Meinung, dass sie das politische Monopol der Konfliktregulierung besitzt.[41]

In einer schwierigen Situation, in der viel Wert darauf gelegt wird, alle politischen Differenzen und Streitigkeiten beiseitezulegen, findet sich eine Regierung normalerweise in der viel günstigeren Position als alle anderen

---

39 Die gegenwärtige armenische Machtelite stammt zum einen aus Bergkarabach und nahm zum anderen aktiv am Krieg mit Aserbaidschan teil, besitzt also einen Veteranenstatus, der sich politisch instrumentalisieren lässt. So stellt die offizielle Propaganda in Armenien etwa Präsident Serksjan und seinen Vorgänger Kotscharjan als Helden des Karabachkrieges dar. Und demzufolge seien sie die einzigen, denen man die endgültige Lösung des Konfliktes zutrauen könne. Siehe dazu Uwe Halbach: Eingefrorene Konflikte im Südkaukasus. Probleme und Grenzen der Europäisierung. In: Osteuropa, 11/2007, S. 83–94, hier S. 88.

40 Vgl. International Crisis Group [Fn. 25], S 15ff.

41 Eigenes Interview mit Arzu Abdullajewa, dem Vorsitzenden des Nationalen Komitees der Helsinki Citizens' Assembly in Aserbaidschan am 22. 6. 2007.

Kräfte.[42] Und es ist in Aserbaidschan nicht anders. Die Worte des stellvertretenden Premierministers a. D., Abbas Abbasov, dürften paradigmatisch für die herrschende Meinung in der politischen Elite sein:

> Ich sage als erfahrener Politiker, dass wir nur einen Feind haben. Und dieser ist Armenien, das unsere Territorien okkupiert hat. Jeder mutige Ehrenmensch muss sich mit diesem Problem beschäftigen. Wir brauchen keine inneren Feinde zu suchen. Die Nation muss wie eine geballte Faust dastehen.[43]

Von allen großen Oppositionsparteien im Lande wird der Bergkarabach-Konflikt als „gesamtnationales Problem" aufgefasst. Demzufolge wird die Grundhaltung der Regierung zum Konflikt und dessen möglicher Lösung offen oder latent mitgetragen. Und dies, obwohl die Regierung – eher aus innenpolitischen Gründen – die Oppositionsparteien in Sachen Friedensverhandlungen nicht konsultiert.

Auf Dauer prägt der andauernde Bergkarabach-Konflikt auch die Mentalität des aserbaidschanischen Volkes negativ. Der Konflikt nimmt die politische Energie der Gesellschaft weitgehend in Anspruch – jedoch in den letzten Jahren mit nachlassender Intensität – und lässt nicht genug Platz für die innenpolitischen Auseinandersetzungen. Dies belegen auch die jüngsten Umfragewerte. So bleibt der seit Jahren ungelöste Konflikt für die aserbaidschanische Bevölkerung mit großem Abstand das Problem Nummer eins – gefolgt von Armut und Arbeitslosigkeit. Und dies wird im öffentlichen Bewusstsein durch die Medien dauernd wach gehalten. Bemerkenswert ist, dass einer der heute bedeutsamsten Verbreiter von Stimmung des Kriegszustandes in der Öffentlichkeit der einzige von der Regierung mehr oder weniger nicht kontrollierte Fernsehsender ANS ist. Seit dem Waffenstillstand von 1994 beginnt ANS sein tägliches Nachrichtenprogramm mit dem Hinweis auf den Fortbestand des brüchigen Waffenstillstandes zwischen Armenien und Aserbaidschan.[44]

Weite Teile der Bevölkerung Aserbaidschans sehen im Bergkarabach-Konflikt die Gefahr der nächsten territorialen Verluste, die ihr im Laufe der

---

42 Ibrahim Ahmadov: Bergkarabach-Konflikt als innnenpolitischer Faktor in Aserbaidschan, 2007 (Manuskript, 10 S.), S. 10.

43 Abbas Abbasov istefasindan danishdi. In: Yeni Musavat, 26. 7. 2007.

44 Die an einen berühmten Koran-Vers anklingende Parole des Rundfunksenders ANC lautet: „Döyüş alnınıza yazılıb" („Der Kampf ist euch vorbestimmt").

Geschichte insbesondere des 20. Jahrhunderts widerfahren, und zwar durch Gebietsverluste an Armenien. Man zieht einen „schmerzlichen" Vergleich zwischen der Flächengröße der Demokratischen Republik Aserbaidschan 1918–1920 und jener der heutigen Republik Aserbaidschan. So soll die Demokratische Republik Aserbaidschan eine Fläche von etwa 120 000 km² gehabt haben. Demzufolge seien durch nachfolgende Gebietsabtretungen an Armenien bis Ende der 80er Jahre nur 86 600 km² übrig geblieben, von denen wiederum nun etwa 15 000 km² von Armenien besetzt gehalten werden.

Noch eine andere historische Tatsache wird in Aserbaidschan oft in Erinnerung gerufen: nämlich die Anerkennung der Stadt Eriwan durch den damaligen aserbaidschanischen Nationalrat als Hauptstadt des neuen Staates Armenien nach der Unabhängigkeitserklärung der drei transkaukasischen Republiken am 27. und 28. Mai 1918. Dies wird bislang auch als „territoriales Zugeständnis" an Armenien aufgefasst. Bemerkenswert ist, dass auch auf höchster politischer Ebene vor kurzem auf diese Tatsache hingewiesen wurde. Präsident Alijew gab auf einem öffentlichen Auftritt im Frühjahr 2008 zu Protokoll:

> Wir haben keine fremden Staatsgebiete besetzt. Und dies, obwohl der jetzige Staat Armenien auf historischen Gebieten Aserbaidschans gegründet worden ist. Die Stadt Eriwan hat die Führung der Demokratischen Republik Aserbaidschan im Jahre 1918 Armenien geschenkt. Gelinde gesagt, dies war auch ein großer Fehler. Das Khanat Eriwan ist ursprünglich ein aserbaidschanisches Territorium. Ich möchte nochmal sagen, dass die Armenier in diese Region als Gäste gekommen waren.[45]

Viele Aserbaidschaner sehen im Bergkarabach-Konflikt einen „Verrat" bzw. eine „Undankbarkeit" der Armenier, denen Aserbaidschan früher immer eine Unterkunft gewährt haben soll. Gerade den Bergkarabach-Armeniern wird ihre Separation vorgeworfen, weil sie in der ersten Hälfte des 19. Jahrhunderts mehrheitlich nach Bergkarabach übersiedelt und dabei von Aserbaidschanern gastfreundlich empfangen worden seien. Dann tadeln viele die eigene „Vergesslichkeit" in diesem Zusammenhang. So habe man all die schlechten Erfahrungen mit Armeniern Anfang des 20. Jahrhunderts vergessen und angefangen, wieder mit ihnen – wie sich im nachhinein herausstellen musste – in

---

45 Agdam Olimpiya Idman Kompleksinin acilish merasiminde Prezident Ilham Aliyevin nitqi, 17. 1. 2008; <http://www.president.az/articles.php?item_id=20080119113123914&sec_id=11>.

einer sogenannten Friede-Freude-Eierkuchen-Harmonie zusammenzuleben, während die Armenier immer auf die Gelegenheit gelauert haben, die sogenannten offenen Rechnungen der Geschichte zu begleichen. Eine dieser „offenen Rechnungen" soll der gegen Ende der Sowjetära entbrannte Bergkarabach-Konflikt gewesen sein, unter den Baku durch Gewährung eines Autonomiestatus im Jahre 1923 einen Schlussstrich gezogen zu haben glaubte.

In Bezug auf eine mögliche Konfliktregulierung in naher Zukunft sind weite Teile der Bevölkerung immer noch pessimistisch. Einer repräsentativen Umfrage im Dezember 2006 zufolge sind etwa 47 % (Tendenz steigend) der 1000 Befragten der Meinung, dass sich der „Weder-Krieg-noch-Frieden"-Zustand für absehbare Zeit noch fortsetzen werde, während nur 13 % (Tendenz sinkend) vom erneuten Ausbruch des Krieges in absehbarer Zeit überzeugt sind. Etwa 38 % glauben an Fortschritte im Friedensprozess, wobei man zunehmend an einen militärischen Erfolg Aserbaidschans bei einem möglichen Kriegsausbruch glaubt, wie ein anderes Umfrageergebnis zeigt.[46] Bemerkenswert ist, dass etwa 59 % der Befragten von Zugeständnissen bei der Konfliktlösung nichts halten. Etwa 25 % geben sich mit einer Autonomieregelung innerhalb Aserbaidschans zufrieden, während ein unabhängiges Bergkarabach fast ausgeschlossen wird (nur 0,4 % sprachen sich dafür aus).[47]

Auswirkungen des Südossetienkrieges auf den Bergkarabach-Konflikt

Nach dem Südossetienkrieg vom August 2008 überschlugen sich die Ereignisse im Südkaukasus. Ein spannendes geopolitisches Nachspiel ist im Gang. Obwohl die internationale Gemeinschaft dies kaum wahrnimmt, hat der Südossetienkrieg unmittelbare Auswirkungen auf den Sezessionskonflikt um Bergkarabach. Nach dem Südossetienkrieg setzte ein reger diplomatischer Verkehr – direkt oder indirekt – in Bezug auf den Bergkarabach-Konflikt ein. Die USA, Russland, Aserbaidschan, Armenien und die Türkei standen über Wochen hinweg in engem Kontakt.[48] Den Höhepunkt dieser Nachkriegs-

---

46 Dies ist u. a. anscheinend mit der intensiven Aufrüstungspolitik und der zugehörigen Propaganda in den letzten Jahren verbunden. Siehe näher dazu Arif Yunusov: Azerbaijan in the early of XXI Century: Conflicts and Potential Threats. Baku 2007, S. 28ff.

47 Sosioloji Monitoring: Azerbaycan 2004-cü ilde. Baku 2005, S. 28.

48 Aus Platzgründen sei nachfolgend nur auf die wichtigsten diplomatischen Besuche und Treffen hingewiesen, die in den Nachkriegswochen und -monaten stattgefunden haben: Besuch von

diplomatie markierte der Besuch von US-Vizepräsident Dick Cheney am 3. September 2008 in Baku. Die Bedeutung dieses Besuches wird dadurch unterstrichen, dass der russische Präsident Medwedew noch am selben Tag ein dringliches Telefongespräch mit dem aserbaidschanischen Präsidenten Ilham Alijew führte.

Die Kriegsrhetorik, die die Alijew-Regierung in den letzten Jahren häufig im Zusammenhang mit Bergkarabach verwendete, ist seit dem georgisch-russischen Krieg um Südossetien aus den Reden aserbaidschanischer Regierungsmitglieder verschwunden. Dabei wäre zu erwarten gewesen, dass die Kriegsrhetorik im Vorfeld der Präsidentschaftswahlen vom 15. Oktober 2008 zunehmen würde. Alijews Wahlkampf blieb allerdings frei von solcher Rhetorik. Die Führung Aserbaidschans scheint erkannt zu haben, dass Russland derzeit nicht an einer Änderung des militärisch-politischen Status quo um Bergkarabach interessiert ist.

Armeniens Handlungsspielraum wurde durch den Südossetienkrieg stark eingeschränkt. Das Land ist in hohem Maße von den Verkehrswegen abhängig, die über Georgien nach Russland führen. Während des jüngsten Krieges zwischen Georgien und Russland bekam Armenien noch einmal die negativen Folgen dieser Abhängigkeit zu spüren.[49] Die (geopolitische) Situation Armeniens könnte noch komplizierter werden, wenn Georgien in die NATO aufgenommen wird. In diesem Fall würde Russland vermutlich versuchen, Armenien als militärischen Bündnispartner in der Region gegen die NATO bzw. Georgien zu instrumentalisieren. Die armenische Regierung steht bereits seit der jüngsten Eskalation ohnehin unter verstärktem Druck von Moskau.

Um sich in der Region neu zu profilieren, versucht die Türkei, die Gelegenheit in der neuen Situation zu nutzen. Der türkische Ministerpräsident Recep T. Erdogan reiste unmittelbar nach den Kriegshandlungen am 13. August mit der Idee einer Stabilitäts- und Sicherheitsplattform für den Kaukasus nach Moskau, anschließend nach Tiflis und Baku. Diese gute, aber unrealis-

---

Recep T. Erdogan in Baku (20. 8. 2008), Besuch von Sersch Sarkissjan in Sotschi (2. 9.), Besuch von Dick Cheney in Baku (3. 9.), Besuch von Abdullah Gül in Eriwan (6. 9) und in Baku (10. 9.), Besuch von Ilham Alijew in Moskau (16.9.), Besuch von Präsident Medwedew in Eriwan (20.–22. 10.), Treffen zwischen Präsident Alijew und Sarkissjan in Moskau.

49 Armenien hatte schon 2006 durch die von Moskau gegen Georgien verhängte Wirtschaftsblockade stark gelitten. Durch den Krieg in Georgien entstand ein Schaden von bis zu 680 Mio. für die armenische Wirtschaft, weil 70 % des armenischen Außenhandels über Georgien erfolgt.

tische Idee fand vor allem Moskaus Unterstützung. Ziel der türkischen Initiative soll in erster Linie die Festlegung eines Mechanismus zur Lösung und Vermeidung von Konflikten in der Region sein.[50] In diesem Zusammenhang ist jedoch die langsame armenisch-türkische Annäherung von besonderer Bedeutung, die durch den historischen Besuch des türkischen Staatspräsidenten Abdullah Gül in Eriwan Anfang September 2008 in Gang kam. Diese Annäherung fördert auf alle Fälle die neu entstandene „milde" Atmosphäre im Friedensprozess um Bergkarabach.

Auffällig ist noch, dass nach der Eskalation des Südossetien-Konflikts ein Sinneswandel bei den US-Strategen in Bezug auf die Lösung des Bergkarabach-Konfliktes stattgefunden zu haben scheint. Die USA wollen sich nun also stärker bei der Lösung des Bergkarabach-Konfliktes engagieren und schließen eine Abspaltung der abtrünnigen Region klarer als bisher aus. Vor kurzem brachte Matthew Bryza in einem Interview mit dem russischsprachigen Dienst des BBC World Service am 9. Oktober 2008 dieses Umdenken in der US-Politik konkreter auf den Punkt:

> Wir sind der Meinung, dass man mit dem Prinzip der territorialen Integrität von Aserbaidschan anfangen und dann zusätzliche Prinzipien mit einbeziehen muss, um die Verhandlungen mit einem Kompromiss, einem Rahmenabkommen abzuschließen. Aus rechtlicher, gesetzlicher Sicht ist Bergkarabach Teil von Aserbaidschan. Aber im Endergebnis, um die Verhandlungen zu einem Abkommen zu führen, *soll auch Armenien diesem zustimmen.*[51]

Russland ist seiner außenpolitischen Linie im Bergkarabach-Konflikt auch nach dem Südossetienkrieg treu geblieben. Der Kreml betrachtete Bergkarabach – insbesondere im Umfeld der Problematik der Anerkennung des Kosovo – nicht in der Logik von abchasischer und südossetischer Separation. Außenminister Sergej Lavrov wiederholte auf einer Pressekonferenz am 4. September 2008, dass die Situation in Bergkarabach eine andere sei als in Abchasien und Südossetien.[52]

---

50 Jan Senkyr: Ein schwieriger Balanceakt. In: Die Politische Meinung. Monatsschrift zu Fragen der Zeit, Nr. 468, November 2008, S. 38.

51 Armeniju prosjat priznat' celostnost' Azerbajdžana, 9. 10. 2008; <http://news.bbc.co.uk/hi/russian/international/newsid_7661000/7661150.stm>. Hervorhebung durch den Verfasser.

52 Stenogramma vystuplenija i otvetov na voprosy SMI Ministra instrannych del Rossii S.V. Lavrova na sovmestnoj press-konferencii Ministrov inostrannych del gosudarstv-členov

Moskau begrüßte die außenpolitische Zurückhaltung Bakus in der Augustkrise und betrachtet Aserbaidschan als wichtigen Partner.[53] Nicht zufällig bezeichnete Präsident Medwedew vor kurzem die Beziehungen zwischen Russland und Aserbaidschan als einen Schlüsselfaktor für die Gewährleistung von Sicherheit und Stabilität in der Region.[54] Ähnlich hatte sich der damalige Präsident Vladimir Putin im Frühjahr 2006 bei seinem letzten Besuch in Aserbaidschan geäußert,[55] während sein aserbaidschanischer Amtskollege von einer strategischen Partnerschaft beider Länder gesprochen hatte.[56]

In der Tat ist Russland die geopolitische Lage Aserbaidschans, insbesondere dessen zentrale Position in der Region sehr bewusst. Würde Moskau nach Georgien auch Aserbaidschan als Partner verlieren, hätte es kaum noch Einfluss auf die Entwicklung des Südkaukasus. Außerdem spielt Aserbaidschan als Gaslieferant und mögliches Transitland für Gasimporte aus Zentralasien eine wichtige Rolle für Russland, das seine Position auf dem europäischen Gasmarkt ausbauen will. Aus diesem Grund liegt Moskau wohl sehr daran, dass sich Baku dem umstrittenen Nabucco-Pipeline-Projekt nicht anschließt.[57] Vor diesem Hintergrund werden die Worte von Lavrov verständlich:

Unsere Beziehungen mit Aserbaidschan sind nicht konjunkturabhängig. Es ist unser alter Partner, der für uns sehr wichtig ist, und wir wollen diese Beziehun-

---

ODKB i General'nogo sekretarja ODKB, Moskau, 4. 9. 2008; <http://www.mid.ru/brp_4. nsf/2fee282eb6df40e643256999005e6e8c/801cf5b8720c1feac32574ba004c94c0?Open-Document>.

53 Stenogramma vystuplenija i otvetov na voprosy SMI Ministra instrannych del Rossii S.V. Lavrova na sovmestnoj press-konferencii po itogam vstreči s Ministrom inostrannych del Respubliki Armenija E. Nalbandyanom, Eriwan, 3.10.2008; <http://www.mid.ru/brp_4.nsf/ 2fee282eb6df40e643256999005e6e8c/a8f3f6d55187b8c7c32574d8003b6c2d?OpenDocu ment>.

54 Zajavlenija dlja pressy po itogam peregovorov s Prezidentom Azerbajdžana Ilchamom Alievim, 16. 9. 2008; <http://www.kremlin.ru/text/appears/2008/09/206509.shtml>.

55 Kooperation zwischen Moskau und Baku – ein Faktor der geopolitischen Stabilität, 21. 2. 2006; <http://de.rian.ru/world/20060221/43687352.html>.

56 Aserbaidschan an weiterem aktivem Dialog mit Russland interessiert, 21. 2. 2006; <http:// de.rian.ru/world/20060221/43687786.html>.

57 Siehe näher dazu: Gas prompt, in: Der Tagesspiegel, 13. 11. 2008. Zardusht Alizade: Esli Kreml' gotov budet, vernut' Azerbajdžanu Nagornyj Karabach i platit' po evropejskim cenam za nashi energonositeli, to proekt Nabucco pust' letit k čertovoj babushke, 15. 11. 2008; <http://www. day.az/news/politics/136875.html>.

gen nicht [...] opfern. Wir empfinden auch solch eine Haltung seitens Baku. Man schätzt auch dort den strategischen Charakter der Beziehungen mit der Russischen Föderation.[58]

Am 2. November 2008 folgten Alijew und Sarkissjan einer Einladung Medwedews zu einem Friedensgespräch nach Moskau. In ihrer abschließenden Erklärung sprachen sich die drei Präsidenten für eine politische Lösung des Konfliktes unter Beachtung völkerrechtlicher Prinzipen und Normen aus.[59] Die Erklärung stellt seit dem Waffenstillstand von 1994 das erste ernstzunehmende Dokument dar, das die Präsidenten beider Konfliktparteien unterzeichneten. Wie es in der Erklärung ganz allgemein heißt, solle eine friedliche Lösung des Konflikts durch rechtlich bindende, internationale Garantien „in allen Aspekten und Etappen" der Verhandlungen erreicht werden.

Die Moskauer Erklärung scheint jedoch in erster Linie russischen Interessen zu dienen. Russland möchte sich als wichtigsten Vermittler in dem Konflikt inszenieren.[60] Zwar wird in der gemeinsamen Erklärung auf die Rolle der Minsker Gruppe im Friedensprozess hingewiesen. Die Kovorsitzenden der westlichen Staaten wirkten an den Gesprächen bzw. an der Aushandlung des Dokuments jedoch nicht mit, wenn auch Medwedew sie eingeladen hatte. Sie durften nur der zeremoniellen Unterzeichnung der Erklärung beiwohnen. Nicht verwunderlich ist, dass der US-Kovorsitzende Matthew Bryza im Nachhinein den russischen „Alleingang" dabei kritisierte.[61]

Dass die russische Führung zu Friedensverhandlungen einlud, zeugt von Moskaus Bestreben, auch und gerade nach dem Südossetienkrieg die Situation im Umfeld des Bergkarabach-Konfliktes unter Kontrolle zu halten, weil der andauernde Bergkarabach-Konflikt die einzige „feste" Klammer ist, die Armenien und Aserbaidschan zugleich an Russland bindet. Russland würde

---

58 Stenogramma [Fn. 52].
59 A joint Declaration was signed on Nagorno-Karabakh by Presidents Ilham Aliyev of Azerbaijan, Serzh Sargsyan of Armenia and Dmitry Medvedev of Russia, 2. 11. 2008; <http://president.az/articles.php?item_id=20081103110819119&sec_id=140>.
60 In diesem Zusammenhang sei noch darauf hingewiesen, dass die Vereinbarung des Waffenstillstandes zwischen beiden Kriegsparteien vor 14 Jahren auch unter russischer Vermittlung zustande gekommen war.
61 Chancen auf Frieden im Konflikt um Nagorni-Karabach, 4. 11. 2008; <http://www.taz.de/1/archiv/print-archiv/printressorts/digi-artikel/?ressort=au&dig=2008%2F11%2F04%2Fa0060&cHash=50f22760d9>.

sich also nur unter bestimmten Bedingungen auf einen Friedensschluss ein-
lassen wie etwa unter der Bedingung der Stationierung russischer „Friedenstruppen" in bzw. um Bergkarabach, um seine (militärische) Präsenz in der
Region zu verstärken.[62]

Zusammenfassung und Ausblick

Für Baku handelt es sich beim Bergkarabach-Konflikt um zwei einander er-
gänzende Entwicklungen: erstens um die offensive Sezession der autonomen
Minderheit der Bergkarabach-Armenier, die sich über ihre Verwaltungsgrenzen hinaus zu erweitern sucht, und zweitens um die irredentistische Aggres-
sionspolitik des benachbarten Staates Armenien. So gilt Armenien unter der
aserbaidschanischen Bevölkerung auch mit großem Abstand als das Feindes-
land Nummer eins, gefolgt vom Iran und von Russland. Bei einer repräsentativen Umfrage im Dezember 2006 hielt die überwiegende Mehrheit der Befragten Armenien für ein feindliches Land (89%, aber mit leicht absteigender
Tendenz – vergleiche 94% im Jahre 2004).

Und angesichts der mangelnden Bereitschaft der Bevölkerung in Aserbaidschan wie auch in Armenien, mögliche Zugeständnisse bei der Konfliktlösung zu akzeptieren, muss man den Kovorsitzenden der Minsker Gruppe
Recht geben, wenn sie die Regierungen in Baku und Eriwan auffordern, in
erster Linie die eigenen Völker auf Kompromisse vorzubereiten.

Hinzu kommt, dass die politische Machtelite in Baku – gerade im Kontext
des Ölbooms – wohl davon ziemlich überzeugt ist, für absehbare Zeit die
grundlegenden Bedingungen eines möglichen Friedensvertrages mit Armenien bestimmen zu können. Aber vor allem wegen der Gefährdung wichtiger
Transportwege wie der BTC-Ölpipeline und der Involvierung essenzieller
Machtinteressen Russlands im Südkaukasus, wie es aktuell das russische Einschreiten im Südossetienkrieg bezeugte, ist nicht mit einer Änderung des
politisch-militärischen Status quo um Bergkarabach zu rechnen. So wurde
deutlich, dass sich Aserbaidschan trotz des Ölreichtums und der Aufrüstung
auf absehbare Zeit kaum einen Krieg gegen Armenien wird leisten können,
weil es sicherlich mit einer massiven Unterstützung der armenischen Seite
durch Russland rechnen muss.[63]

---

62 Vgl. Saakashviliden Azerbaycanla bagli sensasion achiqlama. In: Yeni Müsavat, 18. 11. 2008.
63 Egbert Jahn [Fn. 3], S. 212.

Der eskalierte Konflikt um die winzige Region Südossetien am Rande von Europa bleibt nicht ohne Auswirkungen auf den Bergkarabach-Konflikt. Viele davon sind bereits zu sehen.[64] Die westlichen Akteure sind bereits im Begriff, ihre Kaukasuspolitik neu zu definieren, sie wollen Südossetien und Abchasien nicht als Präzedenzfälle für Bergkarabach verstanden wissen. Weder der Westen noch Russland sind bereit, mit ihrer Haltung zum Bergkarabach-Konflikt auf Konfrontation zueinander zu gehen. Vielmehr zeigen sie – sich langsam vortastend – Interesse daran, auf einen Kompromiss und eine friedliche Lösung des Konflikts hinzuarbeiten.[65]

Andererseits wollen sich auch Aserbaidschan und Armenien kompromissbereit geben, wenn auch aus unterschiedlichen Motiven. Durch den Bruch zwischen Russland und Georgien ist Armenien zum einen weitgehend von Russland abgeschnitten. So hätte das Land erstens kaum die Möglichkeit, die Unabhängigkeit Bergkarabachs auf Dauer militärisch durchzusetzen. Zweitens ist es stärker als zuvor auf Stabilität in der Region und gute Beziehungen zu seinen Nachbarstaaten, also zu Aserbaidschan und der Türkei aus. Die langsame armenisch-türkische Annährung könnte etwa in diesem Sinne interpretiert werden. Daneben könnte die aserbaidschanische Regierung eingesehen haben, dass eine militärische Offensive in Bergkarabach keine Aussicht auf Erfolg hätte, weswegen sie zu weitestgehenden Autonomieregelungen bereit ist.[66]

Dass die Eskalation des Südossetien-Konfliktes für die friedliche Lösung des Bergkarabach-Konfliktes ein günstiges Zeitfenster geöffnet hat, bestätigt auch der französische Kovorsitzende der Minsker Gruppe, Bernard Fassier, auf einer Pressekonferenz am 20. Oktober 2008 in Baku, da die Ereignisse in Georgien die Gesamtsituation im Südkaukasus weitgehend verändert haben sollen.[67] Aber in der grundlegenden Frage nach dem Status von Bergkara-

---

64 Hier sei auch darauf hingewiesen, dass mit der Eskalation des Südossetien-Konfliktes der GUAM ein Todesstoß versetzt wurde, was vielfach übersehen wird. Der regionale Zusammenschluss sollte ursprünglich ein US-Gegenmodell zur GUS sein. Solidarisierte sich nur die Ukraine offen mit Tiflis, so zeigten sich Baku und Kischinau sehr „bedeckt", was aber gerade dem Geist der Partnerschaft im GUAM-Rahmen nicht entspricht.

65 „Russlands Einschreiten war das kleinere Übel", Interview mit dem Friedensforscher Prof. Dr. Egbert Jahn, Deutsch-Russische Zeitung, 10.9.2008 (Manuskript).

66 Vor kurzem verwies der aserbaidschanische Außenminister Elmar Mammadjarow auf das sogenannte Tatarstan-Modell, nach dem Bergkarabach eine Autonomie erlangen könnte wie die Republik Tatarstan in der Russischen Föderation.

67 Bernar Fasye Metyu Brayza ilə razı deyil, 20.10.2008; <http://www.azadliq.org/content/Article/1201618.html>.

bach stehen Aserbaidschan und Armenien einander immer noch unversöhnlich gegenüber. Eine friedliche Gesamtlösung des Konfliktes würde daher viel Zeit brauchen, auch wenn die Seiten aufeinander zugehen. Eine Teillösung des Konfliktes unter internationaler Garantie ist hingegen für absehbare Zeit durchaus realistisch. Zunächst müssten die besetzten Gebiete um Bergkarabach durch die armenischen Truppen geräumt werden, was großen Mut der armenischen Regierung voraussetzt. Somit müssten die Flüchtlinge in ihre Heimat zurückkehren können, wobei die Regelung der Statusfrage auf unbestimmte Zeit verschoben werden könnte. Dann müssten als vertrauensbildende Maßnahme vor allem langsam wieder ökonomische und menschliche Kontakte zwischen beiden Ländern hergestellt werden, um vielleicht in 10 oder 15 Jahren wieder über eine endgültige Regulierung der Statusfrage sprechen zu können.

Externe Entwicklungen für die graduelle Lösung des Konfliktes sind hierbei wohl von primärer Bedeutung, auch wenn die Positionen beider Konfliktparteien nach wie vor unversöhnlich zu sein scheinen. Dem Friedensprozess sehr abträglich ist, dass in der Region vor allem Russland und die USA seit Jahren eine dem „traditionellen imperialen Konkurrenzmuster" noch stark verhaftete Interessenpolitik betreiben.[68] Daher ist sehr wichtig, dass diese beiden externen Hauptakteure einen wahren Kompromisswillen aufbringen, um eine zügige politische Lösung des Konfliktes voranzutreiben. Dann dürfte es für beide Akteure nicht so schwer sein, die beiden Kleinstaaten Aserbaidschan und Armenien zu ergebnisorientierten Verhandlungen zu veranlassen. Jedoch bleibt noch abzuwarten, ob und wann die Großmächte einen solchen Willen artikulieren. Eines steht inzwischen jedoch fest, dass der Südossetienkrieg wie ein externer Schock alle involvierten Seiten zu einem Umdenken ihrer Bergkarabach-Politik motiviert hat.

---

68 Egbert Jahn [Fn. 3], S. 68.

Andrei Zagorski

Der Bergkarabach-Konflikt aus russischer Sicht

Der Bergkarabach-Konflikt erreichte seinen Höhepunkt 1993 und Anfang 1994. Dies war die Phase der intensiven Kriegführung zwischen Aserbaidschan und den Milizen des vor dem Ausbruch des Konflikts im Jahre 1989 zu drei Vierteln von Armeniern besiedelten einst autonomen Bezirkes Bergkarabach. Maßgeblich für die militärische Niederlage von Baku soll dabei die Unfähigkeit der aserbaidschanischen Armee wie die nie offiziell zugegebene Beteiligung armenischer Streitkräfte am Krieg gewesen sein. Es wurde oft angenommen, dass die Russische Föderation der armenischen Seite zum Sieg verholfen hatte, um Baku für den Verzicht auf die Integration in die von Russland dominierte Gemeinschaft Unabhängiger Staaten (GUS) sowie auf die Stationierung russischer Streitkräfte, die das Land hastig verlassen mussten, zu bestrafen. Der Konflikt sollte Moskau neben der turbulenten innenpolitischen Entwicklung in Aserbaidschan in den ersten Jahren nach der Unabhängigkeitserklärung die Hebel in die Hand geben, die Machthaber in Baku in Schach halten zu können und unter anderem dazu zu zwingen, auf die neuen Projekte des Transports von kaspischem Gas und Erdöl zu den Weltmärkten an Russland vorbei zu verzichten. Dies mag wohl nur eingeschränkt gestimmt haben, denn in der Tat hatten beide Konfliktparteien durch die Übernahme von Waffen und Gerät der ehemaligen Sowjetunion profitiert, Aserbaidschan sogar mehr als Armenien. Beide Parteien hatten ihre Anwälte in Moskau, die in den wirren frühen 1990er Jahren die russische Politik in ihrem Sinne zu beeinflussen suchten.

Der Konflikt trug zur enormen Polarisierung der regionalen Politik bei und drohte, Regionalmächte in gegenüberstehende Allianzen aufzuteilen. Neben Russland, das letztendlich kein Interesse an einem Sieg Aserbaidschans hatte, entwickelte auch der Iran ein bündnisartiges Verhältnis mit Armenien. Er wurde für Jerewan zum unverzichtbaren Partner – nicht nur wirtschaftlich, sondern auch bei der militärischen Hilfeleistung. Die Türkei dagegen wurde zum wichtigsten Verbündeten Aserbaidschans. Diese Entwicklung wurde nicht allein durch die enge ethnische Verwandtschaft der beiden Völker, sondern auch durch ein schwieriges Verhältnis zwischen den Türken und Armeniern begünstigt, das seit einem Jahrhundert durch den Streit über den

Völkermord an Armeniern vor dem Ende des Ersten Weltkrieges belastet ist. Ankara leistete Aserbaidschan Hilfe bei der Ausrüstung und Ausbildung seiner Truppen und schloss sich der Transport- und Wirtschaftsblockade Armeniens an. In der heißen Phase der militärischen Auseinandersetzungen signalisierte die Türkei sogar die Bereitschaft, in den Konfliktverlauf direkt zu intervenieren. Dies wurde aber unter anderem durch abschreckende Gesten Russlands verhindert, die vermuten ließen, der Bergkarabach-Konflikt könnte zu einem russisch-türkischen Krieg im und um den Südkaukasus eskalieren.

Die Konfliktregelung während seiner heißen Phase wurde maßgeblich durch Alleingänge der regionalen Mächte geprägt. Zwar beanspruchte die KSZE (heute OSZE) seit 1992 eine federführende Rolle in der politischen Regelung des Konfliktes mit der Idee einer Minsker Konferenz und danach durch ihre Minsker Gruppe, doch Moskau suchte neben dem Iran und Kasachstan an der KSZE vorbei den Konflikt im eigenen Sinne zu regeln. 1993 und 1994 wurde der Wettstreit zwischen Russland und der KSZE um die Führung in der Konfliktregelung zu einem der ersten Anzeichen des neuen geopolitisch gefärbten Ansatzes in der Politik Moskaus, der das „nahe Ausland" zur Zone lebenswichtiger Interessen Russlands und zu seiner exklusiven Einflusssphäre hochstilisieren ließ. Zu den russischen Anliegen gehörten die Beibehaltung einer starken militärischen Präsenz im Südkaukasus sowie die Einbindung von Aserbaidschan (und Georgien) in den multilateralen Rahmen der GUS und des von Russland geführten Vertrags über kollektive Sicherheit (zurzeit die Organisation des Vertrages über kollektive Sicherheit).

Dieser Anspruch konnte aber im Bergkarabach-Konflikt wie auch in anderen Teilen der früheren Sowjetunion nur beschränkt umgesetzt werden. Nach der Unterzeichnung eines durch Moskau vermittelten und bis heute währenden Waffenstillstandsübereinkommens vom Mai 1994 scheiterte Russlands Versuch, beide Konfliktparteien ein weiteres Abkommen unterzeichnen zu lassen, das unter anderem die Stationierung einer mehrheitlich russischen Friedenstruppe entlang der „Kontaktlinie" zwischen den Konfliktparteien vorsehen würde. Baku war nicht bereit, eine von Russland geführte Friedenstruppe für die Einhaltung des Waffenstillstandes sorgen zu lassen. (Eine maßgebliche Beteiligung türkischer Truppen wurde dagegen von Armenien abgelehnt.) Ende 1994 scheiterten die Bemühungen Moskaus in der KSZE, ein Konzept der „Friedenserhaltung durch eine Drittpartei" durch das Budapester Gipfeltreffen absegnen zu lassen. Danach sollte Russland seine Friedensoperationen innerhalb der GUS durch ein Mandat der KSZE/OSZE legitimieren können. Nach kontroversen Debatten in Wien ließ Moskau die Idee kurz vor dem Budapester Gipfeltreffen fallen, und die KSZE/OSZE begann, eine eigene Friedensoperation zur Absicherung eines politischen Übereinkommens um Bergkarabach zu erwägen. Letzteres ist aber bislang nicht zustande gekommen.

Seit Mitte der 1990er Jahre wurde die Politik Russlands zunehmend in die kollektive Konfliktbearbeitung des Bergkarabach-Konfliktes durch die Minsker Gruppe (stellvertretend für die KSZE) eingebunden, die seit 1997 faktisch durch ein dreiköpfiges Gremium der Ko-Vorsitzenden (Russland, Frankreich und die USA) ersetzt und durch die Aktivitäten des persönlichen Vertreters des OSZE-Vorsitzes und seinen Stab ergänzt worden ist.

Anfang 1996 unternahm der damalige russische Außenminister Jewgenij Primakow den letzten Versuch, ein umfassendes Abkommen zur Regelung des Konfliktes direkt in Baku und Jerewan durchzusetzen. Nach dem Scheitern dieses Versuches verzichtete Moskau auf Alleingänge in Bergkarabach. Seitdem ist vom Aktivismus der frühen 1990er Jahre kaum eine Spur geblieben. Und es gibt wenige weitere Beispiele in der Weltpolitik, wo die Zusammenarbeit zwischen Vertretern Moskaus und Washingtons so reibungslos verlaufen würde wie bei den multilateralen Ansätzen zur Regelung des Bergkarabach-Konfliktes.

Dies mag unter anderem daran liegen, dass es seit der Unterzeichnung der Übereinkunft über den Waffenstillstand von 1994 kaum mehr eine signifikante Annäherung der Konfliktparteien gegeben hat. Außer einer nie umgesetzten Übereinkunft zur Festigung des Waffenstillstandsregimes von 1995 konnten die Konfliktparteien sich auf keine weitere Übereinkunft einigen. Zwar wurde der Waffenstillstand generell von beiden Seiten respektiert, doch das Tauziehen um die Konfliktregelung ist von einem diplomatischen und politischen Positionskrieg beherrscht. Dieser Zustand, der oft als „weder Krieg noch Frieden" bezeichnet wird, gilt als fragil und wird immer wieder durch bewaffnete Zwischenfälle an der „Kontaktlinie" herausgefordert. Der 1994 festgelegte Modus vivendi entwickelte sich aber mit der Zeit immer mehr zu einem relativ stabilen Status quo, der von allen Seiten toleriert, nicht aber unbedingt akzeptiert ist.

Die Politik des Status quo scheint mittelfristig eine bevorzugte Option für die russische Politik zu bleiben. Die Konfliktbearbeitung durch die Minsker Gruppe gibt Moskau eine Rückversicherung, dass jegliche eventuelle Regelung nicht an Russland vorbei läuft. Zwar wird die Rolle der Minsker Gruppe immer wieder von Baku in Frage gestellt und herausgefordert, aber keine Partei denkt ernsthaft an eine Alternative.

Die mangelnde Aussicht auf eine baldige einvernehmliche politische Regelung des Konflikts lässt den Status quo als eine plausible Alternative zur
Rückkehr zur Wiederaufnahme der bewaffneten Auseinandersetzungen
erscheinen. Dies insbesondere, als Moskau keine ausgeprägten Prioritäten
mit Bezug auf die auf der Tagesordnung stehenden Kernfragen der Konfliktregelung zu haben scheint und bereit ist, jegliches für alle Konfliktparteien
vertretbares Übereinkommen zu akzeptieren und zu garantieren. Es würde
dabei sicherlich auf einige wichtige Details ankommen, wie zum Beispiel auf
die Zusammensetzung der internationalen Friedenstruppe zur Überwachung
der politischen Regelung. Diese Fragen sind aber kurzfristig von geringer
politischer Aktualität. Wichtiger erscheint eher die Aufgabe, den Rückfall
der Konfliktparteien in erneute bewaffnete Auseinandersetzungen unmöglich zu machen.

Der Konflikt um Bergkarabach wird in Moskau nicht losgelöst von den re-
gionalen Entwicklungen und bilateralen Beziehungen mit den Staaten in der
Region betrachtet. Somit wurde die Beibehaltung der geopolitischen Balance
und der freundlichen, wenn auch sehr unterschiedlichen Beziehungen mit
Armenien und Aserbaidschan zu einer wichtigen Voraussetzung für jegliche
Konfliktregelung. Eine solche Regelung soll alle Konfliktparteien zufrieden
stellen, was angesichts der Entwicklungen seit 1994 als keine in absehbarer
Zeit realistische Option erscheint.

Somit hat Moskau seit mehr als zehn Jahren eine auf die Beibehaltung
des Status quo orientierte Politik der Schadensbegrenzung betrieben. Seine
Interessen konnten erfolgreich in die Aktivitäten der Minsker Gruppe integriert werden; mit deren weiteren Ko-Vorsitzenden USA und Frankreich
hat Russland eine gemeinsame Sprachregelung und eine gemeinsame Politik
definieren können.

1. Der Bergkarabach-Konflikt – ein Sonderfall für Moskau?

Die gegenwärtige russische Politik gegenüber dem Bergkarabach-Konflikt
fällt durch ihr niedriges Profil auf. Sie unterscheidet sich deutlich von der
Politik gegenüber den Konflikten in Georgien (Südossetien und Abchasien)
und Moldowa (Transnistrien). Dieser Unterschied wurde besonders deutlich
vor dem Hintergrund der Debatte über die Konsequenzen der Unabhängigkeitserklärung des Kosovo. So hatte die russische Staatsführung – zurecht
oder zu unrecht – wiederholt darauf hingewiesen, dass die Trennung eines

Teils von einem souveränen Staat gegen den Willen des letzteren die Wirkung eines Präzedenzfalls für die abtrünnigen Gebiete in Georgien, womöglich auch in Moldowa entfalten und deren Unabhängigkeitsbestrebungen bekräftigen würde. In diesem Sinne wurde in Moskau eine lebhafte Diskussion geführt, ob es Abchasien, Südossetien und Transnistrien gleich nach oder sogar noch vor einer Unabhängigkeitserklärung des Kosovo anerkennen sollte. Eine 2006 durch die abtrünnigen Regionen von Georgien und Moldowa gegründete „Gemeinschaft für Demokratie und Völkerrechte" entwickelte sich zu einem relevanten Akteur zur Förderung der Anerkennungsoption in enger Abstimmung mit den diese Option befürwortenden russischen politischen Kräften.

Jeglicher Hinweis auf die Möglichkeit der Anerkennung eines unabhängigen Bergkarabach gegen den Willen Aserbaidschans wurde aber in Moskau sorgfältig vermieden. Vertreter Bergkarabachs nahmen auch zu keinem Zeitpunkt an den Aktivitäten der „Gemeinschaft für Demokratie und Völkerrechte" teil, obwohl die informellen horizontalen Verbindungen zwischen den de facto eigenständigen Entitäten seit längerer Zeit bestehen. Neben der auf die Aufhebung der formellen Sanktionen gegenüber Abchasien reduzierten Reaktion Moskaus auf die Unabhängigkeitserklärung des Kosovo wurde zu keinem Zeitpunkt öffentlich die Option einer Expansion der direkten offiziellen Kontakte mit Bergkarabach erwogen. Vertreter aus Stepanakert glänzten durch ihre Abwesenheit bei den Anhörungen in der russischen Staatsduma, der unteren Kammer des Parlaments, im März 2008, in denen die Appelle von Abchasien, Südossetien und Transnistrien an Russland mit dem Aufruf zu deren Anerkennung diskutiert wurden. Stepanakert soll ursprünglich auch eine Einladung bekommen haben, die aber auf Protest aus Baku mit der Begründung zurückgezogen worden sein soll, Bergkarabach wäre ein Sonderfall[1].

Die Begründung der unterschiedlichen Behandlung des Falls Bergkarabach im Vergleich zu Abchasien und Südossetien geht weniger auf die Unterschiede in der Konfliktlage selbst, sondern eher auf die Unterschiede in der Politik Moskaus zurück. So erklärte Tatjana Moskalkowa, stellvertretende Vorsitzende des Duma-Ausschusses für die Angelegenheiten der GUS und Verbindungen zu Landsleuten, die besondere Behandlung von Bergkarabach in erster Linie dadurch, dass dort im Unterschied zu Abchasien, Südossetien und Transnistrien praktisch keine russischen Staatsbürger wohnhaft sind. So

---

1 Vgl. Nachrichten von Trendaz.com am 21. 2. und 14. 3. 2008.

gehe es auch nicht darum, den Verfassungsauftrag zum Schutz der Rechte russischer Staatsbürger außerhalb der Russischen Föderation in Bergkarabach umsetzen zu müssen[2].

Außerdem verwies Moskalkowa darauf, dass der Bergkarabach-Konflikt eine ausgeprägte zwischenstaatliche Dimension habe, weil es nicht zuletzt um einen Konflikt zwischen Armenien und Aserbaidschan gehe. In Georgien und Moldowa ginge es dagegen um innerstaatliche Konflikte. Zuletzt betonte sie die Tatsache, dass Russland eine direkte Grenzverbindung zu Abchasien und Südossetien habe, die im Falle Bergkarabachs wie im Falle Transnistriens nicht gegeben ist. So sei die Option einer engeren wirtschaftlichen Integration von Abchasien und Südossetien in den russischen Wirtschaftsraum „zum Schutz der russischen Investitionen" gegenüber Stepanakert nicht gegeben[3].

Neben diesen eher formellen und oft künstlich gezogenen Trennlinien zwischen dem Bergkarabach-Konflikt und den anderen Konflikten im Südkaukasus sollen auch andere politische Unterschiede beachtet werden.

Der seit Mitte der 1990er Jahre bestehende Status quo wird von keiner der Konfliktparteien ernsthaft herausgefordert. Im Unterschied zu Georgien wird dabei weder die Schlüsselrolle Russlands als Vermittler noch das bestehende Format der internationalen Bemühungen um die Konfliktregelung unter der Obhut der OSZE von irgendeiner Partei ernsthaft in Frage gestellt. Hätte Moskau die Initiative ergriffen, hätte es politisch wohl weniger zu gewinnen als zu verlieren haben. Das komplexe, aber grundsätzlich ausgewogene und freundliche Verhältnis mit Armenien und mit Aserbaidschan könnte eventuell gestört werden. Aus der Sicht einer Status-quo-Macht wie Russland könnte diese Entwicklung verhängnisvoll werden, denn eine Veränderung des Status quo würde eher auf Kosten Russlands geschehen.

2. Der breitere regionale Rahmen der russischen Politik

2.1 Regionaler Rahmen

Seit Mitte der 1990er Jahre bemühte sich Moskau um die Entwicklung eines Rahmens für **regionale Kooperation der vier kaukasischen Staaten** – Armenien, Aserbaidschan, Georgien und Russland – untereinander, der die drei

---

2   <http://news.trendaz.com/index.shtml?show=news&newsid=1156915&lang=EN>.
3   Ebd.

südkaukasischen Republiken enger an Russland binden und den wachsenden Einfluss der Drittstaaten und -staatengruppen (in erster Linie den der Türkei, der USA und der Europäischen Union) mindestens auffangen und ausgleichen soll. Diese Politik sollte dem Aufrechterhalten des Status quo im Kaukasus im Sinne der Erhaltung des russischen Einflusses und der Schlüsselrolle in der Region dienen.

Am 3. Juni 1996 fand auf die Einladung Moskaus in der Stadt Kislowodsk im russischen Nordkaukasus das erste Treffen der vier Staatspräsidenten statt, die mit einer Erklärung „Für die Eintracht zwischen den Völkern, Frieden, wirtschaftliche und kulturelle Zusammenarbeit im Kaukasus" Ziele einer engeren Kooperation untereinander und eventuell einer Integration festlegen sollten. In den Jahren 2000, 2001 und 2003 fanden weitere Treffen der Präsidenten der vier Staaten statt. Im November 2001 wurde in Sankt Petersburg das Institut der Treffen der Parlamentspräsidenten der vier Staaten eingeführt.

Doch der regionale Rahmen des „Kaukasus der Vier" ist lange eine leere Hülse geblieben. Er wurde durch den sich seit Ende 2005 zuspitzenden politischen Konflikt zwischen Russland und Georgien gesprengt und immer wieder durch das Bestreben von Tbilisi herausgefordert, das Verhandlungsformat über die Konfliktregelung in Abchasien und Südossetien auf Kosten des russischen Einflusses zu internationalisieren. Die Attraktivität einer regionalen Integration mit Russland wurde in Georgien auch vor dem Hintergrund seines Anliegens hinterfragt, in absehbarer Zeit der NATO und in langfristiger Perspektive der EU beizutreten.

Armenien und Aserbaidschan, die auch sonst für engere regionale Zusammenarbeit im Südkaukasus schwer zu gewinnen sind, zeigten keinen großen Elan. Insbesondere Baku legte immer größeren Wert auf die Beibehaltung eines ausgewogenen politischen und wirtschaftlichen Verhältnisses zu regionalen und globalen Mächten, und es war zu keinem Zeitpunkt bereit, sich in eine engere Abhängigkeit von Moskau zu begeben. Aber auch Armenien war in erster Linie daran interessiert, sein bilaterales Bündnisverhältnis mit Russland auszubauen.

So findet sich Moskau mit Entwicklungen im Südkaukasus konfrontiert, auf die es nur beschränkt Einfluss nehmen kann und die weitgehend am latenten Rahmen des „Kaukasus der Vier" vorbeilaufen.

Zum einen ist es die **trilaterale Kooperation zwischen Aserbaidschan, Georgien und der Türkei**, die unter anderem einen fortschreitenden Ausbau regionaler Infrastruktur voraussetzt, die Armenien in der Region zunehmend isolieren soll. Es geht dabei nicht allein um die groß angelegten Projekte zur Beförderung des kaspischen Erdöls und Erdgases aus Aserbaidschan über Georgien und die Türkei zu den Weltmärkten, die Pipelines Baku–Ceyhan und Baku–Erzurum, sondern auch um das Projekt der neuen Eisenbahnverbindung zwischen der Türkei und Aserbaidschan, die zwar über die vorwiegend von Armeniern besiedelte georgische Region Dschavachetija und Tbilisi, aber an Armenien vorbei die zwei Staaten verbinden soll.

Aus Anlass der Unterzeichnung einer trilateralen Deklaration über regionale Zusammenarbeit durch die Staats- und Regierungschefs von Aserbaidschan, Georgien und der Türkei am 7. Februar 2007 in Tbilisi konnte Moskau nur dezidiert darauf hinweisen, dass man mit der Umsetzung der Initiative und der vorgesehenen Projekte eher komplexere Verbindungen zwischen allen Staaten der Region fördern und keine ausschließen sollte, damit die bestehenden Trennlinien graduell überwunden und nicht gefestigt werden[4].

Zum anderen verfolgt man in Moskau den kontinuierlichen **Ausbau bilateraler Zusammenarbeit zwischen den USA und Georgien sowie Aserbaidschan**, die nicht zuletzt die Ausbildung und Ausrüstung der georgischen und aserbaidschanischen Streitkräfte einschließt. Auch Armenien entwickelt eine militärische Zusammenarbeit mit den USA, wenn auch im begrenzten Umfang. Neben den georgischen Aspirationen auf eine NATO-Mitgliedschaft und einer Ausdehnung der EU-Nachbarschaftspolitik auf den Südkaukasus wird diese Entwicklung in Moskau als Herausforderung wahrgenommen, die den Ausbau der regionalen Zusammenarbeit im Rahmen des „Kaukasus der Vier" behindern kann.

Zum dritten ist man in Russland auch mit dem **Wandel der öffentlichen Meinung** in den südkaukasischen Republiken konfrontiert, die sich in den letzten Jahren zunehmend auf den Westen und im einzelnen auf die Kooperation mit der EU und der NATO ausrichtet. Besonders auffallend ist dabei

---

4   Es ist wichtig festzuhalten, dass viele von Aserbaidschan, Georgien und der Türkei trilateral betriebene an Armenien vorbei konzipierte Infrastrukturprojekte nicht nur von Russland, sondern auch von den USA und der EU abgelehnt werden. So gehen sie unter anderem davon aus, dass eine neue Eisenbahnverbindung auf keinen Fall Armenien ausschließen darf. Aus diesem Grunde unterzeichnete US-Präsident George W. Bush im Dezember 2006 ein Gesetz, das jegliche finanzielle Beteiligung der USA an der gegenwärtig geplanten Eisenbahnstrecke untersagt. Die Europäische Kommission bekundete ihre Opposition gegenüber dem Projekt im Oktober 2005. Vgl. dazu: Washington Wants Railway Connecting Turkey With Azerbaijan To Run Through Armenia, <http://www.newnations.com/archive/2007/March/am.html>, 22. 2. 2007.

der Wandel der öffentlichen Meinung in Armenien – der einzigen Republik im Südkaukasus, die lange Zeit als eindeutig russlandfreundlich gegolten hat. Im September 2004 zeigten Meinungsumfragen zum ersten Mal nach der Auflösung der Sowjetunion, dass die Mehrheit der Armenier nun einen Beitritt zur EU der weiteren Mitgliedschaft in der GUS vorziehen würde sowie von der Regierung des Landes engere Kooperation mit der NATO erwarten. Unter den außen- und sicherheitspolitischen Experten Armeniens sind diese Präferenzen noch viel deutlicher ausgeprägt[5]. Zwar steht der EU-Beitritt noch nicht auf der außenpolitischen Tagesordnung Armeniens, doch die Ausdehnung der Europäischen Nachbarschaftspolitik auf den Südkaukasus hat eine Diskussion über das künftige Verhältnis zwischen Armenien und der EU angestoßen.

Moskau hat noch nicht die Hoffnung aufgegeben, die Initiative zur Stärkung seiner Rolle im Südkaukasus wieder ergreifen und die aus seiner Perspektive den Status quo in der Region schleichend unterminierenden Entwicklungen rückgängig machen zu können. Dabei baut Moskau darauf, dass die Attraktivität der Zusammenarbeit mit dem wirtschaftlich wachsenden Russland nicht nur für Armenien, sondern auch für Aserbaidschan und Georgien in absehbarer Zeit wachsen soll. So weist eine spezielle Studie[6] darauf hin, dass sich die mit Aserbaidschan und Georgien strukturell vergleichbaren Regionen Russlands (Tatarstan als Gegenstück zum ölreichen Aserbaidschan und die nordkaukasischen Republiken Nordossetien und Kabardino-Balkarien als Gegenstück zu Georgien) besser entwickeln als die entsprechenden südkaukasischen Staaten. So geht man davon aus, dass dieses Beispiel weiter in den Südkaukasus ausstrahlen soll.

Nicht zuletzt baut man in Moskau auf die Bedeutung der russischen Absatzmärkte für die landwirtschaftlichen Produkte der Staaten im Südkaukasus und auf deren wirtschaftliche Penetration. So konnte Moskau in den letzten Jahren Schlüsselpositionen in der Wirtschaft Armeniens (insbesondere in der Energie- und Gaswirtschaft sowie in der Metallurgie) erwerben sowie seine Positionen in der Wirtschaft Georgiens bedeutend ausbauen. Aber jede

---

5   Pall Shows Armenians Prefer EU to CIS. RFE/RL Caucasus Report, Vol. 7, No. 40, 22. 10. 2004, S. 4.

6   Vgl. L. Grigorjew, M. Salichow: GUAM – p'atnadcat' let spust'a: Sdwigi w ekonomike Gruzii, Ukrainy, Aserbaidschana I Moldawii, 1991–2006 (GUAM – fünfzehn Jahre danach: Wandel in der Wirtschaft Georgiens, der Ukraine, Aserbaidschans und Moldowas, 1991–2006). Moskau, REGNUM 2007.

schockartige Veränderung der politischen und der regionalpolitischen Land-
schaft könnte die ökonomischen Gewinne in Frage stellen. So sollen die russische Kaukasus-Politik generell und unter anderem die Politik gegenüber
dem Karabachkonflikt speziell solche politische schockartige Wirkung vermeiden, damit der durch die zunehmende politische Entfremdung zwischen
Russland und Georgien entstandene Schaden begrenzt bleibt.

2.2 Das Verhältnis Russlands zu Armenien

Das Verhältnis Russlands zu Armenien wird durch drei wichtige Faktoren
bestimmt: Das Land ist der einzige enge politische und militärische Kooperationspartner Russlands im Südkaukasus, der in der Amtssprache als „strate-
gischer Partner" bezeichnet wird. Darüber hinaus ist es ein Bündnispartner,
mit dem gegenseitige Beistandsverpflichtung besteht. Im Unterschied zu
Aserbaidschan und Georgien zeigt auch die wirtschaftspolitische Zusammenarbeit mit Armenien in den letzten Jahren einen Aufwärtstrend auf, obwohl sie alles andere als reibungslos ist.

Bilaterale Beziehungen Russlands mit Armenien beruhen auf dem Vertrag über Freundschaft, Zusammenarbeit und gegenseitigen Beistand vom
29. August 1997, durch den der frühere Vertrag über Freundschaft, Zusammenarbeit und gegenseitige Sicherheit vom 29. Dezember 1991 abgelöst
worden ist. Mit diesem Vertragswerk besteht auf der russischen Seite eine
Beistandspflicht im Falle einer Kriegsführung durch Armenien, obwohl diese
Verpflichtung nicht automatisch umgesetzt sondern zuerst in Konsultationen
besprochen wird.

Der Vertrag liefert die Grundlage für die bilaterale militärische Zusammenarbeit und für die russische militärische Präsenz in Armenien. Bis auf
wenige russische militärische Objekte in Georgien (Friedenstruppen in Südossetien und Abchasien sowie der Stützpunkt in Gudauta in Abchasien) und
Aserbaidschan (Radarstation in Gabala) bleibt Armenien der einzige militärische Vorposten Russlands im Südkaukasus. Hier ist der russische militärische
Stützpunkt Nr. 102. Die russischen Streitkräfte üben zusammen mit den armenischen und bilden das Rückgrat einer gemeinsamen Streitkräftegruppe.
Armenische Luftabwehr ist in das GUS-Netzwerk eingebunden und so mit
der russischen Zentrale vernetzt. Armenien und Russland kooperieren auch
im Schutz der Grenzen Armeniens mit dem Iran und der Türkei.

Die bestehende Beistandsverpflichtung und die engere militärische Zusammenarbeit implizieren relevante Konsequenzen für die Politik gegenüber

dem Bergkarabach-Konflikt. Zwar erstreckt sich die Beistandspflicht keineswegs automatisch auf Bergkarabach, denn sie gilt allein für das Territorium Armeniens, doch birgt eine eventuelle Eskalation des Konfliktes zwischen Baku und Jerewan potenziell die Gefahr, Moskau vor eine schwierige Wahl zu stellen. Würde es Armenien nicht den notwendigen Beistand leisten, würde es Gefahr laufen, Jerewan als den letzten strategischen Partner im Südkaukasus zu verlieren.

In den letzten Jahren war Russland auch erfolgreich bei der Übernahme vieler lebenswichtiger Aktiva in der Energiewirtschaft (Gas und Elektrizitätsversorgung, Elektrizitätserzeugung), der Metallindustrie, der Telekommunikation und dem Bankwesen Armeniens. Die akkumulierten russischen Investitionen in Armenien zu Beginn des Jahres 2008 werden vom russischen Außenministerium auf insgesamt etwa eine Milliarde US-Dollar geschätzt[7]. Moskau ist der größte externe Investor in Armenien. Die gesamten akkumulierten Auslandsinvestitionen in Armenien betrugen im Jahr 2005 nach Schätzungen der UNCTAD 1,225 Milliarden Dollar[8]. Somit konnte gegenwärtig auf die russischen Investoren rund die Hälfte des gesamten Volumens an Investitionen entfallen.

Mehrere Investitionsprojekte werden von der armenischen Seite als ineffektiv gesehen. Die Anhebung der Gaspreise 2006 und insbesondere 2007 erwies sich als ein sehr sensitiver Faktor, der die Einstellung der öffentlichen Meinung gegenüber Russland in Armenien im letzten Jahr maßgeblich beeinflusst hatte. Doch das relativ schnelle Wachstum des gegenseitigen Handels (40% im Jahr 2005, fast 70% 2006 und 63% in den ersten elf Monaten des Jahres 2007) nährte gleichzeitig positive Erwartungen. Die Absprachen über die neuen Kooperationsvorhaben – von der Exploration von Uran und der Weiterentwicklung der Nuklearenergie in Armenien über die Modernisierung der Industrie sowie den Bau von Ölraffinerien bis hin zum Ausbau des Eisenbahnnetzes – sorgten zumindest optisch für eine Verbesserung der Beziehungen während des Besuches des damaligen armenischen Präsidenten Robert Kotscharjan in Russland im Februar 2007.

Dieser Trend bleibt aber labil vor dem Hintergrund der zunehmenden Differenzierung der externen wirtschaftlichen, politischen und sicherheits-

---

7 <http://www.mid.ru/ns-rsng.nsf/6bc38aceada6e44b432569e700419ef5/03122b7f666de220c 3256e4d00417cbc?OpenDocument>.

8 World Investment Report 2006. FDI from Developing and Transition Economies: Implications for Development. New York, Geneva: United Nations 2006, S. 306.

politischen Beziehungen Armeniens, dessen größter Handelspartner die
Europäische Union bleibt[9]. Zwar gilt Jerewan in Moskau weiterhin als zuverlässiger Partner, der auf Russland in vielerlei Hinsicht angewiesen ist, doch es
wächst auch die Sorge über eine mögliche außenpolitische Umorientierung
Armeniens in Richtung westliche Staaten.

Deswegen sucht die russische Politik, weitere unnötige Belastungen des
Verhältnisses zu Armenien zu vermeiden. Dies gilt unter anderem und insbesondere für die in der Meinung Armeniens sensitive Frage des Bergkarabach-
Konfliktes. Es ist schwer vorzustellen, dass Russland einer Konfliktregelung
zustimmen würde, die für Jerewan als inakzeptabel gilt, von einem Versuch
ganz zu schweigen, eine solche aufzuzwingen.

2.3 Das Verhältnis Russlands zu Aserbaidschan

Das Verhältnis zwischen Russland und Aserbaidschan war von Beginn an
alles andere als einfach. Die Regierung und die politische Opposition im
Lande waren von Beginn der 1990er Jahre an vorwiegend westlich orientiert. Baku ließ sich auch nicht in die von Moskau dominierten Strukturen innerhalb der GUS einbinden, obwohl es der Gemeinschaft im Jahre
1993 wieder beigetreten ist. Aserbaidschan baute seine Politik im Inneren
wie nach außen auf die Einkünfte aus kaspischem Öl und Gas. Gleichzeitig
suchte es unter dem Präsidenten Heidar Aliew (1993 bis 2003) in einem
Balanceakt eine Politik der Äquidistanz mit der Kooperation mit den USA,
der Europäischen Union und ihren Mitgliedstaaten sowie mit Russland zu
verbinden. Diese Politik wird grundsätzlich auch von dessen Sohn, Präsident
Ilham Aliew, fortgeführt.

Zwar mussten russische Truppen Aserbaidschan schon früh in den 1990er
Jahren verlassen, erst im Januar 2002 wurde das Abkommen über die russischen Nutzungsrechte in Bezug auf die Radarstation in Gabala unterzeichnet.
Doch Moskau lernte es zu schätzen, dass Baku keine offiziellen Aspirationen
in Richtung NATO-Mitgliedschaft entwickelt und auf jegliche Stationierung
westlicher Truppen verzichtet hatte. Mittlerweile entwickelte sich Aserbaidschan zu einem Kooperationspartner Russlands, der jede feindliche Geste
gegenüber Russland nach Möglichkeit vermeidet, gleichzeitig aber eine deutliche Distanz zu Moskau wahrt.

---

9   2006 betrafen die EU 30,5% der Importe und 47,6% der Exporte Armeniens. Auf Russland
    entfielen jeweils 20,7 und 12,2% (Angaben nach Eurostat).

Bilaterale Beziehungen Russlands mit Aserbaidschan beruhen auf dem Vertrag über Freundschaft, Zusammenarbeit und gegenseitige Sicherheit vom 3. Juli 1997, der dem Vertrag mit Armenien ähnlich ist, der 1991 unterzeichnet und 1997 durch einen Beistandspakt abgelöst worden war.

Zwar hatte Baku 2007 auf die Lieferungen russischen Gases verzichtet und den im Jahr 1996 aufgenommenen Transport seines Erdöls über den russischen Hafen Noworossijsk von 4,5 auf 2,2 Millionen Tonnen jährlich reduziert. (Letzteres wurde in Moskau mit Abstand als das wichtigste langfristige Projekt wirtschaftlicher Kooperation mit Aserbaidschan gesehen, das man gerne dauerhaft einrichten wollte.) Doch ist das Handelsvolumen zwischen den zwei Staaten immer noch fast doppelt so groß wie das zwischen Armenien und Russland.

Zwar ist die Grenze zwischen Russland und Aserbaidschan noch nicht endgültig fixiert, doch Baku entwickelte sich nach Beginn des zweiten tschetschenischen Krieges 1999 zu einem pragmatischen und wichtigen Partner Russlands in der Bekämpfung grenzüberschreitender terroristischer (und aufständischer) Aktivitäten.

Seit diesem Jahrzehnt haben sich zwischen Moskau und Baku eine relativ rege Kommunikation und eine pragmatische, wenn auch begrenzte Kooperation auf unterschiedlichen Gebieten entwickeln. Im Februar 2003 wurde in Baku ein Regierungsabkommen über militärisch-industrielle Kooperation unterschrieben. Das militärische Establishment pflegt regelmäßige Kontakte – inklusive Besuche der russischen Verteidigungsminister in Baku (2005 und 2007). Im Januar 2002 wurde ein Regierungsabkommen über die Kooperation der Vertreter der Grenzschutzdienste der beiden Staaten unterschrieben. Schon im April 1996 wurde ein Abkommen über die Kooperation zwischen den Innenministerien unterzeichnet, seit 2001 ist auch das Abkommen über die polizeiliche Kooperation in den Grenzgebieten in Kraft. Im Februar 2000 wurde ein Memorandum über die Bekämpfung des grenzüberschreitenden Terrorismus unterschrieben, dem eine Reihe von zusätzlichen Protokollen folgte. Baku wurde auch das Ziel der Besuche der Leiter des russischen Innenministeriums (2001), des inneren Sicherheitsdienstes (2000 und 2006) sowie des Auslandsnachrichtendienstes (2002).

Trotz der bestehenden energiepolitischen Konkurrenz ist Baku inzwischen zu einem wichtigen Partner Russlands geworden, insbesondere bezüglich der Eindämmung der grenzüberschreitenden sicherheitspolitischen Risiken und Herausforderungen entlang der russischen Grenze im Nordkaukasus – anfänglich unter den Bedingungen des Krieges in Tschetschenien, inzwischen aber zunehmend vor dem Hintergrund der wachsenden Instabilität in der direkt an der Grenze mit Aserbaidschan liegenden Republik Dagestan.

Moskau weiß diese Kooperation zu schätzen und will sie genau so wenig unnötig stören lassen wie es Baku auf größere Distanz zu Moskau gehen lassen möchte. Eine einseitige Befriedigung der Interessen des strategischen Partners Russlands – Armeniens – im Bergkarabach-Konflikt würde die Verluste aus einer Konfrontation mit Aserbaidschan kaum entschädigen. So lässt sich aus dem Verhältnis zwischen Russland und Aserbaidschan auch die Konsequenz ableiten, dass Moskau keine Konfliktregelung unterstützen würde, die Aserbaidschan nicht zufrieden stellt. In der Tat unterstützte Moskau immer wieder wichtige Forderungen Aserbaidschans. Dies gilt in erster Linie für die Anerkennung der territorialen Integrität Aserbaidschans und die Verurteilung der Besetzung eines Teils des aserbaidschanischen Territoriums durch armenische Truppen.

3. Die Konfliktregelungspolitik

Vom Beginn der bewaffneten Auseinandersetzungen in und um Bergkarabach Ende 1991 bis ins Frühjahr 1994 verfolgte Russland als Vermittler den Ansatz einer **stufenweisen Regelung** des Konflikts. Im April 1992 präsentierte der damalige Außenminister Andrej Kosyrew einen Zwei-Stufen-Plan[10]. An die erste Stelle setzte Moskau das Ziel der Herbeiführung eines Waffenstillstandes, der durch die Stationierung einer Beobachtungsmission und danach einer Friedenstruppe zur Trennung der Konfliktparteien begleitet werden sollte. Erst in einer folgenden zweiten Phase der Konfliktregelung sollte über den Status Bergkarabachs verhandelt werden.

Schon am 20. März 1992 verabschiedete der Rat der Staatschefs der GUS in Kiew auf Initiative von Russland und Kasachstan einen Beschluss, in dem die grundsätzliche Bereitschaft der Gemeinschaft zum Ausdruck gebracht wurde, Beobachter und Friedenstruppen in die Region des Bergkarabach-Konfliktes zu entsenden. Zum Zwecke der Beobachtung des Waffenstillstandes und zur Behandlung möglicher Zwischenfälle – angesichts der geografischen Ausweitung des Konfliktes im Sommer 1992 nun nicht allein in

---

10 Mehr dazu bei Vladimir Kasimirow: Mir Karabachu (k anatomii ureguliurowani'a) (Frieden für Karabach – zur Anatomie der Konfliktregelung). Erinnerungen des russischen Vermittlers 1992–1997, <http://www.vn.kazimirov.ru/mir.htm>.

Karabach, sondern auch entlang der Grenze zwischen Aserbaidschan und Armenien – sollte eine gemischte Kommission eingesetzt werden, der neben Russland die Konfliktparteien angehören würden. Eine Lösung, die jener ähnlich war, die 1992 bei der Verhandlung des Waffenstillstandes in Südossetien (Georgien) und Transnistrien (Moldowa) vereinbart worden ist.

Gleichzeitig war Moskau offen gegenüber der Option der Entsendung einer internationalen Beobachtermission und Friedenstruppe ins Konfliktgebiet unter der Obhut der KSZE oder der Vereinten Nationen. Diese Möglichkeit wurde im April 1992 unter anderem in einem Briefwechsel zwischen Kosyrew und dem damaligen amtierenden Vorsitzenden der KSZE, dem tschechoslowakischen Außenminister Jiři Dienstbier besprochen. Dies war eine wichtige Voraussetzung für die Umsetzung des Plans, da Moskau sich nicht sicher war, ob es imstande wäre, ein für die Friedenstruppe notwendiges Kontingent selbst zur Verfügung stellen zu können. Moskau war auch bereit, die Beteiligung der KSZE an der Arbeit der gemischten Kommission mit Beobachterstatus zuzulassen.

Unter der Berücksichtigung der Entwicklung der militärischen Lage im Konfliktgebiet (Besetzung weiterer Gebiete Aserbaidschans um Bergkarabach durch armenische Truppen und nur begrenzt erfolgreiche Gegenoffensiven Aserbaidschans) und des entsprechenden Wandels der Forderungen der Konfliktparteien (Baku machte den Rückzug armenischer Truppen aus allen besetzten Gebieten und die Rückkehr der vertriebenen aserischen Bevölkerung zur Voraussetzung des Waffenstillstandes, wobei Stepanakert und Jerewan im Gegenzug auf Sicherheitsgarantien für Karabach bestanden und nicht bereit waren, auf die eroberte Landverbindung zwischen Armenien und Karabach – den Latschin-Korridor – zu verzichten) wurde der Plan Moskaus immer komplexer. Nun waren vier Schritte vorgesehen:

Zuerst sollten sich die Konfliktparteien Aserbaidschan, Bergkarabach und Armenien auf einen dauerhaften Waffenstillstand einigen. Ein entsprechendes Abkommen sollte in Russland, das als Garant seiner Umsetzung gelten sollte, unterzeichnet und danach im multilateralen Rahmen (innerhalb der KSZE oder in der UNO) verankert werden.

In einem zweiten Schritt sollte ein Mechanismus zur Gewährleistung der Umsetzung des Waffenstillstandes eingesetzt werden. Zur Umsetzung einer entsprechenden Übereinkunft erklärte sich Russland bereit, Beobachter und eine Friedenstruppe zu entsenden, die die Konfliktparteien trennen sollte. In einer späteren Phase sollte diese Truppe durch KSZE-Kontingente erweitert und ergänzt werden können.

In einem dritten Schritt sollten die Parteien ein Abkommen über die Beendigung des bewaffneten Konflikts abschließen. Das Abkommen sollte Sicherheitsgarantien für Bergkarabach – nicht aber die Anerkennung seiner Unabhängigkeit – und die Verpflichtung zum schrittweisen Rückzug armenischer Truppen aus den besetzten Gebieten Aserbaidschans einschließen.

In einer letzten, wohl sehr zeitintensiven Phase sollte entweder in direkten Gesprächen zwischen Baku und Stepanakert oder in der Minsker Konferenz unter der Obhut der KSZE/OSZE über den Status von Bergkarabach verhandelt werden[11]. Die Regelung der Frage des Status von Bergkarabach, die im Kern der Kontroverse zwischen den Konfliktparteien liegt, sollte damit erst in der letzten Phase behandelt werden.

Nur der erste Teil dieses Planes ging nach mühseligen Verhandlungen auf. Nach dem offensichtlichen Scheitern der aserbaidschanischen Gegenoffensive im Winter 1994 und unter der akuten Gefahr, einen noch größeren Teil seines Territoriums zu verlieren, gab Baku seine üblichen Vorbedingungen auf. Die Übereinkunft über den **Waffenstillstand, der vom 12. Mai 1994 an gelten sollte**, wurde von den Konfliktparteien getrennt unterzeichnet – am 9. Mai in Baku, am 10. Mai in Jerewan und am 11. Mai in Stepanakert[12].

Die Übereinkunft war kurz gefasst und enthielt nur die gegenseitige Verpflichtung, bewaffnete Auseinandersetzungen einzustellen. Sie enthielt keine Maßnahmen zu ihrer Absicherung wie Truppenentflechtung, Verbringung schwerer Waffen, Stationierung unparteiischer Beobachter und/oder einer die Konfliktparteien trennenden Friedenstruppe, Verifizierung und internationale Überwachung. Solche Maßnahmen sollten auf einem kurz auf die Unterzeichnung des Waffenstillstandes folgenden Treffen der Verteidigungsminister Armeniens und Aserbaidschans sowie des Befehlshabers der Armee Bergkarabachs mit dem Verteidigungsminister Russlands besprochen werden, das am 16./17. Mai 1994 in Moskau stattfand. Die russischen Vorschläge auf dem Treffen sahen unter anderem die Stationierung russischer Friedenstruppen entlang der „Kontaktlinie" zwischen den Konfliktparteien vor. Aser-

---

11 Ali Abasow, Aritjun Chatschatrjan: Karabachskij Konflikt. Varianty rescheni'a: Idei i realnost' (Der Karabach-Konflikt. Regelungsoptionen: Ideen und die Realität). Moskau, Meschdunarodnye Otnoscheni'a 2004, Kommentar von Botschafter Kasimirow auf S. 74.

12 Dokumentation zur Regelung des Bergkarabach-Konfliktes in den 1990er Jahren in der russischen Sprache ist von der Web-Seite Botschafter Kasimirows abrufbar, <http://www.vn.kazimirov.ru/docs.htm>.

baidschan verzichtete aber auf die Unterzeichnung des Abkommens, sodass der Plan Moskaus keine Fortsetzung fand[13].

Als Ersatz dafür wurde Anfang Februar 1995 nun auf den Vorschlag der Ko-Vorsitzenden der Minsker Gruppe der OSZE eine Übereinkunft der Konfliktparteien unterschrieben, die einen **Mechanismus zur Vorbeugung einer eventuellen Eskalation der Feindseligkeiten entlang der „Kontaktlinie"** einsetzen sollte. Die Übereinkunft sah in erster Linie die Einrichtung der Kommunikationsverbindungen zwischen den Vertretern der Konfliktparteien zur gegenseitigen Benachrichtigung und Klärung eventueller Zwischenfälle vor[14]. Sie wurde von den Parteien aber nie praktisch umgesetzt.

Seit Ende 1994 stand nun auch die Option einer russischen Friedenstruppe im Konfliktgebiet nicht mehr zur Diskussion. 1995 erwog die OSZE die Möglichkeit der Entsendung einer eigenen Truppe und setzte zu ihrer Vorbereitung eine hochrangige militärische Planungsgruppe ein. Die als Voraussetzung für die Entsendung einer OSZE-Entflechtungstruppe geltende politische Übereinkunft der Parteien über die Prinzipien der Regelung des Konfliktes blieb aber aus. Somit hat inzwischen auch die Option der Entsendung einer OSZE-Friedenstruppe ihre politische Aktualität verloren, obwohl die Planungsgruppe nie offiziell aufgelöst worden ist.

Nachdem der russische und der finnische Ko-Vorsitzende der Minsker Gruppe der KSZE im Juli und September 1995 Vorschläge zur Konfliktregelung unterbreitet hatten, die auf einem Schritt-für-Schritt-Ansatz beruhten (und die Regelung der Statusfrage offen ließen), versuchte Moskau im Februar 1996, die Option einer **umfassenden Regelung** auszuloten. Der damalige Außenminister Jewgenij Primakow schlug den Parteien vor, neben einem Abkommen über die Beendigung des bewaffneten Konfliktes ein Memorandum über die Grundelemente eines Sonderstatus von Bergkarabach anzunehmen, das die früheren einseitigen Bergkarabach betreffenden Entscheidungen von Aserbaidschan und Armenien aussetzen würde. Auf der Grundlage dieser Übereinkunft sollte in einer späteren Phase ein Vertrag über den Sonderstatus von Bergkarabach abgeschlossen werden, der auf der einen Seite die territoriale Integrität von Aserbaidschan verankern und auf

---

13 Mehr dazu siehe Vladimir Kasimirow: Frieden für Karabach – zur Anatomie der Konfliktregelung (Fn. 10).

14 Die Übereinkunft wurde am 4. 2. 1995 auch getrennt von den Verteidigungsministern Armeniens und Aserbaidschans sowie vom Befehlshaber der Armee Bergkarabachs unterzeichnet. Siehe <www.vn.kazimirov.ru/docs.htm> (Fn. 12).

der anderen Seite Stepanakert ein hohes Maß an Eigenständigkeit durch eine Vertragsgemeinschaft mit Aserbaidschan zusichern sollte[15]. Dieser Entwurf wurde auch einem OSZE-Vorschlag zugrunde gelegt, den der damalige amtierende OSZE-Vorsitzende, der schweizerische Außenminister Flavio Cotti während seiner Reise ins Konfliktgebiet im März 2006 den Parteien unterbreitete. Doch der umfassende Regelungsansatz wurde allein von Armenien als Grundlage für die weiteren Verhandlungen akzeptiert. Aserbaidschan und Bergkarabach lehnten ihn ab.

Seitdem versuchten nun die Ko-Vorsitzenden der Minsker Gruppe in einer Reihe von Ansätzen immer wieder bis 2002, abwechselnd den Schritt-für-Schritt-Regelungsansatz und den umfassenden Regelungsansatz mit Aserbaidschan und Armenien in Direktgesprächen zwischen zwei Parteien[16] auszuloten. Entsprechende Vorschläge wurden von den Ko-Vorsitzenden im Juni 1997 (aufbauend auf dem umfassenden Ansatz, der im Jahr vorher entwickelt worden war), im Dezember 1997 (die Rückkehr zum Schritt-für-Schritt-Regelungsansatz) und im November 1998 vorgelegt[17] (mit dem letzten Vorschlag wurde wieder die Diskussion über eine umfassende Regelung des Konfliktes aufgrund des Konzeptes eines „gemeinsamen Staates" von Aserbaidschan und Bergkarabach eröffnet).

Die Positionen von Baku und Jerewan schienen sich in einzelnen Phasen der Verhandlungen anzunähern. Aus unterschiedlichen Gründen oft innenpolitischen Charakters kam es aber nie zu einem Abkommen. So soll sich Armenien, das sonst stets eine umfassende „Paketlösung" vorgezogen hatte, die die Entscheidung in der Frage des Status von Bergkarabach mit der Befreiung der besetzten Gebiete verbinden würde, unter dem ehemaligen Präsidenten Lewon Ter-Petrosjan 1997 gegenüber einer schrittweisen Regelung geöffnet haben, die die Entscheidung in der Statusfrage hinausschieben würde. Der Ansatz galt aber in Bergkarabach als inakzeptabel. Dieser Streit soll dann mindestens eine der wichtigen politischen Ursachen des Sturzes

---

15 Ali Abasow, Aritjun Chatschatrjan: Der Karabach-Konflikt. Regelungsoptionen: Ideen und die Realität (Fn. 11), Kommentar von Botschafter Kasimirow auf S. 75 und 76.

16 Nach der getrennten Unterzeichnung der zwei Übereinkünfte zum Waffenstillstand und seiner Umsetzung 1994 und 1995 verzichtete Baku immer wieder, Bergkarabach als eine „dritte Konfliktpartei" zu akzeptieren, wie das in der Entscheidung der OSZE in Budapest in 1994 vorgesehen und 1995 wieder bestätigt wurde. So reduzierte sich die Verhandlung zwischen den Konfliktparteien auf bilaterale Gespräche zwischen Baku und Jerewan.

17 Die russischen Texte der Vorschläge sind von der Web-Seite Botschafter Kasimirows abrufbar, <http://www.vn.kazimirov.ru/docs.htm>.

von Ter-Petrosjan gewesen sein, wobei die Führung in Armenien 1998 durch den sogenannten „Karabachklan" übernommen wurde. (Der zweite und der gegenwärtige Präsident von Armenien, Robert Kotscharjan und Serge Sarkisjan, haben beide ihre politische Karriere in Bergkarabach während des Konfliktes begonnen; sie sind Ende der 1990er Jahre von Ter-Petrosjan nach Jerewan geholt worden.)

Mit Kotscharjan kehrte Armenien zur Politik der Paketlösung zurück. Jerewan ist nur zur Befreiung der besetzten Gebiete bereit, wenn es eine Garantie bekommt, dass Bergkarabach auf keinen Fall von Baku aus regiert wird[18]. 1999 bis 2001 sollen sich Kotscharjan und Heidar Aliew in Gesprächen über einen Gebietsaustausch engagiert haben. Für den Transfer Bergkarabachs an Armenien sollte Aserbaidschan einen Korridor durch die armenische Region Meghri und damit direkte Verbindung zur aserbaidschanischen Exklave Nachitschewan bekommen. Diese Gespräche sollen 2001 beim Treffen der Präsidenten in Key West gescheitert sein. Nach seiner Rückkehr nach Baku dementierte Heidar Aliew, über diese Option verhandelt zu haben.

Mit der Machtübernahme in Baku durch Ilham Aliew im Jahr 2003 soll Aserbaidschan endgültig von dieser Option abgerückt sein. Es vertritt nun die Position, dass nach dem Rückzug armenischer Truppen aus allen besetzten Gebieten und vor der Entscheidung über den Status von Bergkarabach eine Phase der Vertrauensbildung erforderlich sein wird.

Ab diesem Zeitpunkt wird die umfassende Lösung nicht mehr diskutiert. Seit der Aufnahme eines neuen Verhandlungsformats, des sogenannten Prager Prozesses, 2004 sind die Gespräche zwischen Baku und Jerewan vorwiegend ein Positionskrieg. Taktische Fortschritte in Einzelfragen in Gesprächen über die Methoden zur Definition des Status Bergkarabachs nähren immer wieder die Hoffnung, dass die zwei Staaten nah an eine Lösung gerückt sind. Ein Durchbruch konnte aber nicht erreicht werden, und die Momente der Hoffnung werden durch Phasen der **Stagnation** unterbrochen. Beide Seiten scheinen auf Zeit zu spielen – in der Hoffnung, dass eine spätere Regelung eher in ihrem Sinn ausfallen wird. Immer wieder betonen

---

18 Grundsätzlich erhob Armenien immer wieder drei Forderungen: 1. Bergkarabach darf nicht Aserbaidschan vertikal untergeordnet werden – diese Forderung schließt die Option einer Autonomie aus, nicht aber eine föderalistische, 2. Bergkarabach soll eine Landverbindung mit Armenien behalten – dies impliziert die Anerkennung mindestens einer faktischen Kontrolle Armeniens über den Latschin-Korridor, und 3. die Sicherheit Bergkarabachs soll garantiert werden.

sie, dass sie auch andere Optionen zur Verfügung hätten als eine verhandelte Lösung. In Baku spricht man immer wieder von der Bereitschaft, auf die Kriegsoption zurückzugreifen. Jerewan hingegen betont immer wieder, dass man auf die Option einseitiger Anerkennung der Unabhängigkeit Bergkarabachs zurückgreifen und intensiver als bis jetzt die Besiedlung der besetzten aserbaidschanischen Gebiete durch armenische Flüchtlinge fördern kann.

Zwar geben sich die Ko-Vorsitzenden der Minsker Gruppe der OSZE immer wieder optimistisch, aber sie mussten im Juli 2004 beim Treffen der Präsidenten Kotscharjan und Ilham Aliew zugeben, dass die Konfliktparteien durchaus auch die politische Option haben, kein Abkommen zu unterschreiben und somit den fragilen Status quo zu erhalten.

4. Schlüsselelemente der Position Russlands zur Konfliktregelung

Seit Mitte der 1990er Jahre ist die Politik Russlands gegenüber der Regelung des Bergkarabach-Konflikts weitgehend in die Tätigkeit der drei Ko-Vorsitzenden integriert. Wann immer Treffen der Präsidenten Armeniens und Aserbaidschans auf russischem Boden stattfinden, etwa aus Anlass der Jahrestreffen der Staatschefs der GUS-Staaten, oder wann immer solche Treffen auf der Ebene der Außenminister stattfinden, sind der amtierende Vorsitzende der OSZE beziehungsweise alle Ko-Vorsitzenden der Minsker Gruppe eingeladen. Moskau nimmt selten Stellung zur Konfliktregelung und beschränkt sich auf die kollektiven Stellungnahmen, die die Ko-Vorsitzenden abgeben. Die seltenen Erklärungen der Politiker und Diplomaten in Moskau lassen aber folgende konkrete Positionen Moskaus in den Grundfragen der Konfliktregelung identifizieren. Sie sind auch mit der öffentlichen Position der Minsker Gruppe praktisch identisch.

4.1 Der Status von Bergkarabach

Moskau unterstützt das Prinzip der territorialen Integrität von Aserbaidschan und hat es zu keinem Zeitpunkt in Frage gestellt. Dementsprechend erkennt Russland Bergkarabach nicht als einen unabhängigen Staat an.

Russland geht davon aus, dass in diesem Konflikt keine Rückkehr zum Status quo ante (vor 1998) mehr möglich ist. Gleichzeitig darf der Status von Bergkarabach nicht einseitig entweder von Stepanakert (und Jerewan) oder von Baku definiert werden. Der künftige Status von Bergkarabach soll unter Verzicht auf Gewaltanwendung im Zuge der Verhandlungen zwischen allen Konfliktparteien einvernehmlich definiert werden.

Moskau ist auch gegenüber einer Lösung der Statusfrage durch die Föderalisierung Aserbaidschans offen, besteht aber nicht darauf, solange Baku dieser Option verschlossen bleibt.

Russland ist keine Partei im Konflikt, es kann nicht mehr als die Rolle eines Vermittlers übernehmen. Als solcher ist es auch bereit, als Garant jeglicher Lösung aufzutreten, auf die sich die Konfliktparteien würden einigen können und die von allen Konfliktparteien als vertretbar akzeptiert wird.

4.2 Die Verhandlungsparteien

Russland ging immer davon aus, dass an Gesprächen zur Konfliktregelung mindestens drei Parteien teilnehmen sollten: Aserbaidschan, Bergkarabach und Armenien, denn keine dauerhafte Regelung ist ohne explizite Zusage von Stepanakert denkbar, das in wichtigen Fragen immer wieder eine Meinung vertreten hat, die von der Jerewans abwich.

Da Aserbaidschan, das von Beginn an bemüht war, Bergkarabach aus den Gesprächen auszuschließen[19], im Gegenzug immer wieder vorgeschlagen hatte, dass auch die Landsmannschaft der aus Karabach vertriebenen Aserbaidschaner als Partei durch Nizami Bachmanow vertreten sein soll, ist Moskau auch bereit, in einer späteren Phase der Verhandlungen auch die aserbaidschanische Gemeinde einzuladen, um deren Akzeptanz der eventuellen Verhandlungsergebnisse sicherzustellen[20].

Diese Position entspricht nicht nur der Formel, die im Dezember 2004 vom Budapester Gipfeltreffen der KSZE/OSZE verabschiedet worden ist, sondern auch der, die im Kreis der Ko-Vorsitzenden der Minsker Gruppe

---

19 Baku bestand immer darauf, dass es allein im Konflikt mit Armenien steht, das einen Teil seines Territoriums besetzt hält. Armenien dagegen betonte immer wieder, der Konflikt bestehe allein zwischen Aserbaidschan und Bergkarabach. Somit würde es auch ein Abkommen als defekt sehen, das Stepanakert nicht einschließen würde. Die Karabacharmenier gehen ihrerseits davon aus, dass über das Friedensabkommen in Direktgesprächen zwischen Stepanakert und Baku verhandelt werden soll.

20 Zwar ist die Gemeinde der Karabachaserbaidschaner politisch unorganisiert und weitgehend administrativ von Baku kontrolliert, doch dieser Ansatz erscheint wichtig, denn gerade unter den vertriebenen Aserbaidschanern ist die Bereitschaft am höchsten, für eine Kriegsoption zu votieren.

vereinbart worden ist. Die Ko-Vorsitzenden gehen davon aus, dass die Beteiligung Bergkarabachs an Verhandlungen ab einem bestimmten Moment
„notwendig und hilfreich" sein wird[21]. Von 1993 bis 1997 beteiligte sich Stepanakert an den damaligen Gesprächen zur Konfliktregelung, es war erst
nach der Einführung der direkten Gespräche zwischen den Präsidenten von
Aserbaidschan und Armenien ausgeschlossen. Seit 1998, als Robert Kotscharjan den Posten des Präsidenten übernommen hatte, galt er für viele (zurecht
oder zu unrecht) auch als ein Vertreter Bergkarabachs.

Bei ihren Reisen ins Konfliktgebiet treffen sich die Ko-Vorsitzenden der
Minsker Gruppe aber nicht allein mit Vertretern Jerewans sondern auch mit
denen von Stepanakert. Gelegentlich treffen sie sich zu Konsultationen auch
mit Nizami Bachmanow, der formell die Gemeinde der Karabachaserbaidschaner nach außen vertritt.

In der Frage der Beteiligung der Gemeinden der Karabacharmenier und
der Karabachaserbaidschaner als „interessierte Parteien" soll es in den letzten Jahren zwischen Baku und Jerewan eine gewisse Annäherung gegeben
haben.

4.3 Befreiung der besetzten Gebiete Aserbaidschans

Moskau hat zu keinem Zeitpunkt die Besetzung der sieben aserbaidschanischen Gebiete (fünf davon vollständig und zwei teilweise) um Bergkarabach
durch armenische Truppen anerkannt. Es geht davon aus, dass deren Befreiung ein wichtiger Bestandteil der Konfliktregelung sein wird. Dabei kommt
es aber auf die Reihenfolge und auf den Umfang der einzelnen Schritte an.

Zuerst soll mit der Räumung von fünf der sieben in Frage kommenden
Gebiete begonnen werden. Die sensitive Frage der Gebiete von Latschin
und Kelbajar soll gesondert behandelt werden. Im Unterschied zu Baku, das
Bergkarabach formell als ein weiteres armenisch besetztes aserbaidschani-
sches Gebiet betrachtet, trennt Moskau deutlich die Frage nach dem Status
von Bergkarabach, der erst später zu definieren sei, von der Frage der Befreiung der besetzten Gebiete.

Angesichts der gespannten Lage entlang der „Kontaktlinie" der aserbaidschanischen und der armenischen Truppen, aber auch angesichts des jah-
relangen Auseinanderlebens der zwei nationalen Gemeinden auch in den

---

21 ITAR-TASS News Agency, Russia, 24. 5. 2007, <http://www.armeniandiaspora.com/forum/
archive/index.php/t-94343.html>.

Grenzgebieten von Armenien und Aserbaidschan geht Moskau davon aus, dass Vertrauensbildung der Befreiung der Gebiete zuvorkommen soll.

4.4 Die Rückkehr der Flüchtlinge und der Binnenvertriebenen

Die Rückkehr der Flüchtlinge und der Binnenvertriebenen in ihre Heimatorte soll nach ihrem Wunsch und nur freiwillig geschehen. Moskau ist durchaus gegenüber der Option offen, dass Flüchtlinge nicht in das Konfliktgebiet zurückkehren wollen. Um ihr Verbleiben an neuen Wohnorten zu ermöglichen, sollen Integrationsprogramme stärker in Angriff genommen werden.

4.5 Kommunikation zwischen den Gemeinden

Unabhängig vom Verlauf der politischen Gespräche sollten die Kommunikation und die Verbindungen zwischen den Grenzgebieten Aserbaidschans und Armeniens so schnell wie möglich wiederhergestellt werden. Es geht in erster Linie um die Wiederaufnahme der Eisenbahnverbindungen, der grenzüberschreitenden Energieversorgung sowie des grenzüberschreitenden Handels – inklusive der Zulassung der Kleinhändler von der jeweils „anderen" Seite auf die Märkte in Aserbaidschan und Armenien, aber eben auch in Bergkarabach.

Die Wiederaufnahme der Kommunikation und der Verbindungen soll auch von der Aufhebung der wirtschaftlichen Blockade Armeniens durch Aserbaidschan und die Türkei begleitet werden.

5. Abschließende Bemerkungen

Moskau scheint sich von den regelmäßig aufkommenden Hoffnungen auf einen signifikanten Fortschritt in der Regelung des Bergkarabach-Konfliktes wenig beeindrucken zu lassen. Moskau zeigt sich auch von der Besorgnis nicht beeindruckt, Baku könnte sich vor dem Hintergrund seiner steigenden Erlöse aus den Erdölexporten doch noch für eine militärische Lösung entscheiden. Mit dem Blick auf die nahe Zukunft hegt man weder die Erwartung auf einen schnellen Durchbruch in den Verhandlungen noch auf den erneuten Ausbruch des Krieges. Stagnierende politische Gespräche und Beibehaltung des Status quo erscheinen deswegen als die plausible Grundlage für die kurz- beziehungsweise mittelfristige Politik Moskaus.

Trotzdem sieht man eine Gefahr darin, dass der Status quo durch die wie-derholten Auseinandersetzungen entlang der „Kontaktlinie" herausgefordert werden kann, wie das im November 1997 und im März 2008 der Fall gewesen ist. Somit sieht Moskau in erster Linie die Notwendigkeit der Stabilisierung des Waffenstillstandsregimes durch zusätzliche Maßnahmen, die das Risiko dessen Bruchs und damit unkontrollierter Entwicklungen auf ein Minimum reduzieren würde.

Gleich nach den ernsthaften Zwischenfällen an der „Kontaktlinie" am 4. März 2008 hatte das russische Außenministerium am 5. März allen Konflikt-parteien wieder angeboten, auf das bisher noch nicht implementierte Ab-kommen zur Umsetzung des Waffenstillstandes zurückzugreifen, das am 6. Februar 1995 in Kraft getreten ist. Dies würde den Konfliktparteien ermög-lichen, die Zuspitzung bzw. Eskalation entstehender Konflikte durch dichte Kommunikation unmittelbar entlang der „Kontaktlinie", sowie zwischen den militärischen Führungen und auf der politischen Ebene zu verhindern. Der Vorschlag wird inzwischen von den Ko-Vorsitzenden der Minsker Gruppe mitgetragen.

Russland scheint einer solchen Option den Vorrang zu geben, weil das regelmäßige Monitoring der „Kontaktlinie" durch den Stab des persönlichen Vertreters der OSZE bestenfalls auf die Versuche nachträglicher Klärung der stattgefundenen Zwischenfälle reduziert ist, womit es zur Vorbeugung der Eskalation akuter Auseinandersetzungen nur beschränkt beitragen kann.

Schon 2005 zeigte sich der damalige Verteidigungsminister und der gegen-wärtige Präsident Armeniens, Sersch Asati Sarkissjan, bereit, auf das Abkom-men von 1995 zurückzugreifen. Die Behörden von Stepanakert haben sich auch dazu bereit erklärt. Baku blieb eine Antwort aber noch schuldig.

2. HINTERGRÜNDE ZUM BERGKARABACH-KONFLIKT

Oktay F. Tanrisever

Turkey and the Ethno-Territorial Conflicts in the South Caucasus

This paper seeks to explore Turkey's approach to the conflicts in the Caucasus. In fact, the end of the Cold War and the collapse of the Soviet Union have significantly shaped the nature of the conflicts in the Caucasus, and Turkey's policy towards these conflicts. With the end of the Cold War, the strategic importance of Turkey's military role in the Western camp declined significantly mainly because of the collapse of the Soviet threat to the West; at the same time the collapse of the Soviet Union created a vacuum of power in the Caucasus and offered Turkey an opportunity to exert its economic and political influence over the newly independent post-Soviet states in the Caucasus.

It is important to note that it is not possible to explain the course of developments in the Caucasus without exploring Turkey's role in the region. Likewise, the course of developments in Turkey cannot be explored fully without explaining the impact of the conflicts in the Caucasus on Turkey. Turkey is a very important country for the Caucasian peoples due to their very long historical experience with the Ottoman Empire and modern Turkey. Similarly, a significant number of people in Turkey trace their historical roots back to the Caucasus. This makes Turkey's relations with the Caucasian states very important for them and domestic politics in Turkey.

In this paper, I will initially explore the principles and objectives of Turkey's foreign policy towards the Caucasus. Next, the paper will discuss the evolution of Turkey's policy towards the Caucasus in the post-Soviet era. In the following section, the paper will explore the ethno-territorial conflicts in the South Caucasus since 11 September 2001. The paper will examine the Nagorno-Karabakh conflict and its impact on Turkey's relations with Azerbaijan and Armenia. This will be followed by a discussion of the conflicts over the status of Abkhazia and South Ossetia and their impact on Turkey's relations with Georgia since 11 September 2001. The concluding part will evaluate the potential for the escalation of the tensions by taking the concerns of all relevant sides into account.

Principles and Objectives of Turkey's Foreign Policy towards the Caucasus

From Ankara's point of view, the Caucasus is very important strategically due to its mountainous geographical landscape, its role in the Eurasian transport corridors as well as its ethno cultural diversity. Nevertheless, the region is divided into the Northern and Southern parts. The northern Caucasus is a part of the Russian Federation. This part includes the following republics: Adygeia, Dagestan, Kabardino-Balkaria, Karachaevo-Cherkessia, the North Ossetia, Ingushetia and Chechnya. The Southern Caucasus is composed of Azerbaijan, Armenia and Georgia. Turkey has focused on improving all forms of direct relations with all three of the South Caucasian states. Nevertheless, Turkey's failure to develop diplomatic relations with Armenia is an important weakness of foreign policy towards the region. Ankara has also developed some level of influence in the North Caucasus through fostering economic and cultural relations with the Russian Federation's autonomous republics in the North Caucasus.[1]

With its dynamic economic infrastructure, Ankara has viewed its role in the Caucasus in terms of promoting regional economic cooperation in the region as it could reap the benefits of increased economic activity in the region. Therefore, Turkey's foreign policy towards the Caucasus region has been determined basically by an economic interdependence approach to international relations since the end of the Cold War.[2] There has been a consensus among the foreign policy-making elites in Turkey that the creation of economic interdependencies in the Caucasus region would lead to greater cooperation and regional integration in this region. Consequently, this would benefit Turkey as well as its partners in the region.

The idea that Turkey should promote regional economic cooperation in the Caucasus region was first developed by a former Turkish diplomat who is now a member of Turkish parliament, Şükrü Elekdağ. Turgut Özal, former Turkish President, suggested that Turkey should put this idea into practice. The members of the Black Sea Economic Cooperation (BSEC), which was initiated formally in 1992, include the Black Sea littoral states − Turkey, Romania, Bulgaria, Ukraine, Russia, Georgia; the non-littoral Balkan states −

---

1 Oktay F. Tanrisever, 'Sovyet-Sonrasi Dönemde Rusya'nin Kafkasya Politikasi' in Mustafa Türkes and Ilhan Uzgel, eds., *Türkiye ve Komsulari*, Ankara: ImgeYayinlari, 2001, pp. 377–410.

2 Oktay F. Tanrisever, 'Rol' Turtsii v Integratsii Chernogo Moria i Gruzino-Abkhazskogo Konflikt', *Aspekty Gruzino-Abkhazskogo Konflikta*, Eds. Paula Garb, Walter Kaufmann, Arda Inal-Ipa and Paata Zakareishvili, Irvine: University of California-Irvine Press, 2007, pp. 246–256.

Albania, Greece, Moldova, Serbia and Montenegro; and the non-littoral Caucasian states — Azerbaijan and Armenia. The membership profile of this organization shows that the BSEC has the potential of linking the Balkans and the Caucasus, two quite unstable regions in Europe, and to make these regions more stable by using its economic instruments for the promotion of regional integration in the Black Sea region.[3]

Although Ankara has not played a quite active role in the settlement of such conflicts yet, it has the potential of contributing constructively to the peaceful settlement of frozen conflicts. This is partly because Turkey as a major regional economic power that initiated the process of economic cooperation in the Black Sea region could benefit from the resolution of frozen conflicts in the region since it reduces regional instability and creates new opportunities for further economic cooperation. This is also partly because some Turkish citizens in Turkey have the Caucasian ethnic background which supports the opposing parties in the region. So, it is in the best interests of Turkey to have stable relations between these groups in the Caucasus.

It is in this context that Turkey seeks to integrate a conflict resolution perspective to the regional cooperation perspective of the BSEC. In fact, the member states of the BSEC emphasized in its 1992 Summit declaration that there is a need for the peaceful settlement of all disputes by the means and in accordance with the principles set out in the Conference on Security and Cooperation in Europe (CSCE), which became the OSCE later in 1994, documents to which they all subscribed. The BSEC members also reaffirmed their determination in resisting aggression, violence, terrorism, lawlessness, as well as their resolve to help establish and restore peace and justice. This declaration shows that the BSEC is committed itself to the peaceful settlement of the frozen conflicts in the region right from its establishment in 1992. This means that the BSEC could play some soft-security related functions in the Caucasus region. From the perspective of the BSEC, the main idea is to use regional economic cooperation to bring peace and stability to the region.[4] However, frozen conflicts in the Caucasus also limit the potential for

---

3 See Serdar Sayan and O. Zaim 'Black Sea Economic Cooperation Project', in Libby Rittenberg (ed.), *The Political Economy of Turkey in the Post-Soviet Era: Going West and Looking East*, Westport, CT: Praeger/Greenwood Publishing Group, Inc., 1998.

4 Oktay F. Tanrisever, 'Rol' Turtsii v Integratsii Chernogo Moria i Gruzino-Abkhazskogo Konflikt', *Aspekty Gruzino-Abkhazskogo Konflikta,* Eds. Paula Garb, Walter Kaufmann, Arda Inal-Ipa and Paata Zakareishvili, Irvine: University of California-Irvine Press, 2007, pp. 246–256.

further cooperation in the region because of the regionally divisive nature of these conflicts.

Promoting regional cooperation in the field of energy is another strategy of Ankara which could foster regional stability and contribute to the peaceful regulation of ethno-territorial conflicts in the Caucasus. Simply looking at the map, Turkey's main role seems naturally to bridge the Caspian Sea and Europe. However, the only country that actually borders both the Caspian Sea and the Black Sea is Russia. The potential for competition is clear, and so is the unique position of Turkey to challenge the Russian transport monopoly. Politically, Ankara's challenge is to develop regional relations so that Europe and the Euro-Atlantic region may enjoy stable access to those resources.[5]

Turkey combines the interests of many of these countries, including Russia, in such a way that it could play an effective regional energy hub role. Turkey has recently concentrated its efforts on securing as much oil and natural gas as possible from the east and south to send to Europe. This is a clear and intentional purpose. Toward that aim, Turkey focused much of its efforts on links to the Caspian Sea — with the BTC pipeline at the centre of that strategy. The BTC pipeline became operational in 2006, and the South Caucasus gas pipeline became also operational.[6]

Turkey's interest in its dependence on the success of interdependence networks in the fields of economic cooperation and energy necessitates Turkey to develop a more flexible and constructive approach to the frozen ethno-territorial conflicts in the Caucasus. This also necessitates Ankara to develop a balanced foreign policy without antagonizing any international actor in the region. This perspective is evident in the evolution of Turkey's foreign policy towards the Caucasus in the post-Soviet era.

Evolution of Turkey's Foreign Policy towards the Caucasus in the Post-Soviet Era

Turkey's policy towards the Caucasus has evolved in response to the changing positions of the Russian Federation. Russia was undecided at this time about the nature of its involvement in Caucasian affairs because the imperial

---

5 Oktay F. Tanrisever, 'Turkey and the Politics of Pipelines in the Black Sea Region', *Energy Security and Security Policy: NATO and the Role of International Security Actors in Achieving Energy Security*, Ed. by Phillip Cornell, Oberammergau: NATO School Research, 2007, pp. 74–78.
6 *Ibid.*

form of Russian involvement might have further undermined Russia's position in this region, and provoked anti-Russian nationalisms among non-Russian groups in the Caucasus.[7]

Ankara and Moscow started to compete for influence over the Caucasus once hard-liners in Moscow began to view Turkey as one of the main beneficiaries of the Soviet collapse. Moscow sought to pursue a Near Abroad policy, which assumed that the former Soviet republics belonged to the Russian sphere of influence. For example, in 1993 Boris Yeltsin proposed that the United Nations or the Conference on Security and Cooperation in Europe grant Russia a 'security mandate' to preserve order throughout the post-Soviet space.[8] Naturally, Turkey, which lacked the necessary economic and political resources to compete with Russia in the Caucasus region did not welcome this turn in Russian foreign policy. The Western powers were not willing to antagonize Russia and to provoke a Russian nationalist backlash just to please Turkey, whose policies in the Caucasus also were not fully in line with Western expectations.

The conflicts in the Caucasus have increased Moscow's concerns about the growing Turkish influence in this region. This underscored the Russian determination to minimize Turkey's influence in the region. The visit to Moscow by Turkish Prime Minister Süleyman Demirel in May 1992, discussed earlier, took place in this atmosphere. Although the Turkish-Russian Treaty of Friendship and Cooperation declared that the two countries would base their relations on good neighborliness, cooperation, and mutual trust, the developments in the Caucasus showed that the states remained suspicious of each other's motivations.

The competition between Turkey and Russia in the Caucasus has been generally formulated in zero-sum game terms. In fact, the clash of Turkish-Russian interests in the Caucasus stemmed from their differing visions of the regional order in the Caucasus. Turkey's Caucasus policy mainly sought to solidify the newly gained independence of the Caucasian states, which might decrease their dependence on Moscow, and to become a major actor in the region to secure economic and security benefits.[9]

---

7 Oktay F. Tanrisever, 'Turkey and Russia in Eurasia' *The Future of Turkish Foreign Policy*, Lenore G. Martin and Dimitris Kerides, eds., Cambridge, MA, MIT Press, 2004, pp. 127–155.

8 Roy Allison, 'Military Factors in Foreign Policy', in Neil Malcolm, et al., *Internal Factors in Russian Foreign Policy*, Oxford: Oxford University Press, 1996, pp. 271–275.

9 Duygu Bazoglu-Sezer, 'Turkish- Russian Relations: The Challenges of Reconciling Geopolitical Competition with Economic Partnership', *Turkish Studies*, Vol. 1, No. 1, 2000, pp. 59–82, 70.

Increasingly disillusioned with its weakness and Turkey's growing influence in the Caucasus, Moscow started to give special importance to its military control of Chechnya since it was vital for maintaining control of the Caucasus. Russia's loss of control over Chechnya might greatly encourage other nationalist forces in the Caucasus. Therefore, Russia tried to prevent other regional actors from interfering in the conflict.

The Chechen crisis became a critical issue in Russia's relations with Turkey when Russia claimed that the Chechens were obtaining assistance and volunteers from Turkey. However, Turkey, like the rest of the world, officially recognizes Moscow's sovereignty over the republic. Although their public opinion has been sympathetic toward the Chechens, Ankara has refrained from getting involved in this conflict, apart from offering some humanitarian aid to civilians with the consent of Moscow.[10]

Nevertheless, it has been very difficult to control the activities of ordinary people and their civil society organizations both in Russia and Turkey. During the first days of 1996, when nine people of Caucasian origin hijacked the Turkish ferryboat Avrasya on January 16, 1996, the Chechen question became a very tense issue in Turkey's relations with Russia. The hijackers claimed that they hijacked the ferry to support the 'Chechen resistance against Moscow.'[11] During an interview by Aleksandr Nadzharov, a correspondent of Rossiiskaia Gazeta, with Nikolai Kovalev, director of Russia's federal security service, Kovalev accused Turkey of supporting the Chechens through clandestine activities: 'The Russian FSB [Federal Security Service] made an official protest to the leadership of the Turkish special service in connection with the continuation of its intelligence activities in the North Caucasus region.'[12]

In return, Turkey suspected that Russia was supporting the Kurdistan Workers' Party (PKK) terrorist organization as a way to increase its influence over Turkey. As Robert Olson argues, Russia's war in Chechnya and the PKK problem in Turkey 'are linked more closely than is generally realized and acknowledged.'[13] Following the Russian foreign ministry's statement that

---

10 Paul B. Henze, 'Turkey's Caucasian Initiatives', *Orbis: A Journal of World Affairs,* Vol. 45, No. 1, 2001, pp. 81–91.

11 Oktay F. Tanrisever, 'The Battle for Chechnia: Russia Confronts Chechen Secessionism', *METU Studies in Development,* Vol. 27, Nos. 3–4, 2000, pp. 321–349, at 337.

12 *Rossiiskaia Gazeta,* 20 December 1996, pp. 4–5.

13 Robert Olson, 'Turkish and Russian Foreign Policies, 1991–1997: The Kurdish and Chechnya Questions', *Journal of Muslim Minority Affairs,* Vol. 18, No. 2, 1998, p. 209.

Russians would not 'open their arms to the PKK,' Turkey and Russia signed a Protocol in January 1995 to Prevent Terrorism in which the two countries agreed to exchange intelligence information to prevent terrorism.[14]

In fact, both states have been interested in developing a common position in diplomatic forums against secessionist movements, and so Russia has been largely successful in limiting Turkey's involvement in the Caucasus by playing its PKK card against Ankara. According to Olson, 'Turkey was unable to take advantage of the Russian predicament in Chechnya because of its fight against the PKK.'[15]

During Russian Prime Minister Viktor Chernomyrdin's December 16–17, 1997, visit to Turkey, the first official visit in the post-Soviet period by a Russian prime minister. Its main objective was to secure a huge natural gas pipeline project. The Blue Stream project, which entailed building underwater pipelines in the Black Sea, started supplying gas to Turkey in 2003 and is expected to supply 16 billion cubic meters of natural gas a year to Turkey by the year 2010. The project involved laying a gas pipeline from Izobilnoe (Stavropol Krai) through Djubga (Krasnodar Krai) and Samsun (Turkey) to Ankara.[16]

During Chernomyrdin's visit to Turkey, the two countries also agreed to abstain from actions likely to harm the other's economic interests or threaten their territorial integrity.[17] This meant that Russia would not interfere with the construction of the Baku–Tbilisi–Ceyhan (BTC) pipeline if that route were selected as the main export route from Azerbaijan. In return, Turkey promised to hire Russian companies to help build the pipeline to Ceyhan. Shortly after this agreement, the Russian oil company Lukoil expressed its desire to join the BTC pipeline project.[18]

In this context, Turkey has intensified its cooperation with the United States concerning its policy towards the Caucasus. Turkey proposed that the existing preliminary agreement on economic cooperation between Ankara,

---

14 *Hurriyet,* 25 January 1995.

15 Robert Olson, 'Turkish and Russian Foreign Policies, 1991–1997: The Kurdish and Chechnya Questions,' *Journal of Muslim Minority Affairs,* Vol. 18, No. 2, 1998, pp. 221–223.

16 *Hurriyet,* 17 December 1997.

17 Duygu Bazoglu-Sezer, 'Turkish- Russian Relations: The Challenges of Reconciling Geopolitical Competition with Economic Partnership,' *Turkish Studies,* Vol. 1, No. 1, 2000, pp. 59–82, p. 66.

18 Michael Lelyveld, 'Russia: Government Approves Investments in Baku-Ceyhan Pipeline Project', *RFE/RL Newsline,* 17 April 2002.

Washington, and Tbilisi, concluded in early 2001, be expanded to include political and military affairs as well. A second agreement dealt with military cooperation between Turkey, Georgia, and Azerbaijan to protect the BTC oil pipeline, first discussed in Trabzon in 2001 during the meeting between Ismail Cem and Georgian Foreign Minister Irakli Menagarishvili.[19] While Russia maintained its opposition to the BTC pipeline, whose construction started on November 18, 2002, this very strategic oil pipeline became fully functional in 2006 thanks to the energetic policies of the United States and Turkey.[20]

It is now important to explore how Turkey's policy towards the currently frozen ethno-territorial conflicts in the South Caucasus; namely the Nagorno-Karabakh, Abkhazia and South Ossetia conflicts has evolved in the aftermath of 11 September 2001. The beginning of the war against international terrorism is an important turning point for the frozen conflicts in the Caucasus as the United States-led international coalition has started to view these self-styled ethno-territorial units as posing very serious security threats to international security. It is also important to evaluate to impact of the developments in these frozen conflicts on Turkey's relations with the South Caucasian states.

The Nagorno-Karabakh Conflict and Turkey's Relations with Armenia and Azerbaijan since 11 September 2001

Among the ethno-territorial conflicts in the South Caucasus, the Nagorno-Karabakh conflict has been considered as the most important one for Turkish foreign policy as it affects Turkey's relations with two very important states. In fact, Turkey recognized the independence of Azerbaijan on November 9, 1991, almost two months before the formal disintegration of the Soviet Union at the end of December 1991. Although Turkey recognized the independence of Armenia on December 16, 1991, and invited it to join BSEC as a founding state in 1992, Turkey and Armenia have not established diplomatic relations, mainly because of the Armenian claims over Turkey and Azeri-Armenian dispute over Nagorno-Karabakh. From Turkey's perspective, the Nagorno-Karabakh ethno-territorial dispute has given Russia a free hand in

---

19 *Turkish Daily News*, 18 October 2001.
20 Richard Allen Greene, 'Work Begins on Oil Pipeline Bypassing Russia and Iran', *New York Times*, 19 September 2002.

manipulating local conflicts in the South Caucasus to its advantage. When Moscow-backed Armenia defeated Azerbaijan militarily in 1992, CIS Military Commander Marshal Evgeny Shaposhnikov warned Turkey of nuclear retaliation if Turkey intervened.[21]

In fact, Moscow controlled Turkey's main gateway to the Turkic states of Central Asia by toppling Azerbaijan's first president, Abulfez Elchibey, in June 1993. Blaming Elchibey for his failure to stop the Armenian aggression in Nagorno-Karabakh, Surat Husseinov, a colonel in the Azeri army, instigated an uprising in the province of Gence. Political instability was avoided by Heidar Aliev's intervention and by Elchibey's exile to a small village in Nakhchevan. For a short period, Aliev's grip on power undermined Turkey's influence not only in Azerbaijan, but also in the rest of the Caucasus. Aliev, the former Azerbaijan Communist Party First secretary and First deputy chairman of the USSR council of ministers, thought that the Nagorno-Karabakh problem could only be solved with Russian support, and so pursued a pragmatic policy toward both Moscow and Ankara.[22]

Both Armenia and Azerbaijan seek to reach a settlement to the Nagorno-Karabakh conflict through the Minsk process of the OSCE with the participation of Belarus, the United States, Russia, France, Germany, Italy, Switzerland, the Czech Republic as well as Turkey. Both Armenian and Azerbaijani presidents agreed on 28 November 1994 meeting of the OSCE in Budapest that the Nagorno-Karabakh conflict will be resolved in accordance with international norms while the blockade on Armenia will be lifted in exchange for the end of Armenian military occupation in Azeri territories. Besides, the unrecognized state of Nagorno-Karabakh will be a party to the conflict resolution process. Finally, the parties agreed on the deployment of international peacekeepers in the line of armistice. In this way, 8 Aralık (Budapest, 5-6 December 1994? See <http://www.osce.org/documents/mcs/1994/12/4048_de.pdf>.) 1994 summit of the OSCE served to prevent the deployment of exclusively Russian peacekeepers in the conflict zone. The parties agreed that the peacekeeping force will be composed of 3500 personnel and operate within the NATO's Partnership for Peace Program principles.[23]

---

21 Dmitri Trenin, 'Russia's Security Interests and Policies in the Caucasus Region', in Bruno Coppieters, ed., *Contested Borders in the Caucasus*, Brussels: VUB University Press, 1996, p. 91.

22 Oktay F. Tanrisever, 'Sovyet-Sonrasi Dönemde Rusya'nin Kafkasya Politikasi' in Mustafa Türkes and Ilhan Uzgel, eds., *Türkiye ve Komsulari*, Ankara: ImgeYayinlari, 2001, pp. 391–394.

23 *Ibid.*

Nevertheless, despite the continuous efforts at resolving this conflict peacefully, the conflict has not been settled yet. The inability of the OSCE Minsk group to come up with an effective solution to the conflict has reinforced the status quo and the Russian military presence in Armenia. Therefore, Azerbaijan has been quite uncomfortable with the lack of progress in the settlement of this conflict given the fact that the Armenian forces occupy 20 percent of Azerbaijani territory outside the contested territories of Nagorno-Karabakh. In order to calm the domestic pressures for going to war as a strategy of regaining lost territories, Azerbaijani leadership resort to hard-line tactics in the negotiations in order to maintain its domestic credibility.

It is in this context that Turkey and Azerbaijan have started to coordinate their positions on the settlement of the Nagorno-Karabakh conflict. On 14 April 2004, Ilham Aliyev and Turkish President Ahmet Necdet Sezer stressed their bilateral unity concerning the Nagorno-Karabakh peace process. The common Turkish-Azerbaijani position called for the withdrawal of the Armenian forces from Azerbaijan's occupied territories. It also underlines that any Nagorno-Karabakh settlement would have to be based on the principle of respecting territorial integrity and borders of neighboring states.[24]

In the face of hardening Azerbaijani and Turkish positions on the settlement of the Nagorno-Karabakh conflict, the Co-Chairs of the Minsk Process -France, Russia and the United States- reminded that the 'Paris principles' arrived at during the spring of 2001 during talks in Paris and Florida between Armenian President Robert Kocharian and his Azerbaijani counterpart Heidar Aliyev are central to the settlement of the conflict. Nevertheless, Azerbaijan declared its difficulty of persuading the Azerbaijani public opinion to accept these principles as they require major concessions from Azerbaijani side. Therefore, the current Prague process differed from the past Nagorno-Karabakh negotiations by taking a long-term incremental approach, rather than seeking a comprehensive agreement. [25]

According to the principles for settlement in the Nagorno-Karabakh conflict, which were proposed by the Co-Chairs of the Minsk Group -France, Russia and the United States- in 2006: the use of force should be avoided; Armenian forces should withdraw from parts of Azerbaijan surrounding Nagorno-Karabakh; an interim status for Nagorno-Karabakh should be recog-

---

24 Mevlut Katik, 'Azerbaijan and Turkey Coordinate Nagorno-Karabakh Negotiating Position', *Eurasia Insight*, 23 April 2004.
25 Liz Fuller, 'Mediators Seek New Formula for Karabakh', *RFE/RL Newsline*, 26 June, 2004.

nized internationally, with substantial international aid, including peacekeepers; and mutual commitment to a vote on Nagorno-Karabakh's final status after the return of displaced Azeri population.[26]

Although the parties of the conflict have generally agreed with this framework, the lack of political will to resolve some key issues, such as the Lachin corridor remains as the main obstacle for final settlement of this conflict. Besides, the European Union, the United States and Russia have not yet exerted effective political and economic pressure for such a settlement plan. This demonstrates that final settlement to the conflict is still far away. Both Armenia and Azerbaijan seek to upgrade their armed forces, and postpone any peace deal until the military balance has shifted decisively in their favor. This increases the risk of war in the medium term.[27]

In such a context, Turkey could use its diplomatic and economic influence over Azerbaijan to convince her about the benefits of diplomatic and peaceful settlement of the conflict. Turkey could also use its influence over Armenia through the cross-border trade between Turkey and Armenia so that Armenia will stick to the diplomatic and peaceful settlement of the conflict.

Conflicts over the Status of Abkhazia and South Ossetia and Turkey's Relations with Georgia since 11 September 2001

The political situation concerning the frozen conflicts in Georgia also changed in the aftermath of 11 September 2001 when the war against international terrorism started and the stability of the Caucasus has become an important priority for the United States as well as the regional powers. This has increased the attempts at resolving these conflicts diplomatically.

Taking the advantage of Georgia's post-Soviet weakness, the separatist movements in Abkhazia and South Ossetia have attempted to gain the independence from Tbilisi. The first major challenge for Tbilisi came from South Ossetia. When Tbilisi abolished the region's autonomous status within Georgia in December 1990, the South Ossetian parliament took a secessionist position by calling for a union with North Ossetia, which was an Autonomous

---

26 International Crisis Group, *Nagorno-Karabakh: Risking War*, ICG Europe Report No. 187, 14 November 2007.

27 International Crisis Group, *Nagorno-Karabakh: Risking War*, ICG Europe Report No. 187, 14 November 2007.

Republic in the Russian Soviet Federated Socialist Republic (RSFSR). This provoked the invasion of the region by the Georgian nationalist forces. By the end of 1991, the invasion resulted in the deaths of more than a thousand people as well as tens of thousands of refugees. The conflict came to an end when Russian President Boris Yeltsin mediated a cease-fire in July 1992.[28] This cease-fire, which is enforced by the Russian, Ossetian and Georgian troops, is still in force.

Another challenge for Tbilisi was Abkhazia, which was Georgia's Autonomous Republic in the USSR. Abkhazia's demands for independence led to a violent conflict between the ethnic Georgians and the Abkhazians in the region. In July 1992, the Abkhazian Supreme Soviet declared the independence of Abkhazia from Georgia. In response, the Georgian National Guard captured the Abkhazian capital of Sukhumi in August 1992. This forced the Abkhazian government to flee Sukhumi. However, Tbilisi was unable to establish its authority in this republic as the Abkhazian forces captured Sukhumi and drove the remaining Georgian forces out of Abkhazia in September 1993.[29] There is now a cease-fire between Abkhazia and Georgia, with the Inguri River serving as the dividing line.

Although Moscow has been seen as an ally of both secessionist movements in Georgia, Russia's post-Soviet policy towards Georgia has been explained as if a stable, independent Georgia was necessary for security along Russia's southern border.[30] The Russian foreign policy establishment has attempted to justify the Russian position in terms of 'Near Abroad' doctrine. According to this doctrine, Georgia, which is a very strategic country in the Caucasus, belongs to the Russian sphere of influence. Accordingly, Moscow has claimed that no state other than the Russian Federation could solve regional problems in the Caucasus, including Georgia.[31]

In line with this 'official rhetoric' of the Russian Federation, Moscow offered mediation of Georgia's conflicts with the Abkhazian and Ossetian mi-

---

28 Stephen Jones, 'Georgia: A Failed Democratic Transition', in I. Bremmer ve R. Taras (eds.), Nation and Politics in the Soviet Successor States, Cambridge: Cambridge University Press, 1993, pp. 295–296.

29 Catherine Dale, 'Turmoil in Abkhazia: Russian Responses', RFE/RL Research Report, vol. 2, no. 34, 27 August 1993, pp. 48–57.

30 Oktay F. Tanrisever, 'Escalation of the Tensions between Russia and Georgia: A Dialogue of the Deaf?', Stradigma, no. 7, August 2003.

31 See Oktay F. Tanrisever, 'Sovyet-Sonrası Dönemde Rusya'nın Kafkasya Politikası', Türkiye ve Komşuları, (eds.) Mustafa Türkeş and İlhan Uzgel, Ankara: İmge Yayınları, 2002, pp. 386–391.

norities. Moscow claimed that increasing the autonomy of these groups could contribute to the stability of Georgia. However, it is widely believed in Tbilisi that some Russian military personnel continue to give military assistance to the Abkhazian forces. In order to limit Moscow's support to Sukhumi, Georgia joined the CIS on terms dictated by Russia in 1993. Shevardnadze defended CIS membership of Georgia as a necessity for Georgia's survival as an independent state.[32]

The gap between Moscow's 'pacifist and defensive rhetoric' and its more assertive foreign policy line in the region became wider since Vladimir Putin's rise to the Russian Presidency in 2000. In order to keep Georgia in its own sphere of influence, Moscow has also escalated its conflict with Georgia over Russia's visa regime. To this purpose, Moscow revised its visa regime for the Georgian citizens on 5 December 2000.[33] The striking point in this new visa regime was that Moscow envisaged the continuity of a visa-free travel regime for the residents of Abkhazia and South Ossetia. The preferential treatment of these Republics against the people living in other parts of Georgia (Moscow's visa regime also involved the distribution of Russian passports to the residents of Abkhazia and South Ossetia) looks like a defiance of Georgia's national sovereignty and a challenge to its territorial integrity. In response to these developments, the Georgian Parliament has claimed that this new visa regime makes it very clear that Moscow has been pursuing expansionist and imperial policies towards Georgia which might lead to the eventual annexation of Abkhazia and South Ossetia.[34]

The already tense relations between Russia and Georgia escalated dramatically when Moscow has started to accuse the Georgian leadership of permitting the international terrorists to use its territory in order to fight in Chechnya. Moscow has also claimed that Georgia provides a safe heaven to the Chechens for establishing bases in the Pankisi Gorge along the Russian-Georgian border. Moscow bases its claims on the fact that there are approximately 5,000 Chechen refugees from Chechnya as well as 7,000 local ethnic

---

32 Alexander Rondeli, 'Regional Security Prospects in the Caucasus', in G. K. Bertsch et.al., eds., *Crossroads and Conflict: Security and Foreign Policy in the Caucasus and Central Asia*, New York and London: Routledge, 2000, pp. 49–50.

33 Vladimir Mukhin, 'Tension Still Strong between Russia, Georgia', *The Russia Journal,* 6 December 2000.

34 See 'The Statement of the Parliament of Georgia on the Introduction of Visa Regime between Russia and Georgia', Available on the Internet at http://intranet.parliament.ge/statements/parl_24.11.00_en.htm.

Chechens in the Northeastern part of Georgia. In response, Georgia, which has consistently refused the Russian requests to deploy Russian forces in the Pankisi Gorge, declared that it will bolster the security along its border with Russia. However, Moscow criticized these Georgian moves as cosmetic attempts to delay the massive Russian operation to root out the terrorist bases in the Georgian territory. This showed that Russia was very keen on carrying out a military operation in attacking the Pankisi Gorge.[35]

The Russian pressure on Tbilisi increased on 11 September 2002 when President Vladimir Putin sent a letter to world leaders outlining Russia's complaints about Georgia's inaction and asserting Russia's right to launch attacks in line with the United Nations Charter enshrining countries' right to self-defense. In this letter, Putin stated that

> The successful progress of the counter-terror operation has forced the remaining bandits to flee to Georgia, where the Georgian authorities turn a blind eye to the fact that they are living a free and comfortable life there, and continue to receive military, financial and other assistance from abroad. [...] Proceeding from the above, we are talking about glaring violation by Tbilisi of counter-terrorist Resolution 1373 of the UN Security Council, which is obligatory for all states. In this situation we must ensure that Georgia fully complies with its obligations to the international community in this sphere. [...] In this connection Russia may be forced to use the inalienable right to individual or collective defense in accordance with the UN Charter, stipulated in Resolution 1368 of the UN Security Council adopted in the aftermath of the barbarous terrorist acts in the USA in September last year. I want to stress that we are not considering actions that would undermine the sovereignty and territorial integrity of the country in question or a change of its political regime.[36]

Since the Russian public opinion has generally supported all the hawkish policies of Putin during the Second Chechen War, this ultimatum contributed to Putin's popularity. Putin needed to shore up his public image as a determined leader when his accommodative policies towards the NATO and the United States undermined his credibility in the eyes of the public. Putin might have also expected that the United States could give a carte blanche to Moscow in Georgia in return for the Russian support for the United States

---

35 Jim Heintz, 'Russia Ready to Attack Georgia', *Associated Press*, 12 September 2002.
36 *RIA Novosti*, 12 September 2002.

during the approaching War in Iraq.[37] Nevertheless, as the growing relations between Tbilisi and Washington show Putin's policies proved to be self-defeating.

In order to counterbalance the increasing Russian influence over Georgia, Tbilisi opted for strengthening its relations with the United States. Thus, Tbilisi intensified its cooperation with the U.S. within the framework of the US 'Train and Equip' program, which is a $64 million project designed to bolster Georgian border security and modernize its armed forces in April 2002. However, it should be noted here that this 'Train and Equip" program cannot be seen as a means of reasserting Georgia's control over Abkhazia and South Ossetia since this is a rather small military assistance program. In line with the objectives of this program, only 1,600 Georgian soldiers will be trained, which is not adequate for putting the secessionist movements in Abkhazia and South Ossetia under the Georgian control.[38]

Although the new situation in Georgia might have created problems in Washington's relations with Moscow, whose support was essential for the looming crisis over Iraq, the United States opposed to Putin's threats categorically by condemning him for suggesting that he might attack the Chechen rebel bases in Georgia militarily.[39] To appreciate the United States support for Tbilisi during this crisis, the Georgian Parliament granted the United States armed forces conditional access to all Georgian military facilities during the latest War in Iraq. The Russian State Duma reacted harshly to these resolutions of the Georgian Parliament by characterizing it as detrimental to Moscow's relations with Tbilisi.

Georgia's increasing cooperation with the United States has also motivated Tbilisi to apply officially for NATO membership in autumn 2002. Already annoyed by the United States support for Georgia, Moscow has been increasingly worried about the growing relations between Tbilisi and NATO. Specifically speaking, Russia does not want Georgia to open its airspace to NATO spy planes that might carry out surveillance operations over the Russian territory. Therefore, Russian Foreign Ministry spokesman Aleksander Yakovenko stated that 'the possible deployment of NATO radar monitoring

---

37 Stephen Mulvey, 'Why Russia Threatens Georgia over Pankisi', *BBC,* 12 September 2002.

38 Eric A. Miller, 'Morale of US-Trained Troops In Georgia Is High, But US Advisors Concerned About Sustainability', *Eurasia Insight,* 5 May 2003.

39 Elaine Monaghan, 'U.S. Criticizes Putin for Threatening Georgia', *Reuters,* 12 September 2002.

and surveillance aircraft (AWACS) in Georgia would run counter to Russia's
national security interests and compel Moscow to take protective counter-
measures'.[40] Nevertheless, the Bucharest Summit of NATO in 2008 failed to
give a green light to the Membership Action Plan of Georgia apart from
admitting that Georgia will join the alliance in future without making any
serious commitment to Georgia.

Protesting Georgia's attempts at joining NATO and the Western recognition of Kosovo's independence despite Russian objections, the Russian
President Vladimir Putin has ordered the Russian Foreign Ministry's bodies
in southern Russia to develop their relations with Abkhazia and South Ossetia.[41] This decision did not mean the Russian recognition of the independence of the Abkhazia and South Ossetia, but their further integration into
the Russian Federation. In this way, Russia could continue to criticize the
West, accept the territorial integrity of Georgia in theory and bring them
under Russian sovereignty in practice.

In response to the Russian policies of integrating Georgia's breakaway regions of Abkhazia and South Ossetia, Tbilisi sought to create the pro-Tbilisi
political structures in Abkhazia and South Ossetia so that Tbilisi could talk
to them and delegitimate the separatist leaderships.[42] In line with this strategy, Georgian President Mikhail Saakashvili appointed Irakli Alasania, the
head of the Tbilisi-based Abkhazian parliament-in-exile, as special envoy
for negotiations with the Abkhaz authorities. The separatist leadership refused to talk to him as such an official title was illegitimate in the eyes of the
separatists.[43] Similarly, Tbilisi recognized Dmitri Sanakoyev, as the legitimate
leader of the Provisional Administration of South Ossetia, and asked that
this pro-Tbilisi the Provisional Administration of South Ossetia should be
represented at the negotiations on equal footings with the separatist South
Ossetian leadership.[44]

Not surprisingly, both Russia and the separatist leaderships in Abkhazia
and South Ossetia refused to accept this Georgian plan. However, Tbilisi's

---

40 Jean-Christophe Peuch, 'Russia: Moscow Concerned NATO Spy Planes May Use Georgian
   Airspace', *RFE/RL*, 11 July 2003.
41 *Interfax* 16 April 2008.
42 Stacy Closson, 'Georgia's Secessionist De Facto States: From Frozen to Boiling', *Russian Analytical Digest*, 8 May 2008.
43 Molly Corso, 'Georgia Promotes Its Conflict-Resolution Plan', *Eurasia Insight*, 30 April 2007.
44 Jean-Christophe Peuch, 'Georgia Seeks to Modify South Ossetian Peace Negotiation Format',
   Eurasia Insight, 27 March 2008.

real plan is not to convince Moscow and the separatists but to engage the United Nations, NATO and the European Union more closely in the conflict settlement process.[45] For example, the European Union's High Representative for the Common Foreign and Security Policy Javier Solana recently attempted at convincing the Abkhaz secessionist leaders to resume direct talks with Tbilisi during his 6 June 2008 visit to Abkhazia. Nevertheless, the Abkhaz President Sergei Bagapsh rejected the calls for direct talks with Tbilisi with EU assistance. Solana labeled his visit as a high-level indicator of the European Union's interest in becoming involved in conflict settlement in Georgia.[46] This visit signifies that the European Union will increase attempts at participating more actively in the regulation of conflicts in the Caucasus.

These developments in the Abkhaz and South Ossetian conflicts could have a very significant impact on Turkey's relations with Georgia. As these developments demonstrate the separatist ethno-territorial units have been coordinating their policies more closely with Russia, Georgia needs to co-operate with Turkey and other members of the Euro-Atlantic community in order to resist Russian pressures. Turkey supports Georgia's territorial integrity and its desire to join NATO. It also expects Georgia to refrain from using military force against the Russian-backed groups as this may strengthen Russia's military presence in the Caucasus, which tends to decline steadily in the post-Soviet era.

Although Ankara's official position is acceptable to many Georgian politicians, activities of some pro-Abkhaz groups in Turkey are not welcome for Tbilisi. The activities of the Abkhaz community in Turkey may complicate this picture as they seem to very supportive of the policies of the separatist leaderships. This means that if the conflicts in Georgia escalate further, they could have a very destabilizing effect on Turkey's domestic politics. Therefore, Turkey's interest lays in the containment of these conflicts in the foreseeable future.

---

45 Archil Gegeshidze, 'A Georgian Perspective: Towards 'Unfreezing' the Georgian Conflicts', *Russian Analytical Digest*, 8 May 2008.

46 Vladimir Socor, 'Solana Returns Empty-Handed From Abkhazia', *The Jamestown Foundation Eurasia Daily Monitor*, Volume 5, Issue 113, 13 June 2008.

Conclusion

To conclude, the ethno-territorial conflicts in the Caucasus have erupted in the aftermath of the Soviet Collapse in 1991. The violent and militarized aspects of these conflicts have been put under control through peacekeeping activities of the international community. Nevertheless, there is no realistic prospect for the settlement of this conflict at present. Although it is likely that a working solution to these conflicts could be found by the relevant parties, it is equally possible that these conflicts could be transformed from being frozen conflicts to boiling ones in a very short period of time.

Russia's vested interest in keeping these conflicts frozen explains why it is not very likely in the foreseeable future to settle these conflicts diplomatically. Likewise, no major power in world politics would risk military confrontation with Russia in order to settle these conflicts. Regional states in the Caucasus have neither military nor diplomatic nor economic power to come up with a creative solution to these conflicts.

Despite this gloomy picture concerning the future of the frozen conflicts in the Caucasus, the Euro-Atlantic security structures such as NATO and OSCE have been considering the settlement of these conflicts vital for the stability in the continent. In fact, the existing formats of political negotiation and peacekeeping are very ineffective; therefore, a comprehensive review of the entire peace process seems to be necessary. Russia's policies towards the ethno-territorial units seek to prevent these Caucasian states from joining the NATO.

The future enlargement plans of the NATO have been undermined by Russia's policy of exploiting these conflicts in order to destabilize the regional countries and making the region unstable for the NATO. Both the NATO and the European Union have been coordinating their activities for the transformation of the ethno-territorial conflicts in the Caucasus since 11 September 2001. Both the NATO and the European Union consider the soft security challenges that these self-styled ethno-territorial units pose to international security. These challenges include illegal migration, organized crime, drug trafficking and human trafficking.

Ankara's role in the regulation of currently frozen ethno-territorial conflicts lays in the fact that under these conditions, it is getting more and more difficult to prevent these frozen conflicts from being transformed into boiling conflicts or to settle the ethno-territorial conflicts in the Caucasus. Besides, as conflict settlement has become extremely difficult to achieve, finding new ways of regulating these conflicts has become an important priority for the parties involved. Turkey's attempts at developing more balanced relations with the relevant parties, especially after the beginning of its negotiations for membership in the European Union, could also foster mutual trust and create interdependencies as in the BSEC process, so that regional actors would find the continuation of these interdependencies very beneficial and their disruption very destabilizing.

All in all, it is possible to argue that international actors are very likely to intensify their efforts at finding an enduring solution to the frozen ethno-territorial conflicts in the Caucasus. In this context, Turkey could play a vital role in the realization of Euro-Atlantic strategy of conflict settlement by creating a conducive environment for conflict regulation in the region through its multifaceted relations with the relevant parties. As a country which is trying to Europeanize itself, Turkey could play a meaningful role as a mediator in the currently frozen ethno-territorial conflicts in the Caucasus. The positive contributions of Turkey to the regulation of ethno-territorial conflicts in the Caucasus could also enhance the Euro-Atlantic security structures in greater European landscape.

Peter W. Schulze

Die Rolle des Energiefaktors im Bergkarabach-Konflikt

Die Rückkehr des Great Game – aber mit neuen Spielern?

Aserbaidschans geopolitische Lage im Raum zwischen dem Kaspischen und dem Schwarzen Meer markiert eine Schnittstelle nicht nur zwischen Europa und Zentralasien, sondern auch zwischen Russland und den Staaten des Mittleren Ostens, namentlich dem Iran und der Türkei. Aufgrund seiner Erdöl- und Erdgasressourcen wurde der Raum schon früh zum geopolitischen Zankapfel im „Great Game" des 19. Jahrhunderts zwischen Russland und Großbritannien. Erinnerungen an eine Neuauflage des Great Game wurden in den 1990er Jahren nach dem Zerfall der UdSSR geweckt, als die amerikanische Politik unter Präsident Clinton daran ging, Russlands Einfluss in diesem Raum ein für alle Mal zu neutralisieren. Eine neue, mächtigere Koalition, bestehend aus den USA, Großbritannien und der Türkei, fand gegen das postsowjetische, im Chaos der Jelzin-Jahre versinkende Russland zusammen[1]. Aber auch in den Folgestaaten des auseinandergebrochenen sowjetischen Imperiums formierten sich neue Kräfte. Zwar war ihnen allen gemeinsam, dass sie sich dem Zugriff Moskaus zu entziehen suchten, jedoch wollten sie ihre mühsam erstrittene Souveränität nicht durch eine neue Abhängigkeit einwechseln. Der aufbrandende Nationalismus ging Hand in Hand mit Zielen der Herrschaftssicherung der nationalen Machtcliquen, die in fast allen Ländern identisch mit der alten sowjetischen Nomenklatura waren. Ihr autoritäres Gehabe immunisierte sie gegen die Segnungen von Privatwirtschaft und Demokratie.

Pipelines – moderne trojanische Pferde im Südkaukasus?

Während der Clinton-Administration setzten sich gegen den Widerstand seines außenpolitischen Beraters Strobe Talbott Hardliner im National Security

---

1 Siehe dazu die brillante Darstellung von Steve LeVine: The Oil and the Glory. The pursuit of empire and fortune on the Caspian Sea. New York 2007, S. 214ff.

Council durch, den kaspischen Raum aufgrund seiner Ölressourcen zum Faktor nationalen Sicherheitsinteresses erklärend. Ihre Argumentation war bestechend plausibel: Um den russischen Einfluss endgültig abzuweisen und den Raum für amerikanische Energiekonzerne zu öffnen, mussten Möglichkeiten geschaffen werden, Öl und Gas aus Aserbaidschan und zukünftig auch aus Turkmenistan und Kasachstan dem Weltmarkt zuzuführen. Probates Mittel zur Durchsetzung dieses Ziels war der Bau einer Pipeline, die an Russland vorbei die kaspischen Energiereserven nach Westen, nach Europa leiten sollte.

Eine solche Pipeline, gewissermaßen eine Art zeitgemäßes trojanisches Pferd (Sheila Heslin), gestattete, dass drei Ziele ohne militärische Intervention und ohne amerikanische Truppenpräsenz gleichzeitig erreicht werden konnten:

1. die Unterstützung von Bestrebungen der aserbaidschanischen Führung unter dem damaligen Staatspräsidenten Heidar Alijew zur Festigung der eigenen Machtbasis und einer prowestlichen Außenpolitik durch Einnahmen aus dem Ölgeschäft, nach seinem Tode 2003 wurde diese Politik durch seinen Sohn Ilham Alijew fortgeführt,
2. die Öffnung und Sicherung des Raumes für amerikanische und westliche Ölkonzerne sowie
3. die Neutralisierung des russischen und zugleich des iranisches Einflusses in der Region.

Seit Mitte der 1990er Jahre wurde das Projekt einer Pipeline von Baku über Tbilisi nach Ceyhan (BTC) vorerst auch gegen den Widerstand amerikanischer Ölkonzerne, die angesichts des niedrigen Erdölpreises, der damals zwischen 15 und 18 US-Dollar oszillierte, das Projekt für nicht profitabel hielten, von der amerikanischen Regierung vorangetrieben. Forciert wurde die BTC also anfänglich durch Washingtons Absicherungen und kurze Zeit darauf durch den rasanten Anstieg der Energiepreise auf dem Weltmarkt ab 2001. Seit Juli 2006 ist die BTC in Betrieb[2] und durchbrach damit erstmals

---

2 Bei der Eröffnung waren alle Vertreter des von British Petroleum (BP) geleiteten Konsortiums zum Bau und zur Leitung der Pipeline anwesend: der Betreiber BP (30,1 %), die aserbaidschanische nationale Ölgesellschaft SOCAR (25 %), das amerikanische Unternehmen Unocal (8,9 %), Norway's Statoil (8,7 %), die türkische TPAO (6,5 %), Italiens ENI (5 %), die französische Gesellschaft Total (5 %), ConocoPhillips (2,5 %), Amerada Hess (2,35 %), die japanische Gesellschaft Itoku (3,4 %) und Inpex (2,5 %).

das russische Leitungsmonopol bei der Versorgung Westeuropas mit Öl. Neben der BTC bestehen zwei weitere Pipelines mit geringerem Transportvolumen zum Schwarzen Meer, nach Supsa (Georgien) und Noworossijsk (Russland).

Geht es nach Vorstellungen Washingtons, so ist das nur der erste Schritt, um das Netzmonopol Russlands nach Europa gänzlich auszuheben.

Aserbaidschan spielt in der amerikanischen Energie- und Geopolitik für diesen Raum eine entscheidende Rolle. Das Land ist Energiequelle und Transitland für die zentralasiatischen Energieressourcen, wenigstens solange der rechtliche Status des kaspischen Meeres strittig ist. So nimmt es nicht Wunder, dass amerikanische Ölkonzerne und Washington insbesondere die Präsidenten von Kasachstan und Turkmenistan ermuntern, eigene Energieoptionen, die wesentlich gegen Russland zielen, zu verfolgen. Nach dem Tode des turkmenischen Präsidenten Niyazow und der nachfolgenden vorsichtigen Öffnung des Landes verstärkte sich der Druck auf Aschgabat, amerikanische Konzerne an der Ausbeutung der Energiequellen zu beteiligen. Aber wie es den Anschein hat, sind westliche Firmen, darunter auch das Joint Venture TNK-BP, bislang nicht zum Zug gekommen, denn der russische Konzern LUKoil kündigte im Juni 2007 eine Einigung mit der turkmenischen Regierung über die Erschließung von drei kaspischen Offshore-Feldern[3] an. Ähnliches ist vom Gassektor zu vermelden.

Dennoch scheint die amerikanische Kaukasuspolitik, die hier eine zentralasiatische Dimension erfährt, unbeirrt am mittelfristigen Ziel des Baus einer weiteren, einer transkaspischen Pipeline festzuhalten, mit der kasachisches und turkmenisches Öl in die BTC eingespeist werden könnte. Im Kontext dieser Überlegungen unterstützt die amerikanische Regierung natürlich auch das Nabucco-Projekt der Europäischen Union, eine Gaspipeline von Aserbaidschan nach Südosteuropa zu führen.

Mehr noch, die BTC und die Präsenz amerikanischer und westlicher Konzerne in Aserbaidschan indizierten eine stillschweigende Sicherheitsgarantie für das Alijew-Regime und hatten ihre Auswirkungen auf die Außen- und Außenwirtschaftspolitik des Landes. So wurde auch nach dem Tode Heidar Alijews von dessen Sohn Ilham Alijew die Politik der Westorientierung fortgesetzt. Aber gleichzeitig suchten beide Staatspräsidenten angesichts der wachsenden wirtschaftlichen und vor allem energiepolitischen Bedeutung Moskaus die Beziehungen zu Russland auf eine gutnachbarschaftliche

---

3 The Moscow Times, 14. 6. 2007, S. 1.

Grundlage zu stellen. Berücksichtigt man ferner, dass das dominierende Thema der aserbaidschanischen Außenpolitik der Konflikt mit Armenien um Bergkarabach ist und dieser ohne Mitwirkung Moskaus kaum gelöst werden kann, Moskau aber aus aserbaidschanischer Sicht als Parteigänger Armeniens charakterisiert wird, so wird einerseits die Westorientierung Bakus verständlich. Andererseits sind dieser damit auch Grenzen gesetzt. Vielleicht erklärt sich so das sofortige Einschwenken Bakus auf den Vorschlag Putins, die russische Radarstation im aserbaidschanischen Gabala in die Debatte um das von den USA geplante Raketenabwehrsystem einzubeziehen. Nicht das Schicksal der Radarstation, deren Pachtvertrag sowieso in einigen Jahren ausläuft und die längst nach russischer Planung um Komplexe bei Astrachan ersetzt werden wird, war ausschlaggebend. Eher spielte eine Grundvorsicht des aserbaidschanischen Präsidenten eine Rolle, Russland als strategischen Faktor im Konflikt um Bergkarabach nicht zu verprellen. Solange es keine Garantien für eine feste und institutionelle Integration der kaukasischen und zentralasiatischen Staaten in den Orbit von NATO und EU gibt, ermöglicht die Multivektorenpolitik diesen Staaten ein gewisses Maß an Unabhängigkeit und Sicherheit gegen externe Bedrohungen, die sich interner Kräfte bedienen könnten.

So ist Aserbaidschan Mitglied der Gemeinschaft Unabhängiger Staaten (GUS) und gehört der Organisation Islamischer Staaten (OIC) an. Baku ist außerdem seit seiner Selbstständigkeit Mitglied des Europarates und der OSZE und nimmt an der NATO-Partnerschaft für den Frieden teil. Als Geste gegenüber Washington ist auch Aserbaidschan mit kleinen Kontingenten in Afghanistan und im Irak vertreten. Mit einer solchen Multivektorenpolitik, die ihren Sicherheitsanker primär in der Westorientierung hat, steht Alijew nicht allein. Ähnliche Optionen hatten und haben auch zeitgleich in der Ukraine, in Kasachstan und in Usbekistan Konjunktur.

3. Die südliche Dimension: Iran und Türkei

Erwähnt werden müssen auch die iranisch-aserbaidschanischen Beziehungen, die mittelbar vom Konflikt mit Armenien tangiert sind. Aufgrund des Wirtschaftsboykotts von Armenien kommt die Hauptversorgung Eriwans mit Gas aus dem Iran[4]. Obendrein haben unterschiedliche Auffassungen über

---

4   Die iranischen Gaslieferungen an Armenien ergeben sich aus einem Bedrohungsgefühl Tehe-

den Rechtsstatus des Kaspischen Meeres die Nutzung und Durchleitung der großen Öl- und Gasvorräte auf der Ostseite bislang verhindert. Das Problem des Status des Kaspischen Meeres entstand zu Anfang der 1990er Jahre, als sich die Region für internationale Unternehmen öffnete. Der Statusstreit hat vor allem eine wirtschaftliche Dimension, weil davon der Zugang zur Ausbeutung von bedeutenden Energieanteilen abhängt. Streitpunkt ist, ob das Kaspische Meer juristisch als See oder als Meer zu betrachten ist. Betrachtet man das Kaspische Meer als Meer, so müsste es vergleichbar anderen Räumen zwischen den einzelnen Küstenländern aufgeteilt werden. Die Länder könnten so völlig unabhängig die Ressourcen ihres Territoriums ausbeuten. Das käme den Ländern zugute, die über bedeutende Energieressourcen in ihren Hoheitsgewässern verfügen.

Andersherum, wird der Status eines Sees beibehalten, dann müssen die Besitztümer unter allen Anrainerstaaten aufgeteilt werden. Der Begriff des Hoheitsgewässers ist dann unbrauchbar, selbst wenn jedes Land über eine ausschließliche Wirtschaftszone von bis zu 45 Meilen (73 km) von der Küste verfügt. Über diese Grenze hinaus ist das Kaspische Meer dann in Zonen aufgeteilt, und die Ressourcen müssen gemeinsam von den fünf Anrainerstaaten ausgebeutet werden. Länder wie Russland, der Iran oder Turkmenistan, die über geringere Energielagerstätten im Kaspischen Meer verfügen, treten wegen der Teilung der Ressourcen verständlicherweise für die These vom See ein. Aserbaidschan und Kasachstan, die ungefähr 90 % der kaspischen Energieressourcen besitzen, kämpfen hingegen für den Meeresstatus.

Nicht zu unterschätzen sind auch potenzielle Spannungen, die sich schon einmal im Juni 2006 entluden, als es zu Auseinandersetzungen im Nordiran kam, wo eine bedeutende ethnische Minderheit von Azeris lebt. Hinzu kommt, dass die aserbaidschanische Exklave Nachitschewan nur auf dem Landweg über iranisches Gebiet erreicht werden kann. All diese Faktoren haben Baku daher zu einem vorsichtigen Kurs gegenüber Teheran veranlasst.

---

rans, das sich von Ländern umzingelt fühlt, die besondere Beziehungen mit für den Iran feindlichen Mächten wie den USA oder Israel pflegen. Die iranische Kaukasus- und Zentralasienstrategie zielt darauf, ein stabiles Umfeld zu schaffen, weil dies wiederum die Garantie für die nationale Stabilität des Iran ist. Teheran fürchtet insbesondere eine Achse USA–Türkei–Aserbaidschan. Gegen eine solche Bündniskonstellation, die um Georgien erweitert wäre, hätte das Land kein Gegengewicht. Neben wirtschaftlichen und technologischen Erwägungen spielt diese Sicht eine große Rolle bei der Annäherung Teherans an Eriwan und Moskau.

Die Türkei ist ebenfalls als Machtfaktor im Südkaukasus und vor allem in Georgien und Aserbaidschan präsent, hat aber weitgesteckte pantürkische Ziele, wie sie zu Beginn der 1990er Jahre hochkamen, zurückgeschraubt. Obwohl der wirtschaftliche Einfluss gewachsen ist, konnte sich die Türkei nicht ihren Möglichkeiten entsprechend als Investor und Handelspartner im Südkaukasus durchsetzen.

Türkische Direktinvestitionen in Georgien sind denen der USA, Großbritanniens und Kasachstans nachrangig. Letztere haben hauptsächlich in die Energieinfrastruktur investiert. 2004 beliefen sich die türkischen Direktinvestitionen in Georgien auf ca. 30 Millionen Dollar, was 23 % aller ausländischen Investitionen entsprach. Die Mehrheit dieser Investitionen erfolgte in den Bereichen Telekommunikation, Manufaktur, Hafenanlagen, Glasverpackung und Abfüllen von Mineralwasser. Geplant sind Investitionen in Höhe von ca. 5 Mrd. in die Landwirtschaft und den Energiesektor. Die Türkei exportiert vor allem Lebensmittel, Maschinen und Ausrüstungswaren nach Georgien[5].

Hinsichtlich des Handelsaustausches und der Investitionstätigkeit übertreffen die türkisch-aserbaidschanischen Beziehungen die georgisch-türkischen um ein Beträchtliches. Türkische Investitionen belaufen sich dort auf mehr als vier Mrd. Dollar und machten 2006 ca. 36 % der Auslandsinvestitionen aus. Damit zählt die Türkei zu den wichtigsten Investorenländern in Aserbaidschan – mit Ausnahme der Ölbranche. Als Importland aserbaidschanischer Produkte liegt die Türkei auf Platz drei nach den USA und Großbritannien. Während die anderen großen Investorenländer sich generell in der Ölbranche engagieren, zielen türkische Investitionen auch auf andere Sektoren. Im Jahre 2006 zählte man etwa 1300 registrierte türkische Unternehmen in Aserbaidschan. Türkische Gesellschaften sind in einer Vielzahl von Branchen aktiv: Ölförderung, Telekommunikation, Lebensmittel, Bankwesen, Versicherungen, Baugewerbe, Textilverarbeitung, Kraftfahrzeugbau, Transport, Chemie-, Eisen- und Stahlindustrie, Energiesektor, Bildungswesen, Medien, Marketing und Bäckereien. Diese große Vielfalt der Investitionen steigert die wirtschaftliche Aktivität, weil sie Arbeitsstellen schafft, den Wissenstransfer entwickelt und die Industrien modernisiert. Wichtigste türkische Investoren sind etwa die Turkish National Petroleum Company, Turkcell (Mobiltelefo-

---

5 Die wichtigsten rein türkischen oder georgisch-türkischen Joint Ventures in Georgien sind die Mina Joint Stock Company, Geocell, Sener Arda Group, Delta Petroleum Company und die Baufirmen Baytur, Borova, Burc, Ustay und Zafer.

nie), Anadolu Holding (Getränke), Koc Holding (Handel, Autos, Bank) oder Teletas (Kommunikation). Seit den letzten Jahren stagniert aber die Zahl der Unternehmen aufgrund wirtschaftlicher und politischer Befürchtungen, der Konflikt um Bergkarabach könnte erneut in eine heiße Phase eintreten und destabilisierende Folgen haben.

Europäische Energiesicherheit durch Diversifizierung der Importquellen

Anders als die USA beteiligte sich die Europäische Union in den 1990er Jahren nicht an der Wiederauflage des „Great Game" im Raum zwischen dem Kaspischen und dem Schwarzen Meer. Geopolitik war in Europa noch ein verpöntes Wort, das man allenfalls der amerikanischen Blockführungsmacht zubilligte. So entrüstete man sich zwar stillschweigend über die Verquickung von politischen mit energiepolitischen Zielen in der Außenpolitik Washingtons, nahm aber billigend und dankbar in Kauf, im Schlepptau der einzig übrig gebliebenen Supermacht zu segeln. Ähnlich dachten und handelten britische Konzerne, aber auch ehemalige Kolonialmächte wie etwa Frankreich oder Italien. Die Sicherung der Energieversorgung stand in den 1990er Jahren nicht an oberster Stelle auf der politischen Agenda der EU, denn die ruinös niedrigen Energiepreise, besonders für Öl, schufen eher Handlungsbedarf hinsichtlich klimatisch-ökologischer Ziele. Zudem war Russland als ein Hauptenergieversorger Europas von Öl und Gas kaum in der Lage, erstens die Preise angesichts der Energieschwemme zu diktieren oder zweitens gar zum Mittel eines Lieferboykotts zu greifen. Der Iran war isoliert und Russland zu schwach, um westliche Politiker und Unternehmer davon abzuhalten, eine aktive Rolle bei der Definition der Energiepolitik in der kaspischen Region zu spielen.

Zweifelsohne bestimmten deswegen amerikanische Konzerne – teilweise zusammen mit britischen, teilweise in Konkurrenz zu diesen – den geopolitischen Wettbewerb in diesem Raum. Die EU selbst hielt sich als Akteur zurück. Zudem gab es keine Übereinkünfte in Punkto europäischer Energiepolitik, sodass die einzelnen Mitgliedstaaten es vorzogen, sich gemäß der nationalen und partikulären Interessen ihrer jeweiligen Energiegesellschaften zu positionieren.

Die Transitländer für russische Energielieferungen befanden sich selbst in nahezu unlösbaren, mit Instabilität und fehlender Staatsautorität durchdrungenen systemischen Krisen. Sie rangen um Überwindung der Transformationsfolgen nach dem Zusammenbruch der Sowjetunion und kämpften um politische Stabilität und westliche Anerkennung für ihren Kurs auf Eigenstaatlichkeit.

Erst gegen Ende der 1990er Jahre schien die EU aus ihrem energiepolitischen Tiefschlaf zu erwachen. Das sogenannte „Grünbuch" der EU von 2001 und die Aufnahme eines Energiedialogs zwischen der EU und Russland im Jahre 2000, vor allem aber die Gaskrise zwischen der Ukraine und Russland katapultierten die Fragen von Energiesicherheit und Diversifizierung in den Prioritätenbereich politischen Handelns. Schließlich markiert die Einbeziehung der südkaukasischen Staaten in die Europäische Nachbarschaftspolitik (ENP) 2003 einen fundamentalen Wechsel in der Haltung der EU gegenüber der gesamten Kaspischen Region. Im Rahmen der ENP haben sich Handel und diplomatische Beziehungen mit der Europäischen Union und seinen Partnerländern intensiviert. Der im Rahmen der ENP mit Aserbaidschan abgestimmte Aktionsplan wurde im November 2006 offiziell verabschiedet. Energiesicherheit und Diversifizierung sind die bestimmenden Themen in der europäischen Energiedebatte. Demzufolge suchte die EU ihre Beziehungen im Energiebereich mit den Ländern des Südkaukasus und durch die „Baku-Initiative" zu vertiefen. Ziel ist die Schaffung einer vernetzten regionalen Energiegemeinschaft Schwarzes/Kaspisches Meer, die sich an Brüsseler Energieregeln hält[6].

Die europäische Energie- und Kaukasuspolitik ist relativ spät auf den Plan getreten und hat nicht verhindern können, dass sich Gazprom in Turkmenistan und Kasachstan nahezu das Exportmonopol im Gassektor hat sichern können. Das wenig kreative und jahrelange Beharren Brüssels auf Ratifizierung der europäischen Energiecharta gegenüber Moskau hat ihren Teil dazu beigesteuert. Forderungen der kaspischen Anrainerstaaten nach einem koordinierten Vorgehen gegen Gazprom wurden in Brüssel lange nicht ernst

---

6 Dass Armenien seine Sicherheit und Unterstützung im Konflikt mit Baku eher durch einen prorussischen außenpolitischen Kurs verfolgt, war für Brüssel kein Hindernis beim Abschluss der ENP. Da die Intention der ENP ja auch auf Abwehr von Beitrittsoptionen fußt und sowohl Aserbaidschan als auch Armenien, obwohl letzteres als Musterland für EU-Reformen angesehen wird, bislang keine derartigen Wünsche äußerten, haben sie nahezu Modellcharakter für die Ziele der ENP. Brüssel akzeptiert die Sonderposition Aserbaidschans und definiert Baku als eine Garantie für eine zukünftige Diversifizierung der Energieversorgung. Aserbaidschan wiederum zeigt sich gegenüber Brüssel weder besonders geneigt, einen Prozess der „Europäisierung" zu durchlaufen, noch zeigt Baku irgendein Entgegenkommen bei der Demokratisierung des politischen Systems, und die EU nimmt das billigend hin.

genommen. Allerdings ist auch fraglich, ob die EU im Verein mit diesen Ländern genügend Druck auf Moskau hätte je entfalten können. Tatsache bleibt aber, dass es Brüssel zu keiner Zeit gelungen ist, russische Widerstände aufzuweichen. Dies dürfte zukünftig angesichts der neuen geo- und energiepolitischen Entwicklungen noch aussichtsloser geworden sein. In diesem Kontext kann der Baku-Initiative[7], der auch Russland als Beobachter angehört und die in erster Linie die Vorstellungen Brüssels und die Interessen der zentralasiatischen und kaukasischen Länder widerspiegelt, kaum ein Durchbruch gelingen, es sei denn, die vom russischen Präsidenten Dmitri Medwedew entworfenen Grundlinien für eine europäische Sicherheits- und Friedensordnung beziehen Moskau aktiv ein.

Die geopolitische und energiepolitische Sonderrolle Kasachstans im kaspischen Raum

Der Aufstieg neuer Wachstumszonen in der Weltwirtschaft und die ungebrochene Nachfrage nach Energie haben nicht nur Russland und Aserbaidschan begünstigt. Kasachstans Wirtschaft boomte ebenso und wirkte sich positiv auf das Staatsbudget aus. Der Staat wurde handlungsfähiger. Überdies wuchsen mit der Attraktivität des Landes für ausländische Investoren auch Auffassungen, sich insbesondere von Russland ein Stück weit unabhängiger zu machen. Kasachstan liegt in der Mitte eines imaginären Vierecks, dessen Eckpunkte von China im Osten, Indien/Pakistan im Süden, Russland im Norden und der Europäischen Union im Westen markiert werden. Mit anderen Worten, Kasachstan hat faktisch die Wahlfreiheit, falls der Energiepreis auch hohe Inves-

---

7 „The EU and the countries of the Black Sea and Caspian Sea regions agree on a common energy strategy." <http://europa.eu/rapid/pressReleasesAction.do?reference=IP/06/1657& format=HTML&aged=0&language=EN&guiLanguage=en>, Brüssel, 30. 11. 2006. Beim Treffen der Baku-Initiative auf Ministerebene in Astana einigten sich die Parteien – die EU, Aserbaidschan, Weißrussland, Georgien, Kasachstan, Kirgistan, Moldawien, Tadschikistan, die Türkei, die Ukraine, Usbekistan und Russland (als Beobachter) – auf eine Roadmap, die den Schwerpunkt auf den Aufbau einer Energiepartnerschaft auf der Grundlage einer umfangreichen Auswahl von Schlüsselfragen legt. Diese Roadmap sieht einen breiten Katalog von Aktivitäten vor, die von Verbesserungen der europäischen Gesetzesstandards über Energielieferungen und Nachfragemanagement bis zur Unterstützung der Energieinfrastruktur und von Transporteinrichtungen reichen. Ermutigt wurden ferner Maßnahmen zur Verbesserung der Energieeffizienz und der nachhaltigen Ausbeutung der Energieressourcen.

titionen in Pipelines lohnend macht, sich nach allen Seiten energiepolitisch zu vernetzen. Entwicklungen der letzten Jahre illustrieren diesen Trend. Astana, Sitz der Regierung und Hauptstadt Kasachstans, ist bemüht, seine Energieexporte zu diversifizieren und die Erlöse aus den Exporten für den Aufbau einer breit gefächerten Industrie zu nutzen. Für den Gassektor ist Diversifizierung zwar noch weitgehend Zukunftsmusik, obwohl ernsthafte Projekte mit China angeschoben wurden, aber für die Ölbranche bestehen schon Anbindungen.

In den kasachisch-russischen Beziehungen waren Belastungen, wie sie mit der Ukraine oder Georgien auftraten, nie zu beklagen. Dennoch war die Zusammenarbeit im Energiebereich nicht unproblematisch. Streit gab es um die Aufstockung der Durchleitungskapazitäten bei Pipelines. Bislang exportiert Kasachstan die Hauptmenge seines Öls durch die Pipeline des internationalen Caspian Pipeline Consortiums (CPC)[8] zum russischen Schwarzmeerhafen Noworossisk. Im Juni 2006 ging Astana einen Schritt weiter und suchte seine Exportrouten zu diversifizieren. Allerdings noch ohne durchschlagenden Erfolg, denn eine Pipeline-Verbindung zur BTC wurde zwar anvisiert, scheiterte aber bislang an rechtlichen Streitigkeiten zwischen Aserbaidschan und Turkmenistan. Demzufolge wird Öl kostenaufwändig per Bahn und Schiff in Baku angelandet und dort in die BTC eingespeist. Kasachstan übte mit seiner Diversifizierungsoffensive Druck auf Moskau aus, das sich weigerte, die CPC zu verlängern und die Durchleitungskapazitäten zu erhöhen[9]. Erst im Mai 2007 entsprach Russland den kasachischen Forderungen.

Für Kasachstan ist derzeit die Zusammenarbeit mit Russland unabdingbar, wenn es seine Energievorkommen an Märkte in Europa heranführen will. Denn solange keine direkten Gaspipelines nach China oder Pakistan gelegt sind und auch Überlegungen für eine Routenführung auf dem Boden des Kaspischen Meeres nach Georgien/Aserbaidschan und dann weiter nach Europa nur in einer allerersten Planungsphase stecken, sind kasachische Gasexporte ausschließlich über die russischen Netze möglich. Moskaus Monopolposition bei den Gaspipelines wurde erstmals im November 2006 durchbrochen, als der kasachische Staatskonzern KazMunaiGaz und China National Petroleum übereinkamen, bis 2008 eine Gaspipeline zwischen bei-

---

8 Mit 15 % hält Chevron den höchsten Anteil unter den acht ausländischen Betreibern der CPC, der einzigen privaten Pipeline, die über russisches Territorium verläuft. Russland und Kasachstan halten 24 und 19 %. Shell und LUKoil, aber auch die Regierung von Oman sind Anteilseigner. Im Mai 2007 übertrug Moskau seinen Anteil auf Transneft.

9 The Moscow Times, 5. 10. 2006, S. 6.

den Ländern zu bauen. Das erste Gas, 10 Mrd. Kubikmeter, soll schon 2009 fließen. Eine zweite Stufe soll bis 2012 fertiggestellt werden. Dann könnten durch die Leitung bis zu 30 Mrd. Kubikmeter Gas strömen.

Wie alle Länder des Kaspischen Raumes ist auch Kasachstan bestrebt, über eine Vielzahl von Pipelines seine Energievorkommen an internationale Märkte transportieren zu können. Gleichberechtigte Partnerschaften zu China, den USA und zu Russland resultieren aus dieser Vorgabe, die letztlich nicht nur die Eigenentwicklung des Landes, sondern auch dessen Unabhängigkeit gewährleisten[10]. Dementsprechend entspringen aus diesem Ansatz beispielsweise auch Meinungsverschiedenheiten mit Moskau über die Europäische Energiecharta, die von Kasachstan aufgrund der eigenen Interessen begrüßt wird. Seit 2007 konzentrieren sich Bemühungen zur Lockerung der russischen Monopolstellung auf die Anrainerstaaten des Schwarzen Meeres[11]. Beim Besuch des kasachischen Premierministers Daniel Achmetow in Bulgarien schlug Kasachstan den Aufbau eines Energieverbundnetzes vor, um die direkte Belieferung von Europa mit kasachischer Energie zu ermöglichen. Dieser Ansatz, der auch Georgien einbezieht, richtet sich unzweifelhaft gegen die Vorherrschaft Moskaus.

Eine ganz andere, weitaus entspanntere Lage herrscht im Ölsektor. Schon 1997 wurde zwischen China[12] und Kasachstan der Bau einer Pipeline vereinbart, die 2006 ihren Betrieb aufnahm[13]. Und im März 2007 verabredete der georgische Präsident Michail Saakaschwili mit seinem kasachischen Amtskollegen Nursultan Nasarbajew ein Großprojekt. An der georgischen Schwarzmeerküste, in Batumi, wird vom kasachischen Konzern KazTrans-Oil[14] ein Ölterminal errichtet. Mit dem Batumi-Projekt, das auch ohne eine

---

10 Der kasachische Präsident Nursultan Nasarbajew bei der Amtseinführung nach seiner Wiederwahl, RIA Novosti, 11. 1. 2006. Als Fernziel ließ er natürlich die Zusammenarbeit mit der EU nicht aus.

11 Gunter Deuber, Manuel Paffrath-Dorn: Russland-Kasachstan. In: Eurasisches Magazin, 31. 1. 2007.

12 Maria Yakovleva: Chinas Thirsts for Kazahk Oil. In: Russian Petroleum Investor, 27. 6. 2005.

13 Sergei Blagov: Russian Energy Partnership with Kazakhstan faces Reality Check. In: Eurasianet.org, 18. 1. 2006. Seit Beginn des Jahres 2007 laufen Verhandlungen zwischen KazMunaiGaz und ausländischen Ölkonzernen, mit Tankern Erdöl über das Kaspische Meer zu verschiffen und in die BTC einzuspeisen. Siehe dazu The Moscow Times, 25. 1. 2007. Ebenfalls tauchen immer wieder Pläne auf, eine 8.445 km lange Autobahn nach China zu führen, um den Warenumschlag zu beschleunigen. Die Autobahn soll St. Petersburg und Alma-Ata mit Lianyungang in China verbinden und an die 2,3 Mrd. US-Dollar kosten.

14 KazTransOil ist eine hundertprozentige Tochter des Staatskonzerns KazMunaiGaz.

Pipeline durch das Kaspische Meer seine Wirtschaftlichkeit beim gegenwärtigen Preisniveau für Öl erhalten würde, könnte Kasachstan noch unabhängiger von Moskau werden. Außerdem würden sich die Ausfuhrmengen um
etwa 25 % erhöhen[15]. In all den Projekten zeigt sich der Wunsch der kasachischen Regierung, trotz zahlreicher Kooperationsabkommen und partner-
schaftlicher Beteuerungen die Unabhängigkeit des Landes und damit den
Zugriff auf die eigenen Energiereserven zu bewahren[16].

Aber Gründe für denkbare Meinungsverschiedenheiten mit Russland er-
schöpfen sich nicht nur bei der Routenführung und Kontrolle über die Pipelines. Kasachstan hat seit den 1990er Jahren im Unterschied zu Russland eine
Reihe von Production Sharing Agreements (PSA) abgeschlossen und die Exploration und Förderung von Energie internationalen Konzernen überlassen.
So wird beispielsweise das größte Ölfeld im nördlichen Kaspischen Meer,
das Kaschgan-Feld, von einem internationalen Konsortium unter Führung
des italienischen Ölkonzerns ENI erschlossen.

Die Öffnung des Landes für internationale Energiekonzerne und die gewaltigen Vorkommen haben Kasachstan für die EU, China und die USA
attraktiv gemacht. Vor allem die USA versuchten im Kontext der russischen
Gaspreispolitik der kasachischen Regierung die Idee einer eigenen Pipeline
in die Türkei näher zu bringen, um Moskau zusätzlich zu schwächen. China
wiederum engagiert sich auch mit Direktinvestitionen und drängt auf eine
Gaspipeline, um sich unabhängiger einerseits von russischen Lieferungen,
aber auch von den volatilen Bedingungen des Golf-Raumes zu machen. Die
EU schließlich zeigt ein reges Interesse am Ressourcenreichtum der zentralasiatischen Länder und suggeriert, dass mit der Europäischen Energiecharta
das russische Umarmungsmonopol bei den Pipelines durchbrochen werden
könnte. Wieder einmal versteigt sich Brüssel dazu, eine Strategie zu verkün-
den, diesmal für Zentralasien. Wir können gespannt sein, wie das mit dem
hehren Wertekodex der EU in Einklang zu bringen ist und wie die russischen
Energiekomplexe, hauptsächlich Gazprom, darauf reagieren werden.

Zweifellos, unsichere Versorgungslagen und steigende Nachfrage nach
fossiler Energie werden die Konkurrenz um die Energieressourcen Zentral-

---

15 The Moscow Times, 7. 3. 2007, S. 7.
16 Kasachstan könnte seine Ziele durch den Bau neuer Hafenanlagen am Kaspischen Meer und den
    Aufbau einer Tankerflotte mit einem Volumen von je 60 000 Tonnen erreichen. Zusammen wür-
    den die dafür benötigten Investitionen von ungefähr drei Milliarden Dollar ähnlich hoch sein wie
    bei der Verlängerung der BTC durch das Kaspische Meer von Kasachstan nach Aserbaidschan.

asiens zukünftig noch stärker antreiben. Noch sind Auswirkungen auf die russisch-kasachische Energiepartnerschaft bislang kaum zu spüren. Aber mit der wachsenden Wirtschaftskraft des Landes, ehrgeizigen industriellen Modernisierungsvorhaben sowie Bemühungen um Exportdiversifizierungen, etwa dem Bau einer Gastrasse nach China, die noch in Moskau relativ entspannt gesehen wird, zögerte doch die russische Politik eine solche Entscheidung bis in jüngste Zeit selbst hinaus, werden sich Spannungen ergeben. Die Frage wird sein, ob solchen Entwicklungen innerhalb der vielen regionalen politischen, verteidigungs- und wirtschaftspolitischen Foren und Allianzen, in denen Moskau und Astana Partner sind, entgegengesteuert werden kann. Auch wird beobachtet werden müssen, ob in dieser Frage die Shanghai Cooperation Organisation (SCO) als Forum möglicherweise eine vermittelnde Rolle spielen kann.

Einstweilen, solange das russische Monopol bei den Gasdurchleitungsnetzen nach Europa relativ unangefochten bleibt, hat die kasachische Regierung im Gasgeschäft nur geringen Spielraum. Das hat gravierende Folgen für die energiepolitischen Hoffnungen der Europäischen Union. Denn vieles deutet darauf hin, dass es ähnlich wie in Turkmenistan ein unerfreuliches Erwachen für die Europäische Union und ihre Strategen geben wird. Mit Turkmenistan hatte Gazprom im August 2003 einen Liefervertrag für Gas auf 25 Jahre abgeschlossen. Das Land verpflichtete sich, 60 bis 70 Mrd. Kubikmeter Gas 2007, 63 bis 73 Mrd. Kubikmeter 2008 und 80 Mrd. Kubikmeter 2009 an Russland zu liefern. Tatsache ist jedoch, dass Turkmenistan seine Lieferverpflichtungen schon in der Vergangenheit nicht einhalten konnte. 2006 wurden nur 42 Mrd. Kubikmeter nach Russland exportiert. Gazprom kaufte nahezu das gesamte turkmenische Gas und verkaufte es über RosUkrEnergo an die Ukraine und nach Europa. Da bleibt für eigenständige europäische oder chinesische Import- und Diversifizierungswünsche zukünftig wenig Raum[17].

---

17 The Moscow Times, 16. 2. 2007, S. 5. Weitere Vereinbarungen über eine aktive Kooperationspolitik und Dreiecksgeschäfte im Energiebereich, an denen auch Usbekistan beteiligt ist, sind von Putin und vom kasachischen Präsidenten Nursultan Nasarbajew im Oktober 2006 unterzeichnet worden. Zu nennen wäre die gemeinsame Ausbeutung des gewaltigen Gasfeldes von Karachaganak. Kasachstan zieht daraus Vorteile, denn kasachische Partner wurden bei der Gasverarbeitung im grenznahen russischen Orenburg beteiligt. Vom Fördervolumen von ca. 15 Mrd. Kubikmeter Erdgas soll Russland sechs Mrd. Kubikmeter faktisch zum russischen Inlandspreis von 54 Dollar pro 1000 Kubikmeter erhalten. Die restlichen neun Mrd. Kubikmeter Erdgas sollen dann über russische Pipelines nach Europa geliefert werden. In diese Vereinbarung sind auch usbekische Gaslieferungen an Kasachstan, faktisch ein Swap-Geschäft, ein-

Zweifellos wird die Vereinbarung von Turkmenbashi dem Nabucco-Projekt einen weiteren Stoß versetzen. Noch stärker betroffen sind aber die Bemühungen Polens, der Ukraine, Litauens und Georgiens, deren Präsidenten sich am 12. Mai 2007 in Krakau trafen, um Fragen der Diversifizierung ihrer Energielieferungen zu beraten. Von den Staaten des kaspischen Raumes nahm nur der aserbaidschanische Präsident teil. Die Präsidenten Kasachstans und Turkmenistans weilten derweil mit Putin in Turkmenbaschi und vereinbarten die Gaslieferungen in das russische Leitungsnetz.

Denn eingekeilt zwischen die rivalisierenden geopolitischen Mächte Russland und USA scheint der turkmenische Präsident Gurbanguly Berdymuchammedow eine ähnliche Politik der Äquidistanz anzustreben wie Kasachstan. Aber auch China ist aktiv und beharrt auf einer 2005 getroffenen Vereinbarung, wonach eine Pipeline turkmenisches Gas nach China bringen soll. Angesichts der turkmenisch-russischen Vereinbarungen sind solche Vorstellungen freilich höchst fragwürdig. Turkmenistan hatte unter Niyazow eine recht zurückhaltende Explorationspolitik betrieben, und demzufolge grassierten nur Spekulationen über den Gasreichtum des Landes. Offizielle Schätzungen belaufen sich auf 2,9 Billionen Kubikmeter Gas, aber optimistische Schätzungen vermuten Reserven, die um ein Zehnfaches höher liegen. Insbesondere der im kaspischen Raum aktiv operierende US-Konzern Chevron Neftegaz bemüht sich um Beteiligungen bei der Förderung der Öl- und Gasreserven. Bislang sind nur Petronas aus Malaysia and Dragon Oil aus den Vereinigten Arabischen Emiraten im Lande tätig.

Erdöl- und Erdgasförderung in Aserbaidschan und im kaspischen Raum

Die BTC hat ihre trojanische Rolle im Raum zwischen dem Schwarzen und dem Kaspischen Meer noch nicht voll entfalten können, entwirft aber eine neue energetische und geopolitische Karte der Region. Folgeprojekte sind zwangsläufig, da sich alle Anrainerstaaten unabhängig von den bisherigen Streitigkeiten am Füllhorn der Weltmarktpreise für Öl und Gas bedienen wollen.

Seinem Selbstverständnis nach definiert sich Aserbaidschan als Scharnier zwischen Europa und Zentralasien sowie dem mittleren Osten. Das gilt ins-

---

bezogen. Bis 2009 soll Usbekistan mehr als drei Mrd. Kubikmeter Gas an Kasachstan liefern, damit Astana seinen Lieferverpflichtungen gegenüber Russland nachkommen kann.

besondere auch im Hinblick auf die Nutzung der kaspischen Energiereserven in Turkmenistan und Kasachstan. Die bestehende Ölpipeline BTC eröffnet potenzielle Chancen für die Nutzung und Einspeisung dortiger Ölressourcen in europäische Netze. Westliche Schätzungen in den 1990er Jahren waren für den kaspischen Raum sehr optimistisch. Sie gingen von knapp 200 Mrd. Barrel aus. Heute gehen realistische Prognosen eher von 45 Mrd. Barrel aus, das wären 4,5 % der weltweiten Erdölreserven. Das ist im Vergleich zu Saudi-Arabien, Russland oder Kanada relativ wenig. Die aserbaidschanischen Erdölvorkommen unter dem Kaspischen Meer werden auf 7 bis 14 Mrd. Barrel oder 15 % geschätzt, und die Erdgasreserven auf 1300 bis 3300 Mrd. Kubikmeter[18]. Die bedeutendste Quelle ist das 1985 entdeckte Erdölfeld Guneschli (mit fünf Mrd. Barrel, Betreiber BP). Schätzungen gehen aber davon aus, dass längst nicht alle Gas- und Ölfelder entdeckt worden sind und dass sich aufgrund dessen die aserbaidschanische Ölförderung bis 2015 verdoppeln könnte. Die Hauptmenge der gesicherten Ölreserven des Kaspischen Meeres liegt jedoch auf kasachischem Territorium, nämlich ungefähr 35 Mrd. Barrel oder ca. 75 % aller Reserven. Zu nennen sind die kasachischen Felder von Kaschagan (10 Mrd. Barrel, Betreiber ENI); Tengiz, (9 bis 10 Mrd. Barrel, Betreiber Chevron) und Karachaganak (fast zwei Mrd. Barrel, Betreiber British Gas).

Tabelle 1 : Energiereserven im Raum zwischen Schwarzem und Kaspischem Meer und in Russland

Gasreserven (Ende 2005 in Mrd. Kubikmeter)		
	Reserven	Ressourcen	Gesamtpotenzial
Russland	47 300	83 000	130 000
Turkmenistan	2 800	6 000	8 800
Kasachstan	3 000	2 300	5 300
Usbekistan	1 620	1 500	3 120
Aserbaidschan	1 371	1 900	3 271

18 In Aserbaidschan wurden im Jahr 2007 42 Millionen Tonnen Erdöl gefördert (2006 : 32 Millionen Tonnen).

Gasförderung und Gasverwendung (Ende 2005 in Mrd. Kubikmeter)		
	Förderung	**Binnenverbrauch**	**Nettoexport**
Russland	636	458	178
Turkmenistan	63	19	44
Kasachstan	26	21	5
Usbekistan	60	48	12
Aserbaidschan	5	9	−4

Quelle: Russlandanalysen 137/2007, 8.6.2007, S. 5.

Die hohen Investitionen, die British Petroleum (BP) und seine Finanzpartner in Aserbaidschan getätigt haben, beginnen Früchte zu tragen. Davon zeugt der Beginn der dritten Phase der Ausbeutung des gigantischen Offshore-Ölfeldes Azeri–Chirag–Guneshli (ACG) in der aserbaidschanischen Zone des Kaspischen Meeres. Die neue Plattform soll es übrigens auch ermöglichen, die Investitionen in die BTC schneller abzuschreiben. Die Nutzung des gigantischen Ölfeldes ACG war in drei Etappen geplant, die den Bau von insgesamt sieben Plattformen vorsehen. Wenn diese Plattformen voll funktionsfähig sind, erwartet BP eine Produktion von über einer Million Barrel pro Tag aus dem gesamten ACG-Ölfeld. Ein Teil der Einnahmen Aserbaidschans aus dem Ölgeschäft wird vom Staatlichen Ölfond (SOFAR) verwaltet, dessen Vermögen Mitte 2007 auf 2,4 Milliarden US-Dollar beziffert wurde. Aus dem SOFAR werden der Staatshaushalt unterstützt sowie Investitionen für Infrastrukturmaßnahmen und soziale Programme finanziert.

Die Förderung von Erdgas aus dem Feld Shah Deniz hat Ende 2006 begonnen. Pro Tag werden derzeit durchschnittlich 22 Mio. Kubikmeter produziert, bis zum Jahr 2012 soll das Fördervolumen auf 20 Mrd. Kubikmeter ausgebaut werden. Das Erdgas aus Shah Deniz wird zum Teil über die neu eröffnete „South Caucasus Pipeline" (SCP) in die Türkei und von dort aus weiter Richtung Europa geleitet. Aserbaidschan verbraucht selbst große Mengen Erdgas, unter anderem für die Stromerzeugung.

Eine transkaspische Erdgaspipeline von Turkmenistan nach Aserbaidschan unter dem Kaspischen Meer würde dem zentralasiatischen Staat eine alternative Exportroute eröffnen. Jedoch kommt das Projekt aufgrund von Streitigkeiten über den Rechtsstatus des Kaspischen Meers kaum voran.

Aserbaidschan beteiligt sich auch an einem neuen Korridor für Gaslieferungen aus der kaspischen Region und dem Nahen Osten nach Europa (Nabucco-Pipeline) als Liefer- und Transitland. Bislang ist Aserbaidschan jedoch das einzige Land im kaspischen Raum, das konkrete Zusagen für die geplante Nabucco-Pipeline machen konnte.

Transportinfrastruktur zur Marginalisierung Armeniens: die Baku–Tbilisi–Kars-Linie

Seit geraumer Zeit laufen Verhandlungen zwischen der Türkei, Aserbaidschan und Georgien über den Bau einer Bahnlinie im Südkaukasus, die Baku am Kaspischen Meer mit Kars in der Osttürkei verbinden soll. Dieses Projekt, das die Ost-West-Verbindung in der Region stärken würde, ist eindeutig gegen Armenien gerichtet. Das Projekt wird verhalten von den USA unterstützt und sieht den Bau einer Teilstrecke von 90 km zwischen Achalkalaki (Georgien) und Kars (Türkei) vor. Die Kosten dafür werden auf etwa 600 Mio. US-Dollar geschätzt.

Von Seiten Bakus sollen damit zwei Ziele erreicht werden:

1. Auf der Strecke sollen zukünftig ungefähr drei Mio. Tonnen an Gütern, hauptsächlich Erdöl, transportiert werden. Damit würde die zeit- und kostenaufwändige Prozedur entfallen, kasachisches und turkmenisches Öl per Güterzug über Aserbaidschan bis zu den georgischen Schwarzmeerhäfen Poti oder Batumi zu befördern.
2. Politisch würde es der Türkei und Aserbaidschan gelingen, Armenien noch stärker aus Vorhaben der regionalen Vernetzung des Südkaukasus auszuschließen. Solch Vorgehen schließt nahtlos an andere Projekte im Energiebereich (BTC, BTE[19]) oder im Straßenbau an, bei denen Armenien auch umgangen wird. Die intensivierte Isolierung soll Eriwan vor die Wahl stellen, entweder für den Sieg im Konflikt um Bergkarabach einen hohen Preis zu zahlen oder Kompromissbereitschaft zu bekunden. Nicht zu Unrecht beschuldigt daher Armenien Georgien, Aserbaidschan und die Türkei, eine bereits existierende Bahnlinie zu ignorieren, die von Gumri

---

19 Die BTE, die Gaspipeline Baku–Tbilisi–Erzerum verbindet die Gasvorkommen von Shah Deniz in Aserbaidschan mit dem östlichen Teil der Türkei. Sie spielt eine wichtige Rolle für die Energieversorgung Georgiens. Kasachstan scheint an einer Beteiligung an der BTE interessiert zu sein, aber dafür müssten die Streitigkeiten über das Kaspische Meer beigelegt werden, denn kasachisches Gas könnte nur auf dem Boden des Meeres in einer Pipeline transportiert werden. Auch der Iran scheint an diesem Projekt interessiert.

(Armenien) nach Kars führt. Damit könnte die Verbindung Baku–Tbilisi–Gumri–Kars wiederhergestellt werden, die derzeit wegen des türkischen Embargos stillgelegt ist.

Wirtschaftstruktur und Energiepotenzial Aserbaidschans

Das Bruttoinlandsprodukt Aserbaidschans wächst rasant. Die letzten vier Jahre zusammengenommen ergeben eine BIP-Steigerung von 96%. Den wirtschaftlichen Aufschwung verdankt das Land der Ausbeutung seiner Öl- und Gasreserven, die zum größten Teil nach Europa exportiert werden. Die Öl- und Gasförderung sowie deren Weiterverarbeitung entsprachen 75% der gesamten Industrieproduktion im Jahre 2007. Demnach zeigt Aserbaidschan auch Züge eines klassischen Petrostaates. Der Nicht-Öl-Sektor wuchs 2007 um 8,8% dank des expandierenden Dienstleistungssektors, die nicht auf Energieträger basierte Industrie und die traditionell wichtige Landwirtschaft schrumpfen jedoch seit 2005. Die Auslandsverschuldung betrug 2007 ca. 2,3 Mrd. Dollar und entsprach rund 8% des BIP. Das Land verfügt über Währungsreserven von etwa acht Milliarden Dollar.

Ermöglicht wurde diese Entwicklung durch die Investitionen ausländischer Ölfirmen, allen voran BP. Da die wichtigsten Förderanlagen inzwischen in Betrieb sind, geht der Anteil ausländischer Direktinvestitionen an den Gesamtinvestitionen zurück. Die Gesamtinvestitionen stiegen im Jahr 2007 auf 7,9 Mrd. Dollar und lagen damit um 33,8% höher als im Vorjahr.

Der Anteil von Erdöl und Erdölprodukten an den Gesamtexporten lag 2007 bei 80%. Wichtigster Handelspartner Aserbaidschans ist die EU mit 27,6% der Exporte. 2007 machten Importe aus der EU 29,3% der Gesamteinfuhr Aserbaidschans aus. Insgesamt hat Aserbaidschan im Jahr 2007 Güter für 6,1 Mrd. Dollar exportiert und für 5,7 Mrd. Dollar importiert. Importgüter waren vor allem Maschinen und Anlagen (29,4%), Metallwaren (10%), Nahrungsmittel (8,5%) und Fahrzeuge (17%).

Der Staatshaushalt Aserbaidschans wuchs in den vergangenen Jahren stetig. Auch der Haushalt 2008 sieht deutliche Steigerungen vor: 40% bei den Ausgaben und 23% auf der Einnahmenseite. Die expansiven Staatsausgaben sind eine wesentliche Ursache für die hohen Inflationsraten. Die Höhe der Verteidigungsausgaben ist unbekannt. Es ist aber anzunehmen, dass sie überproportional gestiegen sind.

Tabelle 2: Wirtschaftsdaten Aserbaidschan[20]

Wirtschaft	2006	2007
Bruttoinlandsprodukt in Mrd. $	20,9	29,4
Bevölkerung in Mio.	8,532	8,626
BIP pro Kopf in $	2373	3700
Wachstum BIP real	34,5%	25%
Preissteigerungsrate	9,6%	16,7%
Umfang Staatshaushalt in % des BIP	22%	25%
Saldo Staatshaushalt in % des BIP	0,5%	2,4%

Außenwirtschaft	2006	2007
Import in Mrd. $	5,26	5,7
Export in Mrd. $	6,37	6,1
Saldo Handelsbilanz in % des BIP	5,6%	5,9%
Stand internationaler Verschuldung in Mrd. $	1,9	2,4
Schuldendienst in % des BIP	9,9%	8,2%

Angaben laut aserbaidschanischer Statistik

Ausblick

Die Investitionen in die Ölindustrie und die hohen Einnahmen aus der Ölförderung treffen auf eine Volkswirtschaft, deren Aufnahmekapazität begrenzt ist. Pessimistische Prognosen teilen nicht den Optimismus der aserbaidschanischen Regierung, dass die Ölexporte sich bis 2015 noch verdoppeln könnten. Sie gehen eher davon aus, dass bis zu diesem Zeitpunkt längst der Zenit der Förderung überschritten sein wird. Gelingt es nicht, kasachisches und turkmenisches Öl in die BTC zu pumpen und parallel eine Gastrasse durch die Kaspisee nach Baku zu legen, so wird die aserbaidschanische Wirtschaft, vor allem aber der Staatshaushalt seine wichtigste Einkommensquelle verlieren. Abträglich kommt hinzu, dass die Gewinne aus dem Ölgeschäft bislang nur im geringen Maße in andere Wirtschaftssektoren investiert wurden, sodass von einer Diversifizierung der aserbaidschanischen Wirtschaft kaum gesprochen werden kann.

---

20 <http://www.diplo.de/diplo/de/Laenderinformationen/Aserbaidschan/Wirtschaft.html# t1>.

Die Inflationsrate liegt bei über 20 % und würde bei expandierenden Staatsausgaben, insbesondere für die Aufrüstung, noch weiter steigen. Ein niedriges Beschäftigungsniveau, hohe Arbeitslosigkeit, fehlende und/oder marode
soziale Sicherungssysteme, die ungelöste Flüchtlingsproblematik und eine
unterentwickelte Landwirtschaft wie Manufaktur könnten gerade im Verein
mit rasanten Inflationsraten politische Auswirkungen auf die Stabilität des
Landes haben und zu Unruhen führen. Gegen solche Entwicklungen stem-
men sich autoritäre Führungen oftmals mit verstärkten Ausgaben für den
inneren Repressionsapparat, steigenden Rüstungsausgaben und nationalis-
tisch-chauvinistischer Rhetorik.

Zusammengenommen könnten diese Faktoren den herrschenden Machtcliquen in Baku fragwürdige Illusionen über einen aussichtsreichen Waffengang gegen Eriwan, um das Bergkarabach-Problem militärisch zu lösen, vor-
spiegeln. Dass solche Vorstellungen auf präventive Gegenwehr Armeniens
stoßen würden, ist anzunehmen. Denn Eriwan muss sich angesichts der Bedrohung durch die kombinierten Maßnahmen von Wirtschaftsboykott, Ausgrenzung aus regionalen Projekten der Transportinfrastruktur und stufen-
weise angehobenen Energiepreisen fragen, ob

• die internationale Staatengemeinschaft aufgrund divergierender geopolitischer Interessen überhaupt in der Lage ist, eine drohende Konfliktspirale
  zu unterbinden,
• die Aussichten auf Realisierung des kürzlich verabschiedeten wirtschaftlichen Reform- und Modernisierungsprogrammes[21] durch das militärische
  Anheizen des Konfliktes nicht äußerst gering sein würden und
• sich Eriwan noch auf die Unterstützung Moskaus verlassen kann.

Denn im Falle einer militärischen Option Bakus zur Lösung des Konfliktes
in Bergkarabach hat die EU eindeutig eine attentistische Position des Abwar-
tens und Sich-nicht-Einmischens zur Strategie erhoben. Erst nach Beendi-

---

21 Das neue Wirtschaftsprogramm der Regierung zielt auf ein Wachstum des Bruttoinlandsproduktes um jährlich 8 bis 10 % innerhalb der fünfjährigen Mandatszeit der neuen Regierung.
   Die neue Regierung beabsichtigt, das Armutsniveau auf fast 12 % der Gesamtbevölkerung zu
   senken, was dem Stand der europäischen Länder auf mittlerem Niveau entspricht. Ein starkes
   Wachstum ist geplant für alle Bereiche der sozialen Sicherheit, einschließlich einer Hebung
   der Renten. Seit 2001 lag das Wachstum des Bruttoinlandsproduktes bei 10 % jährlich, und
   2005 erreichte Armenien wieder das Niveau von 1989. Parallel dazu sank das Armutsniveau
   von 56 auf 29 % der Bevölkerung.

gung von Feindseligkeiten würde sich Brüssel großzügig erweisen und mithelfen die Kriegs- bzw. Konfliktfolgen zu begleichen. Außerdem hat Brüssel beschlossen, selbst keine Vermittlungsrolle zur Regelung der Konflikte zu übernehmen. Die Verhandlungen wurden der Mission der UNO und der OSZE überlassen. An dieser Einstellung wird sich auch in Zukunft kaum etwas ändern. Eine andere Frage wäre, ob sich die EU nicht zu einer aktiveren Südkaukasuspolitik durchringen würde, wenn Energieinteressen durch kriegerische Handlungen zwischen Armenien und Aserbaidschan tangiert würden.

Dass es – ausgelöst durch die Aufrüstung Aserbaidschans und einer Ausgrenzung Armeniens – zu einer solchen Konfliktspirale kommen könnte, ist zwar nicht völlig ausgeschlossen, aber aufgrund der internationalen energiepolitischen Einbindung Bakus und des gemeinsamen Interesses an regionaler Stabilität aller drei großen geopolitischen Akteure in diesem Raum wohl sehr unwahrscheinlich.

Eugene Kogan

Russian-Turkish Relations
(with an emphasis on the Caucasus)

This brief paper looks into strategically divergent interests of Russia and Turkey. Those interests are not often discussed and, as a result, remain on the margin of the open press coverage or are very often overlooked by the academic journals.[1] There are, however, two exceptionally well written papers on the subject, see note[2].

On the whole there are six issues that set the interests of Russia and Turkey apart. The author is convinced that for the time being there are no solutions to these issues on the table.

1. Energy Security. Turkey has an excessive energy reliance on Russia. 65 per cent of Turkey's gas is imported from Russia but the government of Turkey is interested in diversifying its sources of imported gas. Russia would like to maintain the status quo and would find that any changes in Turkey's position would be a considerable financial loss. After all, Turkey is paying for the delivery of gas in hard currency and, as a result, is considered by Russia to be a lucrative and reliable customer, compared with unreliable customers such as Belarus or Ukraine. For example, in 2005, Turkey paid Russia US$ 243 per mcm — whereas Germany paid US$ 217, and Austria US$ 221 — making it known as the highest price for natural gas in the world.[3]

---

1 See for instance <http://www.eurasianet.org> online, the Institute of Near East <http://www.iimes.ru> online, the Middle East Review of International Affairs (MERIA) <http://meria.idc.ac.il> online, the Power and Interest News Report (PINR) <http://www.pinr.com> online, <http://www.silkroadstudies.org> online and <http://www.turkishdailynews.com> on line.

2 Fiona Hill and Omer Taspinar, "Turkey and Russia: Axis of the excluded?" in Survival, 48:1 (March 2006), pp. 81–92 and Igor Torbakov's, "Making Sense of the Current Phase of Turkish-Russian Relations", Occasional Paper (October 2007), Jamestown Foundation online <http://www.jamestown.org/docs/Jamestown-Torbakov/Turkey/Russia.pdf>; pp. 1–19.

3 Turks.us Daily News, 1 February 2006. <http://www.turks.us/article.php?story=20060201103922408>.

TABLE 4: Major Recipients of Russian Natural Gas Exports, 2006-2007				
Rank	Country	2006 Exports (bcf/y)	2007 Exports (bcf/y)	2006 % of Domestic NG Consumption
1	Germany	1,300	1,378	36%
2	Turkey	703	827	64%
3	Italy	756	742	25%
4	France	353	346	20%
5	Czech Republic	261	247	79%
6	Poland	272	247	47%
7	Hungary	272	226	54%
8	Slovakia	240	223	100%
9	Austria	233	191	74%
10	Finland	173	166	100%
11	Romania	180	138	28%
12	Bulgaria	113	120	96%
13	Greece	95	113	82%
14	Serbia & Montenegro	74	74	87%
15	Croatia	35	35	37%
16	Slovenia	25	18	64%
17	Switzerland	14	11	12%
18	Macedonia	4	4	100%
Sales to Baltic & CIS States				
1	Ukraine	2,085	2,240	66%
2	Belarus	724	763	98%
3	Baltic States	173	243	78%
4	Azerbaijan	141	0	35%
5	Georgia	67	36	100%

Sources: "Domestic Consumption" EIA International Energy Annual, 2007; "Exports 2006 and 2007" Gazexport as cited by Energy Intelligence, March 2008; "Sales to Baltic and CIS States 2007", CIS and E. European Databook. 2006 from Gazprom Annual Report.

On the one hand, the government of Turkey is interested in turning its country into an east-west energy corridor [with the natural gas pipeline project, Nabucco] as part of a broader plan aimed at increasing Ankara's geopolitical role in the region. On the other hand, former President and current Prime Minister Vladimir Putin's Russia has an interest in undermining the Nabucco pipeline project, which it sees as a potential threat to its European Union (EU)-wide interests — although Russian officials would disagree with this statement. It seems that the construction of the alternative pipeline, South Stream, from Russia to the EU with the assistance of Italy is likely to jeopardise the realisation of the Nabucco project — although this assertion would also be questioned by the Russian officials. The Nabucco pipeline is of vital importance to Turkey's aspirations to join the EU, but is of no less importance to the EU member states, who are seeking alternative energy supplies. Or are they? It seems that until the EU decides who it needs more, Russia or Turkey, Turkey's Nabucco project will not get off the ground and will not materialise in the near future. According to Julia Nanay, senior director at the Washington-based PFC Energy, in addition to the EU deciding between Russia and Turkey for Nabucco to succeed Turkey's heavy dependency on Russia energy means that Turkey has to tread carefully on Nabucco as well. Finally, however, Nabucco has to find energy sources for the pipeline to succeed because the gas volumes from Azerbaijan are uncertain and, in any case, will be inadequate.[4] This double dilemma poses a serious problem for the government of Turkey.

So far co-operation in the energy sector between Georgia, Turkey and Azerbaijan has been limited and successful only to a small degree. Two well-known examples of such co-operation are construction of the Baku–Tbilisi–Ceyhan (BTC) oil pipeline that began to operate in June 2006. And since the beginning of 2007 Baku–Tbilisi–Erzurum-gas pipeline became operational.[5] Whether further co-operation can be strengthened depends on the development of the Shah Deniz gas field from where the three countries get their gas. It is clear that co-operation in the energy sector is vital for the three countries' survival vis-à-vis their dependencies on Russia. And Russia will do its utmost to hinder further co-operation between the three states. At the same time, Russia is prone to make mistakes. As Mamuka Tsereteli correctly pointed out, in 2007 Turkey was displeased with Moscow's decision to back the Burgas–Alexandropoulis-pipeline option to bypass the Bosporus, instead of Turkey's alternative project, the Samsun–Ceyhan-line.[6]

---

4   I am deeply grateful to Julia Nanay. E-mail from Julia Nanay to Eugene Kogan, 8 May 2008.
5   Nika Chitadze, "Security trends in the Black Sea region and role of Georgia in the energy security of the region" in The Proceedings of the International Conference on 'The Black Sea Security in the Aftermath of 9/11: Changing Parameters and New Approaches' in Middle East Technical University (METU)-Ankara, 9 October 2006 online <http://www.kora.metu.edu.tr/proceedings/Black_Sea_Security_in_the_Aftermath_of_911_Changing_Parameters_and_New_Approaches.pdf>; p. 111.
6   "Economic and Energy Security: Connecting Europe and the Black Sea-Caspian Region",

2. Turkey's Orientation. Although this may sound anachronistic Russia remains suspicious of the political and military establishment's orientation of Turkey. In spite of Turkey's uneasy relations with the EU and the United States, it is nevertheless oriented toward both states, and not towards Russia. Omer Taspinar, an expert on Turkey at the US-based Brookings Institution noted that, 'The most crucial factor creating a common ground between Ankara and Moscow [is] frustration with Washington rather than a new strategic vision of world affairs'.[7] This particular point was further reiterated by Omer Taspinar. He said that, 'The Turkish-Russian relationship — like other strange couplings today — is founded on a sense of *exclusion* by the United States, not mutual interest. As both sides will admit, there is not yet much political substance to their relations. Rapprochement has not extended much beyond the persons of Recep Tayyip Erdoğan, the Prime Minister and Vladimir Putin, the President'.[8] Well, this is certainly an inadequate foundation for a true partnership of the kind discussed very often in the open sources. There is also a lingering suspicion in the Turkish Ministry of Foreign Affairs about Russia's intentions. Moscow, too, is trying to exploit Turkey's dissatisfaction with the United States to its own advantage, rather than see what it can build from the new relationship.[9] Exploiting dissatisfaction with and taking advantage of Turkey or any other potential partner are the basic tenets of Russian diplomacy. Increase in volume of trade between the two countries and influx of Russian tourists to Turkey are not sufficient reasons to turn Turkey away from the EU and the United States. Finally, Russian attempt to sell weapon systems to Turkey has been marginal despite of Russian efforts to do so.

3. Russian-Ottoman Rivalry. The revival of neo-Ottomanism evokes the 500-year long Russian-Ottoman rivalry in the Balkans, the Black Sea region and the Caucasus. Today's Russia, which views itself as a re-emerging Eurasian *derzhava* (or mighty state) will likely be eyeing Turkey's aspirations to be-

---

Silk Road Paper (March 2008), Central Asia-Caucasus Institute and Silk Road Studies Program online <http://www.isdp.eu/http%3A/%252Fwww.isdp.eu/files/publications/srp/mt0803economicenergy>; p. 32. Tsereteli further stated that the development of Burgas–Alexandroupolis pipeline will likely kill all other potential bypass projects from the Black Sea. Ibid; p. 47. Tsereteli has not, however, elaborated his statement, namely why pipeline will kill all other …? Hereafter cited as Mamuka Tsereteli, "Economic and Energy Security".

7   Fiona Hill and Omer Taspinar, "Turkey"; p. 81.
8   Ibid; p. 90.
9   Ibid.

come a neo-Ottoman derzhava — a polity vastly superior to an 'ordinary na-tion-state' — with increasing suspicion.[10] Torbakov assertion was reinforced by Mamuka Tsereteli. Tsereteli wrote that, the historic divide and the com-petition for influence, mainly in the South Caucasus and Central Asia, will prevent integration [or rather **convergence**, author's emphasis] of the inter-ests of Russia and Turkey for a long time.[11]

4. Georgia's place in Russian-Turkish Relations. Georgia is likely to become a bone of contention in the relations between Russia and Turkey. Turkey sup-ports the principle of territorial integrity of Georgia and peaceful resolutions of the conflicts between Georgia and Abkhazia and Georgia and South Os-setia. The views of Turkey do not coincide with those of Russia. And Russia plainly speaking so far has not been really interested in helping solving the conflicts but rather maintaining the status quo — although Russian officials would disagree with this statement.

It remains questionable whether Turkey's hesitance to support the US's push for Georgia's membership of NATO has anything to do with Turkey's desire to maintain good relations with Russia. According to Svante Cornell, research director of the Central Asia-Caucasus Institute and Silk Road Stud-ies Program Joint Center in Uppsala/Sweden, Turkey's relations with Russia have been passing through their zenith lately. Cornell attributed this state of relations in part to Russia's very opportunistic behaviour, and the fact that Russia does not treat Turkey as an equal partner.[12] The author muses whether Russia has ever treated Turkey as an equal partner. Well, perhaps before establishment of the Turkish Republic in 1923. In addition, Cornell stated that Russia pursues policies that often undermine Turkey's interests.[13] Cornell has not, however, elaborated these statements further.

5. Caucasus' and Central Asia's role in the Russian-Turkish Relations. Turk-ish policy makers will continue with their efforts to create new networks of

---

10 Igor Torbakov, "Making Sense"; p. 14.
11 The only scenario of a long-term close alliance would be if Turkey and Russia both become completely isolated from Europe, but this is an unlikely development for the foreseeable fu-ture. "Economic and Energy Security"; p. 11.
12 <http://www.silkroadstudies.org/new/inside/forum/CACI_2007_1119.html> — online on 19 November 2007.
13 Ibid.

interdependency between Ankara and the regional capitals. In early January 2008 during Turkish President Abdullah Gul's visit to the US, Gul said that promoting peace and stability in the Caucasus and Central Asia is an 'important item' on Turkey's foreign policy agenda. Russia and Iran will continue to view these policies with suspicion and challenge them. Whether it will lead to any confrontation is hard to say at the moment, however, we should not discard such a possibility out of hand.

6. Russian-Turkish Partnership??? The Russian-Turkish partnership for now is more rooted in prevailing anxieties than in future hopes or, as to paraphrase Igor Torbakov, 'The Russo-Turkish *honeymoon* remains a pretty precarious affair'.[14] Thick sweet Turkish honey is not the right ingredient for the Russian home-made grisly moonshine. They can balance each other but they certainly do not mix.

---

14 "Making Sense"; pp. 4–5.

3. REGIONALE RAHMENBEDINGUNGEN UND GEOSTRATEGISCHE ASPEKTE DES BERGKARABACH-KONFLIKTES

Aschot Manutscharjan

Irans Politik im Südkaukasus und im kaspischen Raum

Der iranisch-türkische Konkurrenzkampf im Südkaukasus

Im Zuge des Zerfallsprozesses der Sowjetunion wollten die Regionalmächte Iran und Türkei den unabhängigen Republiken im Südkaukasus ihre Politik aufzwingen. Insbesondere im Falle Aserbaidschans nahm die Auseinandersetzung zwischen der Islamischen Republik Iran und der Türkei an Schärfe zu. Dem postsowjetischen Aserbaidschan wurde vorab eine Opferrolle im Kampf zwischen dem laizistischen Modell der Türkei und dem islamisch-fundamentalistischen Staatsmodell des Iran zugesprochen. Im Westen war die Meinung verbreitet, dass der islamische Fundamentalismus aus dieser Auseinandersetzung in Aserbaidschan und im ehemaligen sowjetischen Zentralasien als „Sieger" hervorgehen werde. Denn der Zerfall der Sowjetunion hatte die Bedeutung der Türkei als Eckpfeiler der NATO-Südflanke deutlich reduziert, weil die Republiken des Südkaukasus keine reale militärische Gefahr für das Nordatlantische Bündnis mehr darstellten.

Um das eigene Ansehen auf internationaler Ebene zu heben, präsentierte sich die Türkei im Rahmen der Organisation für wirtschaftliche Zusammenarbeit der Schwarzmeerländer als regionale Ordnungsmacht[1], die sich den kaukasischen Republiken als Alternative zum Iran und zur GUS anbot. Gleichwohl berücksichtigte der Westen nicht, dass Russland gegen die türkischen Ambitionen opponieren würde. Stattdessen konzentrierte sich die westliche Staatengemeinschaft auf die Gefahr einer weiteren Ausbreitung des islamischen Fundamentalismus ausgehend vom Iran. Vernachlässigt wurden dabei die sich allmählich herauskristallisierenden russländischen Inter-

---

1 Heinz Kramer: Die Türkei zwischen Europa, Asien und dem Nahen Osten – eine aufstrebende Regionalmacht. In: Südosteuropa Mitteilungen 32 (1992), H. 2, S. 129–140. Siehe dazu Udo Steinbach: Kemalismus oder Fundamentalismus. Die modellpolitische Konkurrenz zwischen der Türkei und dem Iran und die Zukunft der islamischen Welt. In: Blätter für deutsche und internationale Politik 37 (1992), H. 7, S. 817–829. Falk Bomsdorf u. a.: Mittelasien zwischen neuen Fronten. Unveröffentlichtes Manuskript. Ebenhausen: Stiftung Wissenschaft und Politik, Mai 1992.

essen. Nachdem die Versuche Teherans gescheitert waren, im Südkaukasus und in Zentralasien eine führende politische und wirtschaftliche Rolle zu spielen, überließ der Iran 1993 seinem neuen „strategischen Partner" Russland die Führungsrolle in der Region und unterstützt seitdem Moskau gegen das Vordringen der USA und der Türkei.

Die konkurrierenden Interessen der Großmächte USA und Russland sowie der um eine Erweiterung ihrer regionalen Einflusssphären streitenden Mittelmächte Iran und Türkei führten zur Bildung von Achsen. Auf der einen Seite befinden sich Aserbaidschan, Georgien, die Türkei, Israel und die USA, auf der anderen Seite stehen der Iran, Armenien und Russland. Diese Entwicklung ist für die krisenhafte Zuspitzung der Lage im Südkaukasus verantwortlich und wirkt einer Lösung des Bergkarabach-Konfliktes entgegen.

Hinzukommt, dass die USA den Interessen der mächtigen amerikanischen Ölkonzerne Vorrang einräumen vor der Durchsetzung demokratischer Werte, obwohl deren Einhaltung von der US-Administration auf internationaler Ebene proklamiert und je nach Opportunität auch eingefordert wird. Diese Ambivalenz einer an „Werten orientierten" Realpolitik bewirkte nicht nur bei den politischen Eliten im Südkaukasus eine skeptische und zynische Beurteilung der westlichen Demokratien, sondern verunsicherte auch die Bevölkerungen dieser Staaten zutiefst. Sie nehmen zur Kenntnis, dass der Iran von Washington als „nichtdemokratischer" und „fundamentalistischer" Staat in der Region dämonisiert wird. Dabei ist den politischen Eliten der Südkaukasus-Staaten durchaus bewusst, dass der Iran „demokratischer" agiert als einige Verbündete der USA. Erinnert sei in diesem Zusammenhang an das Königreich Saudi-Arabien.

Nachdem Washington 1996 den Kaukasus als ein Gebiet definiert hatte, in dem „lebenswichtige Interessen der USA" berührt werden, bemüht sich Russland um die Festigung seiner Position in der Region. Als Gegengewicht zum Iran und zu Russland vereinbarten Georgien und Aserbaidschan zuerst eine „strategische Allianz" und erweiterten sie um die Türkei. Ankara unterhält zudem eine „strategische Allianz" mit Israel.[2] Über diese Achse versucht Aserbaidschan, einen möglichst großen Einfluss auf Washington auszuüben: Neben der heimischen Öl-Lobby sollen die Rüstungs-Lobby (Türkei) und

---

2 Asiye Öztürk: Das Entstehen eines Macht-Dreiecks. Ankara auf dem Weg nach Washington und Tel Aviv. In: Aus Politik und Zeitgeschichte, Bonn, Nr. 33-34/2004, S. 25f. Ders.: Die geopolitische Rolle der Türkei in Vorderasien. In: Aus Politik und Zeitgeschichte, Nr. 4/2006, S. 25–31.

die zionistische Lobby (Israel) die aserbaidschanische Politik unterstützen und die Tätigkeit der armenischen Interessenvertreter in den USA neutralisieren.[3] Daneben startete Baku eine propagandistische Kampagne, um die armenisch-iranischen Beziehungen zu diskreditieren und Armeniens Militärkooperation mit Russland zu stören. Armeniens Zusammenarbeit mit dem Iran wird in den USA regelmäßig thematisiert und scharf kritisiert. Beispielsweise „empfahl" Washington der armenischen Regierung unter Präsident Lewon Ter-Petrosjan, die Grenze zum Iran geschlossen zu halten und keine wirtschaftlichen Kontakte mit den „Fundamentalisten" zu unterhalten.

Die Ambitionen der Türkei beunruhigen den Iran. Denn das NATO-Mitglied – und der EU-Beitrittskandidat – will eine führende Rolle im Südkaukasus spielen. In den amerikanisch-türkischen Plänen in Bezug auf einen „regionalen Sicherheitspakt" wurde Teheran stets ausgeklammert. Auch Georgien und Aserbaidschan plädieren für eine „regionale Achse" ohne den Iran: Als Mitglieder sollen neben diesen beiden Staaten Armenien, die Türkei und die USA dabei sein. Im Gegenzug forderte der armenische Präsident Kotscharjan 1999 die Bildung eines Sicherheitspaktes, in dem außer den Nachbarrepubliken die USA, Russland und der Iran vertreten sein sollen. Die aserbaidschanische und die georgische Regierung lehnten diesen Vorschlag erwartungsgemäß ab.

Die Ausgrenzung der Islamischen Republik Iran – dazu zählt auch der Ausschluss Teherans von zwischenstaatlichen Treffen im Südkaukasus – gehört neben dem Abzug des russländischen Militärs aus Armenien zu den wichtigsten Zielen der amerikanischen und türkischen Sicherheitspolitik in der Region. Vergessen wird dabei, dass die Machtstellung der Regionalmacht Iran ausreicht, um einen dauerhaften „Stabilitätspakt" für die ganze Kaukasusregion zu verhindern. Das Scheitern der türkischen Idee im Jahre 2000, den Südkaukasus in den „Südosteuropa-Stabilitätspakt" einzubeziehen, belegt, wie unrealistisch derartige Zielsetzungen sind, wenn sie nur die Interessen eines Staates in der Region verfolgen. Im Einzelnen wollte Präsident Demirel mit dem „Südosteuropa-Stabilitätspakt" der Türkei die Möglichkeit eröffnen, sowohl auf dem Balkan als auch im Südkaukasus eine Vermittlerrolle zu übernehmen. Die Europäische Union bewertete die türkischen Pläne insgesamt skeptisch. Dies zeigte sich auch daran, dass sich die von der EU unterstützten Projekte an den regionalen Voraussetzungen zu orientieren ha-

---

3 John J. Mearsheimer, Stephen M. Walt: Die Israel-Lobby. Wie die amerikanische Außenpolitik beeinflusst wird. Frankfurt a. M./New York 2007, S. 26f.

ben. Es muss nicht gesondert betont werden, dass diese Voraussetzungen zwischen dem Balkan und dem Kaukasus höchst unterschiedlich sind. Der Iran und Armenien bewerteten den türkischen Vorstoß als erneuten Versuch, sie – dieses Mal mit Hilfe der EU – zu isolieren.

Der Iran begründet seine Nachbarschaftspolitik gegenüber dem Südkaukasus mit den gemeinsamen kulturellen und historischen Wurzeln. Dabei unterscheidet die iranische Regierung zwischen den Beziehungen zu den beiden christlichen Staaten Armenien und Georgien und jenen zum islamischen Aserbaidschan. Mit Blick auf die ersten beiden Länder weist Teheran auf die friedliche Geschichte hin. Immerhin hat der Iran/Persien seit mehr als vier Jahrhunderten keinen Krieg mehr gegen Armenien oder Georgien geführt. Aserbaidschan wird an gemeinsame schiitische Werte erinnert. Darüber hinaus betrachtet die iranische Geschichtsschreibung Aserbaidschan als nördliche Provinz Persiens und die Aseris als ein rein iranisches Volk, das nur Türkisch spreche.

Im Unterschied zum Iran definiert die Türkei ihre Interessen im Südkaukasus über die „europäischen Werte" und den Laizismus. Darüber hinaus weist Ankara auf die Idee der ethnischen Verwandtschaft aller Turkvölker hin, die den Kaukasus und „Turkestan" (Zentralasien) besiedeln. Diese Reaktivierung der fast vergessenen pantürkischen Ideologie zeigte sich in den 1990er Jahren unter anderem in den Reden türkischer und aserbaidschanischer Politiker. Auf turnusmäßig stattfindenden „Kongressen der türkischen Welt" wurde über die Schaffung einer „neuen Weltordnung" diskutiert, deren Zentrum ein gemeinsamer türkischer Staat bilden sollte. Mit anderen Worten, Ziel war die Gründung eines neuen Großtürkischen Reiches (Großer Turan).

In diesem Zusammenhang wuchs Aserbaidschan eine Schlüsselstellung zu, indem es die Funktion „einer goldenen Brücke" nach Zentralasien einnehmen sollte, verkündete im April 1993 der aserbaidschanische Präsident Abulfaz Elçibey. Als Bindeglied sollte Aserbaidschan also die Türkei mit Turkestan verbinden, während umgekehrt die Türkei den Kontakt zum Westen herzustellen hatte. Unter den Parolen „Gemeinschaft von Sprache, Tat und Idee" und „das 21. Jahrhundert ist das Jahrhundert der Türkei" versuchte Ankara, nicht nur die türkischsprachigen Völker und Staaten, die mit dieser Ausrichtung einverstanden waren, unter seine Vormundschaft zu stellen, sondern auch diejenigen, die nicht „von einem neuen größeren Bruder" dominiert werden wollten.[4] Vor allem in Aserbaidschan sollte das „Türkentum"

---

4 Cumhuriyet, Baku, 3. 4. 1993. Azatamart, Jerewan, Nr. 13, 5.–11. 4. 1993.

als Alternative zur Politik des Iran zum Zuge kommen, die auf eine schiitische Aufklärung in Aserbaidschan abzielte. Die neue protürkische politische Klasse ließ nach der Unabhängigkeit kein Interesse an den religiösen Werten und der Kulturpolitik des Iran erkennen.[5] Der antiiranische Kurs wurde während der Präsidentschaft Heidar Alijews seit 1994 fortgesetzt. Nach dessen Tod im Jahr 2004 hielt auch sein Sohn und Nachfolger, Ilcham Alijew, an dieser Ausrichtung fest.

Daneben scheiterten die Versuche des Iran, seine Interessen im Südkaukasus und insbesondere in Aserbaidschan über wirtschaftliche Beziehungen durchzusetzen. Zunächst versäumte Teheran die Chance, den drei bankrotten kaukasischen Staaten unmittelbar nach ihrer Unabhängigkeit mit Finanzhilfen und Krediten unter die Arme zu greifen. Selbst in der Petrochemie zeigte der Iran keine Aktivitäten, weil die politische Führung glaubte, Baku bleibe gar nichts anderes übrig, als mit Teheran zu kooperieren. Stattdessen isolierte die Politik der USA in Bezug auf die Petrochemie die iranische Wirtschaft von Aserbaidschan und dem übrigen Südkaukasus. Auf Jahrzehnte wurden so die Pläne der Teheraner Führung zerstört, über den Kaukasus seine Öl- und Gasvorkommen nach Europa zu exportieren.

Der Faktor Öl spielt seit 1994 eine immer wichtigere Rolle im Südkaukasus. In Baku gaben sich nach der Machtübernahme Heidar Alijews alle großen Firmen der Branche die Klinke in die Hand. Zu den Konsortien gehören BP, Amoco, Socar, Luköl, Unokal, Texaco, Elf, Chevron, MobilExon, British Gas, Agip, Shell und Total. Hinzukommen Firmen aus Norwegen, Italien, Deutschland und der Türkei. Auf Druck der USA weigerte sich die aserbaidschanische Regierung, an ihrer Vereinbarung mit dem Iran festzuhalten und das Land an der Ölförderung am Apscheron zu beteiligen.

Außerdem setzten die USA die Öl- und Gasvorkommen Aserbaidschans politisch gegen den Iran ein. So forcierte US-Präsident Bill Clinton 1999 den Bau einer Ölpipeline aus Aserbaidschan über Georgien in die Türkei: die Baku–Dschehan-Pipeline. Damit war Aserbaidschan nicht länger davon abhängig, seine Energieträger über das iranische oder russländische Pipeline-Netz zu transportieren. Für Europa war die Isolierung des Iran in Bezug auf diese Ölgeschäfte nicht weiter wichtig. Schließlich schien die Energiesicherheit der EU bis 2003 nicht gefährdet.

---

5 Rasim Agajev, Zardušt Ali-zade: Azerbaidžan: Konec Vtoroj Respubliki (1988–1993) (= Das Ende der Zweiten Republik). Moskau 2006, S. 575f.

Die Haltung des Iran im Bergkarabach-Konflikt

Mit Blick auf den armenisch-aserbaidschanischen Konflikt um Bergkarabach änderte der Iran mehrmals seine Haltung. Teheran war zunächst neutral, dann proarmenisch und proaserbaidschanisch. Seit der Intervention der USA im Irak im März 2003 setzt sich der Iran für die Fortsetzung des Status quo in Bergkarabach ein und baute die wirtschaftlichen Beziehungen zu Armenien weiter aus. Die militärische Kooperation Aserbaidschans mit dem NATO-Mitglied Türkei und die Zusammenarbeit mit den USA wertet Teheran als akute Bedrohung für die Stabilität der von iranischen Aseris bewohnten Nordprovinzen.

Die USA und Russland konnten die Regierungen in Aserbaidschan und in Armenien im Sommer 1992 davon überzeugen, auf die iranische Vermittlung zu verzichten und nach einer Lösung des Bergkarabach-Konfliktes im Rahmen der Minsker Gruppe der KSZE zu suchen. Damit wurde der iranische Versuch, im Südkaukasus politischen Einfluss zu gewinnen, von den beiden Supermächten gestört.

Die iranische Regierung, die sich in den Jahren 1992/93 im armenisch-aserbaidschanischen Konflikt zunächst neutral verhalten hatte, änderte während der Anfangsperiode der Präsidentschaft Heidar Alijews im Winter 1993/94 ihre Position und begann, Aserbaidschan zu unterstützen, indem sie es der aserbaidschanischen Armee gestattete, von iranischem Territorium aus Armenien anzugreifen. Gleichzeitig rief der iranische Präsident Rafsandschani dazu auf, keine Kräfte auf „die Befreiung islamischer Territorien" zu verlieren. Gleichzeitig forderte er eine aktivere Unterstützung der islamischen Welt für den Ablösungsprozess der neuen islamischen Staaten von Russland.[6] Überdies wertete der Iran das Bemühen Aserbaidschans um Beistand aus der islamischen Welt als Möglichkeit, Baku zum Aufbau eines Gottesstaates nach islamischem Vorbild zu bewegen. Die iranische Propaganda stellte den Iran als Staat dar, der seine Verbündeten nicht im Stich lasse – im Gegensatz zur Türkei. Teheran versuchte, die Regierenden in Baku davon zu überzeugen, dass die Türkei niemals „die rote Linie" überschreiten und Armenien angreifen werde. Ungeachtet dessen zog die Regierung in Baku entgegen den Erwartungen und Hoffnungen Teherans letztlich die Türkei als Partner vor, sodass der Iran ein Scheitern seiner Zielsetzungen hinnehmen musste. Da-

---

6 Russkaja mysl', Nr. 4017, 17. 2. 1994. Epocha, Jerewan, Nr. 29, Dezember 1993. Respublika Armenija, 3. 12. 1993.

raufhin nahm der Iran erneut eine neutrale Haltung im armenisch-aserbaidschanischen Konflikt ein. Allerdings rückte er nicht von seiner – wenn auch
bislang wenig erfolgreichen – Islamisierungspolitik ab: In Aserbaidschan
wurden schiitische Koranschulen eröffnet. Außerdem können dort iranisches
Fernsehen und Radio empfangen werden.

Auch die Türkei erkannte ihre Chance und bot ihre Vermittlerdienste im
armenisch-aserbaidschanischen Konflikt um Bergkarabach an. Die eindeu-
tige proaserbaidschanische Politik der Türkei verhinderte jedoch, dass Ankara anstelle des Iran als neutraler Vermittler akzeptiert wurde. Im Übrigen
waren die Intentionen der türkischen Regierung, im Kaukasus eine aktivere
Militärpolitik zu betreiben, zum Scheitern verurteilt, als sie versuchte, eigene
Truppen in Aserbaidschan zu stationieren.[7] Ungeachtet einer gegenseitigen
Annäherung zeigte Moskau keinerlei Bereitschaft, der türkischen Argumentation zu folgen und das Ausgreifen Ankaras in den Südkaukasus als Frie-
densmission zu betrachten.[8]

Insgesamt offenbarte der Krieg in Bergkarabach die im Vergleich zu Russland schwächere Position der Türkei, denn die russländische Regierung setzte
alles daran, um die Türkei und den Iran aus der Region hinauszudrängen.
Nichtsdestoweniger engagierten sich Ankara und Teheran im Kaukasus und
verwiesen auf die „historischen Beziehungen", die es wiederzubeleben gelte.
Vor diesem Hintergrund hatte sich der Karabachkonflikt zum wichtigsten
Faktor im Kampf um die Hegemonialstellung in der Region entwickelt.[9]

7 Auf die Erklärung des türkischen Generalstabschefs, General Dogan Güresch, Ankara beab-
   sichtige, Truppen in Aserbaidschan zu stationieren, antwortete Russlands Verteidigungsminister Pawel Gratschow mit dem Hinweis, dass „Russland an Aserbaidschan nicht weniger, sondern sogar ein noch gesteigertes Interesse hat. Und wenn das [gemeint ist die Stationierung
   türkischer Verbände, AM] geschehen sollte, dann stellt sich für die Russländische Föderation
   die Frage der Verlegung russländischer Friedenstruppen nach Aserbaidschan." In: Radio Ma-
   jak, Moskau, 8. 7. 1994. Russkaja mysl', Nr. 4039, 21.–27. 7. 1994.
8 Tjurkskij mir sobralsja v Ankare (= Die türkische Welt versammelt sich in Ankara). Überdies
   stießen die wiederholten Beteuerungen der türkischen Regierung, wonach Ankara keine gegen
   Moskau gerichtete Politik betreibe, sondern sehr daran interessiert sei, „Russland in Mittelasien beizustehen und die drückende Last tragen zu helfen", in der russländischen Hauptstadt
   auf unverhohlenes Misstrauen. In: Russkaja mysl', Nr. 3953, 6. 12. 1992. Sabah, 6. 1. 1993. Radio Baku, 12. 1. 1993.
9 Elizabeth Fuller: Russia, Turkey, Iran and the Karabakh Mediation Process. RFE/RL Research Report, Bd. 3, Nr. 8 vom 25. 2. 1994, S. 31–36. Vahram Soghomonyan: Europäische
   Integration und die Hegemonie im Südkaukasus. Armenien, Aserbaidschan und Georgien auf
   dem Weg nach Europa. (= Nomos Universitätsschriften, Bd. 140). Baden-Baden 2007.

Allerdings vernachlässigte es die türkische Regierung, die Bedeutung des Karabachfaktors für den modernen armenischen Nationalismus zu berücksichtigen.

In Anbetracht der türkisch-iranischen Konkurrenz um den Kaukasus wurde Armenien zu einem „natürlichen" Verbündeten der iranischen und russländischen Politiken, die gemeinsam danach streben, das Vordringen der USA und der Türkei zu stoppen. Armenien hingegen fand im Westen kein Verständnis für seine Position in Bezug auf Bergkarabach. Die halbherzigen Bemühungen der USA, zu einer Normalisierung der armenisch-türkischen Beziehungen beizutragen, scheiterten, weil Ankara nicht bereit war, die Blockade Armeniens (seit 1993) aufzuheben. Zudem drohte Ankara im Jahr 1992 wiederholt mit einem Militärangriff auf die Kaukasusrepublik und zwang damit die armenische Regierung, Russland um militärische Unterstützung zu bitten. Auf diese Weise erhöhte die Türkei die Spannungen in der Region und eröffnete Moskau die Chance, die russländische Militärpräsenz in der Region auch rechtlich zu begründen.[10] Die Neutralität des Iran im armenisch-aserbaidschanischen Konflikt stärkte dessen internationale Position als die eines „nicht aggressiven" Nachbarn Armeniens, der ältesten christlichen Nation der Welt.

Demgegenüber verzeichnete Russland im Frühjahr 1994 erste Erfolge: Moskau erreichte, dass sich der Iran seiner Forderung anschloss: Die Türkei und die KSZE sollten als Vermittler im armenisch-aserbaidschanischen Konflikt verhindert werden. Hinzu kam, dass die iranische Regierung das russländische Engagement in der Region grundsätzlich begrüßte, da nur so ein Vordringen der Türkei – und mit ihr der USA – vereitelt werden könne. Im Gegenzug ließ Russland seine Bereitschaft erkennen, dem Iran im Rahmen der russländischen Hegemonialstellung eine aktivere Rolle im Kaukasus einzuräumen. Im Übrigen sollte die iranisch-russländische Kooperation im Militärsektor ausgebaut und vertieft werden.

---

10 Aschot Manutscharjan: Der Kaukasus in den internationalen Beziehungen (1991–1994). In: Karl Kaiser und Hans-Peter Schwarz (Hrsg.): Die Außenpolitik der neuen Republiken im östlichen Europa. Bonn 1994 (= Bonner Schriften zur Integration Europas, Bd. 1), S. 166.

Die Politik des Iran gegenüber Aserbaidschan

Zu den großen Niederlagen der iranischen Außenpolitik gehört die zweite[11], erneut gescheiterte „Übernahme" des schiitischen Aserbaidschan. Teheran gelang es nicht, die wirtschaftlich und finanziell angeschlagene ehemalige Sowjetrepublik von dem gemeinsamen schiitischen Glauben zu überzeugen und wirtschaftlich die Gründung eines Scharia-Staates durchzusetzen. Daneben scheiterte der Iran als Vermittler im armenisch-aserbaidschanischen Konflikt. Weder Jerewan (bis 1996) noch Baku wollten mit der iranischen Führung kooperieren, nicht zuletzt weil Teheran mit Entwicklungshilfe und billigen Krediten geizte. Stattdessen fanden die drei Südkaukasus-Republiken wirtschaftliche Kooperationspartner in Russland, der Türkei, der EU und den USA. Nachdem Washington den Bau einer Öl-Pipeline aus Aserbaidschan unter Ausklammerung des Iran erreicht hatte, verlor das Land zunächst den Anschluss an die energiepolitische Architektur der Kaukasusregion. Die Proteste der iranischen Regierung gegen diese „Diskriminierung" blieben ohne Folgen. Erst mit der Aufnahme von Gaslieferungen nach Georgien im Frühjahr 2006 und dem Bau einer Gas-Pipeline nach Armenien ab 2007 ist der Iran wieder ein regionaler Wirtschaftsfaktor.

Nach dem Zusammenbruch der Sowjetunion bestanden die primären außenpolitischen Ziele der jungen Republik Aserbaidschan darin, die territoriale Integrität zu bewahren und die Zugehörigkeit des ehemaligen autonomen Gebiets Bergkarabach zum aserbaidschanischen Staatsgebiet international abzusichern. Diese Zielsetzungen bestimmten auch den Kurs des Landes gegenüber dem Iran. Von daher war Jakub Mamedow, von März 1992 bis Mai 1992 regierender Vorsitzender des Obersten Sowjets, damit einverstanden, dass der Iran im armenisch-aserbaidschanischen Konflikt um Bergkarabach eine Vermittlerrolle einnimmt. Auf diese Weise wollte er den Forderungen der oppositionellen Volksfront Aserbaidschans begegnen, die engere Kontakte zur Türkei herstellen wollte. Die iranischen Vermittlungsbemühungen Anfang Mai 1992 hatten entscheidenden Anteil an der Inter-

---

11 Der Iran erhob Ansprüche auch auf die „erste" Aserbaidschanische Demokratische Republik (1918–1920). Mehr in: Mustafa-zade R.: Dve Respubliki: Azerbaidzansko-rossijskie otnsenija v 1918–22 (= Zwei Republiken. Die aserbaidschanisch-russländischen Beziehungen). Moskau 2006. Michail Volkonskij, Vadim Muchanv: Po sledam Aserbaidzanskoj Demokraticeskoj Respubliki (= Auf den Spuren der Aserbaidschanischen Demokratischen Republik). Moskau 2007.

nationalisierung des Karabachkonfliktes und führten zu einer Vereinbarung. Dessen ungeachtet scheiterte diese Aktion: Obwohl die iranische Diplomatie ein Treffen des aserbaidschanischen Parlamentspräsidenten Mamedow mit Armeniens Präsident Ter-Petrosjan in Teheran durchgesetzt hatte und ein Waffenstillstandsabkommen unterzeichnet worden war, machten die Kampfhandlungen wenig später den Erfolg der Zusammenkunft wieder zunichte. Die Verbände der Armenier von Bergkarabach eroberten am 9. Mai 1992 die Stadt Schuschi und den Latschin-Korridor zur Republik Armenien. Zuvor hatte die lokale Regierung der nicht anerkannten Republik Bergkarabach in Stepanakert die in Teheran im Mai 1992 unterzeichneten armenisch-aserbaidschanischen Vereinbarungen abgelehnt, da sie nicht den Vorstellungen und Wünschen der Karabacharmenier entsprächen. Die militärischen Niederlagen der Aseris in Bergkarabach 1993 führten schließlich zum Sturz der Regierung in Baku durch die Volksfront.

Im Juni 1992 verkündete der neu gewählte Präsident Abulfas Elçibey die außenpolitischen Leitlinien seiner Regierung. Danach strebte er in einem längerfristigen Prozess die Demokratisierung und die Islamisierung Aserbaidschans sowie die Herstellung enger Kontakte zur Türkei an. Die Beziehungen zur Türkei, die als „Bruderstaat" bezeichnet wurde, gestalteten sich infolgedessen sehr eng, zumal sich die Regierung Elçibey auf die Ideen Kemal Atatürks und das türkische Staatsmodell berief.[12] Gleichzeitig wurden alle von Präsident Mutalibow im Iran unterzeichneten Verträge mit Armenien für ungültig erklärt. Elçibey versuchte, Russland davon zu überzeugen, dass intensive Kontakte Aserbaidschans zur Türkei nicht im Widerspruch zu den russländischen Interessen im Südkaukasus stünden.[13]

Zur Demonstration seiner Stärke nach innen und außen begann Aserbaidschan mit dem Aufbau einer nationalen Armee; es verlangte von Russland, seine Truppen aus dem Land abzuziehen. Während des armenisch-aserbaidschanischen Krieges belieferte Moskau beide Seiten mit Waffen, wobei Aserbaidschan aus Restbeständen der Sowjetarmee mehr Kriegsgerät zur Verfügung stand. Deshalb rüstete Russland die armenische Armee in Bergkarabach auf und unterstützte sie mit Waffen und Munition im Frühjahr 1994.

---

12 Rainer Freitag: Aserbaidschan und die Türkei. In: Orient 31 (1990), H. 4, S. 525–556. Ders.: Aserbaidschan: Die nationalen und internationalen Auswirkungen des Krieges um Berg Karabach. In: Orient 34 (1993), H. 2, S. 245–257.
13 Komsomolskaja pravda, Moskau, 20. 5. 1992. Nezavisimaja gazeta, 17. 6. 1992.

Diese Politik Russlands wurde vom Iran nicht nur akzeptiert, sondern begrüßt. Angesichts der militärischen Niederlagen an der Karabachfront kritisierte die Regierung in Baku die Türkei scharf, vor allem weil sich Ankara nicht zu einer militärischen Intervention durchgerungen habe. Die türkische Regierung wies die Kritik zurück und machte Aserbaidschan auf die umfangreiche türkische Militärhilfe aufmerksam, ohne allerdings deren Umfang offen zu beziffern.[14] Ferner bestätigte die Türkei aserbaidschanische Meldungen nicht, wonach die Teilnahme russländischer Verbände aufseiten der Armenier für die Erfolge der Karabacharmee verantwortlich sei. Tatsächlich lagen die Ursachen der Niederlage eher in der mangelnden Kampfbereitschaft der aserbaidschanischen Truppen begründet, die auf hochmotivierte Soldaten der Karabacharmee trafen.[15]

Auf Drängen Aserbaidschans und der türkischen Opposition gab die türkische Regierung schließlich nach und verhängte im April 1993 eine bis 2008 andauernde Blockade Armeniens. Außerdem bewertete Aserbaidschans Präsident Alijew seit 1994 seine Beziehungen zu Russland und zum Iran neu, um beide Staaten an sich zu binden und Armeniens Politik zu neutralisieren. Die aserbaidschanische Regierung stellte sich zunächst die Aufgabe, die wirtschaftlichen Kontakte zum Iran wiederzubeleben.[16] Dies war notwendig, da die aserbaidschanisch-iranischen Beziehungen in der Regierungsperiode Elçibeys eingefroren waren.

Obwohl die ausschließlich protürkische Orientierung der Volksfrontregierung als Grund für eine Abkühlung des aserbaidschanisch-iranischen Verhältnisses angeführt wurde, lagen die Ursachen für die Zerrüttung tiefer. Denn Präsident Elçibey, der die Wiedervereinigung der Karabacharmenier mit der Republik Armenien vehement ablehnte, forderte gleichzeitig den Anschluss der im Norden des Iran (Iranisch-Aserbaidschan) lebenden Aserbaidschaner an die Republik Aserbaidschan. Der Präsident begründete diese Forderung mit dem Hinweis auf die fortgesetzte Diskriminierung der iranischen Aserbaidschaner durch die Teheraner Regierung. Die iranische Regie-

---

14 Hürriyet, 9. 12. 1993.

15 „Unsere aserbaidschanischen Brüder müssen lernen zu kämpfen und müssen zudem bereit sein, für ihr Land zu sterben." Ali Birand in: Tercüman, 6. 5. 1993.

16 Vafa Gulisade: Pri vybore prioritetov vo vnešnej politike nado byt' realistami (= Bei der Auswahl der Prioritäten in der Außenpolitik muß man realistisch sein). In: Azerbaidzan, Baku, 3. 4. 1993. El'mar Huseinow: Azerbaidzan išcet novych sojuznikov (= Aserbaidschan sucht neue Verbündete). In: Izvestija, 16. 4. 1993.

rung wiederum erkannte in der Person Elçibeys den Repräsentanten einer türkisch-laizistischen Politik in einer Region, in der sie selbst ihren Einfluss vergrößern wollte. Hinzu kam, dass unter den sogenannten „Islamischen Republiken" der Ex-Sowjetunion allein die Aserbaidschaner der schiitischen Richtung angehören und sich diese „Glaubensbrüder" nach Auffassung der iranischen Islamisten quasi als „natürliche Verbündete" anzubieten schienen. Der Sturz des protürkischen Präsidenten Elçibeys im Sommer 1993 wurde daher im Iran begrüßt.

Obwohl Teheran im armenisch-aserbaidschanischen Konflikt zunächst als neutraler Vermittler aufgetreten war, nahm die iranische Regierung 1993 bis 1994 die Gelegenheit wahr und stellte sich selbst als regionaler Vertreter der islamischen Welt dar. Überdies trat sie mit dem Anspruch auf, die „besetzten islamischen" (gemeint waren vor allem die palästinensischen also nicht nur die aserbaidschanischen) Territorien befreien zu wollen. Wenn Teheran zuvor unterstrichen hatte, dass der Bergkarabach-Konflikt kein Glaubenskrieg zwischen den christlichen Armeniern und den schiitischen Aserbaidschanern sei, kehrte der Iran im Oktober 1993 zu den alten islamischen Losungen seiner Kaukasuspolitik zurück. Er wollte die innenpolitische Krise in Aserbaidschan nutzen, um die neue Regierung unter Heidar Alijew davon zu überzeugen, dass der einzig wahre Verbündete Aserbaidschans der Iran und nicht die Türkei sei, die sich nie dafür entscheiden werde, Armenien militärisch anzugreifen. Die Türkei sei eine „Marionette der USA und des Weltzionismus", die einen Krieg gegen den Islam führe.

Diese Appelle fanden jedoch kein Gehör, und Präsident Heidar Alijew steuerte einen vom Iran unabhängigen außenpolitischen Kurs. Obwohl Baku bestrebt war, die engen Beziehungen zu Ankara aufrechtzuerhalten, sollte die Türkei nicht länger die Position des einzigen Verbündeten Aserbaidschans einnehmen. Nichtsdestoweniger betonte Präsident Alijew mehrfach die besonderen Beziehungen zwischen der Türkei und Aserbaidschan, indem er feststellte: „Es handelt sich um zwei Staaten, aber um eine Nation." Daraufhin kehrte der Iran im Sommer 1994 zu seiner früheren gemäßigten Politik in der Region zurück, die sich wegen Aserbaidschans Annäherung an die USA in eine proarmenische transformierte.

Um eine religiöse Einflussnahme aus dem Iran zu verhindern, die letztlich in die gefürchtete politische münden könnte, untersagte Aserbaidschan religiöse Kontakte mit dem Iran. Islamische Parteien wurden ebenfalls verboten, schließlich hätten sie aus dem Iran ferngesteuert werden können. Eine „islamische Revolution" schien möglich. Die offiziellen Vertreter des aserbaidschanischen Islams traten auf internationaler Ebene dafür ein, den armenisch-aserbaidschanischen Konflikt zu einem Religionskrieg zwischen Islam und Christentum zu stilisieren: Sie baten die islamische Staatenwelt und islamische internationale Organisationen um Unterstützung. Selbst „Mudschaheddin" unter Führung Hekmatjars aus Afghanistan wurden 1993 mit Hilfe des Iran für den „Heiligen Krieg" in Bergkarabach rekrutiert. Es ist auch kein Zufall, dass sich die tschetschenische Führung im August 1999 nach der „Befreiung Dagestans" die „Befreiung Bergkarabachs" auf die Fahnen geschrieben hatte.

Allerdings bekam die aserbaidschanische Regierung nach dem 11. September 2001 zusehends „kalte Füße": Auf Drängen der USA schloss sie das Büro der international agierenden radikal-islamistischen Organisation „Hazb-at-Tahrir", die beschuldigt wurde, einen Anschlag auf die US-Botschaft in Baku vorbereitet zu haben. Seitdem wurden in Aserbaidschan medienwirksam diverse iranische „Kulturzentren" geschlossen sowie „iranische Spione" und „iranische Prediger" ausgewiesen. Dies sollte nicht zuletzt den USA als Beleg für die antiiranische Politik Aserbaidschans dienen.

Die iranisch-armenischen Beziehungen

Nach der Unabhängigkeit der Republik Armenien stellte die Islamische Republik Iran – im Gegensatz zur Türkei – keine Bedingungen für die Aufnahme völkerrechtlicher Beziehungen. Dem Iran und den arabischen Nahost-Staaten war es außerdem zu verdanken, dass der Krieg zwischen den christlichen Armeniern und den moslemischen Aseris nicht zu einem neuen Religionskrieg stilisiert wurde. Dennoch unternahm Armenien auf amerikanischen Druck zunächst nichts, um die wirtschaftlichen Kontakte auszubauen. Diese Situation änderte sich erst nach der Schließung der armenisch-türkischen Grenze 1993, als die Beziehungen zum Iran plötzlich zu einer Überlebensfrage wurden. Die historisch unbelasteten Erfahrungen der beiden Nachbarstaaten miteinander erleichterten den Annäherungsprozess.

Mit diesem Richtungswechsel reduzierte sich jedoch gleichzeitig der Handlungsspielraum der armenischen Außenpolitik. Denn die Interessen der kleinen Kaukasusrepublik begannen sich zunehmend mit denjenigen der USA in der Region zu kreuzen: Erstens initiierte Armenien die Stationierung russländischer Militärbasen, zweitens ließ sich Armenien nicht von einer Unterstützung des Selbstbestimmungsrechts der Karabacharmenier abbrin-

gen und drittens pflegte das Land freundschaftliche Beziehungen zum Iran.
Ein weiterer Faktor von hoher politischer und wirtschaftlicher Bedeutung
gesellte sich 1994/95 hinzu: Aserbaidschan veranlasste die Gründung mehrerer internationaler Konsortien, um das kaspische Erdöl zu fördern und seinen Transport nach Westen sicherzustellen.[17] Der größte Anteil bei diesem
Deal fiel den US-Ölmultis zu. Seitdem werden auch im Kaukasus „lebenswichtige Interessen der USA" berührt. Dass dies die amerikanische Haltung
gegenüber Armenien und Bergkarabach beeinflusste, muss nicht besonders
erwähnt werden. Parallel zu der wachsenden US-amerikanischen Rückendeckung versteifte sich auch die Haltung der aserbaidschanischen Regierung
bei den Friedensverhandlungen um Bergkarabach.[18]

Dass die USA die Islamische Republik Iran ab 2001 einer „Achse des Ter-
rors" zuordnen, bleibt natürlich nicht ohne Auswirkungen auf die südkaukasischen Staaten, darunter Armenien. So versuchte Washington, die armenische Regierung nach dem Irakkrieg 2003 zu zwingen, ihre Beziehungen zu
Teheran „zu überdenken". Betroffen von einem solchen Kurswechsel war vor
allem die Wirtschaft Armeniens, die von gutnachbarschaftlichen Beziehungen zum Iran profitierte und über die iranischen Häfen mit den Weltmärkten
verbunden ist. In der Kaukasusrepublik hatte man zudem nicht vergessen,
dass die Islamische Republik Iran Armenien vom ersten Tag der Unabhängigkeit an unterstützt hatte. Der Iran habe Armenien seine Wege geöffnet,
zeigte sich Ministerpräsident Andranik Markarjan 2003 dankbar. Die armenisch-iranischen Beziehungen „bleiben hervorragend"[19], fügte er hinzu.

Auch wenn die Vertreter der Republik Armenien immer wieder auf die
enge und gute Zusammenarbeit mit dem Iran hinweisen, vergessen sie dabei nicht zu betonen, dass sich diese nicht auf die Militärkooperation oder
die Atomtechnologie erstreckt. Stattdessen baut Armenien im Iran Wasser-
kraftwerke, und es bezieht seit 2008 über eine neue Pipeline Gas aus der
Islamischen Republik. Unterdessen machte der armenische Außenminister
Wardan Oskanjan deutlich, dass die guten Beziehungen der christlichen
Armenier zur Islamischen Republik Iran von der US-Administration nicht

---

17 Kamildschan Kalandarov: Na Kaspii stolknulis' interesy mirovych deržav (= Im kaspischen
    Raum treffen die Interessen der Weltmächte aufeinander). In: Nezavisimaja gazeta, 4. 6. 1997.
    Christiane Hoffmann: Öl, Gas und immer wieder Krieg. In: FAZ, 27. 6. 1998.
18 Itogi, Moskau, 16. 9. 1997.
19 Interview des Autors mit dem Ministerpräsidenten der Republik Armenien, Andranik Markar-
    jan, Rheinische Post, 23. 11. 2004.

torpediert würden. Armenien führe eine ausgewogene Politik: „Wir spielen nicht andere Staaten gegeneinander aus, um unsere Interessen durchzusetzen. Wir wollen einen Interessenausgleich in unserer Region", so Oskanjan. „Das gilt auch für die Beziehungen zu den USA, Iran, Russland, der Türkei oder der EU. Washington hat bis heute keine Probleme mit unserer Iran-Politik", stellte der Chefdiplomat im Januar 2007 fest.[20]

Als Zeichen ihrer religiösen Toleranz gestattete die iranische Regierung Besuche des armenischen Erzbischofs von Arzach (Bergkarabach), Parkew Martirosjan, in Teheran. Dort traf er mit der lokalen armenischen christlichen Gemeinde zusammen.[21]

Im Zuge des Atomstreits mit dem Iran (seit 2004) verzichtet die politische Führung Armeniens darauf, sich öffentlich zu ihren freundschaftlichen Beziehungen zum Iran zu bekennen. Sowohl die USA als auch Russland verstünden, dass Armenien aus rein wirtschaftlichen Gründen auf ein gutes Verhältnis zu Teheran angewiesen sei, merkt die armenische Regierung stattdessen an.[22]

Die iranisch-russländische Kooperation im Kaukasus und die Debatte um den Status des Kaspischen Meeres

Die Appelle Washingtons, Russland möge seine politischen Kontakte zum Iran einstellen, zeigten keine Wirkung. Die „Nützlichkeit" dieser Beziehungen zu ignorieren, versicherte Ministerpräsident Evgenij Primakov, hätte beispielsweise die Friedensbemühungen im Bergkarabach-Konflikt geschwächt.[23] Nach wie vor bewertet Moskau die Rolle des Iran in diesem Krisenherd positiv, da die guten iranisch-aserbaidschanischen Beziehungen in den Jahren 1991 und 1992 den Einfluss des NATO-Mitglieds Türkei zurückgedrängt hatten. Gleichwohl beäugt Moskau misstrauisch den wachsenden Einfluss Teherans, das mit seiner Friedensinitiative und seinen Vermittlungsbemühungen versucht sein könnte, Russland aus der Region zu drängen.

---

20 Interview des Autors mit dem armenischen Außenminister Wardan Oskanjan am 14. 1. 2003 und 5. 1. 2007, Berliner Morgenpost, 14. 1. 2003.

21 „In Berg-Karabach herrschten lange die Perser … Wir haben keine einzige Moschee zerstört." Interview des Autors mit dem Erzbischof von Arzach (Bergkarabach), Parkew Martirosjan, im März 2005. In: Rheinische Post, 23. 4. 2005.

22 Aravot, 9. 1. 2007. Golos Armenii, 31. 3. 2007.

23 Evgenij Primakov: Gody v bol'šoj politike (= Die Jahre in großer Politik). Moskau 1999, S. 186.

Nach dem Machtwechsel 1994 in Baku, der zu einem protürkischen Kurs Aserbaidschans führte, ergriff der Iran Partei für Armenien, den militärischen Verbündeten Russlands. Übrigens ein weiterer Beleg für das Scheitern der Prophezeiungen Samuel P. Huntingtons, denn das alte, christliche Armenien unterhält traditionell freundschaftliche Beziehungen zum islamisch-fundamentalistischen Iran.[24]

Der Iran unterstützte Russlands Kaukasuspolitik auch nach dem Ausbruch des Tschetschenienkonfliktes im November 1994. Teheran weigerte sich sogar, den Tschetschenen während ihres Unabhängigkeitskrieges beizustehen. Irans Außenminister Charazi erklärte, dass der tschetschenische Konflikt eine „rein innenpolitische Konstante sei, die eine Einmischung von außen kategorisch ausschließt".[25] Ein Entgegenkommen, das für Russlands Sicherheit nicht hoch genug eingeschätzt werden kann. Zu den Staaten, die den tschetschenischen „Radikalismus und Terrorismus" unterstützten, rechnete der russländische Generalstaatsanwalt Wladimir Ustinov denn auch Saudi-Arabien, Pakistan, Afghanistan, die Türkei, Jordanien sowie die GUS-Mitglieder Georgien und Aserbaidschan, nicht aber die Islamische Republik Iran.[26] Auch in den zahlreichen russländischen publizistischen und wissenschaftlichen Veröffentlichungen findet sich keine „iranische Spur" im Zusammenhang mit den Terrorakten in Russland und den anderen GUS-Staaten.[27]

Im Zuge des Annäherungsprozesses zwischen Russland und dem Iran mussten zuerst ernsthafte Probleme bewältigt werden. Schließlich wollte Moskau dadurch keine Verschlechterung der Beziehungen zum Westen, insbesondere zu den USA, in Kauf nehmen. Der Moskauer Wissenschaftler Gadžiev argumentiert, Washington bezeichne den Iran zwar als einen Unterstützer des internationalen Terrorismus, aber es sei fraglich, ob „diese Anklage begründet ist".

Dessen ungeachtet gibt es in Russland durchaus Besorgnis über Rückfälle des Iran in den islamischen Extremismus, die von Zeit zu Zeit zu beobachten seien. Aber für Moskau hat der Iran wegen seiner geopolitischen Lage und

---

24 Vgl. die Behauptung Huntingtons: „Wohin man im Umkreis des Islam blickt: Muslime haben Probleme, mit ihren Nachbarn friedlich zusammenzuleben". In: Samuel P. Huntington, Kampf der Kulturen, S. 418.

25 Gadžiev K. S.: Geopolitika Kavkaza (= Die Geopolitik des Kaukasus). Moskau 2003, S. 272.

26 Wladimir Ustinov: Obvinjaetsja terrorizm (= Angeklagt wegen Terrorismus). Moskau 2002, S. 45–51.

27 Sovremnnyj terrorizm: sostojanie i perspektivy (= Der aktuelle Terrorismus: Stand und Perspektiven). Moskau 2000.

seiner enormen Ölreserven eine Bedeutung, die man kaum hoch genug veranschlagen kann. Immerhin besitzt der Iran die fünftgrößten Öl- und Gasreserven, ein Umstand, der ihn zum Partner, aber auch zum Konkurrenten Russlands macht. „Obwohl der Iran die Sowjetunion als ideologischen Feind betrachtete und keinen Kraftaufwand scheute, um Regime und Ideologie zu kritisieren, stützte sich Teheran in seiner Auseinandersetzung mit Washington tatsächlich auf Moskau".[28] Auch Primakov rechtfertigt enge politische Kontakte zum Iran mit dem Hinweis, es gelte die ausgewogene Kräfte zu unterstützen und dabei die innenpolitische Dynamik in Kauf zu nehmen. Es würde der Welt nicht helfen, wenn man Teheran isolierte. „Neben dem beharrlichen Wunsch, den totalen Einfluss des Islams zu bewahren, nehmen die Kräfte zu, die die Unmöglichkeit und das Unheilvolle des Kurses verstehen, die ‚islamische Revolution' zu exportieren".[29] Russland trete für einen politischen Dialog mit dem Iran ein, um zu verhindern, dass der Fundamentalismus im Land wieder stärker wird.[30]

Gleichwohl hat die anhaltende Konfrontation mit den USA die iranische Führung zu einer ernsthaften Korrektur ihres politischen Kurses gegenüber Russland gezwungen, das als einziger potenzieller Partner von Bedeutung übrig blieb. Auch bei der Diskussion um den Status des Kaspischen Meeres suchte der Iran die Unterstützung Moskaus.

Bereits Anfang 1992 hatte der Iran auf einer Konferenz der Anrainerstaaten des Kaspischen Meeres eine Initiative vorgestellt, wonach ein Vertrag über regionale Zusammenarbeit und die Gründung einer eigenen regionalen Organisation beschlossen werden sollte. Moskau nahm diese Initiative mit Vorbehalten auf, da es darin das iranische Bestreben erkannte, Russland aus dem kaspischen Raum zu verdrängen. Zuvor hatten beide Staaten vergeblich darüber verhandelt, dem Kaspischen Meer einen eindeutigen Status zu geben. Teheran und Moskau stimmten immerhin darin überein, dass über Fragen im Zusammenhang mit dem kaspischen Raum nur die Anrainerstaaten entscheiden sollten. Insbesondere den USA wollten sie kein Mitspracherecht einräumen.

Wie der russländische Wissenschaftler Sergej Žil'cov feststellt, stimmte die iranische Haltung zum Rechtsstatus des Kaspischen Meeres in vielen Details mit der russländischen überein. Da beide „formal" seine Eigentümer seien,

---

28 Gadžiev, Geopolitika Kavkaza, S. 334.
29 Primakov, Gody v bol'šoj politike, S. 186.
30 Evgenij Primakov: Vosem' mesjcev pljus …, (= Acht Monate plus …). Moskau 2002, S. 141.

sei das „auch nicht weiter verwunderlich". Der Iran teilte die russländische These, wonach auf das Kaspische Meer die Regeln des internationalen Seerechts keine Anwendung finden sollten.[31]

Darüber hinaus bestand Teheran darauf, dass vor einer Entscheidung über den neuen Status des Kaspischen Meeres die Verträge zwischen der UdSSR und dem Iran Grundlage für die neuen Vereinbarungen sind.[32] Dementsprechend unterschrieben Russland und der Iran 1995 eine Erklärung in Teheran. Darin fixierten sie, dass der Status des Kaspischen Meeres „nur im Konsens aller Anrainerstaaten definiert werden darf … Alle Rechte in Bezug auf das Kaspische Meer und seine Ressourcen gehören allein den Anrainerstaaten und nur sie haben das Recht, über die Regeln auf dem Kaspischen Meer zu entscheiden".[33]

Auf einer internationalen Tagung über die Perspektiven der Ölförderung im Kaspischen Meer vom Dezember 1995 in Teheran erklärte Irans Ölminister Goljam Reza Aga-zade, dass „für den Iran die Wirtschaftlichkeit und nicht die politische Konjunktur" darüber entscheide, ob das Land an Ölförderprojekten teilnehme. Das bedeutete, dass der Iran bereit war, sich von Russland als Verbündetem zu trennen, wenn sich günstigere Konditionen mit Blick auf den Status des Kaspischen Meeres erreichen ließen. So kam es denn auch. Der Iran erhielt einen Anteil von 10 Prozent am Förderprojekt Schah-Denis im aserbaidschanischen Sektor und erkannte damit de facto die Teilung des Kaspischen Meeres in nationale Zonen an.

Die Änderung der iranischen Haltung war nur folgerichtig: Mitte der 1990er Jahre wurden große Förderverträge zwischen Aserbaidschan und internationalen Ölkonsortien abgeschlossen.[34] Das gute Investitionsklima in Kasachstan führte dazu, dass US-Ölmultis auch dort große Summen in Öl- und Gasförderprojekte investierten. Dies beunruhigte den Iran und Russland, zeigte es ihnen doch die Grenzen ihres Einflusses auf. Künftig sollten sie ihre Methoden der Zusammenarbeit ändern: weniger Druck und mehr Diplomatie.[35]

---

31 Žil'cov S. S., Zonn I. S., Uškov A. M.: Geopolitika kaspijskowo regiona (= Die Geopolitik der kaspischen Region). Moskau 2003, S. 69, 95.

32 Ibid., S. 96.

33 „Gemeinsame russländisch-iranische Erklärung über das Kaspische Meer" vom 30. 10. 1995. In: Diplomatičeskij vestnik (= Diplomatische Nachrichten). Hrsg. vom Außenministerium der RF. Nr. 11, Moskau 1995, S. 19.

34 Žil'cov S. S., Zonn I. S., Uškov A. M., Geopolitika kaspijskowo regiona, S. 96.

35 Kaspijskij Region na sovremennom e'tape: problemy, tendencii, perspektivy (= Die aktuelle Situation in der kaspischen Region: Probleme, Tendenzen, Perspektiven). Almaty 2003, S. 122.

Im Zuge ihres verstärkten Engagements im kaspischen Raum drängten die USA Aserbaidschan 1996, die Kooperation mit dem Iran auf dem Energiesektor einzustellen. Daraufhin änderte Teheran seine Prioritäten mit Blick auf den Rechtsstatus des Kaspischen Meeres erneut. Plötzlich erinnerte die iranische Regierung daran, dass sich die unabhängigen Republiken in der Erklärung von Almaty am 21. Dezember 1991 verpflichtet hatten, die Verträge der Sowjetunion anzuerkennen.[36] Hinzu kam die Erklärung der Außenminister der fünf Anrainerstaaten vom 12. November 1996 in Aschchabad, wonach eine Änderung des Rechtsstatus des Kaspischen Meeres nur im Konsens stattfinden darf. Auf dem Gipfel in Almaty vom Mai 1998 bekräftigte Präsident Said Mohammad Chatami die Position des Iran, dass das Kaspische Meer als „größter See der Welt" und als „gemeinsames Erbe" aller fünf Anrainerstaaten betrachtet werden müsse. Außerdem solle es eine demilitarisierte Zone werden.[37]

„Zurückhaltender Optimismus" gegenüber Russland breitete sich im Iran nach dem Besuch von Präsident Chatami in Moskau (vom 11. bis 14. März 2001) aus. Die beiden Staaten vereinbarten eine Gemeinsame Erklärung über den Rechtsstatus des Kaspischen Meeres, allerdings fehlte in der Vereinbarung eine konkrete Festlegung zur Teilungsfrage. Der Iran erklärte sich nur bereit, russländische Initiativen zu unterstützen, wonach die Teilung des Kaspischen Meeres auf einer modifizierten Mittellinie erfolgen sollte. Zugleich sprachen sich Russland und der Iran gegen die Verlegung von Öl- und Gaspipelines auf dem Boden des Kaspischen Meeres aus. Betroffen von diesem Protest waren vor allem die Ölpipeline-Projekte, die Russland und den Iran umgehen wollten: die transkaspische Gaspipeline ebenso wie das von den USA protegierte Pipelineprojekt Baku–Dschehan.[38]

Die politische Annäherung zwischen Washington und Moskau sowie die Beteiligung russländischer Energieunternehmen in Kasachstan führten zu einer Entfremdung zwischen Russland und dem Iran in Bezug auf den Rechtsstatus des Kaspischen Meeres. Ab Mitte 2001 vereinbarte Russland mit Kasachstan und Aserbaidschan einen ersten Schritt zur Regelung der Statusfrage. Proteste des Iran verhallten ungehört.

Nach dem 11. September 2001 errichteten die USA in Zentralasien Stützpunkte. Sie stiegen zum wichtigsten Einflussfaktor in der Region auf, wie

---

36 Žil'cov S. S., Zonn I. S., Uškov A. M., Geopolitika kaspijskowo regiona, S. 97.
37 Ibid., S. 98 f. Kazachstan i mirovoe soobščestvo (= Kasachstan und die Weltgemeinschaft). Almaty 1995. Nr. 1 (2) 1995, S. 89–106.
38 Žil'cov S. S., Zonn I. S., Uškov A. M., Geopolitika kaspijskowo regiona, S. 100, 109.

Moskau und Teheran feststellen mussten. Es lag im Interesse der USA, die Frage des Rechtsstatus des Kaspischen Meeres einzufrieren und ihr eher eine theoretische Dimension beizumessen. Je nach Lage stand Washington damit ein effektives Instrument zur Beeinflussung des außenpolitischen Kurses der Staaten der Region zur Verfügung.

Gleichzeitig versuchten die USA, die russländischen und iranischen Interessen zurückzudrängen. Deshalb änderte der Kreml seinen Kurs und überzeugte die Vertreter Teherans bei der 10. Sitzung der Spezialarbeitsgruppe der stellvertretenden Außenminister der Anrainerstaaten des Kaspischen Meeres am 22. Juli 2003 in Moskau, das russländische Angebot endlich zu akzeptieren: Rund um das Kaspische Meer sollte eine 15-Meilen-Zone eingerichtet werden, die unter nationaler Jurisdiktion stehen sollte. Über die Ausbeutung der Ressourcen sollte weiter verhandelt werden, notfalls auf bilateraler Ebene. Russland hoffte so, zu einer Verständigung mit dem Iran zu kommen.[39]

Dabei entsprach es durchaus den Interessen Russlands, dass die USA den Iran wirtschaftlich weiterhin blockierten, zumal die US-Energiekonzerne weder Pipelines über iranisches Territorium bauen noch den Iran als Transitland nutzen durften. Diese Vorgehensweise stärkte die Monopolstellung Russlands beim Transport der Energieträger aus Zentralasien zum Weltmarkt. Insgeheim hatte die politische Klasse Moskaus schon im Jahr 2000 befürchtet, dass das US-Embargo gegen den Iran aufgehoben werden und es zu einer Normalisierung der amerikanisch-iranischen Beziehungen kommen könnte.

Obwohl Moskau nach wie vor die alternativen Öl- und Gasrouten über den Iran fürchtet, hat Russland ein langfristiges Interesse daran, die Islamische Republik als seinen Verbündeten in der Region zu behalten. Deshalb versucht der Kreml mit fast allen Mitteln, die prorussländische Orientierung Teherans zu fördern und die Anti-USA-Politik der Iraner für sich zu nutzen.[40] Vor diesem Hintergrund überrascht es nicht, dass die ständigen Auseinandersetzungen in Bezug auf den Grenzverlauf und die militärischen Zwischenfälle zwischen dem Iran und Aserbaidschan am Kaspischen Meer in den Jahren 2001 bis 2002 in Russland kommentarlos zur Kenntnis genommen wurden.

Bislang leistet die russländische Militärpräsenz in Armenien, die von Te-

---

39 Igor' Ivanov: Rossija v sovremennom mire (= Russland in der Welt von heute). Moskau 2004, S. 293f.

40 Žil'cov S. S., Zonn I. S., Uškov A. M., Geopolitika kaspijskowo regiona, S. 65.

heran grundsätzlich begrüßt wird, einen wichtigen Beitrag zur Stabilisierung des Südkaukasus. Aus iranischer Sicht schafft sie ein Gegengewicht zu den politischen und militärischen Ambitionen der USA und der NATO, die so auf eine Führungsrolle in der Region vorerst verzichten müssen.[41] Zudem legt Russland der NATO-Mitgliedschaft Georgiens Steine in den Weg und erschwert Aserbaidschans Annäherung an die Allianz, die dem Iran nicht besonders freundschaftlich entgegentritt.

Während ein georgischer NATO-Beitritt in Teheran nicht als eine direkte militärische Bedrohung bewertet wird, liegt der Sachverhalt mit Blick auf Aserbaidschan anders: Wegen der gemeinsamen Grenze betrachtet der Iran eine Mitgliedschaft des Landes in der Allianz als unmittelbare Gefahr. Schließlich könnte die NATO die Sezession der iranischen Aseris unterstützen und den Iran innenpolitisch destabilisieren. Insbesondere nach der Unabhängigkeitserklärung des Kosovo im Februar 2008 empfindet die iranische Führung die interessenorientierte „Minderheitenpolitik" des Bündnisses als eine potenzielle Waffe gegenüber dem Vielvölkerstaat Iran. Daneben beunruhigen die zahlreichen Besuche hochrangiger US-Politiker und Erklärungen über eine „sicherheitspolitische Partnerschaft" zwischen den USA und Aserbaidschan im Kampf gegen den internationalen Terrorismus Irans politische und religiöse Führung.

Es ist offensichtlich, dass mit dem Erscheinen der NATO als neuem regionalen Akteur im Südkaukasus das Misstrauen und die Feindschaft Russlands geweckt wurden: Seit dem Amtsantritt Präsident Wladimir Putins lastet ein enormer militärischer und politischer Druck auf Georgien, Armenien und Aserbaidschan. Die antiamerikanische Politik Russlands in der Region wird vom Iran unterstützt.

Bereits die Gründung von US-Militärbasen in Zentralasien im Jahr 2002 hatte den Iran in Alarmstimmung versetzt. Um die gleiche Entwicklung zumindest in Armenien zu verhindern, baute der Iran in Absprache und mit direkter Beteiligung Russlands eine Gas-Pipeline nach Armenien. Auch Georgien wurde mit iranischen Gaslieferungen und Krediten in Höhe von mehreren Milliarden US-Dollar gelockt.[42] Ohne Erfolg. Denn Tiflis setzt ebenso wie Baku in Gestalt der USA auf einen stärkeren Partner als den Iran, und zwar sowohl in militärischer als auch in wirtschaftlicher Hinsicht.

---

41 Aschot Manutscharjan: Vom „Satan" zum strategischen Partner: Die russländisch-iranischen Beziehungen 1991 bis 2006. In: Orient 47 (2006), H. 3, S. 349–370.

42 RIA Novosti, 21. 6. 2007.

Helge Lerider

Die Türkei und der Kaukasus

Wenn wir uns mit der türkischen Politik gegenüber dem Kaukasus beschäftigen, erscheint es nützlich, zunächst einen kurzen Blick auf die türkische
Politik gegenüber dem ab 1991 entstandenen postsowjetischen Raum zu
werfen, die Politik angesichts des entstandenen Machtvakuums in Kaukasien
und Zentralasien, beides alte türkische Interessengebiete, beides Gebiete zu
denen die Türken starke emotionale Bindungen empfinden.

In der Türkei gibt es eine Vielzahl von Menschen kaukasischer Abstammung, kaukasische Minderheiten, vor allem auch an der türkischen Schwarzmeerküste.[1] Der Besitz des Kaukasus wie der nördlichen Schwarzmeerküste
war Anlass einer Vielzahl kriegerischer Auseinandersetzungen zwischen
dem zaristischen Russland und dem osmanischen Reich, den Ersten Weltkrieg eingeschlossen, bis durch Übereinkunft des inzwischen bolschewistischen Russland mit dem nationaltürkischen Widerstand unter Atatürk die
Territorialfrage 1920/21 im Einvernehmen geregelt wurde[2].

Das Bestreben, ihre Unabhängigkeit abzusichern und sich vor russischen
Hegemoniebestrebungen zu schützen, veranlasste die kaukasischen wie die
fünf zentralasiatischen Staaten ab 1991, rasch Außenbeziehungen nach allen Richtungen zu entwickeln.[3] Die Turkstaaten wandten sich auch an die
Türkei, die sie mit offenen Armen enthusiastisch aufnahm. Damit entsprachen sie nicht nur den machtpolitischen Vorstellungen der Türken von einer
regionalen Führungsrolle und ihren wirtschaftlichen Ambitionen, sondern
das entspricht auch der pantürkischen Ideologie[4] – dem Panturanismus oder
Panturkismus und seiner Parole von der Einheit der Sprache, des Denkens
und des Handelns der Turkvölker – sowie dem türkischen Mythos der zent-

---

1 Colbert C. Held: Middle East patterns: places, peoples, and politics. 3rd. ed., Boulder, Col,
   Oxford 2000, S. 375ff.
2 David Fromkin: A Peace to End All Peace – The Fall of the Ottoman Empire and the Creation
   of the Modern Middle East. New York 1989, S. 429f und 53.
3 Simon V. Mayall: Turkey: Thwarted Ambitions. McNair paper 56, Institute for National Strategic Studies, Washington, D.C. 1997, S. 53f.
4 Udo Steinbach: Die Türkei im zwanzigsten Jahrhundert – schwieriger Partner Europas. Ber-
   gisch Gladbach 1996, S. 290f.

ralasiatischen Steppe, beides ist in vielen türkischen Institutionen verankert, beides wird teilweise auch in den Schulen gepflegt.

Der Versuch der Türkei, beginnend ab 1992, nach dem Zusammenbruch der Sowjetunion, eine Einflusszone in Zentralasien und im Kaukasus aufzubauen[5], wenn nicht gar – ggf. unter Einbindung der USA – eine Turk-Allianz im Süden Russlands, erweckte sofort das Misstrauen Moskaus. Die Türkei nahm kurzfristig direkte Flugverbindungen mit allen Hauptstädten auf, das türkische Fernsehen strahlte türkische Programme in diese Länder aus und türkische Geschäftsleute versuchten, sich vor allem mit Joint Ventures in diesen neuen Ländern zu etablieren.

Der damalige Präsident Turgut Özal versprach eine Milliarde US-Dollar an Krediten, ein Versprechen, das freilich nie realisiert wurde. Turgut Özal erklärte noch im März 1993: „Was immer auch kommt, wir sind das wichtigste Element des Status quo und der neuen Ordnung, die zwischen Balkan und Zentralasien aufgebaut wird. In dieser Region kann es keinen Status quo und keine politische Ordnung geben, die uns nicht einschließt."[6]

Begleitet wurde diese türkische Politik von nationalistischen Aufwallungen, signifikant war die Schwärmerei vom Reich der 200 Millionen Türken. Die türkische Semantik kennt nicht jene Unterscheidung zwischen „Türken" und dem Oberbegriff „Turkvölker", wie im Deutschen üblich, oder zwischen „turkish" und „turkic" wie im Englischen, die die Türken als eine Untergruppe der Turkvölker sieht. Für sie sind alle diese Turksprachen sprechenden Völker jenseits der Grenzen der modernen Türkei Türken, ihre Sprachen sind türkische Dialekte. Das impliziert natürlich den Anspruch, dass die Hochsprache das korrekt gesprochene Türkei-Türkisch ist, womit auch gleich deutlich gemacht wird, wo denn das kulturelle und damit auch das politische Zentrum des Türkentums zu suchen sei.

Die Versuche der wirtschaftlichen wie der politischen Einflussnahme der Türkei führten jedoch nur zu begrenztem Erfolg, mehr Echo erzielte die türkische Politik am Schul- und Bildungssektor. Tausende Schüler, Lehrlinge und Studenten erhielten Ausbildungsplätze in der Türkei oder an türkischen Schulen im Ausland. Bei den Auslandsschulen erzielten jedoch – sehr zum Missvergnügen des säkular gesonnenen türkischen Establishments – religiöse Stiftungen mit ihren Schulgründungen den größten Zuwachs; alleine

---

5 Ebd., S. 295f.
6 Özal M. Ataman: Leadership and Restructuring of Turkish Ethnic Policy in the 1980s. Middle Eastern Studies, Vol. 38, Nr. 4, October 2002, S. 123ff.

das Privatschulimperium des bekannten Predigers Fettulah Gülen gründete etwa zweihundert Auslandsschulen, aber auch einige Universitäten, von denen die Mehrzahl in Turkrepubliken liegen.[7] Für die Organisation der Auslandsarbeit vor allem am Bildungssektor und die Führung und Kontrolle von Entwicklungsprojekten gründete die Türkei eine eigene Entwicklungsagentur namens TIKA (Türk İşbirliği ve Kalkınma İdaresi Başkanlığı).[8]

Während die Turkstaaten die angebotene Hilfe positiv aufnahmen, führte dies jedoch keineswegs zu bedeutender Ausweitung des Einflusses der Türkei in dieser Region. Abgesehen davon, dass diese Staaten, die sich gerade der Dominanz Moskaus entledigt hatten, kein Interesse hatten, einen neuen Dominator zu akzeptieren[9], hatte die Türkei – die selbst von einer wirtschaftlichen Dauerkrise geplagt wurde – gar nicht die wirtschaftliche Kapazität, eine den Bedürfnissen dieser Staaten annähernd adäquate Hilfe zu geben. Die ökonomischen Probleme dieser Staaten waren enorm: hohe Inflation, hohe Arbeitslosigkeit, Wasserknappheit, schwere ökologische Schäden, teilweise Überbevölkerung.

Einigermaßen Erfolg im Sinne ihrer am Beginn der Neunzigerjahre formulierten Ziele hatte die Türkei nur im Kaukasus, sieht man von Armenien ab.[10] Mit Armenien unterhalten weder die Türkei noch Aserbaidschan diplomatische Beziehungen, es gibt keinen Grenz- und Handelsverkehr, die geringen Kontakte laufen über Georgien oder über internationale Organisationen. Die Grenze Armeniens zur Türkei gleicht dem Eisernen Vorhang unseligen Angedenkens.

In zunehmendem Umfange wurden in Zentralasien und im Kaukasus jedoch westliche Staaten aktiv, wobei auch für diese die Türkei vielfach die operative Basis darstellt. Die politische Linie der USA wurde durch den „Silk Road Strategy Act"[11] vorgezeichnet, die EU hat das Projekt TRACECCA

---

7 Bayram Balci: Fethullah Gülen's Missionary Schools in Central Asia and their Role in the Spreading of Turkism and Islam. In: Religion, State and Society, Vol. 31, Iss. 2. 6. 2003, S. 151–177.

8 TIKA homepage, <http://www.tika.gov.tr/EN/Default.ASP>.

9 Steinbach, S. 293.

10 Michael B Bishku: Turkey, ethnicity, and oil in the Caucasus. In: Journal of Third World Studies, Fall 2001, <http://findart icles.com/p/articles/mi_qa3821/is_200110/ai_n8988897/print>.

11 Silk Road Strategy Act of 1999. Über <http://www.eurasianet.org/resource/regional/silkroad.html>, Zugiff 2. 3. 2006.

(Transport Corridor Europe–Caucasus–Central-Asia) beschlossen[12], beide Konzepte kommen den Interessen der USA und der kaukasischen und zentralasiatischen Staaten entgegen, von Russland und dem Iran unabhängige Transportrouten (eingeschlossen jener für Energieträger) nach Westen zu errichten bzw. errichtet zu bekommen.[13]

Wir sollten hier zunächst einen kurzen Blick auf die geostrategischen Rahmenbedingungen werfen: Die Türkei ist geopolitisch ein Brückenland zwischen Europa und Südwestasien.[14] Sie liegt im Zentrum eines euroasiatischen Netzes von Verkehrsverbindungen, Energietransportwegen und Handelsströmen nach allen Richtungen, die ihr die Rolle einer Drehscheibe geben. Näher eingegangen sei hier zunächst auf den Zusammenhang zwischen dem Kaukasus und Zentralasien und dieser Drehscheibe.

Neben der Türkei und ihren westlichen Verbündeten gibt es drei weitere Akteure mit nachhaltigen und konkurrierenden Interessen in Zentralasien: Russland, der Iran und China. Allen Konkurrenten ist das Interesse an den fossilen Energieträgern des Kaspischen Beckens sowie an den übrigen Bodenschätzen der Region – vor allem an Nicht-Eisen-Metallen und seltenen Erden – gemeinsam.

Aus dem Westen gibt es drei alternative Zugangswege nach Zentralasien:

- über die Ukraine und Russland,
- über den Iran und
- über das anatolische Hochland (bzw. das Schwarze Meer) und den Kaukasus, also entlang der alten Seidenstraße.

Alle zentralasiatischen Staaten sind Binnenländer, die für ihre Exporte auf den Transit durch Nachbarländer angewiesen sind. Der Wunsch, diese Zugänge zu kontrollieren, entspricht nicht nur wirtschaftlichen, sondern auch macht- oder sicherheitspolitischen Interessen. Sucht man, wie das dem Be-

---

12 Europaspiegel: Das TRACECA Projekt – Wohin Europa führen kann. <http://www.europa spiegel.de/index/artikel148/page92/1>, Zugriff 2. 2. 2006.

13 James Busobotinis, Irina Ghaplanyan: Rebuilding the Silk Road: Developement and Prospects for Security in the South Caucasus. In: Newsbrief, hg. vom Royal United Services Institute, London, October 2006, S. 118.

14 Helge Lerider: Die Türkei und die gemeinsame Außen- und Sicherheitspolitik der Europäischen Union. In: Der langsame Weg zu einer europäischen Sicherheitspolitik. In: Sozialwissenschaftliche Schriftenreihe des Internationalen Institutes für liberale Politik Wien, Heft 19, 2006. Vgl. Kapitel 5: Zur geostrategischen Position der Türkei, S. 45f.

streben vor allem der USA entspricht, eine Verbindung von Europa nach Zentralasien, die Russland ebenso wie den Iran meidet, dann ist die Trasse der Seidenstraße der einzige sichere Zugang aus dem Westen. Die Kontrolle des Kaukasus ist somit auch entscheidend für den Zugang zu Zentralasien.[15]

In der zunehmenden europäischen Energieabhängigkeit von Russland – insbesondere was Gas betrifft – wird angesichts der russischen Praxis, solche Abhängigkeiten auch zum politischen Zwecke auszunutzen, eine Bedrohung für die europäische Sicherheit wie der Versorgungssicherheit gesehen; daher ist die Diversifizierung der Energieversorgung ein wichtiges Ziel der Europäischen Union. Damit wird eine Versorgung mit Erdgas aus der Kaspischen Region unter Nutzung von Wegen, die von Russland nicht kontrolliert werden, für Europa wichtig. Dies bringt die Türkei im Hinblick auf die Versorgung der Union mit fossilen Energieträgern in eine zentrale Position.[16]

Für das starke türkische Engagement in Aserbaidschan dürften mehrere Gründe ausschlaggebend sein: Die Türkei konnte hinsichtlich ihrer (nach der Desintegration der Sowjetunion ursprünglich auf die Gesamtregion Kaukasus-Zentralasien bezogenen) Ambitionen, nur in Aserbaidschan Erfolge erzielen, die ihren Ansprüchen einigermaßen gerecht werden. Umso empfindlicher reagiert die Türkei, wenn sie sich in ihrer selbst zugemessenen Schutzfunktion gegenüber Baku gefordert sieht. Die Niederlage Aserbaidschans im Konflikt um Bergkarabach und das türkische Abseitsstehen nach vollmundig verkündeten Interessen in der Region, was vermutlich auf das Faktum zurückzuführen ist, dass sich die Armenier nicht nur der russischen Unterstützung, sondern anfangs auch jener der USA erfreuen konnten, brachten der Türkei einen großen Prestigeverlust ein. Der Wunsch, verlorenes Terrain wiederzugewinnen, mag ebenfalls Anlass zu demonstrativ starkem Auftreten der Türken sein. Dazu sind die starken politischen, wirtschaftlichen und strategischen Interessen der Türkei gerade bei diesem Nachbarn in Rechnung zu stellen. Nirgendwo in der Region hat die Türkei materiell, personell, politisch und psychopolitisch soviel investiert wie dort!

Nach Aserbaidschan hat die Türkei sich in zunehmendem Maße auch bemüht, die Zusammenarbeit mit Georgien zu intensivieren; sie unterstützte es zuletzt auch, als Russland die Gaslieferungen einstellte, und bot einen Teil der für die Türkei bestimmten Gaslieferungen an. Mit beiden Ländern wurde

---

15 Vgl. Busobotinis/Ghaplanyan.
16 Ali Tekin, Iva Walterova: Turkey's Geopolitical Role: The Energy Angle. In: Middle East Policy, Spring 2007.

ein Abkommen über militärische Zusammenarbeit unterfertigt, die Türkei
leistete Rüstungshilfe und Ausbildungsunterstützung.

Die erfolgreiche Zusammenarbeit beim Baku–Tiflis–Ceyhan-Projekt[17] und
parallele Interessen gegenüber Russland, gegenüber den USA wie gegenüber
der EU sowie der Wunsch nach Anlehnung an die gleichen Partner haben
zu zunehmender Zusammenarbeit zwischen der Türkei, Aserbaidschan und
Georgien und zu weiteren trilateralen Projekten geführt.[18] Die Erdgasleitung
Baku–Tiflis–Erzerum war das nächste von diesen drei Staaten betriebene
Projekt – seit 7. März 2007 fertiggestellt[19], jedoch noch nicht in Betrieb genommen. Es soll Erdgas vom Şahdeniz-Gasfeld im Kaspischen Meer nach
Erzerum bringen und dort in das türkische Netz einspeisen. Eine Verlänge-
rung nach Mittel- und/oder Südeuropa wird debattiert, das ist das Projekt
NABUCCO, in dem die OMV eine führende Rolle spielt.

Nach einjährigen Verhandlungen zwischen diesen drei Staaten haben am
7. Februar der türkische Premierminister Recep Tayyip Erdoğan, der georgische Präsident Mikheil Saakashvili und der aserbaidschanische Präsident
Ilham Aliyev ein Rahmenabkommen unterzeichnet, das die Errichtung einer
Eisenbahnverbindung Kars–Akhalkalaki–Tbilisi–Baku vorsieht.[20] Diese sollte
gemäß dem aserbaidschanischen Präsidenten einen ununterbrochenen Gü-
terverkehr zwischen Europa und Asien unter Ausschluss Russlands und Armeniens ermöglichen. Sie soll zumindest theoretisch, wenn der Eisenbahn-
tunnel unter dem Bosporus fertig gestellt sein wird, das europäische mit dem
asiatischen Eisenbahnnetz zusammenschließen. Diese Eisenbahnverbindung
von Kars nach Baku wird unter Modernisierung vorhandener Strecken und
Schließen von Lücken zwischen diesen errichtet werden.[21] Die Länge dieser Verbindungsstrecke beträgt 258 km. Der Ausschluss Armeniens war der
Grund dafür, dass sich die USA, die Georgien ansonsten finanziell am stärksten unterstützen, von dem Projekt zurückzogen. Dieser Ausschluss war auch
der Grund für die Zurückhaltung der EU.

---

17 S. Frederik Star, Svante E. Cornell (Hg.): The Baku–Tbilisi–Ceyhan-Pipeline: Oil Window to
    the West. Washington, D.C., Uppsala 2005.
18 Turks, Azeris and Georgiens cementing strategic Partnership. Zaman, 21. 3. 2007.
19 Zaman, 7. 3. 2007.
20 Rovshan Ismayilov: Azerbaijan, Georgia and Turkey: Building a Transportation Triumvirat?
    In: eurasianet.org, 2. 7. 1007, <http://www.eurasianet.org/departments/insight/articles/eav
    020707_pr.shtml>.
21 Central Asia – Caucasus Analyst, 21. 2. 2007.

Gleichzeitig wurde eine Deklaration unterfertigt, die der zukünftigen zunehmend enger zu gestaltenden Partnerschaft zwischen den drei Staaten gewidmet ist, die sogenannte Tbilisi-Deklaration, in der die Grundlinie der zukünftigen Zusammenarbeit festgeschrieben wurde. Abgesehen von konkreten zukünftigen Projekten werden die Modalitäten der Kooperation geregelt und die Bedeutung einer engen Kooperation mit Europa herausgestellt, was von Kommentatoren als Beginn einer „strategischen Partnerschaft" gewertet wurde.

Naturgemäß führten die türkischen Aktivitäten im russischen „Nahen Ausland" auch zu Spannungen mit Russland. Diese werden jedoch überdeckt durch den Ausbau der Wirtschaftsbeziehungen zwischen beiden Ländern, die Entwicklung des Handelsaustausches ist durch jährlich zweistellige Zuwachsraten gekennzeichnet. Das hat in weiterer Folge auch zur Verbesserung der politischen Beziehungen und zu einer partiellen Zusammenarbeit, die heute fast partnerschaftliche Züge trägt, geführt.[22] Dies wird auch gefördert durch Übereinstimmung auf anderen Problemfeldern der internationalen Beziehungen, so eint beide die Ablehnung der Politik der USA gegenüber dem Irak wie gegenüber dem Iran und Syrien.

Eine Organisation für die Zusammenarbeit der Schwarzmeeranrainer, die Black Sea Economic Cooperation, BSEC, der auch alle Südkaukasusstaaten angehören, wurde 1992 auf Initiative des damaligen türkischen Präsidenten Turgut Özal gegründet; ihr Sitz befindet sich in Istanbul. Durch die Ausweitung auf 12 Staaten und geografisch auf den Balkan entstand der Begriff der „Wider Black Sea Region". In diesem Organisationsrahmen ergibt sich ebenfalls eine zunehmend intensivere Zusammenarbeit zwischen der Türkei und Russland. Auch die multinationale Zusammenarbeit der Kriegsmarinen der Schwarzmeeranrainer im Rahmen der BLACKSEAFOR ist durch das zunehmend positive Einvernehmen zwischen Russen und Türken gekennzeichnet, was auch zu Lasten der NATO wie der USA abläuft, sind sich doch beide Staaten einig, die militärische Präsenz externer Akteure verhindern zu wollen: „Turkey and Russia also stress BLACKSEAFOR which they argue does not necessitate a NATO presence in the Black Sea".[23]

Weniger Erfolg war einer anderen türkischen Initiative beschieden, die auf die Gründung eines Kaukasusstabilitätspaktes abzielte, was Demirel 1994 in-

---

22 Suat Kınıklıoğlu: The Anatomy of Turkish-Russian Relations. In: Insight Turkey, April–June 2006, S. 81.
23 Kınıklıoğlu, S. 88.

itiiert hatte, bislang jedoch keine Ergebnisse brachte; ein Konzept, das durch die zwischenzeitliche Entwicklung wohl überholt ist. Insgesamt gesehen ist es der türkischen Politik aber gelungen, bis heute eine starke politische, kulturelle und wirtschaftliche Stellung im Kaukasus aufzubauen, sieht man von den gestörten und formal inexistenten Beziehungen zu Armenien ab. Diese Stellung basiert auf zunehmend enger gestalteter Zusammenarbeit mit Aserbaidschan und Georgien, aber auch auf gesteigertem Einvernehmen mit Russland.

Eugene Kogan

Die Rolle Russlands im Nahen und Mittleren Osten[1]

Seit der Wahl Wladimir Putins zum Präsidenten am 7. Mai 2000 ist im Nahen und Mittleren Osten seine politische Rolle im Besonderen und die Position Russlands im Allgemeinen wesentlich angestiegen. Das im Juni 2000 von Präsident Putin bestätigte Außenpolitische Konzept Russlands definiert die Prioritäten bezüglich des Großraums Nah- und Mittel-Ost mit „Wiedererlangen und Stärken der russischen Position, insbesondere der wirtschaftlichen Position"[2]. Wie wir in diesem Beitrag noch ausführen werden, hat Präsident Putin diese Politik konsequent verfolgt und seinen Charme und sein Charisma auch für Waffenexporte und andere Kontraktabschlüsse eingesetzt.

Dieser Beitrag befasst sich mit Staaten des Weiteren Nahen Ostens in vier Gruppen:

1. Ägypten, Iran, Jemen und Syrien,
2. Israel,
3. Türkei,
4. Jordanien, Kuwait, Saudi-Arabien und Vereinigte Arabische Emirate (UAE).

Die erste Gruppe umfasst Waffen- und Wirtschaftskunden der ehemaligen Sowjetunion (SU), die auch Kunden des heutigen Russland sind. Russland

---

1 Der Autor dankt Robert O. Freedman, Peggy-Meyerhoff-Pearlstone-Professor für Politikwissenschaft an der Baltimore Hebrew Universität, Mark N. Katz, Professor für Government und Politik an der George Mason Universität, (beide USA) und Mark A. Smith, wissenschaftlicher Mitarbeiter am Conflict Studies Research Centre, CSRC (UK), für ihre Beiträge die sie dem Autor als elektronisches Mail gesendet haben. Der Autor dankt weiters Efim Zigun, Leiter des Instituts für den Nahen Osten (Institut Bliznego Vostoka, IIMES) in Moskau, für seine wertvollen, in Russland unveröffentlichten Hinweise zum Thema des Beitrags.
2 Kontseptsiya Vnesnei Politiki Rossiiskoi Federatsii, Ministerstvo Inostrannykh Del Rossiiskoi Federatsii, 28. 6. 2000, <http://www.mid.ru/ns-osndoc.nsf/0e9272befa34209743256c6300 42d1aa/fd8662 0b371>. Seit Juni 2000 hat das russische Außenministerium kein neues Konzeptpapier veröffentlicht.

212   Eugene Kogan

hat dort weiterhin politischen Einfluss, genießt Respekt und vertritt auch die Interessen dieser Länder gegenüber der EU und den USA.

Obwohl Russland keine Waffen an Israel verkauft, arbeitet es im Sicherheitsbereich dennoch mit Israel zusammen. Auch in der Wirtschaft gibt es eine Zusammenarbeit, denn über eine Million Menschen jüdischen Glaubens sind seit 1989 aus der ehemaligen SU nach Israel ausgewandert und machen heute etwa 20% der Bevölkerung des Landes aus. Viele von ihnen haben eine Doppelstaatsbürgerschaft und pendeln zwischen beiden Ländern, um sich so gegen die Unsicherheiten der politischen und gesellschaftlichen Entwicklungen in Russland einerseits und jene der wirtschaftlichen Entwicklungen Israels andererseits abzusichern.

Die Türkei wird als eigene Gruppe behandelt, weil dieses Land einerseits seit 2000 zwar keine Waffen in Russland gekauft hat, aber Erdgas aus Russland importiert und benötigt, andererseits aber politisch kaum gemeinsame Interessen mit Russland verfolgt.

Die vierte Gruppe schließt neue und potenzielle Waffen- und Wirtschaftskunden der Russischen Föderation ein, die aber auch wenig gemeinsame politische Interessen mit Russland teilen.

Putins Einsatz als höchster Repräsentant seines Landes für die politischen und ökonomischen Beziehungen sowie bei den Anbahnungen der Waffenexporte in den Großraum des Nahen Ostens hat die Beziehungen zur ersten Ländergruppe verstärkt, ohne die Beziehungen zu Israel zu beeinträchtigen. Gleichzeitig führte Putins diplomatischer Einsatz zur Aufnahme guter und stabiler Beziehungen zur vierten Ländergruppe dieser Region. Ich werde versuchen, die Konturen der russischen Strategie bezüglich dieser Länder aufzuzeigen.

Beispielsweise verstärkten sich die russisch-ägyptischen Beziehungen nach dem 11. September 2001, als Präsident Putin Präsident Mubarak zur verstärkten Zusammenarbeit gegen den Terror aufrief. Putin unterstützte offen Ägyptens Wunsch, sich in den israelisch-palästinensischen Friedensprozess einzubringen, und schlug die Einberufung einer Nahost-Friedenskonferenz in Moskau vor. Alles in allem hat Putin gezeigt, dass Moskau wieder große Initiativen vorschlagen kann und nicht länger in Passivität verharren will, wie dies die Moskauer Politik vor 2000 getan zu haben schien[3].

---

3 Mark A. Smith, Putin's Middle East Diplomacy, in CSRC, Russian Series 05/27 (Juni 2005), <http://www.da.mod/csrc>, S. 4. Im Folgenden zitiert als Mark A. Smith, Putin's Middle East.

Der Iran war und bleibt aufgrund seiner Nuklearpolitik ein umstrittener Klient Moskaus. Man muss aber im Auge behalten, dass die Energie-, Waffen- und Nuklearindustrie jeweils in Russland politisch sehr einflussreich ist und der Iran für sie ein wichtiger Kunde bleibt. Das bedeutet, dass Putins vorsichtige Iranstrategie, aus innenpolitischen Gründen auch die heimischen Industrieinteressen mit einbeziehen muss. Andererseits kann Putin den USA nicht entgegentreten, wenn diese ihre militärische Kraft – auch ohne Sicherheitsrats-Ermächtigung – gegen den Iran einsetzen wollten; Russland wird den Iran nicht verteidigen, wenn die USA auf diesem Kurs bleiben[4]. Bis jetzt hat Putin aber einen Ausgleich geschafft. Ob er diesen weiterhin aufrechterhalten kann, bleibt abzuwarten.

In Bezug auf Syrien entspricht es Putins Wunsch, wenn Syrien von Russland abhängig bleibt. Er will zwar nicht in eine Verantwortung für den Schutz oder zur Verteidigung Syriens gedrängt werden, aber die Verunsicherung des Regimes und dessen Isolierung vom Westen ermöglicht Russland einen bevorzugten Zugang sowohl seiner Waffenindustrie als auch seiner Erdgas- und Ölindustrie[5].

In Israel hatte Putin in Ariel Sharon einen Premierminister gefunden, der ihm volle Akzeptanz seiner Tschetschenien-Politik signalisiert hat. Zwischen beiden Ländern besteht eine gute Zusammenarbeit im Sicherheitsbereich, die nach der Beslan-Tragödie vom September 2004 weiter verstärkt wurde. Diese Beziehung hat sich auch trotz der heftigen Kritik Israels am Verkauf der russischen SA-18 Boden-Luft-Raketen Strelez an Syrien nicht verschlechtert. Putins Israel-Besuch im April 2005 und seine wiederholt geäußerte Sorge um die Sicherheit Israels zeigen, dass da die Beziehungen zwischen beiden Ländern noch eng waren. Während des Besuchs von Außenminister Sergej Lawrow in Jerusalem im Oktober 2005 waren die beiderseitigen Beziehungen wegen der engen Beziehungen Moskaus mit Damaskus einerseits und Teheran andererseits aber wieder merklich angespannter[6]. Diese Schaukel-

---

4   Mark N. Katz, Putin, Ahmadinejad and the Iranian nuclear crisis, in Middle East Policy, 13:4 (Winter 2006), S. 129–130. Im Folgenden zitiert als Mark N. Katz, Putin, Ahmadinejad.

5   Mark N. Katz, Putin's Foreign Policy toward Syria in The Middle East Review of International Affairs, (MERIA) 10:1 (März 2006), <http://meria.idc.ac.il/journal/2006/issue1/jv10no1a4.html>. Im Folgenden zitiert als Mark N. Katz, Putin's Foreign. Siehe auch Mark A. Smith, Russia and the Persian Gulf: The Deepening of Moscow's Middle East Policy, Conflict Studies Research Centre (CSRC), Middle East Series 07/25 (August 2007), <http://www.da.mod/csrc>, S. 4f. Im Folgenden zitiert als Mark A. Smith, Russia and the Persian Gulf.

6   Mark N. Katz, Putin's Foreign. Siehe auch Mark A. Smith, Putin's Middle East, S. 5f, und als

bewegung in den Beziehungen der beiden Länder wird bleiben. Israelische Beamte haben häufig kein Verständnis für diese Schwankungen und werfen Putin und seiner Regierung mangelnde Konsequenz in ihrer Politik vor.

Obwohl Putins Besuch in Saudi-Arabien als „historisch" bezeichnet und euphorisch aufgenommen worden war, wurden nur drei Abkommen unterzeichnet[7]. Aus saudischer Sicht war das ein deutliches Signal an Washington, dass das Königreich auch mit Russland freundschaftliche Beziehungen haben und weiter pflegen kann. Ob dies auch weiterhin die Absicht von Saudi-Arabien bleiben wird, ist noch nicht klar.

Seit 2000 wurden die Waffenexporte Russlands in den Großraum Naher Osten gegenüber der Zeit davor gesteigert. Von Anfang an wurden an jene Länder, die schon früher Kunden der SU gewesen waren (Ägypten, Iran, Jemen, Syrien), Waffen, Flugzeuge, Hubschrauber und Abwehrraketen geliefert; man hat mit ihnen auch Verträge zur Modernisierung und Ersatzteillieferung abgeschlossen. Die Türkei ist insofern eine Ausnahme, als dorthin bisher keine Waffenexporte erfolgten. Russlands Waffenexporte in den und seine wirtschaftlichen Beziehungen zum Iran sind auf offene Kritik seitens der USA, der EU und Israels gestoßen. Aber Russland ist nicht allein in dieser Hinsicht, auch andere wichtige Akteure wie Indien oder China unterstützen den Iran, ohne dass ihre Rolle ähnlich bekannt oder von den Medien ausgeleuchtet wird.

An Jordanien, Kuwait und die UAE wurden militärische Transportflugzeuge, Hubschrauber, Abwehrraketen und Schützenpanzer geliefert. Saudi-Arabien ist ein potenzieller Kunde, auch wenn es Russland noch nicht geschafft hat, Aufträge von dort zu lukrieren (vgl. Fußnote 11). Putin selbst hat sich bei der Kontaktpflege zu den neuen Klienten Jordanien, Kuwait und UAE engagiert. Es ist dies eine neue russische Strategie, dass sich der Präsident selbst in Waffengeschäfte einschaltet. Die Invasion der USA und ihrer Alliierten in den Irak 2003 und insbesondere Putins harter politischer Widerstand dagegen hat ihm sehr geholfen, diese neuen Klienten an Russland zu binden. Russland hat sich auch in den Erdöl- und Erdgasgeschäften der Region engagiert und erweist sich hier ebenfalls als zuverlässiger Partner mit langfristiger Perspektive.

---

späteren Bericht Ilya Bourtman, Putin and Russia's Middle Eastern Policy, in MERIA, 10:2 (Juni 2006), <http://meria.idc.ac.il/journal/2006/issue2/jv10no2a1.html>. Im Folgenden zitiert als Ilya Bourtman, Putin and Russia.

7   <http://www.ng.ru/printed/75437> (online am 13. 2. 2007). Voenno-Promyshlennji Kur'er, im Folgenden zitiert als VPK (Militärisch-Technischer Kurier), 9 (7.–13. 3. 2007), S. 1 und 9.

Es erscheint nicht unwahrscheinlich, dass dieser Trend der Ausweitung der Wirtschaftsbeziehungen und der Zunahme der Waffenverkäufe in die Region Greater Middle East weitergehen wird, obwohl die Amerikaner und die Briten dies mit großer Besorgnis sehen. Denn dies war und bleibt ihr Markt, in dem sie Russland als Späteinsteiger sehen, dessen vorsichtige Strategie sie sehr wohl erkennen. Die in der arabischen Welt gegenwärtig politisch schwache Stellung der USA und des UK hilft Putin, seine Politik im Nahen Osten zu implementieren.

Was hat Präsident Putin motiviert, in dieses Geschäft einzusteigen: eine reine Waffenexportpolitik oder eine langfristig angelegte Strategie zur Erlangung einer wichtigen Finanz-, Politik- und Handelsrolle im Nahen Osten? Auch die Energiepolitik (der Erdöl- und Erdgasinteressen) spielt noch mindestens die nächsten 25 Jahre eine unübersehbare Rolle. Die Idee zur Gründung einer Gas-OPEC (Organisation of the Petroleum Exporting Countries) unterstreicht dies. Russische Beamte haben zwar wiederholt strikte dementiert, dass Russland ein internationales Konsortium der Gas-Exporteure gründen wolle, Putin hatte diese Idee jedoch selbst 2002 in Umlauf gebracht und noch im Februar 2007 betont, dass er dies für eine „interessante Idee" halte[8], ohne zu spezifizieren, was „interessant" bedeute. Vielmehr setzte er die Idee in Umlauf und lässt nun die anderen Politiker vermuten, was sie wollen. Dies ist eine kluge Politik der Täuschung, die niemanden wissen lässt, was diese „interessante Idee" genau beinhaltet und wie sie realisiert werden soll. Kommersant online berichtet am 24. Januar 2008, der Minister für Energie und Industrie des Emirates Qatar Abdullah bin Hamad Al Attiyah habe die Information bestätigt, dass im Rahmen des Gas Exporting Countries Forum (GECF) im Juni 2008 die Idee zur

---

8   <http://www.rferl.org/featuresarticle/2007/03/67109b76-c078-40f8-b71c-55062bcd61c> (online am 20.3.2007). Siehe auch <http://www.businessweek.com/globaliz/content/feb2007/gb20070202_038943.htm?c>. Für eine gute Analyse, siehe Ariel Cohen, Gas OPEC: A Stealthy Cartel Emerges, in Heritage WebMemo #1423, 12. 4. 2007, <http://www.heritage.org/Re search/EnergyandEnvironment/wm1423.cfm>. Bei seinem Besuch in Ägypten im April 2007 diskutiert Russlands Minister für Energie und Industrie, Wictor Christenko, mit Präsident Hosni Mubarak die Idee einer Gas-OPEC (Information von Mark A. Smith an Eugene Kogan, am 12. 12. 2007.). Siehe auch Hannes Adomeit, Russlands Iran-Politik unter Putin. Politische und wirtschaftliche Interessen und der Atomstreit, in SWP-Studie 8, (April 2007), S. 18 (Fußnoten 34–37). Im Folgenden zitiert als Hannes Adomeit, Russlands Iran-Politik. Über die möglichen negativen Wirkungen dieser „interessanten" Idee für Russland siehe <http://www.ng.ru/editorial/2008-01-25/2_red.html>.

Bildung einer neuen Internationalen Organisation – der Gas-Analogie zur OPEC – diskutiert werden wird[9].

Eines ist schon jetzt sehr deutlich geworden: Russland ist bereit, seinen Einfluss im Nahen Osten durch Waffenlieferungen zu stärken und eine wichtige Rolle in der Ausbalancierung des US-Einflusses zu spielen. Zurzeit sehen die Länder der Region in Russland einen glaubwürdigen Ansprechpartner, der sehr gute bilaterale Beziehungen mit allen diesen Ländern hat. Russland als Mitglied des Nahost-Quartetts versucht nicht nur, die Rolle dieses Quartetts zu erweitern, sondern auch wichtige Länder des Nahen Ostens wie Syrien und den Libanon in den Prozess einzubinden[10].

Wir werden hier nicht die potenziellen Kontrakte und Vertragsverhandlungen zwischen Russland und den Ländern im Großraum des Nahen und Mittleren Ostens oder die häufig in der internationalen Presse kursierenden diesbezüglichen Gerüchte behandeln. Dennoch wollen wir darauf hinweisen, dass zwischen dem 5. und dem 23. November 2007 viele Berichte über mögliche Waffenlieferungen Russlands an Saudi-Arabien erschienen sind[11]. Saudi-Arabien ist ein führendes Land der Region, daher ist es wichtig, den saudischen Faktor im Gedächtnis zu behalten, obwohl in der Praxis kein Waffenkontrakt unterzeichnet wurde. Dieser Artikel wird sich im Weiteren nur mit den tatsächlich abgeschlossenen und gegenwärtig implementierten

---

9 Für den kompletten Artikel siehe <http://www.kommersant.ru/doc.aspx?DocsID=846378> (online am 28. 1. 2008). Für einen interessanten Artikel über Präsident Putins Besuch am Sicherheits-Kongress in München 2007 und seinen Äußerungen über seinen Gas-OPEC-Vorschlag siehe Mark N. Katz, Russia and Qatar, in MERIA, 11:4 (Dezember 2007), <http://meria.idc.ac.il/journal/2007/issue4/jvol11no4in.html>, S. 2.

10 Siehe dazu <http://www.jpost.com/servlet/Satellite?cid=1196847406088&pagename =JPost%2FJP> (online am 22. 12. 2007 und aktualisiert am 23. 12. 2007). Für frühere Berichte siehe: Mark N. Katz, Putin's Foreign, <http://www.haaretz.com/hasen/spages/932717.html> (online am 10. 12. 2007).

11 Defense News, 5. 11. 2007, <http://www.defensenews.com/story.php?F=3177573&C=europe> (online am 12. 11. 2007) S. 1 und 16. <http://www.oborona.ru/digest/?id=3020229& syear= 2007&smonth=11&sday=14&eye> (online am 14. 11. 2007). <http://www. defensenews. com/story.php?F=3195045&C=mideast> (online am 21. 11. 2007). <http://www.kommer sant.ru/doc.aspx?DocsID=828446> (online am 23. 11. 2007). Die ersten Gerüchte über mögliche Waffenlieferungen wurden veröffentlicht in Voenno-Tekhnicheskoje Sotrudnichestvo. Im Folgenden zitiert als VTS (Militärisch-Technische Zusammenarbeit), 7 (12.–18. 2. 2007), S. 9–10, <http://www.ng.ru/printed/75438> (online am 13. 2. 2007). VPK, 9 (7.–13. 3. 2007), S. 9. Nachrichten über mögliche Waffenlieferungen wurden veröffentlicht in <http://www.kommersant.ru/doc.aspx?DocsID=853111&NodesID=5> (online am 15.2.2008).

Verträgen befassen. Er wird weiters versuchen, die russische Finanzsituation klar aufzuzeigen, was insofern schwierig ist, als die veröffentlichten Zahlen nur einen Ausschnitt des Gesamtbildes zeigen und mit Vorsicht betrachtet werden müssen. Ein wichtiger Faktor dabei ist die Abschreibung der von Russland übernommenen und bezahlten Schulden der ehemaligen SU.

Russland wählt seine Waffenkunden aus verschiedenen Gründen. Politisch werden die Kunden der ehemaligen SU – mit Ausnahme Ägyptens – als „antiamerikanisch" angesehen. Dabei muss man aber auch festhalten, dass zum Beispiel der Iran als einer der umstrittenen Kunden keinem UN-(Waffen)Embargo unterliegt. Russland sieht sich bei seinen Waffenlieferungen an den Iran nicht im Widerspruch zu irgendwelchen internationalen Vereinbarungen, und es verwendet selbst häufig dieses Argument. Aus russischer Sicht ist das US-Embargo gegen den Iran keine internationale Vereinbarung, sondern ein unilateraler Akt der Vereinigten Staaten. Das bedeutet, dass Russland auch weiterhin Waffen an den Iran liefern wird. Ökonomisch betrachtet sind russische Waffen bei gleicher Qualität billiger als jene aus den USA oder der EU; und sie bringen Geld in die Kassen der russischen Waffenexportagentur Rosoboronexport. Technisch gesehen brauchen die alten Kunden der SU für ihre bereits vorhandenen Waffen aus der SU und Russland die russische Hilfe zur Verbesserung, Modernisierung und Instandhaltung. Dieser Teil des Waffenmarktes macht geschätzte 20 % aus und bringt Russland circa 1 Milliarde US$ pro Jahr. Er wird derzeit von Rosoboronexport forciert, weil er aus Sicht der Manger von Rosoboronexport die Länder des Nahen Ostens langfristig an Russland bindet.

Finanzielle Gründe sind, anders als zu Zeiten der SU, wesentlich wichtiger geworden und nunmehr sehr eng mit der politischen und diplomatischen Agenda verknüpft. Russland bietet für die gelieferten Waffen häufig auch eine militärische und technische Ausbildung an, was aus russischer Sicht eine langfristige Strategie darstellt.

Im April 2007 hat der Verteidigungsminister der Vereinigten Staaten von Amerika, Robert Gates, bei seinem Besuch in Israel gesagt: „Ich bin überzeugt, dass die Russen sehr glücklich sein würden, Waffen in die Länder in der Region zu exportieren"[12]. Das entspricht genau dem, was Michail Dmitricw, stellvertretender Verteidigungsminister Russlands, bei der Militärmesse in Abu Dhabi im März 2001 gesagt hat: „Wir waren schon vor einiger

---

12 <http://www.jpost.com/servlet/Satellite?cid=1176152838957&pagename=JPost%2FJPArti> (online am 20. 4. 2007).

Zeit in dieser Region, und wir planen auch, auf diesem Markt zu bleiben und unsere Anteile weiterzuentwickeln"[13].

Ägypten

V. P. Jurchenko berichtet, dass die ägyptische Luftwaffe einige Lieferungen von Mi-8/17 Hubschrauber gekauft und Russland auch Ersatzteile für die früher von Ägypten gekauften Waffen geliefert habe[14]. Über die Kosten wurde hingegen nichts berichtet. Im Jahre 1999 war ein Vertrag zur Modernisierung von 50 S-125 Pechora Luftabwehrsystemen unterzeichnet worden, und zwischen 1999 und 2003 wurden diese von der Defense Systems Corporation implementiert. Dieser Kontrakt belief sich auf eine Höhe von circa US$ 150 Mio. Nach einem anderen Bericht waren russische Unternehmen auch in die Modernisierung des S-75 Volga Luftabwehr-Systems involviert.[15] Auch die Kosten dieser Modernisierung sind nicht bekannt. Im April 2005 besuchte der Generaldirektor der Rosoboronexport, Sergei Chemezow, zusammen mit einer russischen Delegation Ägypten. Chemezow sollte Ägyptens Bereitschaft ausloten, russische Waffen zu kaufen. Er konnte aber wenig Erfolg vorweisen, da Ägypten eine Präferenz für amerikanische Waffensysteme entwickelt hat.[16] Ägypten ist nämlich von amerikanischer Wirtschaftshilfe in einer Höhe von jährlich circa US$ 2 Mrd. abhängig, wovon etwa US$ 1,3 Mrd. als foreign military financing (FMF) direkte Waffengeschäfte betreffen. Russland hat aber trotz Ablehnung seiner Waffenexport-Avancen die Wirtschaftsbeziehungen mit Ägypten ausgeweitet.

Noch kurz zu den allgemeinen wirtschaftlichen Aspekten der russisch-ägyptischen Beziehungen: Im November 2006 besuchte Ägyptens Präsident Hosni Mubarak Moskau. Mubarak und Putin diskutierten die Gründung von

---

13 Aviation Week and Space Technology, 26. 3. 2001, S. 32.

14 Voenno-tekhnicheskoje sotrudnichestvo Rossii s arabskimi stranami: sostojanije i perspektivy, <http://www.iimes.ru/rus/stat/2003/20-05-03.htm>. Im Folgenden zitiert als: V. P. Jurchenko, Voenno-tekhnicheskoje. Ruslan Alijev bestätigt in seinem Artikel „Military-Technical Relations between Lybia, Syria, Egypt, and Russia" <http://www.mdb.cast.ru/mdb/3-2007/at/article2> (online im Dezember 2007), einen früheren Bericht von V. P. Jurchenko über die Lieferung von Mi-17 Hubschraubern; auch diese Kosten wurden nie veröffentlicht. Im Folgenden zitiert als R. Alijev, Military-Technical.

15 Ebd.

16 Mark A. Smith, Russia and the Persian Gulf, S. 4.

russischen Industriezonen in Ägypten.[17] Pläne dafür sind seither einen guten Schritt weiter gekommen, und das russische Ministerium für Wirtschaftliche Entwicklung und Handel hat bereits die ersten Firmen genannt, die in Ägypten Betriebe eröffnen wollen. Das sind die Gas-Gesellschaft, das russische Flugzeug Unternehmen MIG (bekannt als RSK MIG), Sojuzmedprom und die Sankt Petersburger Luftfahrtindustrie. Das russische Ministerium übergab die Liste der Firmen am 9. Juni 2007 an den ägyptischen Minister für Handel und Industrie, Rashid Muhammed Rashid, bei dessen Besuch in Sankt Petersburg.[18] Die in diesen Zonen hergestellten Waren sollen in arabische und afrikanische Märkte exportiert werden.

Der russische Ölkonzern Lukoil setzt seine Aktivitäten in Ägypten fort. Die Firma Novatek hat mit der ägyptischen Firma Sarva ein Abkommen zur Errichtung eines gemeinsamen Unternehmens für die Erdgas-Produktion bei der Stadt El Arish unterzeichnet.

Der russisch-ägyptische Handel ist sehr rasch gewachsen. Das Volumen stieg von US$ 300 Mio. im Jahr 2005 auf US$ 1,3 Mrd. 2006; 2007 hat es bereits US$ 2,1 Mrd. erreicht.[19]

Zurzeit sind die Wirtschaftsbeziehungen zwischen den beiden Ländern weit bedeutender als die Waffenimporte aus Russland. Es scheint, dass mittelfristig die russischen Waffenexporte nach Ägypten wegen dessen finanzieller Abhängigkeit von den USA nicht steigen werden.

Iran

Die militärische Zusammenarbeit zwischen Russland und dem Iran war und wird für beide Länder wichtig bleiben. Diese Zusammenarbeit wurde 2001 reaktiviert, seitdem hat Russland 33 Hubschrauber Mi-171, drei Mi-17 und drei Su-25 Flugzeuge verkauft[20]; letztere wurden bereits im Juli 2003 ausge-

---

17 Ebd.
18 E-Mail von Mark A. Smith an Eugene Kogan, am 12. 12. 2007.
19 <http://www.ng.ru/world/2008-03-25/13_egypt.html>.
20 <http://www.kommersant.ru/doc.html?docid=775460> (online am 19. 6. 2007). Zur ersten Lieferung von fünf Mi-171 Hubschrauben an den Iran siehe Kommersant, Ausgabe vom 15. 1. 2000. Jane's Defence Weekly hat in der Ausgabe vom 28. 11. 2001 (S. 17) berichtet, dass die ersten fünf Mi-171 Hubschrauber für Such- und Rettungsaktionen (Search and Rescue Operations), die bereits 1998 bestellt worden waren, an die iranische Kriegsmarine geliefert wurden. Bis Ende 2001 wurden 21 weitere Mi-171 an den Iran geliefert, die schon 1999 bestellt worden

liefert[21]. Am 8. Februar 2006 bestätigte die iranische Behörde die Unterzeichnung eines neuen Vertrages (vom Ende 2005) über drei weitere Su-25 Flugzeuge. 2006 hat Russland neuerlich einen weiteren Kontrakt mit dem Iran über 29 Flugabwehrraketensysteme Tor-M1 (NATO-Code: SA-15 Gauntlet) unterzeichnet.[22]

Ein Repräsentant des russischen Verteidigungsministeriums bestätigte, dass das iranische Militär technisch und militärisch an den Tor-M1-Raketen ausgebildet wird[23]. Der Iran bezahlt die russischen Waffenlieferungen in bar – und Russland sieht den Iran als zuverlässigen Kunden. Oborona online berichtete, der iranische Verteidigungsminister General Mohammad Najjar habe Michail Dmitriew, den Chef der russischen militär-technischen Rüstungsagentur getroffen. Am Ende dieser Gespräche bestätigte General Najjar die Absicht zur Ausweitung der militärischen Zusammenarbeit beider Länder[24]. Am 7. März 2008 zitierte Nezavisimoe Voennoe Obozrenie

---

sind. Der neue Kontrakt über 30 Mi-171 im Wert von US$ 150 Mio. wurde im November 2001 unterzeichnet. Interessanterweise bestätigt A. Trofimov in seinem Artikel „Analiz vzgljadov rukovodstva Irana na voenno-tekhnicheskoje sotrudnichestvo i perspektivy Rossii v regione" (online unter <http://www.iimes.ru/rus/stat/2003/10-04-03.htm>, dass Russland einen Kontrakt mit dem Iran über die Lieferung von 30 Mi-171 Hubschraubern unterzeichnete, schreibt aber weiters auch von einem Kontrakt über die Lieferung von 300 gepanzerten Infanteriefahrzeugen (Bronirovannaja Maschina Pekhoty) BMP-2 für circa US$ 60 Mio; dieser zweite Kontrakt wurde sonst nirgendwo erwähnt.

21 Air Forces Monthly (April 2006), S. 23. Mikhail Barabanov hat in seinem Artikel „Russia on Iran's Market for Arms" in Moscow Defense Brief (MDB) online kalkuliert, dass jede Lieferung von drei Su-25 Flugzeugen ca. US$ 30 Mio. kostet. <http://www.mdb.cast.ru/mdb/1-2006/arms_trade/item1> (online am 3. 4. 2006).

22 Defense News, 29. 1. 2007, S. 9. Jane's Defence Industry berichtet im April 2007 (24:2 , S. 11), der Kontrakt mit dem Iran sei 2005 unterzeichnet und Ende 2006 abgeschlossen worden und habe einen Wert von etwa US$ 1 Mrd. ausgemacht. Einem anderen Bericht zufolge hätte dieser Kontrakt eine Höhe von US$ 1,4 Mrd. erreicht und wäre somit der größte je zwischen Russland und dem Iran unterzeichnete Kontrakt. <http://www.forum.msk.ru/material/news/18075.html> (online am 4. 1. 2007). Für einen früheren Bericht siehe Jane's Defence Weekly, 18. 10. 2006, S. 17. Kommersant online berichtet über einen Kontrakt in der Höhe von mehr als US$ 700 Mio. inklusive Modernisierung von Su-24 und MiG-29 Flugzeugen. <http://www.kommersant.ru/doc.html?docld=775460> (online am 19. 6. 2007). Über die Modernisierung von Flugzeugen wurde auch in der Air Forces Monthly berichtet (Februar 2006), S. 21. Welche Zahlen korrekt sind, ist schwer zu beurteilen. Die Höhe der Vertragssumme war zumindest über US$ 700 Mio.

23 <http://www.forum.msk.ru/material/news/18075.html> (online am 4. 1. 2007).

24 <http://www.oborona.ru/tnews/?id=3021709> (online am 20. 12. 2007). Siehe auch <www.kommersant.ru/doc.aspx?DocsID=839198&NodesID=5> (online am 24. 12. 2007). Für einen

(NVO) online General Najjar, Russland werde dem Iran S-300 Raketen liefern. Diese Information wurde dann aber zuerst durch die russische militär-technische Rüstungsagentur dementiert, danach hat auch das iranische Außenministerium bestritten, Gespräche über den Kauf von S-300 Raketen geführt zu haben[25].

Obwohl eine hochrangige israelische diplomatische Quelle im Interview mit Jane's behauptet hat, dass laut US National Intelligence Estimate (NIE) jede russische Hemmung bezüglich Technologie- und Materialtransfer in den Iran weggefallen sei[26], ist diese Angabe nicht ganz korrekt. Russische Waffenlieferungen in den Iran haben jedoch nichts mit amerikanischen Überlegungen oder irgendwelchen anderen externen Faktoren zu tun. Russlands Lieferungen an den Iran orientieren sich an Russlands Interessen in der Region, die sehr häufig anders als die der USA sind. Die Wahrung dieser eigenen Interessen verhindert es, die israelischen Interessen zu berücksichtigen. Das sehen israelische Beamte häufig nicht ein, da Russland gleichzeitig sehr erfolgreich versucht, seine Interessen im Iran mit seinen Interessen in den arabischen Ländern auszubalancieren.

Zu den allgemeinen wirtschaftlichen Aspekten der russisch-iranischen Beziehungen: Gasprom beteiligt sich an der Entwicklung eines Erdgasfeldes in Pars-Süd am Persischen Golf und hofft, dieses Erdgas (durch eine geplante Pipeline) nach Indien leiten zu können. Andere russische Ölfirmen wie Lukoil und Tatneft haben ebenfalls schon Projekte im Iran und Verträge mit iranischen Firmen.[27]

Eine rege russisch-iranische Zusammenarbeit auf dem Erdölsektor verbirgt sich hinter dem Akronym CSROS: der Caspian Sea Republics Oil Swap. Der Kern dieser Kooperation besteht darin, dass russische Ölfirmen wie Lukoil, aber auch kasachische und turkmenische Unternehmen, Erdöl im iranischen Hafen Neka am Kaspischen Meer anliefern und der Iran diesen Firmen dieselbe Menge Öl in seinen Häfen am Persischen Golf zur Verfügung stellt. Das

---

früheren Beitrag über die Aussichten für russische Waffenlieferungen in den Iran siehe Sergej Minasjan, Rossija-Iran: evoljucija i perspektivy voenno-politiceskogo sotrudnicestva, in Central'naja Azija i Kavkaz, 5/29 (2003), S. 132–133.

25 <http://nvo.ng.ru/armament/2008-02-29/4_chastokol.html>.

26 Jane's Defence Weekly, 9. 1. 2008, S. 12.

27 Alla Kassjanova, Russian weapons sales to Iran: Why they are unlikely to stop, in Washington, D.C: Center for Strategic and International Studies (CSIS), Ponars Policy Memo 427 (Dezember 2006), <http://www.csis.org/media/csis/pubs/pm_0427.pdf>, S. 4. Im Folgenden zitiert als A. Kassjanova, Russian weapons.

Volumen dieses Swap-Geschäfts beträgt derzeit 120 000 Barrel Öl pro Tag und soll in den nächsten Jahren erheblich ausgeweitet werden.[28]

April bis Mai 2007 hat der Lastkraftwagen-Hersteller Kamaz mit dem iranischen Unternehmen Raksh Hodro Diesel in Täbriz eine Montagelinie für LKWs eröffnet.[29]

Insgesamt hat der Wert des Warenaustausches 2006 mehr als US$ 2 Mrd. betragen, wobei die russischen Exporte in den Iran nur sehr wenig diversifiziert sind. Der größte Teil besteht aus Rüstungsgütern und Lieferungen für Großprojekte wie das Atomkraftwerk in Buschehr oder hydroelektrische Kraftwerke.[30]

Jemen

Im Buch „Rossija na rynke oruzija. Analizy i Perspektivy" vom März 2000 wird auch der Moskau-Besuch des jemenitischen Verteidigungsministers Muhammed Deifalla beschrieben. Am Rande dieses Besuches erklärte sich Russland bereit, Kommunikationssysteme und T-72 Panzer zu liefern.[31] In der ersten Maihälfte 2000 wurden 31 T-72 Panzer in den Jemen geliefert. Der Jemen bleibt auch weiterhin ein potenzieller Kunde russischer Waffen, weil er Erdgas- und Ölressourcen hat. Diese beiden Produkte bringen dem Jemen das nötige Geld, um seiner Regierung neue Waffenkäufe zu ermöglichen.[32]

---

28 Hannes Adomeit, Russlands Iran-Politik, S. 16.

29 VPK, 21 (7.–13. 6. 2007), S. 2.

30 Hannes Adomeit, Russlands Iran-Politik, S. 15.

31 Boris Kuzyk, Nikolaj Novichkow, Vitalij Shvarjew, Marat Kenzhetayev und Aleksander Simakow, Moskau, Voennji Parad, 2001, S. 15. Im Folgenden zitiert als Boris Kuzyk et. al., Rossija na rynke oruzija. Im gleichen Buch wurde auch erklärt, dass Russland bis Ende 1999 jemenitische Schulden in der Höhe von US$ 6.213 Mrd. (von einer Gesamtsumme US$ 6.643 Mrd.) abgeschrieben hat. Im März 2000 hatte der Jemen noch Schulden in Russland in der Höhe von US$ 430 Mio. Ebd., S. 215. Siehe auch Daima Timergalyeva, Russia prospects on Yemen's arms market, in Arms Markets, 2 : 12 (2002), S. 13. Beide Quellen schrieben, dass der Jemen Schulden in Höhe von Millionen Dollar hatte. Das ist falsch, denn die Schulden betrugen Milliarden Dollar. V. P. Jurchenko hat in seinem Artikel „Vooruzennje sily Jemena : Sostojanije i perspektivy" bereits erklärt, dass der Jemen seine Schulden in Höhe von US$ 430 Mio. an Russland über einen Zeitraum von 30 Jahren zurückbezahlen werde. Bliznij Vostok i Sovremennost, 21 (2004), S. 117.

32 Boris Kuzyk et. al., Rossija na rynke oruzija, S. 216f. Dieser Kontrakt umfasste einen Wert von circa US$ 20 Mio. D. Timergalyeva, Russia prospects, S. 13–15. Siehe auch V. P. Jurchenko, Vooruzennje sily, S. 124.

Moscow Defense Brief online berichtet, dass RSK-MIG im Laufe der Jahre 2004 und 2005 14 Flugzeuge MiG-29B/UB modernisiert hat. Dieser Kontrakt umfasst einen Wert von US$ 120 Mio. Das gleiche Unternehmen lieferte 2005 auch sechs MiG-29 SMT in den Jemen. Dieser Kontrakt hatte ebenfalls einen Wert von US$ 120 Mio.[33] Im August 2006 bestellte der Jemen weitere 32 MiG-29 SMT.[34]

Syrien

Im Januar 2005 hat die russische Regierung anlässlich des Moskau-Besuches des syrischen Präsidenten Bashar al-Assad Syrien Schulden in Höhe von US$ 9,8 Mrd. (von einer Gesamtsumme von US$ 13,4 Mrd.) erlassen. Die russische Regierung hat bei dieser Gelegenheit auch noch bequeme Rückzahlungsbedingungen für den Rest der Schulden vereinbart. Im April 2005 bewilligte Russland einen 100 Mio. US$-schweren Kontrakt zum Verkauf von SA-18 Boden-Luft-Raketen Strelez an Syrien.[35] 2006 wurde ein Kontrakt für ein Mi-Hubschrauber-Trainingszentrum in Syrien unterzeichnet. Im Januar 2007 berichtete Jane's Defence Weekly, dass Syrien drei Hubschrauber-Simulatoren für Mi-17 und Mi-25 und drei Flug-Simulatoren für Su-22 und Su-24 bekommen wird.[36] 2006 vereinbarte Russland einen Kontrakt mit

---

33 <http://www.mdb.cast.ru/mdb/1-2006/facts/item3> (online am 3.4.2006). Für einen früheren Bericht siehe: V. P. Jurchenko, Vooruzennje sily, S. 124.

34 David Willis, Global Fighter Market: Part 2, in Air International (August 2007), S. 53.

35 Alex Vatanka und Richard Weitz, Russian roulette: Moscow seeks influence through arms exports, in Jane's Intelligence Review (Januar 2007), S. 40–41. Im Folgenden zitiert als A. Vatanka und R. Weitz, Russian roulette. Zur Frage der russischen Waffen in den Händen der Hisbollah und der russischen Antwort darauf siehe ebd., S. 40; VTS, 7 (12.–18.2.2007), S. 11. Die gleichen Zahlen für diese Schulden publizierte auch ein Kommersant online Bericht: <http://www. kommersant.ru/doc.html?docld=775460> (online am 19.6.2007). „Bequeme Bedingungen" bedeutet, dass Syrien die Restsumme von US$ 3,6 Milliarden in Raten zurückzahlen wird. Der russische Finanzminister Alexej Kudrin gab bekannt, dass 40 Prozent der syrischen Schulden (circa US$ 1,5 Mrd.) ab 1.7.2005 in jährlichen Raten von US$ 150 Mio. über einen Zeitraum von 10 Jahren in bar abbezahlt werden. Der Rest von US$ 2,1 Mrd. wird in syrischen Pfund bezahlt und auf ein russisches Konto in Syrien überwiesen. Kudrin hat auch angekündigt, Russland werde mit diesem Kapital syrische Waren kaufen oder es in Gemeinschaftsprojekte investieren. Mark A. Smith, Putin's Middle East, S. 8. E-Mail von Mark A. Smith an Eugene Kogan am 7.12.2007. Siehe auch VPK, 49 (20.–26.12.2006), S. 2.

36 7. 2. 2007, S. 46.

Syrien zur Modernisierung von 1000 syrischen T-72 Panzern.[37] Dieser Vertrag inkludiert auch die Lieferung von Simulatoren und die Ausbildung von Panzerbesatzungen und Instrukteuren.[38] Flight International berichtete Ende Juni 2007, dass das erste von acht MiG-31 Flugzeugen bald nach Syrien geliefert werde, und auch, dass Syrien etwa eine Staffel MiG-29SMT, MiG-29M1 und MiG-29M2 Flugzeuge kaufen werde.[39]

Nach verschiedenen Berichten wurde zwischen 2005 und 2007 ein weiterer Kontrakt über die Lieferung von 36 (nach anderen Quellen: 50) mobilen FlA-Systemen vom Typ 96K6 Pantsyr-S1 (SA-19) unterzeichnet.

Seit 1988 ist der Hafen Tartus in Syrien ein Stützpunkt der russischen Kriegsmarine für Nachschub und technische Wartung. Syrien verlangt keine Miete dafür – und auch keine Nebenkosten für Elektrizität und Wasser. Die Konditionen für das Service der russischen Schiffe am Hafen sind optimal.[40] Die Absicht dahinter wurde nicht veröffentlicht. Zur selben Zeit haben russische Spezialisten angefangen, den Hafen von Latakia auszubauen und einen neuen Kai zu errichten.[41] Laut Angaben aus dem russischen Verteidigungsministerium soll das Ziel des Hafenausbaus sein, innerhalb von drei Jahren eine unter Führung des Raketenkreuzers „Moskau" stehende Flottille ins Mittelmeer zu senden, die dann dort – nicht wie bisher nur sporadisch, sondern permanent – stationiert sein würde. Die beiden syrischen Häfen würden als russische Marinebasis genutzt und mit modernen Flugabwehrsystemen gegen Luftangriffe geschützt werden. Zu den Aufgaben der Flottille würde es nicht nur gehören, ein Bindeglied zwischen der russischen Nord- und

---

37 <http://www.kommersant.ru/doc.html?docId=775460> (online am 19. 6. 2007). Die Erfüllung dieses Kontraktes hat noch nicht begonnen.

38 A. D. Tsyganok, Rossiisko-siriiskoje voenno-tekhnicheskoje sotrudnichestvo, <http://www.iimes.ru/rus/stat/2006/08-06-06.htm>. Im Folgenden zitiert als A. D. Tsyganok, Rossiisko-siriiskoje.

39 26. 6.–2. 7. 2007, S. 14. Die Lieferzeit wurde nicht erwähnt; auch die Kosten für Syrien hat Flight nicht berichtet. Die russische Zeitung Kommersant online schreibt, dass die Gesamtkosten für diese Flugzeuge etwa US$ 1 Mrd. betrugen. In diesem Bericht wurde auch der Frage nachgegangen, woher Syrien so viel Geld gehabt habe. Siehe <http://www.kommersant.ru/doc.html ?docId=775460> (online am 19. 6. 2007). Im Frühjahr 2007 berichtet die russische Zeitung Oborona online über Verhandlungen zwischen den Präsidenten Wladimir Putin und Bashar al-Assad im Dezember 2006, wobei über einen potenziellen Kauf russischer Waffen Übereinkunft erzielt wurde: <http://www.oborona.ru/tnews/?id=3005074&printable> (online am 10. 1. 2007).

40 V. P. Jurchenko, Voenno-tekhnicheskoje. Siehe auch <http://www.jpost.com/servlet/Satel lite?cid=1202064573279&pagename=JPost%2FJP> (online am 4.2.2008).

41 A. D. Tsyganok, Rossiisko-siriiskoje.

Schwarzmeerflotte herzustellen und effektiver an der NATO-Operation „Active Endeavour" teilzunehmen, sondern auch Russlands „Position im Nahen Osten zu stärken" und die „Sicherheit Syriens zu gewährleisten".[42] Der Autor vermutet, Syriens Schulden wurden als Garantie für das weitere und breitere politische Engagement Russlands im Nahen Osten abgeschrieben. Ob es noch weitere Abkommen gibt, ist schwer zu sagen, weil Beweise dafür fehlen. Ob die beiden Häfen eventuell als Brückenköpfe gedacht sein könnten, um den russischen Einfluss im Großraum Naher Osten zu steigern, bleibt fraglich und abzuwarten, obwohl sehr intensiv darüber spekuliert wird.

Noch ein paar Worte zu den allgemeinen wirtschaftlichen Aspekten der russisch-syrischen Beziehungen: 2006 haben die Handelsabkommen zwischen Russland und Syrien US$ 650 Mio. erreicht.[43] Am 26. April 2007 haben Syrien und Russland drei Verträge über die Zusammenarbeit im Erdgas- und Transportsektor unterzeichnet sowie weitere Verträge über eine Zusammenarbeit zwischen den Handelskammern beider Länder. Der syrische Minister für Öl und Mineralressourcen, Sufianji al-Alaw, sagte, der 160 Millionen-Euro-Vertrag zwischen der syrischen staatlichen Gasfirma und Gasprom-Tochter Strojtransgas sei deshalb so bedeutend, weil für die Erschließung der im Nord-Homs-Feld entdeckten Erdgasreserven große Investitionen gebraucht werden.[44] Im Mai 2006 hat Strojtransgas die Ausschreibung zum Bau der panarabischen Gasleitung und der Kirkuk–Banjas-Gasleitung in Syrien gewonnen, aber auch jene für eine Ölraffinerie – im Gesamtwert von über US$ 2,5 Mrd. Im Oktober 2007 hat die syrische Regierung ein Abkommen mit Strojtransgas zum Bau einer Gasverarbeitungsanlage mit einer Kapazität von 1,1 Mrd. Kubikmetern pro Jahr im Wert von US$ 220 Mio. ratifiziert.

Dazu kommen noch weitere Verträge russischer Firmen in Syrien:

- Im März 2005 haben der russische Ölkonzern Tatneft und die syrische staatliche Ölgesellschaft einen Vertrag über die gemeinsame Ausbeutung von Öl- und Gasvorkommen im 1900 km großen Sektor 27 in der Al-Bu-Kamal-Region im Osten Syriens unterzeichnet. Russland hat auch einer Zusammenarbeit mit Syrien in der Energieerzeugung sowie im Technologie- und Düngemittelbereich zugestimmt.

---

42 Kommersant, 2. 6. 2006, S. 1.

43 V. V. Evseev, Nekotorye aspekty Rossiisko-Siriiskogo sotrudnicestva, <http://www.iimes.ru/rus/stat/2008/04-03-08b.htm>.

44 E-Mail von Mark A. Smith an Eugene Kogan am 7. 12. 2007.

- Im April 2005 unterzeichnete Russland Verträge zum Bau der Wasserkraftanlage Khaljabijah-Zaljabijah am Euphrat, zur Modernisierung des Maskanah-Bewässerungssystems und zum Bau einer Serie von 20 Dämmen an der Küste.
- Die Energiebaugesellschaft Tekhpromexport hat in einem gemeinsamen Konsortium mit Silovje Mashiny einen Auftrag gewonnen, die Kapazität des Tishrin-Wärmekraftwerkes auszubauen. Ein Analytiker der Alfa-Bank, Alexander Kornilov, schätzt den Wert dieses Deals auf mindestens US$ 200 Mio.
- Wolgogradneftemash arbeitet weiter an einem Auftrag, der eigentlich schon im Dezember 2006 hätte abgeschlossen sein sollte. Diese Firma liefert an die syrische Gasgesellschaft verschiedene Einzelteile für Spezialgeräte für die im Aufbau befindliche Gasraffinerie in Homs.[45]
- Im Februar 2007 hat die LKW-Firma Ural erneut angefangen, LKWs nach Syrien zu exportieren. Der Generaldirektor des Unternehmens, Wiktor Korman, bezeichnete diesen neuen Kontrakt als ein Ergebnis von zwei Jahren Zusammenarbeit seines Unternehmens mit Rosoboronexport.[46]
- Die LKW-Firma Kamaz hat eine Ausschreibung für Lieferung und Lizenzfertigung ihrer Lastwagen gewonnen. Die Lizenzfertigung organisiert der russisch-syrische Unternehmer Al-Khateb.[47]

Israel

Aufgrund der Überlappung ihrer Interessen bei der Terrorbekämpfung haben russische und israelische Sicherheitsorgane in drei Bereichen zusammengearbeitet:

1. Ausbildung von Anti-Terror-Einheiten,
2. Maßnahmen zur Verbesserung der Grenzsicherheit und
3. gemeinsame Produktion sowie Vermarktung von Waffen.

Seit 2004 haben russische und israelische Anti-Terror-Kräfte geheim zusammen trainiert, und es gibt weitere Pläne für gemeinsame Anti-Terror-Übungen.

---

45 E-mail von Mark A. Smith an Eugene Kogan am 7. 12. 2007.
46 <http://armstass.su/?page=article&aid=36104&cid=25> (online am 6. 2. 2007).
47 Für Gesamtartikel siehe VPK, 21 (7.–13. 6. 2007), S. 2.

Die israelische Polizei hat Moskau um detaillierte Berichte über die erwogenen Alternativen für Reaktionen auf die Geiselnahmen im Nordost-Theater in Moskau im Oktober 2002 und in Beslan im September 2004 ersucht. Zum Thema Grenzsicherheit hat Israel Moskau eine Zusammenarbeit bei der Reform ihrer Nachrichtendienste und beim Grenzschutz vorgeschlagen. Eine gemeinsame Arbeitsgruppe der beiden Exekutivorganisationen zur Terrorismusbekämpfung war im Herbst 2004 etabliert worden und hat sich am 13. März 2006 in Israel getroffen. Diese Gruppe erstellte die bisher einzige Datenbank der internationalen Terrorverbände und ihrer Führungen.[48]

Noch kurz zu den allgemeinen wirtschaftlichen Aspekten der russisch-israelischen Beziehungen: Die russische Ölindustrie hat ihr Interesse auf Israel erweitert. 2004 wurde ein Vertrag unterzeichnet, wonach russische Tanker Öl vom Hafen Novorossiisk am Schwarzen Meer an den israelischen Mittelmeer-Hafen Ashkalon liefern. Dieses Öl wird durch eine Rohrleitung nach Eilat am Roten Meer gepumpt, von wo es weiter nach Asien exportiert werden kann.[49]

Der russisch-israelische Handel ist in den letzten Jahren rasch gewachsen. Etwa von 2005 auf 2006 stieg er von US$ 1,4 Mrd. auf rund US$ 2 Mrd., was beispielsweise fast das Zehnfache des Handels mit Syrien ausmachte. Dieses Volumen soll im Laufe der nächsten Jahre auf mehr als US$ 5 Mrd. ansteigen.[50]

Türkei – ein Ausnahmefall

Obwohl im Mai 2001 eine russisch-türkische Kommission für militärische und technische Zusammenarbeit erstellt worden war und im September 2002 in Ankara und im November 2003 in Moskau je ein Treffen dieser Kommission stattgefunden hat, wurden keine Waffen an die Türkei geliefert. Die Aussichten für eine militärische und technische Zusammenarbeit sind begrenzt, weil die Türkei als Mitglied der Nordatlantischen Allianz den NATO-Stan-

---

48 Ilya Bourtman, Putin and Russia.
49 Mark A. Smith, Putin's Middle East, S. 5f.
50 Major Israeli-Russian Trade Agreement Signed, in Federation of Jewish Communities (FJC) of the Commonwealth of Independent States (CIS), 22. 3. 2006, <http://fjc.ru/news-Article.asp?AID=371602>. Die Zahlenangabe von circa US$ 2 Mrd. stammt von Putin. Siehe <http://www.kremlin.ru/appears/2006/10/18/1607_type63377_112643.shtml>.

dard implementiert und auch finanzielle Probleme hat. Dazu kommt, dass die USA und andere EU-Staaten starke Konkurrenten auf diesem Markt sind und auch feste Beziehungen zu den türkischen politischen und militärischen Eliten haben.[51] Seit Anfang 2000 hat sich die türkische finanzielle Lage zwar wesentlich verbessert, aber trotzdem erfolgte kein Waffenexport Russlands in die Türkei. Ob Russland eventuell später noch Waffen in die Türkei exportieren wird, bleibt abzuwarten. Die S-300 Lieferung in den Iran könnte die Türkei überzeugen, dieses System ebenfalls zu beschaffen; gleichzeitig üben aber die USA Druck auf die Türkei aus, das Patriot 3-Waffensystem (Phased Array Tracking Radar to Intercept on Target) zu kaufen.

Kurz zu den allgemeinen wirtschaftlichen Aspekten der russisch-türkischen Beziehungen: Zwischen diesen beiden Ländern gibt es im Gasbereich keine Zusammenarbeit ähnlich wie beispielsweise zwischen Russland und Syrien. Trotzdem liefert Russland der Türkei 65 % ihres jährlichen Erdgasverbrauchs[52] – und das bedeutet im Klartext, dass die Türkei auf diesem Sektor stark von Russland abhängig ist; dies ist der türkischen Regierung sehr wohl bewusst, und sie versucht das zu ändern.[53]

Jordanien

Bei der Flugshow MAKS 2005 haben Russland und Jordanien ihren ersten Vertrag seit dem Jahr 2000 unterzeichnet. Russland liefert Jordanien zwei militärische Transportflugzeuge vom Typ IL-76. Weiters entwickeln beide Länder gemeinsam die Panzerfaust RPG-32 in der Firma Basalt; der Kontrakt wurde 2005 unterzeichnet. 2007 lieferte Basalt Bauteile an die gemeinsame Jordan-Russian Electronic System Corporation (JRESCO), die die Panzerfaust endfertigen wird. Dieses Unternehmen hat auch schon die Skorpion-Radpanzer modernisiert.[54] Noch 2006 hat Russland für Jordanien einen Kre-

51 S. A. Gur'jev, O rossiisko-turetskom voenno-tekhnicheskom sotrudnichestve, <http://www. iimes.ru/rus/stat/2004/27-11-04.htm>.

52 Turkish Daily News, 5. 8. 2006, S. 7, und 20.12.2006, S. 7. Siehe auch <http://www.turkishdailynews.com.tr/article.php?enewsid=93415> (online am 11. 1. 2008).

53 Siehe zum Beispiel die Artikel in der International Herald Tribune online <http://www.iht. com/articles/2008/01/24/sports.php> und <http://www.turkishdailynews.com.tr/article. php?enewsid=96075> (online am 11. 2. 2008).

54 VTS, 7 (12.–18. 2. 2007), S. 8f. Siehe auch Mark Huntiller, Anti-armour from the East, in Armada International (Februar–März 2008), S. 43.

dit zum Kauf russischer Waffen bereitgestellt. 2008 werden S-18 Igla-Raketen und Kornet-E Panzerabwehrraketen geliefert.[55]

Zu zivilen Geschäften und den allgemeinen wirtschaftlichen Aspekten der russisch-jordanischen Beziehungen: Am 12. und 13. Februar 2007 war Präsident Putin in Jordanien zu Besuch und hat einen Vertrag zur Lieferung von sechs zivilen Ka-226 Hubschraubern zum Preis von US$ 26 Mio. unterzeichnet. Dieser Kontrakt berücksichtigt die Teilfertigung der Hubschrauber im gemeinsamen russisch-jordanischen Unternehmen Oboronprom Nahost. Dieses Unternehmen wurde im März 2006 vom militärindustriellen Konzern Oboronprom gemeinsam mit Orangeville Consulting Inc. gegründet. Es ist dies der erste Vertrag zur Lieferung russischer ziviler Hubschrauber nach Jordanien und umfasst die Gründung eines Service- und Ausbildungszentrums in Jordanien für die potenziellen Kunden der Region. Das gemeinsame Unternehmen hat auch Marketing und Verkauf zur Aufgabe.[56]

Während Putins Besuch in Jordanien wurden auch Abkommen zum Investitionsschutz und zur Gründung des Russian-Jordanian Business Council unterzeichnet. Es gab auch Aufrufe, den Handel von US$ 106 Mio. im Jahr 2006 zu steigern.[57] 2007 stieg der Handelsaustausch bereits auf US$ 169 Mio.; trotz dieses Anstiegs bestätigte aber Putin, dass der Handel „sehr klein und unbedeutend" bleibe.[58]

Kuwait

In seinem schon zitierten Artikel berichtet V. P. Jurchenko 2003, dass Kuwait 2001 Waffen um US$ 850 Mio. in Russland gekauft hat.[59] Was Jurchenko da-

---

55 <http://www.igazeta.ru/politics/2008/02/11_a_2632494.shtml>.
56 VTS, 7 (12.–18. 2. 2007), S. 7–8. Für den frühen Gesamtbericht über Ka-226 siehe VPK, 15 (19.–25. 4. 2006), S. 6. Siehe auch <http://www.gazeta.ru/2007/02/13/oa_231505.html>. Robert O. Freedman, The Putin visit to Saudi Arabia, Qatar and Jordan: Business Promotion or Great Power Maneuvering? in Johnson's Russia List, <http://www.cdi.org/russia/johnson/2007-39-39.cfm> (online am 15. 2. 2007). Im Folgenden zitiert als Robert O. Freedman, The Putin Visit to Saudi Arabia. Siehe auch: Aviation Week and Space Technology, 26. 2. 2007, S. 61. Flight International, 27. 3.–2. 4. 2007, S. 30.
57 Robert O. Freedman, The Putin Visit to Saudi Arabia. Siehe auch <http://www.izvestia.ru/world/article3112885> (online am 11. 2. 2008).
58 <http://www.igazeta.ru/politics/2008/02/11_a_2632494.shtml>.
59 Voenno-tekhnicheskoje.

rin nicht aufgeschlüsselt hat, ist, welche Waffentypen von Kuwait gekauft und warum eigentlich damals die Schulden der ehemaligen Sowjetunion nicht diskutiert wurden.

Moscow Defence Brief online berichtet, die Einigung über Schuldenbereinigung der ehemaligen Sowjetunion sei am 30. Mai 2006 von Russland und Kuwait unterzeichnet worden. Diese Schulden der Sowjetunion betrugen US$ 1 Mrd. Seither hat Russland Rüstungsgüter im Werte von US$ 600 Mio. geliefert und den Rest bar abbezahlt.[60]

Saudi-Arabien

Russland sieht auch Saudi-Arabien als potenziellen Kunden. Die UAE und Saudi-Arabien haben aus Moskau Vorschläge erhalten, gemeinsame Service- und Reparaturunternehmen für Flugzeuge, Raketen, gepanzerte Infanteriefahrzeuge und Lastwagen zu errichten. Beide Länder wollen ihre Waffenkäufe von den USA und der EU diversifizieren.[61] Die Regierungen beider Länder sehen in Russland einen potenziell langfristigen Lieferanten. Russland hat bisher schon sieben Satelliten Saudi-Arabiens in eine Erdumlaufbahn gebracht, weitere sechs Satelliten warten noch auf ihren Start.[62]

Außer dem potenziellen Waffenexport spielen allgemeine wirtschaftliche Aspekte eine wichtige Rolle für Russland in seinen Beziehungen mit Saudi-Arabien. König Abdullahs Besuch in Russland im September 2003 hat einen großen Impuls für stärkere wirtschaftliche Beziehungen zwischen beiden Ländern gebracht. Die russische Ölfirma Lukoil hat eine Ausschreibung zur Entwicklung der „Zone A" des Erdgasfeldes in der Rub el Khali-Wüste südlich von Al-Ghawar gewonnen und hat auch einen 40-jährigen Kontrakt zur Erkundung und Entwicklung dieses Feldes mit der saudischen Regierung unterzeichnet. Gleichzeitig gründete Strojtransgas mit der saudischen Firma Oger Baugesellschaft das erste russisch-saudische Konsortium.[63]

Um Handel und Investitionen zwischen Russland und Saudi-Arabien zu steigern, hat Putin drei Abkommen unterzeichnet. Das waren ein Abkommen zwischen den russischen Banken Vnesekonombank und Roseximbank

---

60 <http://www.cast.ru/mdb/2-2006/item4/item1> (online am 10. 7. 2006).
61 A. Vatanka und R. Weitz, Russian Roulette, S. 41. Siehe auch VPK, 9 (7.–13. 3. 2007), S. 9.
62 Robert O. Freedman, The Putin Visit to Saudi Arabia.
63 Mark A. Smith, Russia and the Persian Gulf, S. 3.

und dem saudischen Entwicklungsfonds, ein Abkommen zur Vermeidung von Doppelbesteuerungen des Einkommens und des Kapitals und ein Abkommen zur Expansion des Flugverkehrs zwischen beiden Ländern. Der Handel zwischen den beiden Ländern ist von US$ 88 Mio. im Jahre 1999 auf US$ 400 Mio. bis 2005 gewachsen.[64]

Vereinigte Arabische Emirate (UAE)

Russland hat 1998 zum ersten Mal gepanzerte Infanterie-Fahrzeuge BMP-3 in die UAE geliefert. 2006 hat Russland angefangen, mobile FlA-Systeme von Typ 96K6 Pantsyr-S1 den UAE zu liefern. Die Pantsyr-S1 werden bis 2010 geliefert werden, und das Verteidigungsministerium der UAE bezahlte dafür US$ 800 Mio.[65] Die Verträge beinhalten auch technische Ausbildung und technisches Service der Pantsyr-S1, sowie die Lieferung von Munition und Ersatzteilen.[66] In den letzten Jahren haben die UAE gebrauchte Flugzeuge vom Typ An-124 aus Russland für Militärzwecke gekauft.[67]

---

64 Robert O. Freedman, The Putin Visit to Saudi Arabia.

65 A. Vatanka und R. Weitz, Russian roulette, S. 41. Zuletzt wurde berichtet, dass die UAE 2007 die ersten zwei FlA-Systeme bekommen wird und nicht 12, wie früher geplant. Jane's Defence Weekly, 31. 10. 2007, S. 16. Die Vereinigten Arabischen Emirate haben circa 260 BMP-3 gekauft, und alle diese Fahrzeuge waren ausrüstet mit französischen optischen und elektronischen Subsystemen für bessere Effektivität und Synergie. Boris Kuzyk et. al., Rossija na rynke oruzija, S. 614. Ruslan Alijev in seinem Artikel „Kharakteristika rynka vooruzenij Ob'edinennykh Arabskikh Emiratov" hat andere Zahlen genannt. Nämlich, dass 691 BMP-3 bis 2000 über die gesamte Höhe von US$ 1 Mrd. geliefert wurden. Eksport vooruzenij, 2 (März–April 2007), S. 21. Im gleichen Artikel wurde auch erklärt, dass 50 % des gesamten Kontraktes als Schuldentilgung der ehemaligen Sowjetunion an die UAE verrechnet wurde. Der gesamte Kontrakt habe 50 Pantsyr-S1 Systeme enthalten und kostete US$ 800 Mio. (S. 22) – und nicht US$ 734 Mio., wie Ed Blanche, Russians step up campaign to sell arms to the Middle East, Jane's Intelligence Review (Juli 2001), S. 24 berichtet hat. (Im Folgenden zitiert als Ed Blanche, Russians Stepp). Siehe auch V. P. Jurchenko, Voenno-tekhnicheskoje, und Jane's Defence Weekly, 23. 5. 2007, S. 5. Interessanterweise haben die UAE 30 % der Gesamtsumme im Voraus bezahlt. Ed Blanche, Russians Stepp, S. 24.

66 R. Alijev, Kharakteristika, S. 22. Siehe auch: V. P. Jurchenko, Voenno-tekhnicheskoje.

67 Flight International, 6.–12. 11. 2007, S. 50. Es wurde dabei nicht erwähnt, was wann im Detail geliefert werden soll, in welchen Stückzahlen und was es kostet.

Fazit

Die persönlichen Beziehungen zwischen Präsident Wladimir Putin und seinen Kollegen im Großraum Naher Osten spielten eine sehr wichtige Rolle. Man sah die stimmige Chemie zwischen Putin als dem ersten russischen Präsidenten, der nach Jordanien und Saudi-Arabien zu Besuch kam, und seinen Kollegen. Da Putin in der russischen Politik weiterhin wichtig bleiben wird und kein Interesse hat, von der politischen Szene zu verschwinden, werden Kontinuität und Stabilität die Beziehungen zwischen Russland und den Ländern im Großraum Naher Osten weiter bestimmen.

Es sieht so aus, dass trotz des Aufschwungs in den russischen Waffenexporten in den Großraum Naher Osten die Gesamtsummen aus dem Export ziemlich gering sind. Außerdem hat Russland die Schulden einiger Länder – wie Jemen und Syrien – abgeschrieben, musste hingegen selber Schulden der ehemaligen Sowjetunion an Kuwait und die UAE zurückzahlen. Viele Gerüchte über mögliche Verträge zwischen Russland und Saudi-Arabien blieben unglaubwürdig, und es wurden auch keine abgeschlossenen Verträge dokumentiert. Das war mehr eine Art von Öffentlichkeitsarbeit, um Amerikaner und Briten zu beeindrucken, blieb aber ergebnislos. Seit 2001 kursieren in der Presse viele Gerüchte über Milliarden-Dollar-Verträge mit dem Iran. In Wirklichkeit waren die Gesamtsummen niedrig, und außer dem Tor-M1 System wurden keine neuen Waffensysteme an den Iran verkauft. Ende Dezember 2007 hat sich das Waffengeschäft mit dem Iran ein bisschen verändert, aber trotz vieler Berichte wurde bisher kein neuer Kontrakt abgeschlossen. Es ist bekannt, dass der Iran versucht, seine Waffensysteme selber zu produzieren, dass er seine Rüstungsindustrie und Infrastruktur weiter verbessern und ausweiten will, um auch von russischen Lieferungen unabhängig zu werden. Die Türkei ist eine Ausnahme, weil dieses Land eine eigene Rüstungsinfrastruktur hat, seine Waffen aus dem Westen kauft und zur Zeit versucht, eigene Waffensysteme zu produzieren und zu exportieren. Die anderen Länder haben diese Initiative, nämlich ihre eigene Rüstungsindustrie aufzubauen, nicht auf ihrer Prioritätenliste stehen. Als Alternative kaufen sie – oder sie denken zumindest an einen Kauf – aus Russland.

Die wirtschaftlichen Aspekte haben im Vergleich zum Waffenexport langfristigere Perspektiven und werden auch weiter eine wichtige Rolle in den bilateralen Beziehungen zwischen Russland und den Ländern im Großraum Naher Osten spielen. Die wirtschaftlichen Investitionen sind recht großzügig, weil wir von Kontrakten über Dollar-Milliarden reden. Aus russischer

Sicht müssen die Öl- und Erdgasgeschäfte expandieren, und Wladimir Putin als der weiterhin wichtigste politische Akteur Russlands wird für Expansion sorgen. Trotz der wichtigen Rolle, die Russland den Ländern im Großraum Naher Osten beimisst, wird die Türkei draußen bleiben. Das wirtschaftliche Interesse der Türkei ist nicht kongruent mit den russischen Interessen, und die Türkei sieht Russland als politischen Rivalen in Zentralasien und als Rivalen bei den Erdgasgeschäften in der Region.

Literatur

Hannes Adomeit, Russlands Iran-Politik unter Putin. Politische und wirtschaftliche Interessen und der Atomstreit, SWP-Studie 8, April 2007, S. 1–44.

Ruslan Alijev, Kharakteristika rynka vooruzenij Ob'edinennykh Arabskikh Emiratov, in Eksport Vooruzenij, 2 (März–April 2007), S. 14–23.

Ders., Military-Technical relations between Libya, Syria, Egypt, and Russia, <http://www.mdb.cast.ru/mdb/3-2007/at/article2/> (online Dezember 2007).

Mikhail Barabanov, Russia on Iran's Market for Arms, in Moscow Defense Brief (MDB), <http://www.mdb.cast.ru/mdb/1-2006/arms_trade/item1> (online am 3. 4. 2006).

Ders., Obzor sovremennogo sostojanija bliznevostochnogo rynka vooruzenij, in Eksport Vooruzenij, 2 (März–April 2007), S. 1–13.

Ed Blanche, Russians Step up Campaign to Sell Arms to the Middle East, in Jane's Intelligence Review, Juli 2001, S. 23–26.

Ilya Bourtman, Putin and Russia's Middle Eastern Policy, in The Middle East Review of International Affairs, 10 : 2 (Juni 2006), <http://meria.idc.ac.il/journal/2006/is sue2/jv10no2a1.html>.

Ariel Cohen, Gas OPEC : A Stealthy Cartel Emerges, in Heritage WebMemo #1423, 12. April 2007, <http://www.heritage.org/Research/EnergyandEnvironmentw m1423.cfm>.

V. V. Evseev, Nekotorye aspekty Rossiisko-Siriiskogo sotrudnichestva, <http://www.iimes.ru/rus/stat/2008/04-03-08b.htm>.

Robert O. Freedman, The Putin visit to Saudi Arabia, Qatar and Jordan : Business promotion or great power maneuvering?, in Johnson's Russia List, <http://www.cdi.org/russia/johnson/2007-39-39.cfm> (online am 15. 2. 2007).

Richard F. Grimmett, Conventional Arms Transfers to Developing Nations, 1998–2005, Congressional Research Service (CRS) Report for Congress, 23. 10. 2006, <http://www.fas.org/sgp/crs/weapons/TL33696.pdf>.

S. A. Gur'jev, O rossiisko-turetskom voenno-tekhnicheskom sotrudnichestve, <http://www.iimes.ru/rus/stat/2004/27-11-04.htm>.

Mark Huntiller, Anti-armour from the East, in Armada International (Februar–März 2008), S. 42–47.

V. P. Jurchenko, Voenno-tekhnicheskoje sotrudnichestvo Rossii s arabskimi stranami: sostojanoje i perspektivy, <http://www.iimes.ru/rus/stat/2003/20-05-03.htm>.

Ders., Vooruzennje sily Jemena: Sostojanije i perspektivy, in Bliznij Vostok i Sovremennost', 21 (2004), S. 114–128.

Alla Kassjanova, Russian weapons sales to Iran: Why they are unlikely to stop, in Washington, DC: Center for Strategic and International Studies (CSIS), Ponars Policy Memo 427 (Dezember 2006), <http://www.csis.org/media/csis/pubs/pm_0427. pdf>, S. 1–5.

Mark N. Katz, Putin's Foreign Policy toward Syria, in The Middle East Review of International Affairs (MERIA), 10:1 (März 2006), <http://meria.idc.ac.il/journal/2006/issue1/jv10no1a4.html>.

Ders., Putin, Ahmadinejad and the Iranian nuclear crisis, in Middle East Policy, 13:4 (Winter 2006), S. 125–131.

Ders., Russia and Qatar, in Middle East Review of International Affairs, 11:4 (Dezember 2007), <http://meria.idc.ac.il/journal/2007/issue4/jvol11no4in.html>, S. 1–6.

Boris Kuzyk, Nikolaj Novichkow, Vitalij Shvarjew, Marat Kenzhetayev und Aleksander Simakow, Rossija na rynke oruzija. Analizy i Perspektivy. Moskau, Voennyi Parad, 2001.

Sergej Minasjan, Rossija-Iran: evoljucija i perspektivy voenno-politiceskogo sotrudnicestva, in Central'naja Azija i Kavkaz, 5/29 (2003), S. 124–134.

Mark A. Smith, Putin's Middle East Diplomacy, in Conflict Studies Research Centre, Russian Series 05/27 (Juni 2005), <http://www.da.mod/csrc>, S. 1–12.

Ders., Russia and the Persian Gulf: The Deepening of Moscow's Middle East Policy, CSRC, Middle East Series 07/25 (August 2007), <http://www.da.mod/csrc>, S. 1–9.

N. K. Ter-Oganov, Ustupki Iranu – ugroza dlya bezaposnosti Izrailya, <http://www.iimes.ru/rus/stat/2008/08-01-08a.htm>.

Daima Timergalyeva, „Russia prospects on Yemen's arms market, in Arms Markets, 2:12 (2002), S. 13–15.

A. Trofimov, Analiz vzgljadov rukovodstva Irana na voenno-tekhnicheskoje sotrudnichestvo i perspektivy Rossii v regione, <http://www.iimes.ru/rus/stat/2003/10-04-03.htm>.

A. D. Tsyganok, Rossiisko-siriiskoje voenno-tekhnicheskoje sotrudnichestvo, <http://www.iimes.ru/rus/stat/2006/08-06-06.htm>.

Alex Vatanka und Richard Weitz, Russian roulette: Moscow seeks influence through arms exports, in Jane's Intelligence Review (Januar 2007), S. 36–41.

Voenno-Promyshlennji Kur'er.

Voenno-Tekhnicheskoje Sotrudnichestvo.

David Willis, Global Fighter Market: Part 2, in Air International (August 2007), S. 52–56.

Meliha Benli Altunisik

Turkey's New Activism in the Middle East

In the last two decades Turkey's Middle East policy has been evolving towards more activism. This change is due to important developments in the international and regional system as well as in Turkey's domestic politics. This article aims to understand first the evolution of Turkey's foreign policy towards the Middle East and the reasons behind it. Then the article focuses on two cases of Turkish foreign policy, namely relations with Iran and Turkey's increasing third party roles in the region. Through the discussion of these two cases the article attempts to discuss the possibilities and limitations of Turkey's new engagement.

The Evolution of Turkish Foreign Policy in the Middle East

During the Cold War years the Middle East did not factor heavily in Turkish foreign policy. In times when Turkey was active in the region, this was either as an extension of Turkey's relations with the West as in 1950s, or due to its desire to further its economic relations with the region as in 1970s after the oil crises or in 1980s during the Iran-Iraq War. Yet even when it was involved, Turkey did not consider itself as part of the Middle East regional system. This perception was due to Turkey's historical Western orientation and definition of its identity.

In the last two decades several external and internal developments required a rethinking in Turkish foreign policy towards the region and eventually led to a more active involvement, either reluctantly or enthusiastically. The factors that have led up to this change can be found at three levels: international, regional and domestic.

Internationally the end of the Cold War and the emergence of the US as the sole superpower have had a tremendous impact. The US activism in the Middle East sought to create a *'new Middle East order'* now that the Soviet rival was gone. September 11 attacks on the US gave a new urgency to the US plans and the Bush administration engaged in more active revisionism in the region. This had a direct affect on Turkey's Middle East policy since an important part of the US perception of Turkey as a strategic partner in the post-Cold War era relied on its possible contribution to a Pax-Americana in the Middle East. Thus Turkey moved from being the most peripheral NATO country to a 'pivotal state' in the 1990s.[1] Turkey, a democratic state with a Muslim population, also became an important model for the US to promote after the end of the Cold War. September 11 and the *'war on terrorism'* further increased Turkey's importance in that respect. However, although Turkey was able to find new areas of cooperation with its ally, the US, after the demise of the Soviet Union, it was equally uneasy about increasing US revisionism in the region. The developments in Iraq after the Gulf War of 1991 as well as the invasion of that country in 2003 created numerous problems for Turkey. Deterioration of US relations with Turkey's other two Middle Eastern neighbors, namely Iran and Syria also began to pose serious challenges for Turkish foreign policy. Thus regional landscape has become highly polarized and unstable. Especially recently the US attempts to create a new order in the Middle East has been contested by Iran and its allies in the region, namely Syria, Hizballah and Hamas. The struggle for hegemony in the region between the US and Iran and their allies has gained a sectarian dimension as well. These developments are challenging the basic tenets of Turkish foreign policy in the region. First of all, Turkey is traditionally a *status quo power*, thus the US revisionism in the region and the challenges to the existing state system are seen contrary to Turkish interests. Similarly Turkey has been supporting a multipolar regional balance, where no one state could dominate the rest. However, with the weakening of Iraq since the Gulf War of 1991 first the balance of power in the Gulf region was disturbed. Helped with this and other developments Iran has started to emerge as a regional hegemon which began to disturb multipolarity. Finally, increasing polarization in the region started to challenge Turkey's long-held policy of balanced relations with regional powers and in terms of its regional relations and Western commitments.

Developments in Turkey's domestic politics also have had repercussions for Turkey's Middle East policy. Turkey entered into a new period where significant challenges emerged to the Republican project, namely political Islam and Kurdish nationalism. These two issues, in addition to having domestic causes and consequences, were clearly related to the Middle East as

---

1 Robert S. Chase, Emily Hill and Paul M. Kennedy, *The Pivotal States: A New Framework for US Policy in the Developing World* (US: W.W. Norton and Co. Inc., 2000).

well. Especially the Kurdish issue was very much affected by the developments in Iraq since 1991 and the support given to the PKK especially by Syria
until 1998 and Iran sporadically in the 1990s. Thus due to the implications
of Middle Eastern developments on Turkey's own Kurdish issue, Turkey felt
the need to be engaged in the Middle East. In fact in the mid 1990s Turkey revised its national security document and identified the Middle East as
the main source of threats to Turkey. Throughout the 1990s Turkey became
heavily involved in northern Iraq by using different tools including military
means and through its cooperation with the US. In the same decade Turkey's
relations with Iran and Syria deteriorated mainly due to the Kurdish issue.
Turkey also engaged in an alignment with Israel and signed two agreements
for military cooperation mainly to balance the threats it perceived from its
Middle Eastern neighbors. These policies marked a change in Turkey's involvement in the Middle East. After coming of power of the Justice and
Development Party (Adalet ve Kalkınma Partisi — thereafter AKP) in 2002
Turkey's involvement in the Middle East started to go clearly beyond the
Kurdish issue and took a more opportunistic turn. The AKP called for a more
active involvement of Turkey in this region and advocated a zero-problem
with neighbors' policy. In this perspective, rather than Turkey's military capabilities, its soft power capabilities and economic opportunities have been
emphasized. Thus coming of power of the AKP which emphasized historical
and cultural ties with the Middle East furthered Turkey's engagement with
this region.

In short, for international, regional and domestic reasons Turkey has become an actor in the Middle East in the last two decades. This however did
not mean a change in Turkey's historical orientation towards the West. On
the contrary Turkey has tried to reconcile its new activism in the Middle
East with its Western orientation. In the 1990s Turkey-US relations were
quite important in the context of the Middle East. After Turkish parliament's
refusal to allow US forces to use Turkish territory in Iraqi invasion of 2003,
Turkish-US relations underwent a period of crisis. Yet especially since the
meeting at the White House between the US President George W. Bush and
Turkish Prime Minister Recep Tayyip Erdoğan in November 2007, the two
countries have restarted cooperation over Iraq issues. Particularly important
has been the perceived understanding to eliminate the PKK as a factor in
Turkey-US and Turkey-Iraq relations, including the Iraqi Kurds. Similarly
Turkey's Middle East policies especially since the late 1990s are in increasing harmony with the EU especially when it comes to Turkey's eagerness

in playing constructive roles in the management and resolution of conflicts in the region. However, in general increasing polarization in the region also poses limitations on both Turkey's activism in the region, and Turkey's attempts to harmonize its regional and global policies. Especially US and to some extent EU policies of isolating Iran and Syria imposes limitations for Turkey's attempts to improve its relations with its Middle Eastern neighbors. In order to underline these possibilities and limitations now we will turn to our two cases, Turkish-Iranian relations and Turkey's third party roles in the Arab-Israeli conflict.

Turkish-Iranian Relations

Turkish-Iranian relations have been complex and characterized by ups and downs. Historically the Ottomans and the Safavids engaged in a strategic and ideological/religious rivalry for centuries. Yet parallel to this history of competition there is also a history of pragmatism and acceptance of each other as major regional powers. The current frontier between the two countries, for instance, was established in 1639 and has not changed much since then. Iran and Turkey, having somewhat unique characteristic in the region of a long state tradition and experience of imperial rule[2] continued to have relations based on managed competition and pragmatism during most of the modern times.

The basic thrust of their relationship was that neither wanted to see a change in the balance of power. Thus any attempt by one of the countries to alter the balance to its own advantage disturbed the other. For instance, during the Pahlavi era Iran and Turkey generally enjoyed close relations. They were then two important pro-Western states in the region and shared an interest in containing the Soviet Union. Within the context of the Cold War they became regional allies as members of the Baghdad Pact, Central Treaty Organization (CENTO), and Regional Cooperation for Development (RCD). However, Ankara became suspicious when in the 1970s Tehran embarked on an ambitious militarization program and an assertive foreign policy fuelled by the oil boom and supported by the US Twin Pillars Policy.[3]

---

2   Meliha Benli Altunisik, 'Turkey's Relations with Iran and Syria', in A. Marquina and M. Aydın (eds) *Turkish Foreign and Security Policy* (Madrid: UNISCI, 2006) p. 123–124.

3   John Calabrese, 'Turkey and Iran: Limits of a Stable Relationship,' *British Journal of Middle Eastern Studies*, Vol. 25, No. 1 (1998) p. 77.

After the Iranian Revolution the relations became more complicated as once again ideological rivalry became an important part of the bilateral relationship. Although the revolutionary zeal that propagated the 'export of the revolution' lost some of its steam and Tehran largely turned towards pragmatism in its foreign policy, the ideological element never completely disappeared.[4] The regimes in Iran and Turkey perceived each other as the alternative model to be avoided. For instance, the Iranian conservatives saw Turkey as representing what was wrong with secularism and Westernization, whereas for Turkey's seculars Iran was the example of what was wrong in mixing religion and politics. Thus both sides looked for evidence in each others' domestic developments to prove their points. The ban of headscarf in education and public jobs in Turkey and the forced veiling of women in Iran particularly became a symbol of this ideological war.

As Iran was occupied with its war with Iraq right after the revolution up until the end of the 1980s, the ideological aspect of bilateral relations did not appear immediately. In the 1990s the however ideological conflict between the two countries intensified. Alarmed by increasing power of political Islam, Turkey accused Iran of interfering in its domestic affairs, especially of training radical Islamist militants allegedly involved in assassinations of secular intellectuals. In return Iran accused Turkey for intervening in its domestic affairs through letting some Mujahedeen Halq (MKO) members to remain in Turkey. These tensions were led to several diplomatic crises during that decade. For instance, in February 1997 the Iranian ambassador to Ankara Mohammed Reza Bagheri was asked to leave the country when he advocated the implementation of Sharia in Turkey at the 'Jerusalem Day' organized by the Islamist Welfare Party Mayor of the town of Sincan near Ankara.[5]

In addition to ideological rivalry, Turkish-Iranian relations continued to be characterized by balance of power politics in the 1990s. After the demise of the Soviet Union and the emergence of newly independent states in Central Asia and the Caucasus, this new geographical space became a new arena of

---

4   For co-existence of realpolitik and ideology in Islamic Republic of Iran's foreign policy see Suzanne Maloney, 'Identity and Change in Iran's Foreign Policy', in S. Telhami and M. Barnett (eds) *Identity and Foreign Policy in the Middle East* (Ithaca/London: Cornell University Press, 2002).

5   A similar diplomatic crisis occurred in the 1980s. Current Iranian Foreign Minister Manouchehr Mottaki, who was appointed as Iran's ambassador to Turkey in 1985 was accused by Turkish officials of instigating instability and issuing him a *persona non grata* status.

competition. Both Iran and Turkey were trying to reestablish their ties with a region with which they were unnaturally cut off during the Soviet era. This rivalry was most clear over the issues surrounding the Caspian oil, since it combined the political, economic and strategic concerns. Turkey was an ally of the US and thus promoted to play new roles in this region. Iran, on the other hand, was isolated by the policies of Washington. In addition Iran was also concerned about the independence of several Turkic republics in its north and Turkey's increasing interest in developing its relations with these countries. These concerns were also related to Iranian domestic concerns as the country has considerable amount of Turkish-speaking minorities. Similarly Turkey's increasing military ties with Israel were problematic for Iran. In addition to giving Israel capabilities to monitor Iran closely, this development also meant tilting of balance towards Turkey.

The Kurdish problem with its extensions in Iraq demonstrated the complex character of Turkish-Iranian relations. Iran from time to time did not refrain from using the PKK to exploit Turkey's vulnerabilities on this issue. Ankara claimed that Iran was supplying the PKK with logistical and financial support and training. The PKK card in fact turned into an instrument of leverage, at times Iran used it to disturb Turkey, at other times turned it into an issue of cooperation. Similarly the two countries also engaged in a cooperative and competitive relationship as regards to Iraq, particularly northern Iraq. Both Iran and Turkey watched the developments in Iraq after the Gulf War of 1991 with some concern. The emergence of de facto Kurdish rule in the north led to anxieties as both countries have their own somewhat restive Kurdish populations. Until the mid-1990s Iran and Turkey, together with Syria, cooperated to develop common policies towards what they perceive as threatening developments in Iraq. These trilateral meetings continued until 1995, when Iranian and Turkish policies vis-à-vis northern Iraq began to diverge somewhat although their general interest in preventing an emergence of a Kurdish state remained. Tehran and Ankara independently sought to increase their influence in northern Iraq and they perceived each other's interventions as undesirable. In the process both countries cultivated relationships with different Kurdish groups. During the Kurdish civil war Turkey supported Masud Barzani's Kurdistan Democratic Party (KDP) which was the dominant power along the Turkish-Iraqi border. Ankara was hoping KDP's cooperation in its fight against the PKK presence in northern Iraq. Iran, on the other hand, supported Jalal Talabani's Patriotic Union of Kurdistan (PUK), which was the main party on the Iranian-Iraqi border.

Turkish-American cooperation in Iraq signified in Operation *Provide Comfort* and Turkey's cross-border incursions into Iraq disturbed Iran. In response Iran tried to strengthen its own position in northern Iraq especially through its cooperation with the PUK.

The US invasion of Iraq in 2003 once again changed the political and strategic context of Turkish-Iranian relations. The developments in Iraq after the invasion, particularly the increasing role and autonomy of Iraqi Kurds began to have implications for both countries. In Turkey the PKK ended the unilateral ceasefire it had declared after the capture of its leader Abdullah Öcalan in 1998 and started its attacks in 2004. The same year an Iranian branch of the PKK, the Party of Free Life in Kurdistan (PJAK) was established. In fact the Kurdish population located in northwest Iran became more restless starting in early 2005.[6] In response to these developments Iran and Turkey began to intensify their cooperation against the PKK and PJAK. The first signs of changing Iranian attitude became clear in July 2004 during Turkish Prime Minister Recep Tayyip Erdoğan's visit to Tehran. Erdoğan praised Iran's new stance: 'We have seen that Iran favors the creation of a joint platform against terrorism, whatever its origins. With regard (to terrorism), they have paid a heavy price in the past. So have we. We don't want to pay such a price any longer.'[7] At the end of that visit the two countries signed a Memorandum of Understanding on Security Cooperation. To reflect the new level of cooperation Turkey-Iran High Security Committee, which was established in 1988 but largely remained ineffective in those years, was revived. The 12th meeting of the Committee convened in Ankara in April 2008 was said to be once again dominated by discussion on security cooperation against terrorism.[8] The statement issued after meeting declared that: 'The increase in some terrorist movements in the region damages both countries, and the most influential way to battle this outlawed problem is the exchange of intelligence and security cooperation.'[9] To further explain the Iranian position the head

---

6 For instance there were reports of clashes in Kurdish regions in Iran started over protests by Kurds on the anniversary of the capture of Abdullah Ocalan. *Turkish Daily News*, 20 February 2006.

7 Gajendra Singh, 'Turkey and Iran coming closer', Opinion Editorials, *Al Jazeerah*, 1 August 2004, available at <http://www.aljezire.com> accessed on 6 November 2005.

8 *Turkish Daily News*, 14 April 2008.

9 *Hurriyet*, 17 April 2008 cited in Giray Sadik, 'Iran and Turkey Move Closer on Counter-Terrorism Cooperation', *Global Terrorism Analysis*, Vol. 5, Issue 16, 22 April 2008, available at <http://www.jamestown.org/terrorism/news/article.php?articleid=2374118> accessed on 20 June 2008.

of the Iranian delegation the Iranian Deputy Interior Minister Abbas Mohtaj stressed that 'the two countries fight against terror and cooperate with each other, and Iran looks at the PKK and the PJAK as a single terrorist organization under two different names. We want to increase cooperation with Turkey against the terrorist organizations'.[10]

In the meantime, Turkey and Iran started to deepen their energy cooperation. There is already a natural gas pipeline from Tabriz to Ankara that became operational in 2001. As a result Iran has become Turkey's biggest supplier of natural gas after Russia and accounts for more than 20 percent of its imports. In May 2007 Turkey and Iran agreed in principle over dam and power station construction and electricity trade. In July 2007 the two countries signed a deal to use Iran as a transit for Turkmen gas and also agreed to develop Iran's South Pars gas field to facilitate the transport of gas via Turkey to Europe as part of the Nabucco project.[11] August 2007 Turkish Energy Minister visited Iran and concluded a Memorandum of Understanding (MoU) including for an establishment of a joint company to carry up to 35 billion (per year? cubic meters of Iranian gas via Turkey to Europe and the construction of three thermal power plants by Turkish company in Iran.[12] [13]

Deepening of energy cooperation reflects the general ambiguities in Turkish-Iranian relations. On the one hand clearly there are economic and political benefits for Turkey in engaging these projects. The cooperation in the energy field helps Turkey to meet its energy needs, to diversify its natural gas imports and to increase its role as a transit country to the EU. Politically, closer economic relations also fit to Turkey's policy of developing its ties with its neighbors as well as supporting strategic cooperation with Iran. On the other hand, however, there are limitations to this policy. First, Turkey's increasing dependence on Iranian gas increases Iran's leverage over Turkey. This was acutely observed when Iran stopped gas supplies twice in 2008. Turkey aims to balance this relationship by increasing Turkish investments

---

10 *Hurriyet*, 15 April 2008, cited in Ibid.

11 *Today's Zaman*, 20 August 2007.

12 *The Economist*, 23 August 2007.

13 "Turkey's prime minister, Recep Tayyip Erdogan, dispatched his energy minister, Hilmi Guler, to Iran last week where he concluded a raft of deals. They include the establishment of a joint company to carry up to 35 billion cubic metres of Iranian natural gas via Turkey to Europe, and the construction of three thermal power plants by Turkish companies in Iran." See: <http://www.economist.com/ research/articlesBySubject/displaystory.cfm?subjectid=106580 9&story_id=E1_JGRSRQV>.

in Iran but so far this has not been realized. Secondly, deepening of Turkish-Iranian energy cooperation is opposed by the US and thus makes it difficult for Turkey to balance its regional and global policy.

Finally, the possibility of a nuclear Iran imposes limitations on Turkish-Iranian relations. Turkey is disturbed by a nuclear Iran as it would completely disturb the bilateral and regional balance of power. As it has been explained above this would go against the main principles of Turkish foreign policy in the region and vis-à-vis Iran. This would also be against the Turkish position of having a WMD-free Middle East. Thus, possible nuclearization of Iran, which may provoke a general proliferation in the region, is clearly not welcomed by Turkey. However, Turkey is also concerned about the escalation of conflict between its Western allies and Iran. The failure of diplomatic channels and a possible military operation against Iran entails several minefields from Turkey's perspective. All the possible scenarios such as chaos in Iran or Iranian retaliation would have enormous economic, political and strategic repercussions for Turkey. To make matters more complicated Turkey could be under increasing pressure from both sides. Ultimately Turkey is trying to maintain a delicate balance between its desire to see a stable Middle East and its Euro-Atlantic relations. In these conditions so far Turkish policy has been formulated under three pillars: Making it clear that Turkey would not let use its territory for an attack against a neighboring country; using Turkey's relations with Iran, facilitate the US and EU diplomatic solution to the problem; harmonizing its policies with the international community, particularly with that of the International Atomic Energy Agency (IAEA). In the meantime, Turkey has been giving Iran the message that it should be transparent about its nuclear program and cooperate fully with the IAEA.

Turkey's Third Party Roles in the Middle East

A relatively new aspect of Turkey's Middle East policy in the last two decades has been Turkey's increasing eagerness to play third party roles in the management and resolution of regional conflicts, particularly the Arab-Israeli one. This is in significant contrast to Turkey's long-held policy of not getting involved in regional conflicts. The reasons for this change are mainly two: First, changing geo-strategic environment and increasing instability in the region began to have repercussions for Turkey and forced Ankara to be more involved in the region. The protracted conflicts lead to radicalization and a constant threat of war in the region. The continuation of Arab-Israeli conflict also allows some states to exploit the conflict to increase their power and influence in the region. For instance, the Palestinian conflict has allowed Iran to increase its power and influence beyond its immediate neighborhood and made it effectively a Mediterranean power. These developments upset the regional balance of power and thus are of concern to Turkey.

Secondly, the current AKP government has been quite eager to play third party roles in the region. For instance, during his visit to Israel and Palestine in 2005 then Foreign Minister Abdullah Gül clearly stated that 'we cannot be indifferent to this region, there are historical ties. As one of the few countries that have good relations with both sides (in the Israeli-Palestinian conflict), I believe Turkey has a potential to contribute. Turkey is active now, but will become more active soon.' In fact, Turkey's main asset in this regard is its position of having good relations with the parties to different conflicts. This rather unique situation positions Turkey well to be a third party mediator.

Turkey's third party involvement to date has largely focused on different tracks of the Arab-Israeli conflict. In recent years Ankara has been trying to revive Israeli-Syrian negotiations that were cut off in 2000. The gradual but impressive improvement of Turkey's relations with Syria after the October 1998 crisis has provided Turkey an opportunity to play an active role in this track. By using its good relations with the parties and concerned about increasing isolation of Syria that led to strengthening of Iranian-Syrian relations, Turkey has made several efforts to jump start the negotiations. Turkish Prime Minister Erdoğan is said to be involved personally and to have conveyed messages to both sides in different occasions. Finally, in May 2008, after several failed attempts and months of preparation, Israel and Syria started indirect peace talks in Istanbul under Turkey's aegis. The second round of indirect talks took place a month later. The two sides apparently decided to meet again in the fall of 2008. Clearly Turkey's ability to bring the parties together to talk, even if indirectly, after eight years is an important first step. However, Turkey again faces similar challenges. The US and the EU policies of isolation of Syria are continuing and Washington recently began to accuse Syria for cooperating with North Korea to build nuclear weapons, a charge denied by Damascus. Under these conditions Turkey's new policy of engaging Syria becomes yet another divergence in its relations with the US. Similarly the polarization in the region and interconnectedness of different conflicts in the region, decrease the chances of isolating Israeli-Syrian bilateral issues and tackling them independently.

Turkey has also been involved in the management and the resolution of Israeli-Palestinian conflict in many different ways. First, Turkey has been involved in what is called structural prevention, i.e. in attempts to increase resources for settlement and capacity building. One such attempt has been the TOBB-BIS Industry for Peace Initiative, which has been led by the Turkish Chambers and Commodity Exchanges. Part of this initiative is the Ankara Forum, consists of the representatives from the Chambers of Commerce of Israel, Palestine and Turkey, based on the understanding that private sector dialogue is good for confidence building. The Forum has so far had seven meetings. Another aspect of this initiative was to focus on the specific project of Erez Industrial Zone. This project also is based on the understanding that there is a close correlation between economic development and peace and thus aims to contribute to the Palestinian economy by creating up to 7,000 jobs. The project offers profit for the Turkish companies involved and security for Israel on its borders, making it a win-win project for all those involved. However, the implementation of the project had been slow, due first to the worsening security situation in the area and then to the problems of signing a security protocol with Israel. After the Hamas takeover in Gaza, the project was moved to Tarqumia in the West Bank. In addition to the TOBB Initiative, projects involving pipelines for energy, water and power supplies are also under discussion. All these projects are examples of Turkey's third party role in structural prevention and in creating an environment more conducive to peace.

Turkey has also been providing development and humanitarian aid for the Palestinians. Since the Paris Protocol of 1996, Turkey has poured a total of 10 million U.S. Dollars into the fields of health, education, public administration, institutionalization, security, tourism and agriculture. As to other capacity- and institution-building activities, Turkey has supported the political reform process, and Turkish experts have participated in the constitutional and administrative reform processes. Similarly, the Turkish Foreign Ministry conducted a Young Palestinian Diplomats' Training Program. Former President Süleyman Demirel was part of the Mitchell Commission which was formed after the eruption of the al-Aqsa Intifada in 2000 and Turkey formed the Jerusalem Technical Committee to investigate whether the excavation works by Israel are detrimental to Haram al-Sharif (The Temple Mount). Finally, Turkey has been part of the Temporary International Presence in Hebron which was formed in 1997. In short, given its good relations with both sides, Turkey has earned a status as a logical facilitator, providing a safe space for meetings and conveying information and messages between the parties.

Recently in its role as a third party in the Israeli-Palestinian conflict Turkey has taken a bold step of inviting Khaled Mishal, Hamas leader who is currently residing in Damascus, soon after Hamas' victory in Palestinian legislative elections was announced. The Turkish government later announced that Mishal was called to convey the message that now that it won the elections it should act in a reasonable and a democratic way. However, Mishal made no announcement of moderation or change in policy while he was in Turkey and thus the whole saga served only to give legitimacy to him. Turkey apparently started this initiative without the knowledge of the other party, i.e. Israel and did not get any commitment from Mishal beforehand. The visit has thus created a debate in Turkey and raised doubts about previous involvement of the Foreign Ministry in whole affair. The visit of Mishal on the other hand demonstrated how far the AKP government was ready to go in its third party role. In this case Turkey was threading a very fine line that could hurt its longstanding role as an honest broker. More than the idea of talking to Hamas, which could be a valuable third party role for Turkey, the way it was done was problematic.

Turkey's involvement in the recent Lebanese conflict has also been an example of Turkey's new roles in regional conflict. The Turkish Parliament took the decision to send forces to UNIFIL II. This was a novel policy as far as Turkish policy of non-involvement in Middle East conflicts. The AKP government decided to do so despite some domestic criticism.

Clearly, increasingly Turkey has become more eager to play third party roles in Middle Eastern conflicts. More importantly such a role for Turkey is being accepted by the parties to the conflicts. However, Turkey has to assess its own capabilities and connection to the conflicts. Similarly in each case there should be an assessment of costs and benefits, as the Mishal visit vividly demonstrated. Similarly the maintenance of impartiality is critically important. The studies in third party intervention generally show that a mediator's perceived impartiality is of utmost relevance to its chances of success. This is particularly important for non-power mediators like Turkey. Turkey was quite close to Israel in the 1990s which damaged its image as an impartial third party to some extent. Recently Turkey has reintroduced some balance to its relations with Israel and the Arabs.

To conclude, it is clear that in recent years Turkey's engagement in the Middle East has increased. In order to deal more effectively with the challenges originating from this very strategic region, Ankara realized it has to be more involved in regional affairs. However, there are several constraints upon Turkey's activism. One serious limitation is the difficulty of balancing Turkey's regional policy and global commitments. As long as the US continues to have serious problems with Iran and Syria, Turkey will face the formidable challenge of continuing to improve its relations with these countries without leading up to a crisis in its relations with the US. Turkey's room for maneuver will further decline with the escalation of these conflicts. Ironically, Turkey's further involvement can be proactive in terms of controlling the escalation of some of these conflicts. In any case Turkey's interests in this region are so paramount that going back to the earlier policies of less engagement does not seem possible. Secondly, the effectiveness of such an involvement will also hinge upon Turkey's domestic politics. It is clear that as any state, as long as Turkey is closed in to solve its own problems its influence as a regional power will be destined to be limited. Yet some of Turkey's domestic problems are intertwined with regional developments and thus require Turkey's active involvement in the region. In sum, Turkish foreign policy in the Middle East today faces two major dilemmas. To what extent it will overcome them effectively remains to be seen.

Erich Reiter

Konfliktkonstellation und strategische Situation im Südkaukasus

Eine politisch-strategische und geostrategische Bewertung

Südlich des Kaukasus gibt es bekanntlich zwei große Konfliktbereiche. Einmal den Bergkarabach-Konflikt, wobei das von Armenien unterstützte und überwiegend armenische besiedelte ehemalige autonome Gebiet Bergkarabach in einem blutigen Krieg de facto die Unabhängigkeit von Aserbaidschan erkämpfte. Aserbaidschan will diesen Zustand freilich nicht hinnehmen und verlangt die Wiedereingliederung Bergkarabachs in seinen Staat. Zum anderen gibt es die beiden Konflikte um die Sezession Abchasiens und Südossetiens von Georgien – mit einer komplizierten Geschichte.

Allen diesen Konflikten ist gemeinsam, dass es keine Kompromisslösungen gibt, denen die Konfliktparteien zustimmen würden.

Gemeinsam ist ihnen auch, dass Russland seine Hände im Spiel hat. Es hat die armenischen Karabacher gegen Aserbaidschan unterstützt. Das christliche Armenien in seiner isolierten Lage zwischen der bislang feindlichen Türkei und Aserbaidschan braucht die russische Rückendeckung; Aserbaidschan entwickelte sich immer mehr zum Konkurrenten Russlands als Energieexporteur. Russland gab und gibt auch den Separatisten Abchasiens und Südossetiens die erforderliche Rückendeckung gegenüber Georgien, das als primäres Staatsziel die Wiedereingliederung dieser Territorien in sein Staatsgebiet sieht. Russland schwächt Georgien bewusst, es bestraft es gleichsam für seine „extreme" Westorientierung, denn Georgien will in die NATO und in die EU.

Der kurze Krieg in Georgien im Sommer 2008 hat nun die strategische Situation in Bewegung gebracht. Er hat auch die Beurteilung vieler Experten korrigiert. Man meinte nämlich überwiegend, dass das Konfliktpotenzial zwar nach wie vor vorhanden sei, es aber zu einem neuen Waffengang wohl nicht kommen werde. Es kam doch dazu.

Haben die Georgier diesen Krieg – in falschen Vorstellungen über ihre Position und die Unterstützung ihrer Verbündeten – von sich aus angestrebt? Oder haben sie sich nur von einem strategisch handelnden Russland pro-

vozieren lassen? Jedenfalls brachte dieser Krieg eine neue strategische Ausgangslage: Er hat nicht nur die regionale Situation in Bewegung gebracht,
sondern auch die globalen Gegebenheiten verändert.

Globalstrategische Aspekte im Hinblick auf die Kaukasuskonflikte

Hinsichtlich der Georgien-Konflikte hat sich gezeigt, dass Russland in seinem strategischen Einflussbereich (im „Nahen Ausland") auch zu harten
Maßnahmen bereit ist. Es hat im Sommerkrieg des Jahres 2008 demonstriert,
wie wenig ein weit entfernt liegender Verbündeter wie die USA in ernsten
Situationen helfen kann. Ein „Sterben für Georgien" wird es nicht so leicht
geben. Russland hat Zähne gezeigt, und die USA schienen ziemlich hilflos
dazustehen. Russland will der Hauptakteur in der Region bleiben. Obwohl
das russische Militär nur noch ein Schatten der Roten Armee aus der Sowjetzeit ist, so reichen seine Fähigkeiten allemal noch für militärische Zwerge
wie Georgien.

Zugleich hat der Sommerkrieg dem Westen und insbesondere der NATO
demonstriert, dass Georgien ein problematischer Kandidat ist. Die Aufnahme
Georgiens könnte die Grenzen der Möglichkeiten der NATO aufzeigen und
müsste keineswegs eine Stärkung derselben sein.

Russland hat sich aber auch „entlarvt". (Ein ähnliches Entlarven sehen
viele Beobachter auch in der jüngsten Gaskrise; das ist aber ein anderes Kapitel.) Die Länder, die für einen weichen und kooperativen Kurs gegenüber
Russland eintreten und immer Verständnis für Russland aufbringen, wie insbesondere Deutschland, sind in Argumentationsnotstand geraten. Russland
ist kein friedlicher Partner, wie sich viele in der EU das wünschen; es ist eine
aggressive Macht, die ihre Interessen brutal wahrnimmt. Darauf muss der
Westen reagieren – nicht so sehr durch kurzfristige konkrete Maßnahmen
als vielmehr durch längerfristige Konzepte. Es wird wieder gegen Russland
geplant werden.

Die NATO und insbesondere die USA werden ernsthaft überlegen, wie
man Russland künftig begegnen soll, wo die Grenzen der NATO sind und
wie man weit entfernt liegende Verbündete schützen kann.

Das Verhältnis der USA zu Russland steht auf dem Prüfstand. Wie sehr
sich Russland dessen inzwischen bewusst wurde, zeigen die freundlichen
Gesten gegenüber der neuen Administration Obama und die russischen

Beteuerungen, dass die USA nun eine andere Politik einschlagen würden. Das ist mehr als nur spekulativ. Die USA werden immer eine Politik zur Verfolgung ihrer Interessen betreiben; lediglich im Ton und in der Optik werden sich die frühere und die kommende US-Außenpolitik unterscheiden.

Das Verhältnis zwischen Russland und den USA war übrigens nicht annähernd so schlecht, wie dies nach einer oberflächlichen Lektüre unserer provinziellen Presse erscheinen mag. Tatsächlich gab und gibt es sehr viel Kooperation zwischen der Weltmacht USA und der verarmten Regionalmacht Russland. Zwar wird im Westen gerne ein rosiges (und zugleich naives) Russlandbild gezeichnet und ein wenig die alte Angst vor Russland (neuer Kalter Krieg, neues Wettrüsten) aus der Mottenkiste hervorgeholt, aber die Realitäten sind anders.

In 20 Jahren wird Russland mit dann rund 130 Mio. Einwohnern nur noch etwa 35% der Bevölkerung der USA aufweisen. Mit – je nach Schätzungen bzw. Glaube an Statistiken – 7 bis 9% des BIP der USA (heute) kann es keine Großmacht werden; ein Rüstungswettlauf mit den USA ist reine Schimäre. Das Rohstoffexportland Russland, das übrigens zumindest genauso von seinen Gas- und Ölexporten abhängig ist wie die Importeure, ist insbesondere im Erdölbereich von den Weltmarktpreisen betroffen, auf deren Gestaltung es kaum Einfluss hat. Die russische Wirtschaft steht keineswegs auf einer soliden Basis, sie hat in den letzten Jahren einiges an Zukunftsinvestitionen verabsäumt.

Die Georgien-Konflikte sind zwar kompliziert, aber die Konfliktpotenziale sind – trotz des großen Leides, das diese Konflikte verursacht haben – in ihren Auswirkungen begrenzt. Der Sommerkrieg hat das – bei aller Medienbeachtung – bestätigt. Der Bergkarabach-Konflikt ist dagegen sehr einfach; er birgt aber wegen der Involvierung zweier Staaten ein sehr viel höheres Konfliktpotenzial.

Russland wird als Machtfaktor trotz (bzw. nur noch wegen) seines strategischen Atomwaffenpotenzials eine Mittelmacht sein, etwa Großbritannien oder Frankreich vergleichbar.

Das weiß die russische Führung natürlich auch. Aber zumindest rhetorisch wollte und konnte man Großmacht spielen, und das geht am besten, indem man sich an den USA reibt. Putin und sein Nachfolger stellen ihr Land gerne als eine Macht dar, gegen die nicht viel geht. Man legt sich quer zu US-Plänen und beschwört neue Konfliktkonstellationen herauf, wie bei der US-Raketenabwehr. Das gibt das Gefühl von Größe und Bedeutung, und dem Volk gefällt das. Trotz aller Reibereien mit den USA waren aber – um es zu wiederholen – die Beziehungen nicht so schlecht. Insbesondere gab es zwischen Putin und dem US-Präsidenten Bush eine geradezu freundschaftliche und von tiefem gegenseitigem Respekt gekennzeichnete Beziehung.

Zur Veränderung der regionalen Situation

Bis zum Sommer 2008 schien die Lage ziemlich klar. Einige Konstanten werden auch weiter bestehen: Aserbaidschan wird eine Unabhängigkeit Bergkarabachs nie anerkennen. Es verlangt die Wiederherstellung seiner territorialen Integrität. Armenien wiederum besteht weiter auf dem Selbstbestimmungsrecht (und damit der Selbstständigkeit) der Bevölkerung Bergkarabachs.

Durch den Georgienkrieg sind Armenien und Aserbaidschan dann aber unter Druck gekommen. Es ist fraglich, ob sie ihre bisherigen Strategien beibehalten werden.

Es kam zur Irritation im russisch-armenischen Verhältnis; Armenien will die abtrünnigen georgischen Gebiete Abchasien und Südossetien, denen Moskau staatliche Selbstständigkeit zuerkannt hat, nicht anerkennen. Eriwan scheint in diesem Streit eher Georgien zu unterstützen. Schließlich braucht Armenien auch Georgien, das für seinen Zugang zur Außenwelt lebensnotwendig ist. (Sonst hat es nur noch die schmale Landverbindung mit dem Iran.) Russland scheint seine Position im Bergkarabach-Konflikt zu überdenken. Für die Armenier entsteht der Eindruck, dass sich der ehemalige Beschützer abwendet. Russland hat in den letzten Jahren in Konkurrenz mit dem Westen um Einfluss in Aserbaidschan wegen der dortigen Ölvorkommen und den Transitrouten (auch aus Turkmenien) geworben.

Den Aseris wiederum ist durch den Georgien-Krieg klar geworden, dass im Süden des Kaukasus gute Beziehungen zu Russland nach wie vor wichtig sind. Die bisherige aserbaidschanische Strategie war der Versuch, Armenien wirtschaftlich zu isolieren und mit der militärischen Rückeroberung Bergkarabachs und des sonstigen besetzten aserbaidschanischen Territoriums zu drohen. Zu letzterem ist allerdings anzumerken, dass sich Armenien durch militärische Drohungen Aserbaidschans nicht beeindrucken ließ – obwohl Baku dank gestiegener Erdöl-Einnahmen in den letzten Jahren stark aufgerüstet hat. Man fühlt sich militärisch überlegen und weiß um die faktische Bedeutung von Tatsachen.

Russland hat sich ins Konfliktmanagement um Bergkarabach wieder stärker eingebracht. Die Konfliktparteien sollen offener werden, wozu insbesondere ein Gewaltverzicht Aserbaidschans gehört. Schließlich lässt sich auch die wirtschaftliche Isolierung Armeniens nicht dauerhaft aufrechterhalten. Eine neue Situation würde sich außerdem mit einer Annäherung der Türkei an Armenien ergeben. Als 1993 armenische Truppen Bergkarabach besetzten, hat die Türkei bekanntlich seine Grenzen zu Armenien geschlossen. Die Türkei hat versucht, Armenien diplomatisch zu isolieren. Verschiedene Vorstöße in den letzten Jahren, die Frage des „Genozids" an Armeniern im Ersten Weltkrieg – auch in der Türkei – zu aktualisieren, taten das ihrige zur Verschlechterung der Beziehungen.

Die Türkei ist aber in den letzten Jahren außenpolitisch sehr aktiv geworden. Sie versteht sich heute nicht nur als regionale Macht, sondern (in der ihr eigenen nationalen Überhöhung) zunehmend sogar als Großmacht. Die Beziehungen zu allen Nachbarn werden weiterentwickelt und verbessert. Das gehört sich so für einen großen internationalen Akteur. So steht zu vermuten, dass sich die Türkei viel stärker als bisher in die Kaukasuskonflikte als Konfliktmanager einbringen wird; nicht als Verbündeter des Westens und als Partner der EU, sondern als eigenständiger Akteur mit einem ausschließlich eigenen Interessensprofil. Es kann durchaus sein, dass Armenien davon profitieren wird.

So scheint insgesamt einiges in Bewegung zu kommen. Eine veränderte strategische Situation zeichnet sich ab, und es gilt für den Sicherheitspolitiker, diese genau zu beobachten.

4. OPTIONEN FÜR EINE EU-POLITIK ZUM BERGKARABACH-KONFLIKT

Egbert Jahn

Optionen für die Politik der EU gegenüber Aserbaidschan, Armenien und dem De-facto-Staat Bergkarabach

Der „eingefrorene Konflikt" um Bergkarabach und sieben weitere Bezirke Aserbaidschans

Das völkerrechtlich zu Aserbaidschan gehörende Bergkarabach ist einer der derzeit sechs De-facto-Staaten in Europa. Das sind außerdem Abchasien und Südossetien in Georgien, Transnistrien in Moldau, Nordzypern in Zypern und auch noch das Kosovo in Serbien, das nach seiner Unabhängigkeitserklärung am 17. Februar 2008 bis November zwar von 52 Mitgliedsstaaten der Vereinten Nationen und insbesondere der Europäischen Union, aber nicht von Serbien, Russland und den Vereinten Nationen, als unabhängiger Staat anerkannt wurde. Während die Türkische Republik Nordzypern von der Republik Türkei – und zwar nur von ihr – als unabhängiger Staat anerkannt wurde, ist dies im Falle der Republik Bergkarabach von Seiten der Republik Armenien nicht geschehen. Während die Bestrebungen zur Vereinigung Nordzyperns mit der Türkei seit der Teilung Zyperns im Jahre 1974 recht schwach blieben, gab und gibt es seit 1988 intensive Bestrebungen zur Vereinigung Bergkarabachs mit Armenien. Auch in vieler anderer Hinsicht unterscheidet sich die Situation in und um Bergkarabach ganz erheblich von der Lage der übrigen De-facto-Staaten und stellt somit die Europäische Union vor eigentümliche Schwierigkeiten und Aufgaben. Dies vor allem, nachdem die EU Aserbaidschan und Armenien im Juni 2004 in ihre Nachbarschaftspolitik einbezogen und mit den beiden Staaten im November 2006 Aktionspläne vereinbart hat. Der Fünftagekrieg zwischen Georgien und Russland im August 2008 hat äußerlich nichts am Bergkarabach-Konflikt geändert, aber die politischen Rahmenbedingungen des Konflikts beträchtlich verschoben.

Jahrelang hatte sich die EU aus dem Bergkarabach-Konflikt herausgehalten und die Beschäftigung mit ihm anderen internationalen Organisationen, insbesondere den Vereinten Nationen, der Konferenz bzw. der Organisation für Sicherheit und Zusammenarbeit in Europa (KSZE/OSZE) und dem

Europarat überlassen. Seit 2004 sind die Organe der EU und ihre Mitglieds-staaten in der Verlegenheit, eine eigene, möglichst gemeinsame Bergkara-bach-Politik zu entwickeln.

De-facto-Staaten sind Gebiete, in denen tatsächlich, effektiv und über längere Dauer eine eigene Staatsgewalt über ein Staatsgebiet und ein Staats-volk ausgeübt wird. Die internationale Anerkennung durch alle oder durch eine bestimmte Anzahl von anderen Staaten ist kein Kriterium für die Staats-qualität eines Gebietes. Zu den prominentesten De-facto-Staaten gehörte lange Zeit die DDR und gehört noch heute die Republik China (Taiwan), die von 1945 bis 1972 sogar ganz China als ständiges Mitglied im Sicher-heitsrat der Vereinten Nationen vertreten hatte, ehe es in dieser Rolle von dem seinerzeitigen De-facto-Staat Volksrepublik China abgelöst wurde. De-facto-Staaten sind Völkerrechtssubjekte mit eigenen Rechten und Pflichten. Auch gegen sie darf wie gegen andere Staaten keine militärische Aggression verübt werden, etwa zum Zwecke der staatlichen Wiedervereinigung des Staates, von dem sich die De-facto-Staaten separiert haben. Es gibt kein Recht auf Rückeroberung eines Teiles des Staatsgebiets, das sich über län-gere Zeit als De-facto-Staat separiert und keine internationale Anerkennung gefunden hat.

Vom Sommer 1991, als die baltischen Republiken aus der Sowjetunion austraten, bis zum Januar 2008 galt für die internationale Politik, dass bei der Auflösung der Sowjetunion, Jugoslawiens und der Tschechoslowakei nur die föderierten Gliedstaaten internationale völkerrechtliche Anerkennung als unabhängige Staaten erhalten sollten, und zwar unabhängig davon, ob die anderen föderierten Gliedstaaten die Auflösung des bisherigen Bundes-staates akzeptierten – wie im Falle der Sowjetunion und der Tschechoslo-wakei – oder nicht, wie teilweise im Falle der Sozialistischen Föderativen Republik Jugoslawien. Insofern wurde streng genommen nicht das Selbst-bestimmungsrecht der Völker (Ethnien) zur Geltung gebracht, sondern ein Selbstbestimmungsrecht der Republiksvölker, im vollen Wissen, dass es sich eigentlich um unterschiedliche Ethnonationen handelte, die jeweils die Mehrheit eines Republiksvolkes bildeten. Dieser kleine, aber wichtige Unter-schied trug entscheidend dazu bei, dass es nicht zu einer Unzahl endloser Grenzstreitigkeiten kam und die gewaltsame Auseinandersetzung um die neuen Staatsgrenzen auf wenige Fälle begrenzt werden konnte. Erleichtert wurde die Auflösung der kommunistischen Bundesstaaten durch die expli-zite Erwähnung eines Austrittsrechts in ihren Verfassungen. Die Schöpfer dieses Austrittsrechts hatten allerdings nie angenommen, dass es eines Tages tatsächlich in Anspruch genommen werden könnte, da sie von der historischen Gesetzmäßigkeit des letztendlichen Sieges eines sich vereinigenden, die nationalen Gegensätze überwindenden Weltproletariats mit internationalistischer Gesinnung und der Unerschütterlichkeit der Macht der bundesstaatlichen Einheitsparteien überzeugt waren.

Diejenigen Autonomen Republiken, Gebiete und Provinzen innerhalb der föderierten Republiken des spät- und postkommunistischen Europas, die ebenfalls die Unabhängigkeit anstrebten, fanden keine internationale Anerkennung. Der Sinn dieser „doppelten Moral" der internationalen Politik, die den 1,3 Millionen Estländern, den 2 Millionen Slowenen und schließlich auch den 600 000 Montenegrinern ein Recht auf einen unabhängigen Staat zubilligte, den ca. zwei Millionen Kosovaren, den ca. eine Million Tschetschenen und vielen anderen Völkern aber nicht, besteht darin, einer Lawine von separaten Staatsgründungen vorzubeugen, etwa Kataloniens, Schottlands, Kaschmirs, Tibets usw. usf. „Kleinstaaterei" ist das weit verbreitete Schreckgespenst seit der Mitte des 19. Jahrhunderts, das nicht nur die Anhänger der Imperialstaaten, sondern auch die der großen Nationalstaaten immer wieder beschwören, auch wenn sie die Existenz solcher historisch überlieferter kleiner Staaten wie Schweiz, Dänemark, Luxemburg, Island, Malta und selbst Liechtenstein und San Marino, die alle weit weniger Einwohner haben als viele Großstädte der Welt, nicht beseitigen wollen. Auf deren Vorbild und Lebensfähigkeit berufen sich die Verfechter der kleinen De-facto-Staaten.

Die Geschichte der modernen Nationalstaatsbildung ist seit der Separation Neuenglands, also der USA, von Altengland im Jahre 1776 ganz überwiegend eine Geschichte des Separatismus. Von den heute bestehenden 49 Staaten (ohne das Kosovo) in Europa sind nur drei durch Staatenvereinigung, 10 durch die Umwandlung und meist Schrumpfung eines Fürstenstaates in einen Nationalstaat, aber 31 durch Abtrennung von einem oder mehreren bestehenden Staaten entstanden.

Trotz der langen Erfolgsgeschichte des nationalen Separatismus ist es friedenspolitisch immer wieder geboten, die Bedingungen und Möglichkeiten eines friedlichen Zusammenlebens verschiedener Ethnien und ethnischer Gruppen und sogar von Ethnonationen, die eine eigene autonome oder föderale Staatlichkeit besitzen oder anstreben, zu erkunden und zu prüfen, so in Kanada, in Belgien, in Zypern, in Bosnien und Herzegowina und auch in Aserbaidschan. Eine politische Voreingenommenheit für nationalen Separatismus oder gegen ihn aus grundsätzlichen, dogmatisch-ideologischen Gründen ist unangebracht.

Spricht normalerweise die normative Kraft des Faktischen – und zwar der völker- und staatsrechtlichen Tatsachen wie der politischen und militärisch-polizeilichen Machtverhältnisse – für den Vorrang des Erhalts der territorialen Integrität der bestehenden Staaten und gegen das Verlangen nationaler Separationsbewegungen, so ist die Situation im Falle der De-facto-Staaten eine gespaltene. Zum weit verbreiteten Rechtsstandpunkt des Bestehens einer international anerkannten staatlichen territorialen Einheit stehen manchmal (so im Falle Chinas, Koreas, Vietnams, Jemens, Deutschlands, Serbiens, Aserbaidschans – in der Sicht einiger Sowjetunionnostalgiker auch der Sowjetunion) die politischen und militärisch-polizeilichen Machtverhältnisse einer faktischen staatlichen Separation im Widerspruch. Dieser Widerspruch lässt sich grundsätzlich in viererlei Weise auflösen: durch

1. eine Anpassung des Rechtes an die faktischen Machtverhältnisse (d. h. Anerkennung der Separation),
2. die Revision der Machtverhältnisse durch eine Rückeroberung des separierten Gebietsteils, wodurch die Machtverhältnisse an den ursprünglichen Rechtszustand angepasst werden,
3. die friedliche Revision der Machtverhältnisse durch einen Machtwechsel im separierten Gebietsteil zugunsten einer Wiedervereinigung mit dem Hauptgebiet des international anerkannten Staates, wodurch die Machtverhältnisse an den ursprünglichen Rechtszustand angenähert werden, und
4. eine friedliche Revision der Machtverhältnisse und des Rechtszustandes im Sinne eines Kompromisses zwischen den beiden Maximalpositionen der Restitution des Rechtszustandes und der Anpassung des Rechtzustandes an die Machtverhältnisse.

Diese vier Grundkonzeptionen einer Auflösung des Widerspruches zwischen Macht ohne Recht und Recht ohne Macht lassen sich zudem in vielfältiger Weise kombinieren, etwa in Form von territorialen Teilungen des umstrittenen Gebiets. In der bisherigen Geschichte gibt es zahlreiche solcher Konfliktbeendigungen durch den Sieg einer der Konfliktparteien oder durch Kompromisslösungen.

Die Besonderheit des Bergkarabach-Konflikts ergibt sich vor allem aus folgenden Tatbeständen. Bergkarabach (aseri Dağlıq Qarabağ, armenisch Arzach, russisch Nagornij Karabach, englisch Nagorno Karabakh) ist im strikten Sinne kein umstrittenes Grenzgebiet Aserbaidschans, sondern eine grenznahe

Enklave, die durch einen an der engsten Stelle nur 12 km breiten, vor dem Separationskrieg von 1992 bis 1994 anscheinend überwiegend von Kurden besiedelten Grenzstreifen von Armenien getrennt ist. Eine Landverbindung zwischen Bergkarabach und Armenien ließe sich theoretisch durch einen Korridor, d. h. durch eine nur wenige Meter breite Straße, aber auch durch einen viele Kilometer breiten Grenzstreifen, bestehend aus den beiden Bezirken (russisch rajony) Latschin (aseri Laçin, armenisch Berdzor) und Kelbedschar (Kälbäcär, Karavachar) herstellen. Radikale kurdische Nationalisten beanspruchen diese beiden Bezirke, die in ihren Augen das ehemalige „rote Kurdistan" bildeten, für ein eigenes autonomes Gebiet in Aserbaidschan.

Bergkarabach war vom Mai 1918 bis zum Ende der ersten demokratischen aserbaidschanischen Republik im April 1920 ein administrativ integraler, aber faktisch zwischen armenischen und aserbaidschanischen Truppen heftig umkämpfter Bestandteil Aserbaidschans. Innerhalb der Sowjetrepublik Aserbaidschan wurde auf einen bolschewistischen Beschluss vom Juli 1921 hin im Juli 1923 das Autonome Gebiet Bergkarabach mit einer Fläche von 4400 km^2 und der Hauptstadt Chankendi (aseri Xankändı) konstituiert und damit vom historischen Tal- oder Niederkarabach getrennt, das überwiegend von Aseris besiedelt war. Flächenmäßig ist Bergkarabach damit größer als das Burgenland und fast doppelt so groß wie das Saarland. 1991 lebten dort über 190 000 Einwohner; heute sind es weit weniger, vermutlich 150 000. 1926 waren 93,5 % der Einwohner Armenier, im Jahre 1989 noch 77 % und 22 % Aseris. Fast alle Aseris sind heute geflüchtet oder vertrieben – mit Ausnahme derjenigen, die in einem von Aserbaidschan besetzten Gebietszipfel im Nordosten Bergkarabachs leben.

Die Hauptstadt Chankendi wurde 1923 nach dem aus Georgien stammenden Gründer der Sozialdemokratischen Partei Armeniens und Bolschewiken Stepan Schahumjan (1878–1918), der nach der Februarrevolution 1917 Vorsitzender des Sowjets und später Vorsitzender des Rats der Volkskommissare von Baku war und dann nach der Einnahme Bakus durch osmanische Truppen auf der Flucht von den Briten 1918 in Turkmenistan erschossen wurde, in Stepanakert umbenannt. Auch ein bis 1992 überwiegend von Armeniern bewohnter Bezirk nördlich von Bergkarabach trägt bzw. trug seinen Nachnamen. Schahumjan hatte in St. Petersburg und Berlin Philosophie studiert. Sein Lebensweg zeigt paradigmatisch die enge Verflechtung nationaler, regionaler, imperialer und parteipolitischer Sachverhalte. Die ehemalige Hauptstadt des bis 1826 existierenden Khanats Karabach um die 1751 erbaute Festung Schuscha (aseri Şuşa, armenisch Shushi) herum, nicht weit südlich von Stepanakert, blieb bis 1992 überwiegend von Aseris bewohnt. Sie hatte große Bedeutung für die aserbaidschanische Musikgeschichte erlangt.

Nach der Unabhängigkeitserklärung Bergkarabachs am 10. Dezember 1991 besetzten Truppen Bergkarabachs und Armeniens im Separationskrieg nicht nur den größten Teil Bergkarabachs und die beiden Bezirke Latschin (Laçin/Berdzor) und Kelbedscher (Kälbäcär/Karavachar), sondern noch fünf weitere Bezirke im Osten und Süden Bergkarabachs ganz oder teilweise. Damit wurde die räumliche Distanz zwischen dem Hauptgebiet Aserbaidschans und seiner Exklave Nachitschewan beträchtlich verlängert. Insgesamt sind nach unterschiedlichen Angaben etwa 16–20 % des aserbaidschanischen Territoriums von armenischen Truppen der Republiken Bergkarabach und Armenien besetzt. Etwa 40 000 geflüchtete und vertriebene aserische Bergkarabacher, 120 000 Aseris aus Latschin und Kelbedscher und 500 000 Aseris aus den übrigen fünf Bezirken sowie weitere aus den Gegenden in der Nähe der Militärgrenze leben heute in östlichen und nördlichen Bezirken Aserbaidschans, zum Teil noch in elenden Flüchtlingslagern. Man schätzt, dass insgesamt rund 760 000 Aseris Binnenflüchtlinge sind, weitere 190 000 bis 230 000 flüchteten aus Armenien. Umgekehrt flohen im Verlaufe der Auseinandersetzungen rund 280 000 Armenier aus ganz Aserbaidschan nach Armenien oder Bergkarabach. Etwa 30 000 bis 40 000 Menschen starben in dem Separationskrieg und den damit verbundenen Massakern unter Zivilisten, darunter beträchtlich mehr Aserbaidschaner als Armenier. Besondere Empörung rief das armenische Massaker in Chodschali im Februar 1992 hervor.

Das Bestehen einer Okkupationszone um das von den Armeniern beanspruchte Gebiet Bergkarabach herum und in einem breiten Korridor zwischen den beiden armenischen Republiken macht eine Besonderheit gegenüber allen anderen De-facto-Staaten in Europa aus und fungiert als eine politische Verhandlungsmasse Armeniens und Bergkarabachs.

Insofern die Armenier eine direkte Landverbindung zwischen Bergkarabach und der Republik Armenien beanspruchen, handelt es sich beim Bergkarabach-Konflikt nicht nur um einen Status-Konflikt, sondern auch um einen Grenz-Konflikt, in dem eine Veränderung der rechtlich derzeit bestehenden Grenzen angestrebt wird.

Eine weitere Besonderheit ist die Nichtexistenz einer internationalen Friedenstruppe zur Überwachung des Waffenstillstandes vom Mai 1994, während eine starke Präsenz konnationaler ausländischer Truppen (hier Armeniens) auch in anderen De-facto-Staaten (Nordzypern, Transnistrien, in geringem Ausmaße Südossetien) vorkommt. Es gibt auch keine Pufferzone an der militärischen Demarkationslinie, sodass es immer wieder zu Scharmützeln mit einigen Todesopfern auf beiden Seiten der Linie kommt.

Von großer Bedeutung ist auch, dass weder Armenien noch Bergkarabach an Russland angrenzen, wie das Georgien, Abchasien und Südossetien tun. Allerdings hat Russland entscheidend durch Waffenlieferungen und vereinzelt wohl auch durch Kampfverbände zum militärischen Sieg der Bergkarabach-Armenier und der Truppen Armeniens über die Aserbaidschaner beigetragen. Russlands politische und militärisch-ökonomische Unterstützung für die armenische Seite bleibt eine ganz wesentliche Komponente für die Einfrierung des Konflikts um Bergkarabach.

Die Vereinten Nationen, die OSZE, der Europarat und die EU haben in wiederholten Stellungnahmen die territoriale Integrität Aserbaidschans bestätigt. Indem sie jedoch gleichzeitig eine Rückeroberung der besetzten Gebiete ablehnen, unterstützen die internationalen Organisationen faktisch die De-facto-Staatlichkeit Bergkarabachs und damit den Widerspruch zwischen rechtlicher und machtpolitischer Situation.

Zwar setzte die OSZE bereits 1992 die Minsker Gruppe, bestehend aus elf – zum Teil wechselnden – Staaten, zur Konfliktlösung ein. Seit 1997 wird sie von drei Kovorsitzenden aus Russland, den USA und Frankreich geleitet und durch deren Gegensätze gelähmt, wobei nicht nur die Differenzen zwischen Russland und den beiden Westmächten, sondern auch zwischen Frankreich und den USA eine Rolle spielen. Das häufig wechselnde Personal in der Minsker Gruppe und der damit verbundene sachliche Kompetenzverlust sind Ausdruck des Desinteresses der Großmächte an einer Konfliktlösung im Bergkarabach-Konflikt. Es dürfte jedoch eine Illusion sein, der eingefrorene Bergkarabach-Konflikt befinde sich sozusagen fest gefügt im ewigen Eis.

Szenarien der Konfliktentwicklung

Das wahrscheinlichste Szenario ist, dass sich in den nächsten Jahren und vielleicht sogar in mehr als ein oder zwei Jahrzehnten nichts Wesentliches am Status quo ändert **(Status-quo-Szenario)**. Zwar rüstet Aserbaidschan aufgrund seiner großen Öleinnahmen massiv auf, aber Russland wird vermutlich kein Interesse daran haben, eine erhebliche Rüstungsungleichheit zu Lasten Armeniens entstehen zu lassen. Bei diesem Szenario wird davon ausgegangen, dass die Kriegsdrohungen Aserbaidschans und die armenischen Beschwörungen der permanenten Verteidigungsbereitschaft vor allem Instrumente zur Machterhaltung der autoritären bis autokratischen Eliten und zur Niederhaltung demokratischer Bestrebungen in beiden Ländern sind. Armenien kann kein Interesse an einem neuerlichen Krieg haben, und die aserbaidschanische Elite kann sich eines Kriegserfolges nicht sicher sein, muss also mit einem Machtverlust im Falle einer neuerlichen Niederlage rechnen. Trotz einer gewissen Rückeroberungsbereitschaft in der aserbaidschanischen Bevölkerung ist nach diesem Szenario nicht damit zu rechnen, dass eine kriegsbereite Massenbewegung oder eine tatsächlich kriegsbereite Elitenfraktion in Aserbaidschan diejenigen Elitenfraktionen entmachtet, die nur rhetorisch immer wieder die Rückeroberung Bergkarabachs ankündigen. Allerdings tragen die aserbaidschanischen Kriegsdrohungen dazu bei, einen hohen Grad der Verteidigungskriegsbereitschaft und der politischen Kompromisslosigkeit auf Seiten Bergkarabachs und Armeniens zu erhalten, was den Status quo stabilisiert.

Nach diesem Szenario reichen die ökonomisch ungleiche Entwicklung in der Konfliktregion und die enormen Konfliktkosten (hohe Rüstungsausgaben, entgangene Vorteile eines Wirtschaftsaustauschs in der Region, innenpolitische Freiheitsbeschränkungen usw.) nicht aus, um eine gravierende Veränderung der Machtverhältnisse oder der politischen Haltungen der Eliten und der Bevölkerungen hervorzurufen.

Ein **Kriegsszenario** ist allerdings nicht gänzlich unwahrscheinlich, jedenfalls ist es wahrscheinlicher als in allen anderen Situationen der De-facto-Staatlichkeit in Europa. Dafür sprechen die massive Aufrüstung und die Kriegsrhetorik Aserbaidschans und vor allem die Nichtpräsenz russländischer und anderer internationaler Truppen, sodass die Begrenzung auf einen rein aserbaidschanisch-armenischen Krieg möglich ist, während ein georgischer Rückeroberungskrieg in Abchasien oder Südossetien, wie stets absehbar war, unweigerlich russländische Truppen involvieren würde, wie sich dann auch im August 2008 zeigte. Unwahrscheinlich ist hingegen, dass die Großmächte Interesse an einem Krieg haben. Umgekehrt haben sie aber auch kein Interesse, Aserbaidschan durch eigene Gewaltandrohungen an einem Rückeroberungskrieg zu hindern. Voraussetzung für einen Krieg dürfte die durch Tatsachen begründete Überzeugung oder durch unzureichende Tatsachen genährte Illusion der gegenwärtigen oder einer zukünftigen Führung Aserbaidschans sein, innerhalb relativ kurzer Zeit einen vollständigen oder auf ein eng begrenztes Kriegsziel beschränkten Sieg über die armenischen Streitkräfte in einigen der besetzten Gebiete, in Bergkarabach oder gar in Teilen Armeniens unter faktischer Duldung Russlands und der Westmächte erringen zu können. Manche Kommentatoren meinen, von einem historischen

Fenster einer günstigen Kriegsgelegenheit um das Jahr 2012 herum sprechen zu können, wobei einerseits noch einige Jahre der Aufrüstung genutzt werden müssen, andererseits in Rechnung zu stellen ist, dass die Ölressourcen Aserbaidschans bald erschöpft sein könnten. Das Kriegsszenario ließe sich in mehrere Varianten aufgliedern, die sich auf die Kriegsziele (begrenzte oder weiterreichende), die Kriegsdauer und die Kriegsergebnisse beziehen. Erfahrungsgemäß sind solche Kriegsszenarien von hoher Ungewissheit und vielen Illusionen der Kriegsparteien geprägt.

Längerfristig kann man ein **Konfliktmüdungsszenario** nicht ausschließen. Wichtigster Faktor in diesem Szenario ist der Generationswechsel, das Heranwachsen einer Generation von Armeniern und Aserbaidschanern, die den Status quo ante nicht mehr aus eigener Erfahrung, sondern nur aus Erzählungen und aus der Propaganda kennt, die stets in rituellen Formeln zu ersticken droht. Ihr politisches Bewusstsein wird stark durch die Probleme des gegenwärtigen Status quo, der Arbeitslosigkeit, der schleppenden sozioökonomischen Entwicklung der breiten Bevölkerung, der Wohnungsnot, der Korruption der Eliten, der internationalen Kommunikation usw. geprägt. Es spricht nicht viel dafür, dass derart elende Verhältnisse entstehen, die Krieg als ein geeignetes Mittel zur Verbesserung der sozialen und politisch-moralischen Lage erscheinen lassen. Zwar ist nicht damit zu rechnen, dass die Konfliktmüdung auf aserbaidschanischer Seite zu einem Sich-abfinden mit dem Status quo führt, wohl aber mit einer größeren Kompromissbereitschaft mit den Armeniern und den armenischen Bergkarabachern, wie umgekehrt auf armenischer Seite der Wunsch zunehmen könnte, einen gesicherten Frieden mit erheblichen territorialen und sonstigen Konzessionen an Aserbaidschan zu erkaufen.

Die Schwäche dieses Szenarios besteht auf absehbare Zeit darin, dass es in allen drei Ländern bislang nur sehr bescheidene Ansätze einer Zivilgesellschaft gibt, in der sich Initiativen für eine Friedensbereitschaft auf der Grundlage von Kompromissen zwischen den Maximalforderungen beider Seiten entwickeln könnten.

Optionen für die Politik der Europäischen Union im Bergkarabach-Konflikt

Für die Politik der EU-Organe und der einzelnen Mitgliedsstaaten der EU stehen zahlreiche Optionen für den Umgang mit dem Bergkarabach-Konflikt zur Verfügung.

Option A. Die erste und bisher bevorzugte Option ist das demonstrative Desinteresse an einer Veränderung des Status quo sowohl der Machtverhältnisse als auch des Rechtsstatus in der Konfliktregion. Man kann diese Option die **Gefrierschrank-Option** nennen: Der ungelöste Konflikt ist mit dem Waffenstillstand vom Mai 1994 eingefroren und soll in diesem Zustand auf unabsehbare Zeit so bleiben. Schließlich ist auch der Zypernkonflikt seit 1974 ungelöst.

Für die Beibehaltung dieser Option sprechen folgende Argumente. Erstens und vor allem besteht keine Einigkeit innerhalb der Europäischen Union und auch oft innerhalb der einzelnen EU-Staaten über das prinzipielle Problem des Umgangs mit De-facto-Staaten und überhaupt mit separationswilligen Regionen, die von der großen Mehrheit der derzeitigen und auch ursprünglichen Bevölkerung der Region getragen werden, und dem Prinzip der territorialen Integrität der bestehenden, international anerkannten Staaten. Eine Anerkennung der Unabhängigkeit Bergkarabachs oder seiner Angliederung an Armenien kommt nicht in Betracht, insbesondere wegen seiner Präzedenzwirkung auf viele andere Separationswünsche von Grenzland- oder grenznahen, kompakt siedelnden ethnonationalen Minderheiten, also wegen seiner vermuteten destabilisierenden Wirkung auf viele Staaten außerhalb, aber auch innerhalb der Europäischen Union. Das Kosovo könne, so die Argumentation vieler Regierungen, kein Vorbild für Bergkarabach sein, vor allem wegen des Verlaufs der jüngsten Konfliktgeschichte im Kosovo, aber auch wegen der ethnischen Größenverhältnisse. Serbien habe die Chance der politischen und gesellschaftlichen Integration des Kosovo durch seine Politik der systematischen Vertreibung und Entrechtung der albanischen Kosovaren verwirkt. Nach der Eskalation des jahrzehntelangen Konflikts in den späten 1980er Jahren sei eine Integration von zwei Millionen Albanern in ein Serbien mit sieben Millionen Serben nicht mehr vorstellbar. Hingegen habe zwar Aserbaidschan wohl einige kulturelle und soziale Rechte der Bergkarabach-Armenier beschnitten, diese aber vor dem Separationskrieg nicht systematisch unterdrückt und vertrieben. Die Chance einer Integration eines autonomen Bergkarabach mit 150 000 Armeniern in ein Land mit 8,3 Millionen Einwohnern, überwiegend Aseris, sei im Prinzip nach wie vor vorhanden, auch wenn die Armenier gegenwärtig keinerlei Bereitschaft zeigen, diese Möglichkeit mit ihren zahlreichen Risiken wahrzunehmen.

Die **Option B** der **Duldung eines Rückeroberungskriegs** Aserbaidschans gegen Bergkarabach und Armenien hat keine Chance, zur offiziellen Politik der EU und der maßgeblichen EU-Mitgliedsstaaten zu werden. Allerdings ist auch kaum mit schwerwiegenden Sanktionen, sondern lediglich mit diplomatischen Protesten der EU zu rechnen, falls sich Aserbaidschan zu einem Rückeroberungskrieg entschließt. Vermutlich wird sich die EU darauf beschränken zu fordern, dass einige aserbaidschanische Offiziere – mit den vermutlich zu erwartenden Kriegsverbrechen im Falle einer erfolgreichen Vertreibung der Armenier aus Bergkarabach – vor ein internationales Tribunal zitiert werden, so wie kroatische Offiziere nach der Rückeroberung der Krajina nach Den Haag zitiert wurden. Um diese Forderung durchzusetzen, würde die EU vermutlich auch Sanktionen im Rahmen des Vollzugs der ENP-Politik vornehmen. An der faktischen Duldung der Rückeroberung Bergkarabachs würde dies jedoch nichts ändern. Zu einer glaubwürdigen Abhaltungspolitik durch die Androhung empfindlicher ökonomischer oder gar militärischer Sanktionen gegenüber aserbaidschanischen Kriegsabsichten ist die EU nicht willens und auch kaum in der Lage, vor allem wenn Russland keinerlei Absichten demonstriert, die Republik Bergkarabach und Armenien militärisch nachhaltig zu unterstützen.

Andererseits ist der Versuch einer erzwungenen, militärischen Rückgliederung der besetzten Gebiete und Bergkarabachs in den aserbaidschanischen Staatsverband aus mehreren Gründen für die EU nicht wünschbar. Selbst ein erfolgreicher Blitzkrieg nach dem Vorbild der kroatischen Rückeroberung der mittleren und westlichen Teile der De-facto-Republik Krajina im Jahre 1995 wäre mit einem großen Verlust von Menschenleben unter beiden Konfliktparteien verbunden und würde vermutlich mit der Flucht und Vertreibung von 150 000 Armeniern enden, was kaum ohne umfangreiche Massaker an Zivilisten vor sich gehen würde. Aufgrund der militärischen Kräfteverhältnisse und des ungewissen Umfangs russländischer militärischer Hilfeleistungen für die Armenier ist aber kaum mit einem erfolgreichen aserbaidschanischen Blitzkrieg zu rechnen, sondern weit eher mit einem lange anhaltenden Krieg mit erneut Zigtausenden Toten und ungewissem Ausgang, der unter Umständen wenig an der militärischen Grenzziehung ändert wie seinerzeit der Koreakrieg.

Unter diesen Bedingungen besteht das Optimum darin, den Bergkarabach-Konflikt eingefroren zu lassen. Politik muss sich dann darauf beschränken, im Rahmen einer Entspannungspolitik zwischen den Konfliktparteien einzelne menschliche Erleichterungen wie die Wiederanknüpfung von wirtschaftlichen Beziehungen und die Aufnahme eines gewissen grenzüberschreitenden Verkehrs zu erzielen. Denkbar wäre auch die Rückgabe einiger besetzter und sicherheitspolitisch nicht unbedingt erforderlicher Gebiete als vertrauensbildende Maßnahme Armeniens.

Erst nach einem umfassenden inneren Wandel einer oder beider Konfliktparteien kann mit einer Veränderung des machtpolitischen und/oder rechtlichen Status quo gerechnet werden. Sollte nach Jahrzehnten die Türkei Mitglied der EU sein und sich damit auch die Chance einer Mitgliedschaft der südkaukasischen Länder in der EU ergeben, könnte der Aufnahmeprozess eine neue Dynamik in die Verhandlungen über eine dauerhafte Lösung für den staatlichen Status von Bergkarabach in Gang setzen, so wie es gegenwärtig in Zypern der Fall zu sein scheint. Erst dann würden, falls die Konfliktparteien unwillens für die gemeinsame Ausarbeitung einer Konfliktlösung sind, unter Umständen die OSZE, die Vereinten Nationen oder auch nur die EU einen detaillierten Vereinigungsplan von Bergkarabach und Kernaserbaidschan nach dem prinzipiellen Muster des Zypernplans den Konfliktparteien vorlegen, der zwar noch nicht von allen Konfliktparteien akzeptiert wurde, aber weiterhin in seinem Kern Realisierungschancen besitzt.

Alle weiteren politischen Optionen für den Umgang mit dem Bergkarabach-Konflikt sind notwendige Kompromiss-Vorschläge, sofern man die Kriegs- und Rückeroberungsoption für die Durchsetzung des aserbaidschanischen und internationalen Rechtsstandpunktes ebenso ausschließt wie die Aufgabe dieses Rechtsstandpunktes durch Aserbaidschan und die Staatengemeinschaft. Solche Optionen lassen sich nur als ernsthafte diskutieren, wenn beide bzw. alle fünf Konfliktparteien (Aserbaidschan, Armenien, Republik Bergkarabach, aserische Flüchtlinge aus Bergkarabach und aserische Flüchtlinge aus den sieben besetzten Bezirken) wesentliche Abstriche von ihren Maximalpositionen vornehmen und für alle Beteiligten der Gewinn aus dem Kompromiss wesentlich größer ist als die Kosten der Durchsetzung der Maximalposition bzw. der Beibehaltung des Status quo. In die Kostenrechnung gehen dabei nicht nur materielle Vor- und Nachteile ein, sondern auch die Chancen, die derzeitigen Illusionen über die zukünftige Durchsetzung der eigenen Maximalpositionen beizubehalten oder aufzugeben.

Option C für die Politik der EU und der EU-Mitgliedsstaaten besteht darin, sich auf die Rolle eines unparteilichen Mediators oder Streitschlichters zurückzuziehen, der von den Konfliktparteien lediglich eine nichtkriegerische Verhandlungslösung erwartet, aber selbst keinerlei inhaltliche Positionen bezieht, sondern lediglich günstige äußere Bedingungen für Verhandlungen schafft (**Vermittleroption**). Diese Option hat auf absehbare Zeit keine Realisierungschancen, da diese Option partiell bereits durch die OSZE wahrgenommen wird und weder Russland noch anscheinend auch Frankreich und Aserbaidschan bereit sind, der EU eine explizite Rolle im oder neben dem Minsker Prozess zuzubilligen. Die EU-Möglichkeiten bestehen wohl eher darin, auf das Konfliktverhalten Frankreichs und der anderen EU-Mitglieder innerhalb der Minsker Gruppe und der OSZE einzuwirken, anstatt eine eigene institutionelle Rolle im Bergkarabach-Konflikt anzustreben.

Eine **Option D**, die Komponenten einer inhaltlichen **Schlichteroption** enthält und konkrete Vorschläge der Konfliktregulierung – etwa nach dem Muster des Annan-Planes für Zypern oder gar nur eines inhaltlichen Verfahrensplans (road map) nach dem Muster des Palästinaplans des Nahostquartetts (VN, USA, Russland, EU) aus dem Jahre 2003 – unterbreitet, wird vermutlich infolge des Widerstands Russlands und Armeniens nicht in Frage kommen.

Mittelfristig könnte man einer **Option E** einige Chancen der Realisierbarkeit einräumen, die sich als **Umfeldoption** bezeichnen ließe. Sie geht davon aus, dass die bloße Hinhaltepolitik der Option A auf die Dauer zu riskant ist, weil sie das Risiko enthält, dass Aserbaidschan sie als Zementierung der Abspaltung Bergkarabachs empfindet und deshalb eines Tages zur Kriegsoption greifen könnte, selbst wenn ein Krieg nur ungewisse Siegeschancen enthält und kaum in der Lage ist, den Konflikt zu beenden. Da derzeit alle Konfliktparteien nicht zu tragfähigen Kompromissen bereit sind, müsste sich die EU darauf beschränken, mittelfristig ein kompromissbereites Umfeld für eine Konfliktregulierung zu fördern. Ein solches besteht nicht nur in der Förderung der allgemeinen wirtschaftlichen Entwicklung, der sozialen Integration der Flüchtlinge in ihre neuen Heimstätten in Aserbaidschan, Armenien und Bergkarabach, von rechtsstaatlichen und Demokratisierungsbestrebungen, der allgemeinen Entfaltung von Zivilgesellschaft, sondern auch in der systematischen Ermunterung und Erleichterung von frontüberschreitenden Begegnungen auf allen drei Hauptebenen: a) der nationalen Eliten aller drei Republiken, b) der gesellschaftlichen Meinungsführer (Journalisten, Wissenschaftler, Künstler usw.) aller fünf Konfliktparteien (einschließlich der bislang wenig organisierten aserbaidschanischen Binnenflüchtlinge) sowie auch der armenischen Flüchtlinge aus Aserbaidschan und der Aseri-Flüchtlinge aus Armenien, c) der breiten gesellschaftlichen Basis (Studenten, Schüler, Städtepartnerschaften usw.). Dies erfordert eine Beendigung der gesellschaftlichen und politischen Isolierung der derzeitigen Bevölkerung von Bergkarabach durch die EU, auch wenn eine völkerrechtliche Anerkennung der Republik Bergkarabach auf unabsehbare Zeit weiterhin nicht in Frage kommt.

Gegenstände der Konfliktregulierung

Jede dauerhafte Konfliktregulierung erfordert die Bearbeitung vor allem von drei Gegenständen: der Statusfrage, der Frage der endgültigen Grenzfestlegung und der Flüchtlingsfrage.

Für die **Statusfrage** oder die Frage der staatlichen Unabhängigkeit und Souveränität gibt es nur drei grundsätzliche Optionen: 1. Wiederherstellung der Zugehörigkeit Bergkarabachs zu Aserbaidschan, 2. Angliederung Bergkarabachs an Armenien, 3. Unabhängigkeit Bergkarabachs. An der Beantwortung dieser grundsätzlichen Frage kommt keine Konfliktlösung vorbei, auch wenn die hochgradig prestigebelastete Bedeutung der staatlichen Souveränität faktisch drastisch durch international und verfassungsrechtlich gesicherte territoriale und personale Autonomieregelungen für die Bergkarabach-Armenier unter der Oberherrschaft der Aseris oder für die Autonomie der Bergkarabach-Aseris unter Herrschaft der Armenier reduziert werden kann.

Die Konstruktion ernsthafter Optionen für Kompromisse zwischen den Konfliktparteien sollte nicht von der prinzipiellen Statusfrage, sondern von anderen Tatbeständen ausgehen. Eine Restauration der polyethnischen Siedlungsstruktur in der gesamten Konfliktregion Aserbaidschan, Bergkarabach und Armenien muss mit großer Gewissheit ausgeschlossen werden. Allenfalls nach zwei bis drei Generationen können sich neue ethnische Vermengungen und Vermischungen durch zahlreiche individuelle Entscheidungen von Armeniern und Aseris ergeben, die aufgrund von neuen interethnischen Bekanntschaften und Heiraten in die Gebiete der anderen Ethnie übersiedeln. Dies würde jedoch nicht die alten Siedlungsverhältnisse restaurieren.

Die EU hält zwar programmatisch an der Restauration der alten polyethnischen Struktur Bergkarabachs und damit der Rückkehr der Flüchtlinge in ihre ursprüngliche Heimat wie in anderen Konfliktregionen fest, hat jedoch keinerlei überzeugendes Konzept für die Durchsetzung dieses programmatischen Ziels, das sie auch nicht nachdrücklich verficht. So gibt es keinerlei Ansätze für eine Rückkehr der 280 000 armenischen Flüchtlinge nach Aserbaidschan oder der 190 000 aserischen Flüchtlinge nach Armenien. Nach den blutigen Konflikten der jüngsten wie der älteren Vergangenheit im 20. Jahrhundert kann nicht damit gerechnet werden, dass die meisten Armenier in Bergkarabach freiwillig und friedlich unter die Herrschaft von Aseris zurückkehren, wie umgekehrt sich nicht viele Aseris freiwillig und friedlich unter armenische Herrschaft begeben werden. Nur für einzelne Armenier und Aseris

dürfte der Wunsch, am angestammten Wohnort zu bleiben oder an ihn zu-
rückzukehren, stärker sein, als unter dieser oder jener Herrschaft zu leben.
Jede Konfliktpartei kann im Prinzip mit solchen wenigen Menschen als politisch bedeutungsloser Minderheit leben. Für die große Mehrheit der Aseris
und der Armenier bedeutet jede Entscheidung über die zukünftige und defi-
nitive staatliche Zugehörigkeit der umstrittenen und besetzten Gebiete auch
eine Entscheidung über ihre zukünftigen Wohnorte. Die Konfliktparteien
streiten nur über Gebiete, nicht um die Vereinigung mit den ehemaligen Mitbürgern anderer Ethnizität und anderen Nationalbewusstseins. Mit anderen
Worten, die Aserbaidschaner wollen in erster Linie Bergkarabach, betrachten aber die dort altansässigen Armenier eher nicht als Mitbürger oder gar
armenische Aserbaidschaner. Umgekehrt wollen die Armenier Bergkarabach
als Teil der Republik Armenien oder notfalls auch als unabhängige Republik
Bergkarabach, haben aber kein Interesse an den aserischen Mitbürgern als
aserischen Armeniern oder aserischen Bergkarabachern, von individuellen
Ausnahmen immer abgesehen.

Dies bedeutet, dass die Statusfrage gleichzeitig eine Siedlungsfrage ist.
Bleibt Bergkarabach unter armenischer Herrschaft in der einen oder anderen Form (Unabhängigkeit oder Angliederung an Armenien), so werden nur
wenige der geflüchteten und vertriebenen ca. 40 000 Aseris nach Bergkarabach zurückkehren wollen, selbst wenn sie glaubwürdige, international abgesicherte Sicherheitsgarantien und attraktive ökonomische Bedingungen
erhalten. Umgekehrt bedeutet dies, dass es faktisch keine Rückkehr Bergkarabachs in den Staatsverband Aserbaidschans geben wird ohne die Flucht
und Vertreibung von ca. 150 000 Armeniern aus Bergkarabach, es sei denn,
es wird eine international abgesicherte Autonomie, d. h. faktische Herrschaft
der Bergkarabach-Armenier über Bergkarabach etabliert, die nur symbolisch
einer aserbaidschanischen Oberherrschaft untergeordnet wird. Entscheidend
wäre, dass weder das Militär Aserbaidschans noch das Armeniens Zutritt zu
Bergkarabach erhielte und das armenisch-bergkarabachische Militär über-
gangsweise durch internationale Truppen, beispielsweise Russlands, Frankreichs und der USA, ergänzt werden würde.

Wenn diese Grundüberlegung richtig ist, dann muss eine friedliche und
freiwillige Kompromisslösung von der Faktizität der ethnonationalen und
politischen Trennung zwischen Aseris und Armeniern in der Konfliktregion
ausgehen. Mit anderen Worten, eine Befreiung Bergkarabachs von armenischer Herrschaft würde, wenn nicht eine international abgesicherte Autonomieregelung die Herrschaft von Armeniern über Bergkarabach gewährleisten

würde, die „Befreiung" Bergkarabachs von seiner armenischen Bevölkerung
(mit wenigen individuellen Ausnahmen) bedeuten, wie umgekehrt die Aufrechterhaltung der armenischen Herrschaft über Bergkarabach bedeuten
würde, dass die große Mehrheit der aserischen Bergkarabacher nicht in ihre
Heimat zurückkehren würde, selbst wenn sie von den Armeniern dazu eingeladen würde.

Wenn sich die Menschen von beiderlei Ethnizität und nationalem Bewusstsein nicht friedlich und freiwillig unter derselben effektiven staatlichen,
also auch polizeilich-militärischen Hoheit vereinigen lassen, so bleibt nur,
das Territorium nach sinnvollen, beiden Seiten weitgehend gerecht werden-
den Kriterien zwischen den ethnonationalen Gruppen aufzuteilen. Damit
müssen beide Seiten den Gedanken an irgendwelche historischen Gebietsansprüche an sich aufgeben und sich mit der Tatsache abfinden, dass größere
Menschengruppen, die nicht auf einem Territorium zusammenleben wollen,
sich das strittige Territorium aufteilen müssen.

Während die Statusfrage nur drei Optionen zulässt, gibt es für die **Grenz-
frage** eine immense Zahl möglicher Kompromisslösungen. Im demokratischen Zeitalter gibt es für Gebietsteilungen im Prinzip nur zwei Möglich-
keiten. Entweder wird ein Gebiet aufgrund lokaler Plebiszite zwischen den
Konfliktparteien aufgeteilt, was in vielen Fällen zu kaum akzeptablen staatlichen Flickenteppichen mit zahlreichen Ex- und Enklaven führen würde.
Oder das Gebiet wird mit großer Annäherung an die ethnisch-nationalen
Mehrheitsgebiete nach dem Gesichtspunkt der Proportionalität zwischen den
Bevölkerungsteilen und ihren Gebietsanteilen aufgeteilt, was verhandelbare
Ungleichheiten im Einzelfalle nicht ausschließt. Daraus ergibt sich: Wenn die
aserischen und armenischen Bergkarabacher nicht unter einer gemeinsamen
staatlichen Hoheit leben wollen, dann müssen sie das Gebiet Bergkarabachs
nach dem Verhältnis 77:22 aufteilen, nimmt man die von beiden Seiten nicht
bestrittenen Bevölkerungsanteile des Jahres 1989 als Ausgangspunkt. Einem
ethnischen Zwangsdeterminismus könnte man durch Plebiszite entgehen,
die klären, ob die Armenier tatsächlich unter armenischer, die Aseris unter
aserbaidschanischer Herrschaft leben wollen, sei es auch um den Preis der
freiwilligen Umsiedlung (**Prinzip der national-demographisch proportionalen
Gebietsaufteilung**). Dies setzt die Akzeptanz der Gleichheit der heutigen
Menschen und ihrer national-territorialen Gebietsansprüche und den Abschied von historischen und historisierten Gebietsansprüchen voraus.

Für die armenische Seite ist eine gesicherte territoriale Verbindung zwischen Bergkarabach und Armenien wohl unverzichtbar, sei es durch eine

Straße, aber wohl eher durch einen breiten Gebietsstreifen, bestehend aus Teilen oder dem ganzen Bezirk Latschin, im Extremfall auch dem Bezirk Kelbedschar. Wendet man das Prinzip der Proportionalität von Bevölkerung und Gebiet an, so müsste jeder armenische territoriale Zugewinn im Westen von Bergkarabach durch entsprechende Gebietsverluste an den Kernaserbaidschan zugewandten Seiten Bergkarabachs kompensiert werden. Die Armenier müssten also nicht nur die besetzten Nichtkarabacher Bezirke räumen, sondern auch einen beträchtlichen Teil Bergkarabachs.

Voraussetzung für die Akzeptanz dieses Grundgedankens ist auf beiden Seiten ein Abschied von territorialen Ansprüchen aufgrund von irgendwelchen, willkürlich zugunsten der eigenen heutigen maximalistischen Interessenlage ausgewählten historischen Zuständen, sei es in Hinblick auf die Ethnizität von Herrschern, sei es in Hinblick auf historische ethnische Siedlungsverhältnisse. Ferner ist die Anerkennung der Tatsache wichtig, dass beide Seiten keine ethnonationale Fremdherrschaft wünschen und ein Anrecht auf nationale Selbstbestimmung haben.

Alle fünf Konfliktparteien würden bei einem territorialen Kompromiss außerordentlich viel gewinnen und sehr wenig verlieren, vor allem wenn man den Verlust von Illusionen auch als Gewinn betrachtet.

Hauptgewinner wären die ca. 500 000 bis 600 000 aserischen (kurdischen etc.) Binnenflüchtlinge, die in die von Armenien besetzten sieben Bezirke (mit Ausnahme eines engeren oder breiteren Latschin-Korridors) zurückkehren könnten.

Die ca. 40 000 Bergkarabach-Aseris könnten zum erheblichen Teil in ihre Heimat zurückkehren und müssten sich zu einem anderen Teil damit abfinden, dass sie in Zukunft in einem anderen Teil Bergkarabachs als früher oder aber in ihrer neuen Heimat im übrigen Aserbaidschan leben müssen. In jedem Falle würden sie ihre ungewisse Flüchtlingssituation aufgeben können und eine Entschädigung für den Verlust ihrer früheren Heimat erhalten.

Aserbaidschan würde auf friedliche Weise bis zu 17 % seines Staatsgebietes, also den überwiegenden Teil der gegenwärtig von Armeniern besetzten Territorien einschließlich eines Teils Bergkarabachs zurückerhalten und lediglich auf 3,9 % seines Staatsgebiets verzichten, sich dadurch aber einen Krieg mit weiteren zehntausenden aserischen Todesopfern und Verwundeten und mit völlig ungewissem Ausgang ersparen, der zudem mit ungeheuren ökonomischen und sozialen Kosten verbunden wäre. Außerdem würde sich Aserbaidschan durch den Verzicht auf den Hauptteil Bergkarabachs die potenzielle, international erzwungene Wiederaufnahme von 150 000 Armeniern in das eigene Staatsvolk ersparen, die keine begeisterten Anhänger des aserbaidschanischen Staates wären. Die abschließende Lösung des Bergkarabach-Konflikts würde weitaus günstigere Bedingungen für die soziale, ökonomische, kulturelle und, falls von den Aseris gewünscht, auch die demokratische Entwicklung Aserbaidschans schaffen sowie das internationale Ansehen und die außenwirtschaftlichen Chancen Aserbaidschans enorm verbessern. Der Hauptverlust Aserbaidschans bestünde in der Aufgabe seiner Illusion von der Wiedergewinnung der territorialen Integrität Aserbaidschans auf friedliche Weise oder durch einen Blitzkrieg, der Aserbaidschan einige Tausend Menschenleben und einige Zigmillionen Dollar kosten würde.

Die Bergkarabach-Armenier würden durch die Aufgabe der besetzten Gebiete und eines Teils des auch früher von Aseris besiedelten Bergkarabachs vor allem auf Dauer eine gesicherte Existenz in Bergkarabach gewinnen und könnten ihre Energien auf die friedliche wirtschaftliche, soziale und demokratische Entwicklung ihres Landes konzentrieren, statt sie für überdimensionale Verteidigungs- und Okkupationsaufgaben zu verschwenden. Nur wenige tausend armenische Bergkarabacher müssten ihre örtliche Heimat aufgeben, um in andere bisherige Teile Bergkarabachs oder in den neu zu Bergkarabach gehörenden Latschin-Korridor umzusiedeln.

Eine Alternative zur territorialen Verschiebung von Bergkarabach nach Westen wäre eine völlige Entmilitarisierung der aserbaidschanischen Bezirke Latschin und Kelbedschar außer einem international gesicherten relativ schmalen Korridor zwischen Bergkarabach und Armenien. Diese Lösung hätte den Vorteil, dass rund 100 000 Aseris in diese beiden Bezirke zurückkehren könnten und die armenischen Bergkarabacher nicht größere, bisher armenisch besiedelte Teile Bergkarabachs aufgeben müssten.

Armenien hätte vordergründig die größten Verluste einer friedlichen Konfliktregulierung zu ertragen, erstens den Truppenrückzug aus großen Teilen Aserbaidschans und aus Bergkarabach, zweitens die Aufgabe des machtpolitischen Programms auf dauerhafte Sicherung und internationale Anerkennung eines größeren Armenien unter Einschluss Bergkarabachs und eines breiten Latschin- (und evtl. sogar Kelbedscher-)Korridors. Die Gewinne einer friedlichen Konfliktregulierung wären jedoch auch für Armenien unvergleichlich größer als die Aufrechterhaltung des machtpolitischen Status quo. Durch den Austausch von viel okkupiertem Land gegen dauerhaften, nachhaltigen Frieden und eine völkerrechtlich gesicherte Existenz Armeniens und Armenisch-Karabachs in seiner unmittelbaren Nachbarschaft würde sich Armenien nicht nur von der Illusion befreien, Aserbaidschan und die internationale Staatengemeinschaft würden eines Tages die faktischen Machtverhältnisse auch völkerrechtlich anerkennen, sondern vor allem die Chance erhalten, große Teile seiner überdimensionierten Verteidigungsausgaben zugunsten seiner wirtschaftlichen und demokratischen Entwicklung zu reduzieren. Es würde aus seiner relativen außenwirtschaftlichen und außenpolitischen Isolation befreit und könnte größere Anreize zum Verbleib seiner Bürger im eigenen Land und zur Rückkehr ausgewanderter Armenier in seinen international gesicherten Staat schaffen. Armenien würde von der Perspektive befreit, seine Eroberungen in einem neuerlichen Krieg gegen Aserbaidschan verteidigen zu müssen, dessen Ausgang völlig ungewiss ist und dessen Kosten selbst im Falle eines neuerlichen Sieges ungeheuer groß sein würden.

Wird erst einmal dieser Grundsatz einer pragmatisch sinnvollen Aufteilung von Menschen und Gebiet akzeptiert, dann ist es eine relativ sekundäre Frage, ob die Armenier im territorial verkleinerten und verschobenen Bergkarabach einen eigenen unabhängigen Staat, ein international abgesichertes autonomes Gebiet mit privilegierten Beziehungen zur Republik Armenien erhalten oder sich der Republik angliedern. Denn worin besteht der Sinn von Souveränität und Autonomie in heutiger Zeit für ethnonationale Gruppen? Er besteht darin, die Hegemonie einer Sprache, Kultur und damit die Selbstregierung einer Ethnonation auf Dauer zu gewährleisten und den Zuzug von Einwanderern anderer Ethnizität nach Gutdünken zu steuern. Wenn Autonomie im Prinzip dasselbe leistet wie Souveränität, dann kann eine ethnonationale Gruppe ebenso leicht auf Souveränität verzichten wie umgekehrt eine Ethnonation mit der Entlassung einer Grenzlandminderheit aus dem Staatsverband kaum etwas mehr akzeptiert als das, was sie mit der umfassenden territorialen Autonomie einer ethnonationalen Minderheit gewähren würde, vorausgesetzt, die militärischen und polizeilichen Sicherheitsfragen sind international befriedigend für beide Seiten geregelt.

Aus der Sicht der Europäischen Union müsste eine umfassende Autonomie eines territorial verkleinerten, armenischen Bergkarabachs, das die Armenier vor einer Majorisierung durch die Aseris schützt und ihnen ein Höchstmaß an Selbstregierung erlaubt, einer Sezession Bergkarabachs als unabhängiger Staat oder einer Separation Bergkarabachs zum Zwecke der Angliederung an die Republik Armenien vorzuziehen sein, weil dies demonstrieren würde, dass ethnonationale Streitigkeiten auch nach blutigen Bürgerkriegen und genozidalen Massakern innerstaatlich mit internationaler Absicherung gelöst werden können. Es gibt allerdings keinen Grund, weshalb sich die EU kategorisch auf eine der drei Lösungen der Statusfrage Bergkarabachs festlegen sollte. Es genügt, wenn sie den Rechtsstandpunkt der territorialen Integrität Aserbaidschans als Ausgangspunkt für eine Konfliktlösung betont, was ja eine Veränderung des bestehenden Rechts durch einen zwischen den Konfliktparteien ausgehandelten Vertrag ja nicht ausschließt. Eine simple Voraussetzung jeden Friedens und jeden Vertrags ist, dass die Konfliktparteien sich wechselweise als Konfliktparteien erkennen und anerkennen. Das sind außer den Republiken Armenien und Aserbaidschan auch die Bergkarabach-Armenier, vertreten durch ihre Regierung und ihr Parlament, und die Bergkarabach-Aseris, vertreten durch ihre bestehenden oder noch zu bildenden Organisationen, ferner die aserbaidschanischen Flüchtlinge aus den von Bergkarabach und Armenien besetzten sieben Bezirken.

Die Flüchtlingsfrage würde durch eine Konfliktregulierung im Sinne einer **national-demographisch proportionalen Gebietsaufteilung** weitgehend gelöst. Fast alle der Hunderttausenden Flüchtlinge könnten in ihre Heimat zurückkehren, nur wenige Tausende armenische und aserische Bergkarabacher müssten sich mit einer zum Teil bereits erfolgten Umsiedlung, im Prinzip nur innerhalb des ehemaligen Autonomen Gebiets Bergkarabach, endgültig abfinden. Die enormen Ersparnisse bei den Rüstungs- und Verteidigungsausgaben würden es leicht machen, diesen wenigen Tausenden armenischen und aserischen Umsiedlern finanzielle Entschädigungsleistungen zu gewähren.

Internationale Rahmenbedingungen für eine Konfliktregulierung

Bis zum Fünftagekrieg im August 2008 sah es so aus, dass auf absehbare Zeit alle Groß- und Regionalmächte, also Russland, die USA, die großen EU-Staaten einerseits, die Türkei und der Iran andererseits sehr gut mit dem Status quo im Südkaukasus leben könnten. Russland drohte zwar im Jahre 2007, im Falle einer westlichen Anerkennung des Kosovo gegen den Willen Serbiens und Russlands seinerseits die Unabhängigkeit Abchasiens und Südossetiens anzuerkennen. Bemerkenswerterweise war in diesem Zusammenhang von Bergkarabach nicht die Rede, weil Russland offenbar auf die vorsichtige Politik Bakus beim Ausgleich seiner energie- und außenwirtschaftlichen Interessen gegenüber dem Westen und zugleich Russland Rücksicht nehmen wollte. Russland setzte seine Drohung nach der Unabhängigkeitserklärung des Kosovo am 17. Februar und seiner Anerkennung durch die Westmächte nicht in die Tat um, begann aber, Abchasien und Südossetien noch stärker als zuvor an sich zu binden. Erst nach dem georgischen Angriff auf Südossetien und dem Gegenangriff Russlands auf Kerngeorgien erkannte Russland Südossetien und Abchasien als unabhängige Staaten an, ohne irgendeine Andeutung, auch Bergkarabach anerkennen zu wollen.

Aserbaidschan honorierte dies seinerseits, indem es Russlands Kriegsführung und Anerkennungspolitik mit keinen Worten kritisierte. Seine eigenen Drohungen, Bergkarabach zurückzuerobern hatte es schon zuvor eingestellt. Auch Armenien zog aus den Ereignissen im Kosovo und in Georgien nicht die Schlussfolgerung, einseitig Bergkarabach anzuerkennen oder Russland hierzu zu drängen. Zweifellos hat sich die Lage Armeniens durch den Fünftagekrieg erheblich verschlechtert, da nun die direkten Verbindungen zwischen Russland und Armenien weitgehend unterbrochen sind, russländische Waffenlieferungen wohl nur noch über den Iran möglich sind. Armenien wird auf die Dauer nicht umhin kommen, ein besseres Verhältnis zum Westen und insbesondere zur Türkei anzustreben, was nur über die Bereitschaft zu Verhandlungen über einen Kompromiss mit Aserbaidschan möglich ist. Die Einladung des türkischen Präsidenten zu einem Qualifikationsspiel der folgenden Fußballweltmeisterschaft war ein wichtiges Signal in dieser Richtung. Auch Russland versuchte, verlorenes Terrain in Georgien dadurch wettzumachen, dass es eine neue Initiative unternahm, die aserbaidschanischen und armenischen Präsidenten ins direkte Gespräch miteinander zu bringen. Schließlich ist auch die EU in Absprache mit Russland nun mit einer Beobachtergruppe in Kerngeorgien institutionell in die Versuche zum Konfliktmanagement im Südkaukasus eingebunden, was vor dem Krieg noch undenkbar schien. Vor allem aber ist deutlich geworden, wie rasch ein „eingefrorener Konflikt" aufgetaut und blutig-heiß werden kann. Dies hat zunächst einmal die Aktivitäten beflügelt, für Bergkarabach eine friedliche Konfliktregulierung zu finden. Offen muss jedoch bleiben, ob sich die internationalen und regionalen Konfliktparteien nicht bald mit der neuen Situation abfinden werden und sie in veränderter politischer Konstellation erneut einfrieren werden, denn an der grundsätzlichen Gegensätzlichkeit der Standpunkte aller beteiligten Parteien hat sich weder im Bergkarabach-Konflikt noch im Streit um Abchasien und Südossetien etwas geändert.

Manche der Mächte werden vermutlich bald wieder die Ungewissheiten eines „eingefrorenen Konflikts" den Gewissheiten einer Konfliktlösung vorziehen, da erstere militärische und sicherheitspolitische Abhängigkeiten erhalten, die durch eine dauerhafte Friedenslösung verloren gehen könnten. Außerdem gibt es immer auch interne partikulare Nutznießer des Status quo (reguläre und irreguläre Streitkräfte, Profiteure illegalen Handels, militante Ideologen und Parteien, Anhänger autokratischer Regime usw.), die eine Veränderung des Status quo verhindern wollen, auch wenn sie unter Umständen propagandistisch besonders das Gegenteil behaupten. Unter diesen Bedingungen muss die Initiative zu einem regionalen Friedenskompromiss in der Konfliktregion selbst erfolgen. Von außen können nur intellektuelle und politische Anregungen und Unterstützungsmaßnahmen für solche Initiativen geleistet werden.

Innerhalb der EU dürfte es nur wenige weitsichtige Politiker und Beamte geben, die sich für eine Konfliktregulierung einsetzen, entweder weil sie die Gefahren eines neuerlichen Krieges nicht unterschätzen oder weil sie den Bergkarabach-Konflikt als wichtiges sozioökonomisches Entwicklungs- und Demokratisierungshemmnis und damit auch als die Europäische Nachbarschaftspolitik in Aserbaidschan und Armenien beeinträchtigenden oder gar sabotierenden Faktor erkennen.

Der entscheidende externe Akteur bleibt Russland, das einerseits die Separation Bergkarabachs zu Beginn der 1990er Jahre ermöglicht hat und sie faktisch absichert, andererseits diese Separation nicht völkerrechtlich anerkennt und auch deren Anerkennung nicht systematisch betreibt. Somit will es offensichtlich nach dem Prinzip „teile und herrsche" ein Druckmittel gegenüber Aserbaidschan und Armenien in der Hand behalten, außerdem keine Präzedenzfälle für die Separation Tschetscheniens oder anderer Teile Russlands schaffen. Diese Strategie hatte sicherlich einigen Erfolg. Sie beförderte 1993 und 1994 den Beitritt Aserbaidschans zur GUS und trug wohl mit dazu bei, dass Aserbaidschan seit vielen Jahren bemüht ist, trotz seiner Annäherung an den Westen verstärkt Rücksicht auf russländische Interessen zu nehmen, etwa in der Tschetschenienfrage, in der Energiepolitik oder in der Frage der sicherheitspolitischen Präsenz Russlands (Gabala) in Nordaserbaidschan. Teile-und-herrsche-Politik schafft jedoch stets Misstrauen bei den betroffenen Parteien, weil sie häufig einen Seitenwechsel erfordert und eine berechenbare Regionalpolitik verhindert. Die Karabacharmenier müssen wie Armenien, wie das bis vor kurzem auch die Abchasen und Südosseten tun mussten, stets damit rechnen, dass ihre Interessen in sich wandelnden regional- und weltpolitischen Konstellationen von Russland „verraten" werden. Die Südkaukasuspolitik Russlands wie auch des Westens bleibt ein Spielball anderweitiger weltpolitischer Interessen und lässt ein an einem Kompromiss zwischen den regionalen Konfliktparteien oder gar an den Interessen der Abchasen, Südosseten und Bergkarabacher orientiertes Konzept für eine Friedensordnung im Kaukasus vermissen.

Auch die USA verfolgen lediglich geoökonomische und geomilitärische Interessen im Kaukasus – ohne Konzept für eine dauerhafte Friedensordnung in dieser Region. Dabei ist der Südkaukasus überwiegend als energiewirtschaftliche und militärische Transitregion vom Mittelmeer und Schwarzen Meer nach Mittelasien und Nordafghanistan, zur Isolation des Iran und zur Zurückdrängung des Einflusses Russlands in der gesamten Großregion in den späten 1990er Jahren von großer Bedeutung geworden, dann vor allem nach dem 11. September 2001 für die Intervention in Afghanistan. Für die Transitinteressen sind lediglich Aserbaidschan und Georgien, wie etwa bei der Errichtung und Unterhaltung der Baku–Tiflis–Ceyhan-Erdölleitung, erforderlich, nicht aber Armenien. Lediglich im Kriegsfalle könnten armenische Streitkräfte den Erdöl- und Erdgastransit empfindlich stören. Zu Gunsten Armeniens wirkt allerdings eine einflussreiche armenische Diaspora in Frankreich und in den USA. Aserbaidschan ist nicht nur als Transitland, sondern auch als eigenständiger Erdölexporteur für den Westen wichtig. Eine bloß taktische Orientierung der US-Politik wie auch teilweise der EU-Politik erfordert das Verschließen der Augen vor den undemokratischen Herrschaftsmethoden des aserbaidschanischen Regimes.

Die Vereinten Nationen und die OSZE sind bisher nur zurückhaltend im Südkaukasus engagiert. Auch die EU hat sich lange politisch fast nicht in der Region betätigt, lediglich humanitär und mit wirtschaftlichen, sozialen und kulturellen Programmen. Nur einzelne EU-Staaten sind in diversen Verhandlungsforen für Konfliktregulierung aktiv, so Frankreich zusammen mit Russland und den USA im Vorsitz in der völlig ineffektiven Minsker Gruppe, die im März 1992 von der OSZE für die Aushandlung eines Friedens zwischen Aserbaidschan und Armenien gebildet worden ist.

Mit der neuen Europäischen Nachbarschaftspolitik seit 2004 könnte einige Dynamik in die Kaukasuspolitik der EU kommen. Sie schließt ein Gegeneinander-Ausspielen der Nachbarstaaten im Südkaukasus untereinander aus und zielt auf eine friedliche Konfliktregulierung ab. Die Grundlinie der europäischen Südkaukasuspolitik ist zwar eindeutig auf eine Wahrung des völkerrechtlich anerkannten Status quo der staatlichen Integrität Russlands, Georgiens und Aserbaidschans ausgerichtet, also gegen die Separationsinteressen der meisten Tschetschenen, Abchasen, Südosseten und armenischen Bergkarabacher. Gleichzeitig betont die EU jedoch wie die VN, die OSZE, die NATO und im Grunde alle Internationalen Organisationen die Notwendigkeit einer friedlichen Konfliktlösung. Das bedeutet faktisch eine Duldung des Status quo der De-facto-Staatlichkeit. Bisher hat die EU keinerlei Konzept, wie sie ihre widersprüchlichen politischen Ziele (Wiederherstellung der territorialen Integrität Aserbaidschans, Erhaltung des Friedens, also Duldung des Status quo der De-facto-Staatlichkeit, Demokratisierung und wirtschaftlich-rechtliche Reformen) vereinbar machen will. Im Falle des Kosovo kann die EU Serbien das Angebot der Mitgliedschaft und umfangreicher wirtschaftlicher Förderung im Austausch für die Anerkennung der Quasi-Unabhängigkeit des Kosovo machen, im Südkaukasus sieht sie sich nicht in der Lage zu einem vergleichbaren Angebot.

Somit hat die EU nur sehr geringe Möglichkeiten, auf eine freiwillige Revision der militärpolitischen Machtverhältnisse und des Rechtszustands durch die regionalen Konfliktparteien einzuwirken, auch wenn und weil der gewaltträchtige Zustand der „eingefrorenen Konflikte" zur klammheimlichen Auswanderung derjenigen in der Konfliktregion führt, die sich vor neuem Krieg, terroristischer Gewalt, nationaler Zwangseinheit, wirtschaftlicher Not und vor extremem Nationalismus fürchten. Das stärkt umgekehrt zunächst die zurückbleibenden armenischen und aserbaidschanischen extremistischen Nationalpatrioten, die zu keinem Kompromiss bereit sind. Zwar kompensieren viele Emigranten im sicheren Ausland ihr schlechtes nationales Gewissen entweder durch Hilfslieferungen für die in der gefährdeten Heimat Zurückgelassenen oder gar durch hyperextremistische nationale verbale oder auch praktische Aktivitäten, aber das ändert nichts an der demographischen und meist auch zivilgesellschaftlichen und demokratischen Auszehrung, der ökonomischen Verelendung und oft auch dem moralischen Verfall in den Konfliktgebieten. Überdurchschnittliche Grade der Kriminalität, des Drogenkonsums und des Drogenhandels, des Menschenhandels usw. sind Begleiterscheinungen solcher hochgradig gewaltträchtiger Konflikte, auf Seiten sowohl der Sieger wie auch der Verlierer. So ist wohl erst nach einer Generation des Durchhaltewillens und der Auszehrung damit zu rechnen, dass die nächste oder übernächste Generation den Willen zur Anerkennung der neuen bitteren Realitäten nach den Kriegen findet und kooperative Auswege aus dem Elend sucht.

Jede kooperative Friedensordnung verlangt einschneidende Zugeständnisse von den beteiligten Konfliktparteien. Zwar würde die Demokratisierung des Südkaukasus die Konfliktregulierung erleichtern, wahrscheinlicher ist jedoch, dass eine Konfliktregulierung erst eine tiefergreifende Demokratisierung der Großregion ermöglicht. Da auf absehbare Zeit weder die regionsinternen Konfliktparteien noch die externen Akteure, auch die EU nicht, zur Schaffung einer Friedensordnung im Südkaukasus fähig sein werden, könnten Brüssel und einzelne EU-Mitglieder in der gegenwärtigen Lage nur Foren von Diplomaten und von kompromissbereiten Intellektuellen aus der Konfliktregion organisieren oder fördern, die detaillierte Entwürfe für eine Friedensordnung formulieren und veröffentlichen, wie sie in Form der Genfer Initiative für Palästina oder des VN-Plans für Zypern bereits vorliegen. Sie können vermutlich auf die Dauer einen wichtigen Anstoß für eine endgültige Regelung der Status-, Grenz- und Flüchtlingsfragen in den umstrittenen Gebieten in einigen Jahren oder Jahrzehnten liefern.

böhlau

ERICH REITER (HG.)

DIE SEZESSIONSKONFLIKTE
IN GEORGIEN

SCHRIFTENREIHE ZUR INTERNATIONALEN

POLITIK, BAND 1

Das Buch umfasst eine Reihe von aufeinander abgestimmten Einzelstudien, die von anerkannten Experten im Rahmen eines Projektes zum Konfliktmanagement der Sezessionskonflikte in Georgien verfasst wurden. Dieses Projekt wurde im Auftrag des österreichischen Bundesministeriums für Landesverteidigung vom Internationalen Institut für Liberale Politik Wien durchgeführt. Dargestellt werden die Entwicklung der Sezessionskonflikte Abchasien und Südossetien, die innere Entwicklung Georgiens, die Konfliktursachen, die Interessen und die Politik Russlands und der USA, der Energieaspekt und – als ein Schwerpunkt – die Möglichkeiten der EU zum Konfliktmanagement beizutragen. Weiters wird der Kriegsverlauf behandelt und eine strategische Bewertung der neuen Gegebenheiten vorgenommen. Schließlich kommen die verschiedenen Optionen über die Weiterentwicklung der Konflikte aufgrund des möglichen Verhaltens der Akteure zur Sprache. Diese umfassende Darstellung ermöglicht ein besseres Verstehen der Sezessionskonflikte um Abchasien und Südossetien.

2009. 329 S. BR. 170 X 240 MM.
ISBN 978-3-205-78325-1

BÖHLAU VERLAG, WIESINGERSTRASSE I, IOIO WIEN. T: +43(0)I 330 24 27-0
BOEHLAU@BOEHLAU.AT, WWW.BOEHLAU.AT | WIEN KÖLN WEIMAR